임철초의 用神論과
宗主命理의 用神論의 비교분석

滴天髓定石 II

박헌구 · 이민창 共著

장서원 도서출판

<제목 차례>

序

머리말

滴天髓闡微 原文과 宗主命理의 解說 13

滴 天 髓 闡 微 14

通 神 論 卷一 14

第一 天道 14

第二 地道 15

第三 人道 16

第四 知命 20

第五 理氣 40

第六 配合 49

第七 天干 60

第八 地支 86

第九 干支總論 146

第十 形象章 275

第十一 方局(上) 353

Ⅰ권

제1장. 命理基礎

1-1. 오행의 기본원리

1) 河洛의 象과 數 2) 河洛의 수와 오행 3) 河洛이전의 數와 陰陽

1-2. 四行과 土

1) 水火木金의 원리 2) 사행과 오행 3) 오행의 특수성

1-3. 천지인

1) 천지인의 의미 2) 천간의 유인력 3) 지장간의 묘미 4) 지장간의 활용

제2장. 指數法

2-1. 陰陽과 體用

1) 陰陽의 이해 2) 體用에 대한 이해

2-2. 중화(中和, neutralization)와 항상성

1) 음양의 중화 2) 종주왕신 3) 宗主旺神과 用組

2-3. 天地人 해부

1) 천지인의 이해 2) 천지인의 작용

2-4. 10원소와 지수 탄생

1) 지장간과 인원용사 2) 지수의 탄생 3) 지수의 총량

4) 사주구성과 지수의 프레임

2-5. 기본지수

1) 천간지수 2) 지지지수 3) 막상막하의 지수 4) 지수조견표

2-6. 토의 변화지수

1) 천간 무기토의 변화 2) 지지토의 변화법칙 3) 化氣격의 추가지수

4) 지수계산 사례

제3장. 宗主取用法

3-1. 體의 格

1) 일반격 2) 특별격 3) 취용사례

3-2. 用의 格

1) 용조 2) 통근통력 3) 체의 格과 직업 4) 喜用仇忌閑藥

5) 용의 격과 직업

3-3. 格局의 고저

1) 10간의 의미 2) 春夏秋冬 10干論 3) 月地조후와 활동

4) 日干의 眞用배합 5) 五行의 相生과 相剋의 道

3-4. 通辯에 기초

1) 陰陽五行의 道 2) 地支의 刑沖破害 3) 天干合 4) 流年運

5) 六親的 通辯 6) 空亡 7) 疾病과 健康 8) 결혼인연

序

자연만물의 道에는 體와 用이 있어 만물은 저마다 '用의 상태'를 바랍니다. 用은 體가 지향하는 방향성으로 인생이 고해가 될지언정 희망과 보람을 담고 있기 때문입니다. 일반적으로 사주는 불균형을 이루고 있어 인간은 노력하지 않으면 운명에 끌리기 때문에 인생의 목표를 이루기 위해서는 철저한 훈련과 관리가 요구됩니다.

體와 用을 풀어가기 위해 본서는『滴天髓闡微』에 대한 새로운 解釋과 解說을 달았습니다.『滴天髓闡微』에 대해 그간에 여러 사람들이 번역을 하고, 註를 달고 하였지만, 원저자인 임철초님의 해석을 벗어나 임의대로 해석한 것이 명리학사에 비극이 될 줄 미처 몰랐던 것입니다. 오늘날 명리학이 제자리를 잃고 제 가치를 받지 못한 것은 임철초님이『滴天髓闡微』에 담아둔 명리의 宗主命理理論(이하 '宗主命理'라 함)을 보지 못했기 때문입니다.

임철초님의 이론과 법칙을 발견하여 현대적으로 재정립한 것이 '宗主命理'입니다. 宗主命理는 指數法으로 體와 用을 정해서 정확한 用神을 찾아내는 것입니다. 用神이 발견되어야 物象을 자유자재로 通辯할 수 있지만, 用神없이 物象을 활용하는 것은 눈을 감고 길을 가는 것과 같습니다. 命理의 完成을 위해 언젠가는 생겨날 수밖에 없는 것이 '宗主命理'입니다. 늦은 감이 있지만 명리학도라면 자신의 로망을 이룰 수 있는 이론입니다.

宗主命理는 명조의 體가 되는 宗主旺神을 구하는 것이 관건입니다. 지구의 공전과 자전의 법칙에 따라 천문수리의 근간인 하도낙서와 자연분할비의 기준으로 천간과 지지를 구분하여 계산하고, 年月日時의 宮을 자연분할비에 따른 가중치를 적용하는 방식으로 오행의 氣와 質에서 산출된 指數중에 사주프레임에서 가장 强하고 旺한 것이 宗主旺神입니다.

오랫동안 명리학을 공부해오면서 用神 때문에 고민하고 힘들어했던 분들을 위해 개발한 것이 宗主旺神을 기준으로 한 '宗主取用法'입니다. 용신을 억부론으로 접근하면 신강신약의 함정에 빠져 용신을 찾아내지 못하지만 '宗主取用法'으로 접근하면 정확하게 用神과 格局을 짚어낼 수 있습니다. 오행의 氣는 강도에 따라 미달, 적정, 태왕, 극왕으로 구분하면 用이 바로 드러나기 때문입니다.

이제, 여러분은 '宗主命理'를 잡는 순간 用神을 잡는 '宗主取用法'을 터득하게 됩니다. 지금 이 책과 인연이 닿은 여러분은 體用의 혜안이 열리고 명리의 참맛과 명리의 희기의 기준을 명확히 구분하게 될 것이니 체용원리의 학습을 통하여 보람과 희열을 느끼시길 바랍니다.

'宗主命理'는 종주왕신의 상생상극을 통하여 발견한 '宗主用神'으로 명조를 추론하는 새로운 패러다임의 명리입니다. '자평명리'는 일간 위주로 취용하는 명리이지만 '宗主命理'는 '宗主取用法'을 근간으로 하는 명리입니다. 단순히 천간지지의 개수로 오행의 강약을 보는 자평명리에서 진화된 것을 확인할 수 있습니다. 향후는 '宗主命理'가 지배할 것을 기대합니다.

10여 년간의 각고의 노력 끝에 저자는 『滴天髓闡微』에서 백발백중의 용신비법을 찾아내어 세상에 알리게 된 것을 무한한 영광으로 생각합니다. 끝으로 본서가 출간되도록 적극적으로 도와주신 장서원의 장석홍 사장님께 심심한 사의를 표하는 동시에 강호제현의 따뜻한 성원과 지도편달이 계속되길 진심으로 바라며 서언을 대신합니다. 또한, '宗主命理'가 세상의 빛을 보게 된 계기를 마련해주신 박헌구님에게 깊이 감사드립니다. 아울러 원고교정에 애써주신 학이님께 지면을 빌어 감사드립니다.

2015년 월

政象 李 旻 倉

머리말

과연 命理學이 미신이라는 汚名을 벗어버릴 수 있을 것인가? 본 譯評者가 이러한 고민을 하게 된 동기는 본인이 박사논문을 쓴 이후 일반인들이 인식하고 있는 '命理學은 迷信이다'라는 인식을 불식시키기 위하여 고민하기 시작한 명제다. 물론 본 역평자도 이 학문을 접하기 전에는 일반인들과 같은 인식을 가지고 삶을 살아왔다는 것에 대하여 얼굴이 붉어질 따름이다.

심지어는 命學을 전공하는 본인의 동문인 송부종님도 그의 논문인『淵海子平』飜譯硏究의 머리말에서 다음과 같이 어려운 심경을 토로하고 있다. "命에 대한 思惟의 방식과 準據는 사람마다 제각각이다. 그러나 부인할 수 없는 것은 어떤 형태로이든 命이 존재한다는 사실일 것이다. 그러나 그 누구도 命이 어떤 것이라고 확정적인 결론으로 명쾌하게 斷言하는 경우는 드물다. 혹 있다 해도 그것은 일부분 首肯하는 정도이지 命에 대한 전반적으로 完全한 해석으로 보기는 힘들다. 몇 마디의 말로서 이 命에 대한 이치를 다 담아내기도 어려울뿐더러 누구도 그 말에 대해서 온전하다고 믿지 않을 것이기 때문이다. 그만큼 命의 의미의 深奧함이 있음을 反證하는 것이다."[1]고 하여 심지어는 命學을 궁구하는 학인 스스로가 命에 대해 자신이 없음을 토로하고 있는 실정이다.

첫 단락에서 일반인들의 인식과 두 번째 단락에서 명학인의 어려움을

1) 圓光大學校 東洋學大學院, 2005.

토로한 이유는 본 역평자의 생각으로는 아마도 命을 감정하는 방법이 학문적이고 체계적인 수단의 결여에 원인이 있다고 생각하고 있다. 그렇다면 이 학문적이고 체계적인 방법의 결여를 어떻게 해결할 것인가? 이 해결 방법은 이미 수천 년을 흘러 내려온 각가지의 이론을 과학적인 방법에 의해 증명을 하면 앞으로 이 명리학이 학문적 체계를 갖추어 음지의 학문이 양지의 학문으로 발전할 수 있을 것이라는 결과에 이르게 될 것이다.

수천 년 전이란? 다시 말해 명리학의 태동의 근거가 된 『河圖洛書』로부터 『낙록자소식부주』, 『연해자평』, 『자평진전』, 『적천수』에 이르기까지 기본주제를 파악하면 될 것이다. 하지만 이러한 命書들의 단점은 쓴 이는 그 기본주제를 인지하고 서술하였지만 후대에 내려오면서 해석하는 이들의 잘못된 해석의 결과로 각각의 주제이론이 연결되지 못하고 오히려 독립된 이론으로 해석하는 현대 명리학자들이 대부분이다. 하지만 이러한 방법은 잘못된 연구방법이라는 것이 본 역평자와 『滴天髓定石』을 共著하기로 약속한 정단님의 주장이고 본 역평자도 그 주장에 공감하기 때문에 이 머리말을 쓰게 된 동기가 되었다.

그러기 위해서는 우리는 우선적으로 고전을 바탕으로 하여 현대 과학적인 방법으로 검증해야 할 것이다. 왜냐하면 고전을 무시한 현대명리학 이론은 砂上樓閣에 불과하기 때문에 반드시 고전에 근거한 用/喜神의 도출과 그 用/喜神에 의한 吉凶禍福을 正斷해야 할 것이다. 위와 같은 생각은 본 역평자가 아래와 같은 논문을 발표하고도 만족하지 못하고 괴로워하던 중 갑자기 머리에 떠오르는 생각이 있었다.

그 생각의 내용은 '『滴天髓闡微』에 나오는 512개의 명조를 본인이 연구논문에 활용하였던 심효첨의 『子平眞詮』의 격국론과 계절을 중시하는 작자미상의 『窮通寶鑑』을 비교분석해서 용신이 일치하는 지를 점검해보자'는 생각이 들어 약 3개월간 진행하던 중 중화론의 용신론과 격국론의 상신론과 조후용신에 상당한 차이가 나타나는 것을 확인하였다.

다시 이 때문에 고민하던 중 또 다시 떠오르는 생각이 있었다. '아! 이 3者의 이론을 현대명리학적으로 풀어 확인해보면 어떨까?'하는 생각이 들었다. 물론 이렇게 생각이 든 것은 정단님이 생각나서이다. 정단님과 본인과의 인연은 약 4~5년 전에 인터넷을 검색하던 중 '정단명리'라는 사이트[2]를 만나 數値를 가지고 용신을 취하고 이 수치는 과학적[3]인 방법으로 도출되었다는 정단님의 주장에 반신반의하면서 책을 인터넷을 통하여 상권을 구입하여 보니 전혀 생소한 이론이었다.

그러나 본 譯評者의 관심을 끌었던 경우가 생겼는데 정단님이 용신을 검증한 사례명조가 대부분 『滴天髓』에 실려 있는 명조들이었다. 하지만 논문을 쓰는 기간인지라 깊게 공부할 여유가 없었으며 다시 하권이 나왔다는 소식에 하권을 구입하여 보니 철초님이 부정하는 신살론이 위주이므로 하권은 당시에 철초님의 이론을 중심으로 논문을 쓰던 때인지라 덮어두었다가 최근에 살펴보고 보니 하권의 내용은 송대에 徐升이 지은 『淵海子平』에 근거로 서술된 것을 확인할 수 있었다. 아무튼 2013년 3월경 정단님과 대면하여 나의 계획을 설명 드리고 허락을 받게 되었고 오늘과 같은 결과물이 나오게 되었다.

龜隱 朴 憲 九

---

2) 정단명리학회 http://cafe.daum.net/yongsinjo

3) 물론 이 주장은 다른 사람들이 정단님과 본인만 믿고 있는 이론이라고 하여도 부정은 하지 못한다.

滴天髓闡微 原文과 宗主命理의 解說

앞장에서 소개한 宗主命理의 존재와 가치를 알아본 고전연구가 박헌구 박사님의 제의에 따라 '滴天髓定石'을 세상에 선보이게 되었습니다. 적천수 연구로 박사학위를 취득하신 박헌구 님은 적천수천미의 원문을 해석하고, 필자는 宗主命理의 이론을 제공함과 아울러 宗主命理의 해설을 붙여 용신연구와 활용에 도움이 있길 기원하면서, 고전에 대한 정확한 원문과 해석을 달고, 宗主命理의 이론을 통해 고전의 명조사례를 낱낱이 宗主命理로 해설하였습니다.

제1권에서는 滴天髓闡微 通神論에 나오는 命造 512개 중 76개의 명조사례를 우선 소개하고자 합니다. 아울러 宗主命理의 용신론과 滴天髓闡微의 용신론이 일치하는 신비함을 경험하시기 바랍니다.

誠意伯秘授天官五星玄徹通旨

滴 天 髓 闡 微

通 神 論 卷一

第一 天道

【原文】

欲識三元萬法宗, 先觀帝載與神功.

萬法의 우두머리인 三元을 알려고 할 때는 먼저 帝載와 神功을 살펴야 한다.

[劉氏注]

天有陰陽, 故春木, 夏火, 秋金, 冬水, 季土, 隨時顯其神功, 命中天地人三元之理, 悉本于此.[4)]

---

4)『滴天髓輯要』에는 '悉本于此' 다음에「日干爲天元, 地支爲地元, 支中所藏爲人元」라고 하여 있으나『闡微』에는 袁樹珊이 撰輯하면서 '任氏曰' 以下로 넣어서 處理하였으므로 이 句節은 任鐵樵의 說이 아니고 劉基(伯溫)의 說인

하늘에는 陰(月)과 陽(日)이 있어서 봄에는 木氣가, 여름에는 火氣가, 가을에는 金氣가, 겨울에는 水氣가, 각 季節의 끝은 土氣가, 季節에 따라 五行의 氣運이 나타난다. 命中에 天地人 三元의 理致는 이것이 근본이 되는 것이다.

〔任氏注〕

任氏曰, 干爲天元, 支爲地元, 支中所藏爲人元, 人之稟命, 萬有不齊, 總不越此三元之理, 所謂萬法宗也. 陰陽本乎太極, 是謂帝載, 五行播于四時, 是謂神功, 乃三才之統系, 萬物之本原, 滴闌髓首明天道如此.

임씨가 말하기를, 干은 天元을 뜻하며 支는 地元을 뜻하며 地支 중에 暗藏되어 있는 干을 人元이라 한다. 사람이 命을 받되 (만에 하나라도) 같은 者가 없으니 이 모든 것이 三元의 理致를 넘지 못하는 것으로 이른바 萬法의 우두머리가 되는 것이다.

陰陽은 본래 太極을 根本으로 하고 이것을 帝載라 하며, (이 帝載의 작용에 의하여) 五行이 四季節에 퍼지니 이것을 神功이라 말한다. 이는 곧 三才의 계통이요, 萬物의 根源이 되는 것으로, 『滴天髓』 첫머리의 天道에서 이와 같이 밝히는 것이다.

第二 地道

【原文】

坤元合德機緘通, 五氣偏全定凶吉.

땅의 根本은 (하늘의) 德과 합하여 (天地間에 陰陽의 은밀한) 機緘과 通하고 五氣(木·火·土·金·水)의 치우침과 온전함에 따라 吉凶이 定해진다.

것으로 판단된다.

[劉氏注]

地有剛柔, 故五行生于東南西北中, 與天合德, 而感其機緘之妙, 賦于人者, 有偏全之不一, 故吉凶定于此.

땅에는 剛과 柔가 있으며, 五行의 氣가 東 · 南 · 西 · 北 · 中 五季의 方位에 따라 생기므로 하늘과 더불어 德을 合하면 그 機緘의 妙를 느낄 수 있다. 따라서 사람에게 賦與되는 것은 온전하거나 치우치게 되어 한결같지 않으므로 이것에 따라서 吉凶이 定해지는 것이다.

[任氏注]

任氏曰, 大哉乾元, 萬物資始, 至哉坤元, 萬物資生, 乾主健, 坤主順, 順承天, 德與天合, 煦嫗覆育, 機緘流通, 特五行之氣有偏全, 故萬物之命有吉凶.[5)]

임씨가 말하였다. 크도다. 乾元이여! 萬物을 싹 틔우기 위하여 돕는 것이, 至極하도다. 坤元이여! 萬物을 성장시키기 위하여 돕는 것이, 乾은 健함이 主된 것이요, 坤은 順함이 主된 것인데, (坤의 그) 順함이 하늘을 받들고, 그 德은 하늘과 더불어 合을 이루니, 늙은 할미가 孫子를 돌보아 덮어 기르듯이 하여 機緘이 流通된다. 특히 五行의 氣運이 치우치거나 온전함이 있기 때문에 萬物의 運命에 吉凶이 있게 되는 것이다.

第三 人道

【原文】

戴天履地人爲貴, 順卽吉兮凶卽悖.

---

5) 『徵義』에서는 『闡微』와 다르게 天道와 地道를 함께 敍述함. 三元者, 天元, 地元, 人元也 .干爲天元, 支爲地元, 支中所藏爲人元, 陰陽本乎太極, 曰帝載, 五行播於四時, 曰神功, 孔子說卦於震出曰帝, 於妙萬物曰神, 蓋非此不足以狀其用而形其妙也. 受賦於天謂之命, 易象大哉建元, 萬物資始, 至哉坤元, 萬物資生, 生者形之始, 人之秉氣受形, 與天地合其德, 機緘相通, 所秉五行之氣有偏全, 故萬物之命有吉凶.

이 세상에 하늘을 받들고 땅을 밟고 있기 때문에 사람이 귀하게 되었으니, 順理에 따르면 吉하고, 凶하게 된 것은 거슬렀기 때문이다.

[劉氏注]

萬物莫不得五行而戴天履地惟人得五行之全故爲貴, 其有吉凶之不一者, 以其得于五行之順與悖也.

모든 事物은 五行의 氣運을 가지고 있지 않는 것은 없으며 그리고 하늘을 이고 땅을 밟고 있는 것 (중에서) 오로지 사람만이 五行을 전부 가지고 태어 낳기에 貴하다고 하는 것이다. (그리고) 그 吉하고 凶한 것이 똑같은 것이 하나도 없다는 것은 五行의 順함을 얻는 것과 더불어 (오행의) 悖를 얻는 경우가 있기 때문이다.

[任氏注]

任氏曰, 人居覆載之中, 戴天履地, 八字貴乎天干地支順而不悖也. 順者接續相生, 悖者反剋爲害, 故吉凶判然, 如天干氣弱, 地支生之, 地支神衰, 天干輔之, 皆爲有情而順卽吉, 如天干衰弱, 地支抑之, 地支氣弱, 天干剋之, 皆爲無情而悖則凶也. 假如干是木, 畏金之剋, 地支有亥子生之, 支無亥子, 天干有壬癸以化之, 干無壬癸, 地支有寅卯以通根, 支無寅卯, 天干有丙丁以制之, 木有生機, 吉可知矣. 若天干無壬癸, 而反透之以戊己, 支無亥子寅卯, 而反加之以辰戌丑未申酉, 黨助庚辛之金, 木無生理, 凶可知矣. 餘可類推, 凡物莫不得五行戴天履地, 卽羽毛鱗介, 各得五行專氣而生, 如羽蟲屬火, 毛屬木, 鱗屬金, 介屬水, 惟人屬土, 土居中央, 乃木火金水中氣所成, 獨是五行之全爲貴, 是以人之八字最宜四柱流通, 五行生化, 大忌四柱缺陷, 五行偏枯, 謬書妄言四戊午者, 是聖帝之造, 四癸亥者, 是張桓侯之造, 究其理皆後人訛傳, 試思自漢至今二千餘載, 週甲循環, 此造不少, 謬可知矣. 余行道以來推過四戊午, 四丁未, 四癸亥, 四乙酉, 四辛卯, 四庚辰, 四甲戌者甚多, 皆作偏枯論, 無不應驗, 同邑史姓有四壬寅者, 寅中火土長生, 食神祿旺, 尚有生化之情，而妻財子祿，不能全美，只因寅中火土之氣無從引出，以致幼遭孤苦，中受飢寒，至三旬外，運轉南方，引出寅中火氣，得際遇，經營發財後竟無子，家業分奪一空，可知仍作偏枯論也. 由此觀之命貴中和，偏枯終于有損，理求平正，奇異不足爲憑.

임씨가 말하였다. 사람은 하늘이 덮어주고 땅이 실어주는 가운데 하늘을 이고 땅을 밟고 살아간다. 팔자가 귀하다는 것은 天干과 地支가 어그러짐이 없이 順함을 말한다. 順이란 서로 붙어서 도와주는 것을 말하며, 悖란 반대로 剋하여 害하는 것을 말하는 것으로 吉凶 판단이 확연하다. 만약에 天干의 氣運이 弱할 때 地支가 天干을 生함이나, 地支가 衰弱할 때 天干이 地支를 돕는 것을 모두가 有情하다고 하며 順한 즉 吉하다고 한다.

만약에 天干이 衰弱한데 地支가 天干을 抑制할 때, 또는 地支가 弱한데 天干이 剋을 할 때 이 모두가 無情하다고 하며 悖하여 凶하다고 하는 것이다. 가령 干支가 木인데 金의 剋을 두려워할 때 地支에 亥 · 子水가 木을 生하던지 地支에 亥 · 子水는 없고 天干에 壬 · 癸水가 있어 金의 氣運을 化하면 木을 生하는 機能이 생기어 吉함을 충분히 알 수 있다. (또) 干支에 壬 · 癸水는 없지만 地支에 寅 · 卯木이 있어 通根을 하던지, 地支에 寅 · 卯木은 없지만 天干으로 丙 · 丁火가 있어 金을 制할 수만 있다면 木은 生하는 機微가 있어 吉함을 가히 알 수 있다.

만약에 天干에 壬 · 癸水는 없고 戊 · 己土가 透出하였으며, 地支에는 亥 · 子水, 寅 · 卯木은 없이 반대로 辰 · 戌 · 丑 · 未와 申 · 酉가 무리를 지어 庚 · 辛金을 돕고 있다면 木을 生할 理致가 없으므로 凶함을 알 수 있으니, 나머지도 같은 의미로 類推하면 된다. 무릇 萬物은 五行을 얻지 않은 것이 없으며 하늘을 이고 땅을 밟지 않는 것이 없다.

즉 羽 · 毛 · 鱗 · 介는 역시 각각의 五行 중에 唯一한 한 가지 氣運을 가지고 태어났다. 예를 들어 날짐승은 火에 屬하고 털 짐승은 木에 屬하며 물고기는 金에 屬하며 甲殼類는 水에 屬하는데, 오로지 사람만이 土에 屬하며 그 土는 中央에 머물면서, 木 · 火 · 金 · 水의 氣運으로 이루어졌으니, 유일하게 五行의 기운이 모두 갖춘 것은 貴하다고 한다.

때문에 가장 마땅한 것은 사람의 팔자는 四柱가 유통이 되어야 하며 오행은 生하여 주고 化하여 주는 것이며, 가장 꺼리는 四柱는 (四柱의) 欠缺과 五行의 偏枯함이다. 근거 없이 妄靈된 이야기나 사람을 속이려는 책(謬書妄言)에는, 四柱가 戊午로만 이루어지면 聖帝의 四柱라고 하고, 癸亥로만 이루어진 사주는 張桓候의 四柱라고 하는데, 이러한 理致는 硏究하여 보면 모두가 後人들이 거짓으로 傳한 것이다.

예를 들어 생각하여 보라! 漢나라가 시작하여 지금까지가 二千年의 歲月이 흘러 六十甲子는 여러 번 循環에 따라 이와 같은 命造는 적지 않은 것으로 보아 속임수의 말이라는 것을 알 수 있다. 내가 이 길을 걸어 온 이래 四戊午, 四丁未, 四癸亥, 四乙酉, 四辛卯, 四庚辰, 四甲戌의 四柱를 많이 보아 왔는데 모두가 치우치다 말할 수 있을 만큼 경험해 보지 않은 것이 없다.

우리 邑內에 史氏姓을 가진 사람은 四柱가 모두 壬寅으로만 이루어졌는데 寅中 火土는 長生이요, 食神은 祿旺이니 生하고 化함이 祥瑞럽다고 하였으나 마누라 재산 자식 官職 등이 하나도 아름다운 것이 없었다. 原因은 寅中의 火土의 氣運을 꺼내 쓸 수 없음이라, 결국 어려서 孤兒가 되고 中年까지 춥고 배고픔으로 지내다가 三十歲 이후 運이 南方으로 향할 때 寅中 火氣를 쓰는 때에 기회를 만나 장사를 하여 많은 돈을 벌었으나 마침내는 자식은 없고, 家業은 한 번에 허공으로 날려 보냈다.

원인은 偏枯함으로 말할 수 있음을 알 수 있다. 이로 말미암아 貴한 命을 보면 中和요, 偏枯한 命은 끝내는 損害가 있음이라, 이러한 理致는 바르고 衡平하고 바른(中和) 곳에서 구해야지 奇異한 곳에서 구하면 證憑하기가 不足하다.

<譯評> 이 天道 · 地道 · 人道 3장의 大義는 『滴天髓』가 지닌 명리학적 陰陽五行에 의한 인간의 운명은 필연적으로 하늘과 땅에 의해서만 결정된다는 논리를 형이상학적으로 설명하고 있다. 특히 인간의 운명을 개괄적으로 설명한 人道章에서는 일반적인 동물과 다른 만물의 영장인 인간만이 土에 속하여 모든 오행을 가지고 태어났기에 그에 따른 길흉화복이 사람마다 다르다고 하였다. 더하여 길흉화복의 원인은 타고난 사주팔자에 속에 구성된 陰陽五行의 中和와 偏枯함에 따라 결정된다고 하였다.

第四 知命

【原文】

要與人間開聾瞶, 順逆之機須理會.

人間의 어리석음과 蒙昧함을 깨우쳐 주려면 반드시 順함과 逆함에 機微의 理致를 알아야 한다.

[劉氏注]

不知命者如聾瞶, 知命于順逆之機而能理會之, 庶可以開天下之聾瞶.

命을 알지 못하는 것을 聾瞶 즉 귀머거리와 같은 것이며, 命을 아는 것은 理致가 모여 順機能을 하는가? 逆機能을 하는가를 깨닫는데 있다. (그러면) 거의 天下의 蒙昧함을 해결할 수 있는 것이다.

〔任氏注〕

任氏曰, 此言有至理, 惟恐後人學命, 不究順悖之機, 妄談人命, 貽悞不淺, 混看奇格異局, 一切神殺, 荒唐取用, 桃花咸池, 專論女命邪淫, 受責鬼神, 金鎖鐵蛇, 謬指少兒關煞, 憂人父母, 不論日主之衰旺, 總以財官爲喜, 傷殺爲憎, 定人終身, 不管日主之强弱, 盡以食印爲福, 梟刦爲殃, 不知財官等名,乃六親取用而列, 竟認作財可養命, 官可榮身, 何其愚也. 如財可養命, 則財多身弱者, 不爲富屋貧人, 而成巨富, 官可榮身, 則身衰官重者, 不至夭賤, 而成顯貴, 余詳考古書, 子平之法, 全在四柱五行, 察其衰旺究其順悖, 審其進退, 論其喜忌, 是謂理會, 至於奇格異局, 神殺納音諸名目, 乃好事妄造, 非關命理休咎, 若據此論命, 必致以正爲謬, 以是爲非, 訛以傳訛, 遂使吉凶之理, 昏昧難明矣. 書云, 用之爲財不可刦, 用之爲官不可傷, 用之印綬不可壞, 用之食神不可奪, 此四句原有至理, 其要在一用字, 無如學命者, 不究用字根源, 專以財官爲重, 不知不用財星儘可刦, 不用官星儘可傷, 不用印綬儘可壞, 不用食神儘可奪, 順悖之機不理會, 如聾瞶何異, 豈能論吉凶辨賢否, 而有功於世哉, 反誤世惑人者多矣.[6)]

임씨가 말하였다. 이 말(原文과 原註)은 至極한 理致에 있는 것이다. (왜냐하면) 順悖의 機微를 연구하지 않고 사람의 命을 奇格 異局을 섞어 본다든지, 모든 神殺을 荒唐하게 사용하며, 桃花나 咸池는 오로지 여자가 간사하고 음흉한 것으로 말을 하고, 어린아이에게 金鎖鐵蛇라는 鬼神이 붙었다며 죽음에 대하여 거짓으로 지적하여 적지 아니하게 사람의 命에 대하여 그릇되게 虛妄한 거짓말을 하여 아이의 부모를 걱정하게 하려는 後學命人에게 오로지 警告의 말을 하려는 것이다.

日主의 衰하고 旺함을 논하지도 않고, 모두 財星과 官星은 반가워하고 傷官과 偏官은 미워하여 그 사람의 終身運命을 決定 짓는 것과, 日主의 强함과 弱함을 관계없이 모두 食神이 福이 되고, 梟刦이 災殃이 되며, (오히려) 財星이나 官星도 같은 이름(같이 나쁜 작용)이라는 것을 알지

---

6) 『徵義』에서는 『闡微』와 다르게 人道와 知命을 함께 敍述하고 知命章에서 例示한 命造는 徵義에는 없음. 八字貴乎天干地支,順而不悖,如天干氣弱,地支生之,地支神衰,天干輔之,皆爲有情而順者,吉.如天干衰弱,地支抑之,地支氣弱,天干剋之,皆爲無情而悖者則凶也.人之八字,最要四柱流通,五行生化,大忌四柱缺陷,五行偏枯,子平之法,全在察其衰旺,究其順悖,審其進退,論其喜忌,是謂理會,至於奇格,異局,神殺,納音,諸名目,乃好事者之妄造,不合五行正理,未可盡信,若據此以論休咎,必致以正爲謬,以是爲非,訛以傳訛,遂使吉凶之理,昏昧難明矣.

못함이다. 六親을 取用하고 버리는 데에 마침내 財는 命을 기르고 官은 몸을 영화롭게 作用을 한다고 알고 쓰면, 이 어찌 愚를 犯하는 일일 뿐이겠는가?

만약에 財가 命을 기른다면, '財多身弱'한 사람을 부자 집 내의 가난한 사람이라 하지 않고 오히려 거부가 된다 할 것이고, 또 官이 一身을 영화롭게 할 수 있다면, 日主가 衰하고 官이 重한 者에게 夭折하거나 貧賤하게 산다고 말하지 않고 貴함이 나타난다고 하여야 할 것이다.

내가 古書를 자세히 考察하여보니 子平命理의 法이란 완전히 四柱 五行에 있으며, 그것의 旺衰를 살피고 順悖를 궁구하며 進退를 살피고 喜忌를 論하는 것, 이것이 理會라 말할 수 있다. 奇格, 異局, 神殺 納音等의 이름을 들먹이는 것은 거짓된 것을 만들기를 좋아하는 사람이 命理의 休咎와는 관계없이 만들어 놓은 것이다.

만약이 이러한 根據에 의하여 命을 이야기한다면 반드시 바른 理致가 거짓이 되고, 진짜가 가짜가 되니, 거짓말은 거짓말을 낳고, 하물며 吉凶之理를 따른다 해도 밝히기에는 어둡고 캄캄하고 어려울 뿐이다. 책에서 말하기를 財를 쓸 때는 刦財는 不可하며, 官을 쓸 때는 傷官은 쓸 수 없으며, 印綬를 쓸 때는 壞印은 안되며, 食神을 쓸 때는 奪食은 안 된다는 이 네 개의 文句는 원래 지극한 理致에 있으며 그 重要함은 하나의 글자를 사용함에 있는 것이다.

다음과 같은 命理學者는 되지 말라! 使用(用神)하는 글자의 原初的인 뿌리는 研究하지 않고 오로지 財官이 重하다고 하는 者, 財星이 다해서 쓰지 못할 때에 刦財을 쓸 줄 모르는 者, 官星이 다해서 쓰지 못할 때에 傷官을 쓸 줄 모르는 者, 印綬가 다해서 쓰지 못할 때에 壞印시킬 줄 모르는 者, 食神이 다해서 쓰지 못할 때에 奪食시킬 줄을 모르는 者, 이 모두가 '順悖之機의 不理會'로써 어리석고 몽매함과 어찌 다르겠는가! 어찌 吉凶을 能히 論할 수 있으며 어진 사람인지 아닌지를 辨別하여 사람들을 대하는 功이 있다 하겠는가! 오히려 世上을 誤解시키고 사람을 迷惑시킬 일이 더 많을 것이다.

高 宗 純 皇 帝 御 造

時	日	月	年<事例 1>
丙	庚	丁	辛
子	午	酉	卯

己 庚 辛 壬 癸 甲 乙 丙
丑 寅 卯 辰 巳 午 未 申

天干庚辛丙丁, 正配火煉秋金, 地支子午卯酉, 又配坎離震兌, 支全四正氣貫八方, 然五行無土, 雖誕秋令, 不作旺論, 最喜了午逢冲, 水剋火使午火不破酉金, 足以輔主, 更妙卯酉逢冲, 金剋木, 則卯木不助午火, 制伏得宜, 卯酉爲震兌, (主仁義之眞機,) 子午爲坎離., (宰天地之中氣, 且坎離得日月正體,) 無消無滅, 一潤一暄, 坐下端門, 水火旣濟, (所以八方賓服, 四海攸同, 金馬朱鳶, 並隷版圖之內, 白狼元兎, 咸歸覆幬之中, 天下熙寧也.)[7)]

天干은 庚 · 辛 · 丙 · 丁이다. (서로) 바른 짝을 이루어 가을의 金을 鍛鍊하고, 地支는 子 · 午 · 卯 · 酉로 또한 坎 · 離 · 震 · 兌와 짝을 이루었다. 地支의 네 正氣가 八方에 貫通하고 五行 중에 土가 없다. 비록 가을의 月令을 가지고 태어났기에 일주가 旺하다고는 할 수 없다. 가장 기쁜 것은 子/午冲으로 水剋火하여 午火가 酉金을 破하지 못하게 하여 충분히 日主를 도울 수 있으며, 더욱이 妙한 것은 卯/酉冲으로 因하여 金剋

---

7) 『徵義』에서는 이 命造는 「地支」 장에 있다. 또한 ( )친 부분이 없다. 물론 증주자가 전하려는 의도는 『闡微』와 차이는 없다. 오히려 『闡微』의 내용이 복잡하고 지리한 느낌이 든다. 그러나 목차도 『闡微』와 차이가 있으며 특히 찬집자인 원수산이 밝힌 '任氏曰'이라는 것도 없으며 마지막장인 「貞元」 장도 없고, 마지막 장으로 「夫妻」 장을 두었으며, 특히 증주자인 임철초가 비판하는 「吉凶神殺表」를 두었다. 이와 같은 근거에 의하면 서락오가 지은 『徵義』라는 책은 증주자의 의도와는 관계없이 각색 된 듯하다.

木하니, 즉 卯木이 午火를 돕지 못함으로 적당하게 制하고 누름이 있다.

즉 卯 · 酉는 震 · 兌니 주로 仁과 義의 진실된 氣運이 있으며, 子 · 午는 坎 · 離이로서 하늘과 땅 사이의 中氣運을 다스린다. 또한 坎 · 離는 해와 달의 바른 형체를 얻었으니 소멸하지 않고 한 번은 潤澤하게 한 번은 따듯하게 하는 (각각의 地支에) 端門들을 깔고 앉아 있으므로 (周易에서 말하는) 水火旣濟를 이루었다.

바로 이러하므로 八方의 (부족들이) 손님으로 와 謁見하고 금 마차에 붉은 솔개그림을 달고 四海를 평정하여 그 내의 모든 나라들을 아우르며, 나쁜 무리의 어진 우두머리가 되어 天下를 기쁘고 便安하게 하였다.

<譯評> 증주를 한 철초님은 이 명조의 用神을 天干의 丙/丁火(官煞)로 보았다. 그렇다면 喜神은 그 용신을 돕는 木氣(財星)運이 되는데 대운이 木/火大運으로 흘러 용신을 돕고 있는 상태가 되었다. 地支로는 子/午沖, 卯/酉沖이 되어 매우 불안정한 상태이나 大運이 해결사 노릇을 한 것이 '命好不如運好'가 되었다.

『子平眞詮』 심효첨의 格局用神論에 의하면, 陽刃이라는 것은 나(日主)의 正財를 겁탈하는 神이다. 곧, 正財의 七殺이다. 祿이 (이 五行의 앞의) 자리에 있으며 오직 五陽(일주)에만 성립하는 이유로 陽刃이라고 한다. (그래서) 劫이라 하지 않고 刃이라고 한 것은 劫奪하는 것이 심하기 때문이다. 陽刃은 (凶殺이므로) 剋制하는 것이 마땅하기에 官煞도 모두 마땅하고, 財星과 印綬가 서로 따르면 더욱 귀함이 드러나게 된다. 무릇 正官으로 (相神을 쓸 경우) 財星과 印綬가 서로 따르면 아름답다. 七煞을 얻으면 또한 이름이 다른 格에서 煞로써 일주를 傷하는 것 보다 더욱 심함을 어찌 알겠는가? 그러므로 伏制를 반기고 財星과 印星을 꺼린다. 陽刃이 七煞을 쓸 경우 그것에 의지하여 刃을 制할 때는 일주가 상하는 것은 두려워하지 않는다. 그러므로 財星과 印星을 오히려 반기고 (오히려

食/傷에 의해 官/煞을) 制伏하는 것을 꺼린다.[8]고 하였다.

또, 심효첨은 말하기를, 그러나 官煞로 制刃하는 것은 같으나 격 역시 高低가 있다. 만약에 官煞이 뿌리가 깊게 하고 투출하면 大貴하고 官煞이 암장되던지, 혹은 투출은 하였으나 뿌리가 얕으면 小貴하다. 마치 己酉/丙子/壬寅/丙午는 官星이 투출하고 유력하고 왕한 財星이 그것을 생하니 丞相의 命이 되었다. 또 辛丑/甲午/丙申/壬辰은 煞이 투출하였으나 뿌리가 얕으나 財星과 印星이 도와 丞相의 命이 되었다.[9]고 하였다.

심효첨의 격국용신론에서도 위의 명조<事例 1>도 丙/丁火가 相神으로 地支의 午火는 時支의 子水에 의하여 충이 되었으므로 용신으로서 제구실을 할 수 없으나, 天干에 있는 丙/丁火는 相神으로 사용할 수 있다.

『窮通寶鑑』 계절의 조후를 중시하는 조후용신론에 의하면, 8월의 庚金은 강하고 예리한 기운이 아직 물러나지 않은 시기라, 丁火와 甲木을 용신으로 하고, 丙火가 적으면 不可하다. 만약에 丁火와 甲木이 투출하고 또 丙火를 본다면 공명이 혁혁히 들어날 것이다.[10]고 하였다. 결론적으로 이와 같이 格局用神과 調候用神과 抑扶用神이 일치하는 경우 大貴格이 될 가능성이 높은 명조가 될 수 있다.

---

8) "陽刃者劫我正財之神, 乃正財之七煞也, 祿前一位, 惟五陽有之, 故爲陽刃, 不曰劫而曰刃, 劫之甚也, 刃宜伏制, 官煞皆宜, 財印相隨, 尤爲貴顯, 夫正官而財印相隨美矣, 七煞得之, 夫乃甚乎, 豈知他格以煞能傷身, 故喜制伏, 豈財印, 陽刃用之, 則賴以制刃, 不怕傷身, 故反喜財印, 忌制伏也", 沈孝瞻 原著, 徐樂吾 評註『子平眞詮評註』권5, (台北, 集文書局, 民國83), p.30.

9) "然同是官煞制刃, 而格亦有高低, 如官煞露而根深, 其貴也大, 官煞藏而不露, 或露而根淺, 其貴也小, 若己酉/丙子/壬寅/丙午, 官透有力, 旺財生之, 丞相命也, 又辛丑/甲午/丙申/壬辰, 透煞根淺, 財印助之, 亦丞相命也:", 위의 책, 같은 권, p.32.

10) "八月庚金, 剛銳未退, 用丁甲, 丙不可少, 若丁甲透, 見一丙, 功名顯赫", 徐樂吾 評註『窮通寶鑑』, (台北, 武陵出判有限公社, 2010), p.147.

[宗主命理 解說]

時 日 月 年 <事例 1>

丙 庚 丁 辛

子 午 酉 卯

庚 辛 壬 癸 甲 乙 丙

寅 卯 辰 巳 午 未 申

金이 적정하고 比劫에 해당하며 月令을 얻었다. 酉금은 방향성이 다른 辛金으로 투간되어 破格이 되므로 金體火用으로 火가 用神이다. 만약에 년간에 辛金이 없다면 비겁격으로 準正格에 입격되어 生法取用하므로 金이 용신이 된다. 파격된 것이 강한 역동성을 가져오니 결과적으로 대업을 완수하는데 크게 역할을 한 것으로 본다. 사주는 格의 매핑을 통하여 取用하여야 정확한 용신을 찾아낼 수 있다.

명조분석은 오행으로 분석하고 그중에 土에 대한 철저한 규명이 따라야 한다. 토는 없다. 다만, 午中에 丙己丁으로 있으나 己는 사라지고 그 자리에 火로 채워진다. 이러한 토의 변화를 고려하여 指數를 계산하면, 토0, 금5.0, 수2.0, 목1.4 화4.3으로 나타난다. 상세한 내용을 위해서는 종주명리의 지수편을 보면 될 것이다. 결국 금이 太旺하게 강한 宗主임이 드러났으니 금을 다스리는 것은 火가 되는 것은 당연하다. 여기에 신강신약이니 하는 말은 무의미하고 불필요하다. 다만, 火가 통근통력이 있는지를 보면 된다. 午화만으로 존재와 역할이 충분한데, 丙丁까지 通力을 더해주니 官용신도 강하다. 관성인 화가 용신이면 화를 생하는 목은 희신이 된다. 희신과 용신이 결합되어 이 명조의 格이 성립되므로 木火로 구성된 財官格에 해당한다. 財官格은 영웅파란격이니 잘 나갈 때는 승승장구하나 희신의 끈이 떨어지면 곤두박질치기도 하는데, 본 명주는 官용신이 천지천간을 관통하고 운로가 용신운으로 흘러주니 부귀영화를 누리게 된다.

庚금은 五運의 財를 卯로 飛出하고, 丁화는 오운의 식신壬수를 끌어와 子수를 비출하고, 辛금은 오운의 편관丙화를 끌어와 오화를 비출하여 천지를 진동케 하는 기가 흐르고 신왕살왕을 득하고 子午卯酉를 전비하니 대발대귀의 조건을 갖추었다. 더구나 子午는 君火기를 당겨오고 卯酉는 燥金기를 당겨와 火鍊眞金의 형국을 이루었으니 木火운에 부귀영화와 極貴를 누린 것이다.

적어도 33~34세 丙戌년과 丁亥년에 천하를 통일하는 데, 초석을 마련했을 것이다. 癸巳大運은 명예와 귀를 얻는데 대길함을 보태니 천지가 화합하는 천하통일이 가능했을 것이다. 특히, 巳화가 허자로 들어오는 48세부터는 사방팔방에서 귀인이 모여든다. 천을귀인이 희신으로 작용하고 월덕귀인이 일간에 임하고 있기 때문이다.

時	日	月	年<事例 2>
戊	戊	庚	庚
午	辰	辰	申

戊	丁	丙	乙	甲	癸	壬	辛
子	亥	戌	酉	申	未	午	巳

董中堂造, 戊土生于季春, 午時似乎旺相, 第春時虛土, 非比六九月之實也. 且兩辰蓄水爲濕, 足以洩火生金, 干透兩庚, 支會申辰, 日主過洩, 用神必在午火, 喜水木不見, 日主印綬不傷, 精神旺足, 純粹中和, 一生宦海無波, 三十餘年太平相業, 直至子運會水局, 不祿壽已八旬矣.

董中堂의 命造로, 戊土 日主가 봄의 마지막 달에 태어나고 午時 生이라 旺相이라고 하기 쉬운데, 그러나 봄철의 土는 虛한 土여서 六(未)九(戌)月의 土가 實한 것에 비교할 수 없다. 또한 두 개의 辰土는 물을 저장한 濕土라 火를 洩하고 金을 生하기에 충분하여 透干된 庚金과 地支에는 申辰이 모여서 日主를 洩氣시키기에 用神은 반드시 日主를 生하는 午

火에 있다.

반가운 것은 水와 木이 보이지 않음으로 日主와 印綬가 다치지 않아 精과 神이 충분히 旺하며, 순수하게 中和를 이루어 평생 동안 벼슬길에서 파란이 없었으며 三十餘年을 太平하게 지냈다. 곧바로 子대운에 이르러 水局을 이루면서 불행하게 되었는데 그의 나이는 이미 八十이 되었다.

<譯評> 일본의 명리대가인 阿部泰山은 그의 저서 『滴天髓和解』를 註釋하면서 이 명조를 설명하기를 다음과 같이 하였다.

年	食神	庚	申	食神	病
月	食神	庚	辰	比肩	冠
日		戊	辰	比肩	冠
時	比肩	戊	午	印綬	旺

위의 命은 생일 戊土는 건토, 辰은 춘월의 토이므로 월령을 얻은 것 같지만 춘의 건토는 왕이라 하지 않는다. 그리고 생시의 午는 제왕으로 되고, 천간에 比肩이 있는데, 월 · 일 · 시 또한 비견이 林立해서 나를 돕는다. 이리하여 일간이 지나치게 유여하다. 그러나 다행히도 연월에 食神이 성하여 나의 왕을 漏하므로 도리어 中和純粹의 命格으로 된다.

일생을 통하여 풍파와 험악에 봉착하지 않고 오랫동안 官界에서 근무하여 명성을 떨친다. 본명은 변역관법의 명으로 생시 印綬를 용신으로 취하기 때문에 財運을 두려워한다. 만년 子丑 북방의 水運財地에 들면 생명은 끝이 난다. 특히 子의 운은 명중 申辰과 三合해서 水局으로 되고, 또 子는 午의 正印을 극하기 때문에 자운이 가장 좋지 않다. 대운 戊子의 제8운에 돌아서 80여 세의 고령으로 사망한 명조이다.[11]라고 하였다.

앞에서 증주자인 철초님이 監命한 董中堂의 명조를 阿部泰山식으로 재

---

11) 阿部泰山 原著, 鄭民鉉 譯『(四柱推命學)滴天髓和解』, (서울 : 三元文化社, 1998), 상권, p.23.

해석한 것이다. 阿部泰山 역시 봄철(辰月)의 戊土는 강하지 않다고 하였다. 그러나 증주자는 年月에 투간된 庚金과 地支의 申辰이 半水局을 이루어 일주가 약하므로 時支의 午火가 용신이 된다고 한 반면, 아부태산은 연월의 경금 食神이 왕한 일간의 기운을 설하기에 사주가 中和純粹하다고 하였다.

또한 변역관법이라는 것은 약한듯하지만 태어난 시간이 戊午시라 무토 일주가 경금 식신의 설기를 감당할 만하다는 뜻인데 결국 아부태산식의 관법에 의하면 火生土 土生金으로 흐르는 通關 내지는 源流用神 구조가 되어 源流用神인 午火가 극을 받는 子運에 終命한 명조이다. 이와 같이 동양 삼국에서는 증주자인 임철초의 중화사상을 근본으로 인간의 운명을 감명하는 방법이 새롭게 등장하였으며, 후대에 미친 영향은 지극히 크다고 말할 수 있겠다.

참고적으로『徵義』에서는 이 '知命章'이 탈락하고 天道, 地道, 人道, 理氣章으로 구성되었으므로 본 知命章에 실려 있는 사례명조 1번인 建隆皇帝 명조는『徵義』46페이지 地支장에 있고, 이 사례명조 2번은 누구라는 이름 없이 體用과 精神장을 함께 묶어 250페이지에 있고, 아래 사례명조 3번과 4번은 形象장 107-108페이지에 실려 있다.

『子平眞詮』 임철초식 中和論에 의하면 위와 같으나, 심효첨은 土月에 土日干은 雜格으로 취급하여 地藏干에 있는 餘氣나 中氣가 투출되면 그것으로 格을 잡는데, 이 명조는 透干된 기운이 없으므로 格用神을 취할 방법이 없다. 특히 陽刃格이나 祿劫格장을 살펴보아도 土月에 土日主로 된 사례명조를 찾을 수 없었다. 이 같은 이유로 譯評者의 일방적인 견해이지만 격국론은 未完의 이론이라고 할 수 있다.

『窮通寶鑑』 계절을 중시하는 調候論에 의한 용신을 살펴보면, 辰月의 戊土 일주는 司令을 하였기 때문에 마땅히 우선적으로 甲木을 제일용신하고, 辰宮에 戊/乙/癸가 작용을 하지만 乙木은 소토하기가 불가능하여 甲木이 이(乙木)를 대신하여 疏土를 시킨 다음 癸水로서 보조용신으로 취하여야 한다.[12]고 하였다.

결론적으로 조후론은 甲木이 제1용신이고 제2용신이 癸水가 되므로 중화론과 격국론과 용신의 관법의 차이가 난다. 또한 조후론에서는 봄철의 토는 강하다고 하였으며, 중화론의 임철초는 오히려 절기상 辰月은 6-9월의 戊土보다 허약하여 午火를 용신으로 보았다.

[宗主命理 解說]

時 日 月 年 <事例 2>

戊 戊 庚 庚

午 辰 辰 申

丙 乙 甲 癸 壬 辛

戌 酉 申 未 午 巳

명조해석은 土에 대한 정확한 진단에서 시작된다. 공전반과 자전반은 구분되어 작용하는데, 공전은 자전에 영향을 주지만 자전은 공전에 영향을 미치지 못한다. 庚辰의 辰中戊는 金으로 변한다. 年月에 투간된 戊己토가 없으면 지장간의 토는 이웃상황에 따라 변하기 때문이다. 또한, 일반적으로 쌍자연좌하면 체감되나 토는 해당되지 않음을 유의해야 한다.

자전반의 午中己토가 건재하고, 辰中의 戊토가 토의 독립성을 확보하여 건재하니 지수계산을 하면 화1.6, 토3.5 금6.4 수1.2 목0.9이다. 단연, 금이 極旺한 宗主이다. 금종주를 극법취용하니 금체화용으로 火가 용신이 된다. 용신인 午화를 子午沖하는 子運에 貴가 사라지니 졸하였다.

辰辰으로 쌍자도충된 戌이 있어 貴함이 컸던 것이다. 허자는 沖剋을 비껴가기 때문이다. 戌은 午戌火局을 만들어주기 때문이다. 고초의 기운

---

12) "三月戊土司令, 宜先甲爲用, 辰宮戊乙癸用事, 戊土厚重而暖, 乙木不能疏土, 以甲代之, 甲透出干, 有癸生助", 『子平粹言』 권2, p.222.

이 중중하여 과욕을 부리지 않고 그냥 주어지는 녹봉에 혜택으로 가난하게 살았음을 알 수 있다.

月日 간에 도충된 虛字戌이 動하는 27세, 28세인 丙戌, 丁亥년에 벼슬길에 올랐을 것이다. 午戌화국을 결성하니 시험으로 빛을 발하기 때문이다. 진술충으로 인하여 신진합이 풀어지면서 진로와 활동의 무대가 넓어지니 일지辰의 덕이 크다. 그래서 부부가 有情하고 內助의 공이 많았다고 추론된다. 그러나 자식은 부모보다 못했을 것이다. 辰中餘氣로 거하고 있으면 희용이 되지 못하기 때문이다. 그러나 첫째 아들보다 둘째 아들이 잘되었고 효자였을 것이다. 둘째는 日支中에 乙木이기 때문이다.

時支에 午火용신이 動하는 35세, 36세 甲午, 乙未년에 발복한 것이 말년을 富貴榮華롭게 하였다. 亥대운은 무난하지만 子대운은 午화를 沖去하면 虛字巳火도 제거되기 때문에 한 점의 빛도 남김없이 사라지므로 不歸의 客이 된 것으로 추론한다. 특히, 74세 癸酉년은 무토가 합거되고 酉금은 辰酉합으로 戌토를 날려버리고 巳화를 금으로 만들어 불이 꺼지는 형국인데, 子대운에 임하니 확인 사살을 하는 셈이기 때문이다.

時	日	月	年
庚	甲	壬	壬
午	寅	寅	辰

<事例 3>

戊 丁 丙 乙 甲 癸
申 未 午 巳 辰 卯

同邑王姓造, 俗以身强殺淺, 論取庚金爲用, 謂春木逢金, 必作棟梁之器, 勸其讀書必發, 至三旬外不但讀書未售, 而且家業漸消, 屬余推之, 觀其支坐兩寅, 乘權當令, 干透兩壬生助旺神, 年支之辰土, 乃水之庫, 木之餘氣, 能蓄水養木, 不能生金, 一點庚金休囚已極, 且午火敵之, 壬水洩之, 不惟無用, 反爲生水之病, 大凡旺之極者, 宜洩而不宜剋, 宜順其氣勢, 弗悖其性也. 以午火爲用, 將來運至火地, 雖不貴于名, 定當富于利, 可棄名就利, 如再守芸窗, 終身誤矣. 彼卽棄儒就經營, 至丙午運剋盡庚金之病, 不滿十年, 發財十餘萬, 則庚金爲病明矣.

같은 邑에 사는 王氏姓을 가진 사람의 命造이다. 일반적으로 日主가 强하고 殺이 弱할 때는 (七殺인) 庚金을 用神으로 사용한다고 한다. 또한, 春木이 金을 만났으니 반드시 棟梁之器가 될 것이라고 하여, 글 읽기를 하면 반드시 發할 것이라고 勸하였는데, 부단히 三十이 넘도록 글 읽기를 하여도 결과를 보지도 못하고 家勢는 점점 줄어가고 있었다.

내가 이 四柱를 보고 미루어 결론짓기를 地支에 두개의 寅을 깔고 앉아 月令의 權勢를 타고 있으며 두개의 壬水가 旺한 神을 生하고, 年支의 辰土도 水의 庫이며 木의 餘氣이니, 능히 물을 저장하여 나무를 키울 수 있으며, 금을 生할 능력은 없다. 하나의 庚金은 休囚가 極에 달하고 午火는 敵이요, 壬水는 洩氣를 하니, 쓸 수 없을 뿐만 아니라, 반대로 生水를 하여 病이 되었다. 무릇 旺한 것이 極에 달하면 마땅히 洩해야 하며, 반대로 剋을 하면 마땅치 않으며, 그 氣勢에 順應하여야 하고 그 性情에 어그러지면 안 된다.

그리하여 午火를 用神으로 사용하여 將來 火運이 到來할 때에 비록 이름과 貴함은 없으나 富와 利는 定해졌으니 이름을 포기하고 利益을 추구함이 옳은 것이다. 만약 다시 공부를 하였다면 끝내 자신을 잘못 아는 것이니, 선비를 포기하고 사업가로 나가서 丙午大運에 이르러 四柱의 病이 되는 庚金을 剋하여 보내므로, 십년도 채우기 전에 發財하여 十餘萬의 재산이 모아질 수 있었다. 바로 庚金이 病이 됨이 분명하다.

<譯評> 『徵義』에는 命主의 성씨가 없다. 증주자인 철초님은 庚金인 偏官이 病이라고 하였다. 이 주장은 16세기 사람인 張楠이라는 인물이 『命理正宗』에서 보이는 이론이다. 이 병을 치료하는 약이 있어야 반드시 命主는 발복할 것이라는 이론이다.

『子平眞詮』 심효첨의 격국론에 의하면 寅月의 甲木日主는 祿劫格이다. 이 祿劫格의 정의는 다음과 같다. 建祿이라는 것은 月建祿堂이라는 것이다. 祿이 곧 劫財다. 혹시나 祿堂이 투출하면 (그것을) 의지하여 相神으로 쓸 수 있을까? 그렇지 않다! 그러므로 建祿이나 月劫이나 동일한 格이라고 할 수 있다. 구태여 나눌 필요가 없다. 모두 透干을 하고 會局을 이루어도 별도로 財/官/煞/食/傷을 相神으로 취해야 한다.[13]고 하였다.

심효첨의 이 같은 주장을 보면 月令에 比/劫이 司令하면 다른 곳에서 相神을 찾으라고 확실하게 정의를 내렸다. 이 정의에 뜻을 살펴보면 이미 月令을 司令한 일간은 강하다고 결정짓고 印/比를 相神으로 취하라는 언급은 전혀 없다. 그렇다면 위의 명조<事例 3>는 철초님의 중화론에서는 時支의 午火 傷官을 중화용신으로 하는 '傷官制煞格'이 된다.

다시 심효첨은 또 말하기를, 祿劫格에 財/官星이 없어서 食/傷星을 相神으로 하면 그 太過한 기운을 洩氣하여 역시 秀氣가 된다. 더욱이 (日主가) 春木과 秋金이면 귀하다. (왜냐하면) 대체로 木이 火를 만나면 밝아지고, 金이 水를 생하면 神靈스러워지기 때문이다. 마치 張壯元의 命이 甲子/丙寅/甲子/丙寅으로 '木火通明'이 된 명조다. 또 癸卯/庚申/庚子/庚辰으로 金水가 서로 받아들이고 있다.[14]고 하였다.

이 명조<事例 3>는 春木에 해당되어 일주가 강하고 時干의 庚金이 있어 심효첨의 격국이론이라면, '일반적으로 日主가 强하고 殺이 弱할 때는 (七殺인) 庚金을 用神으로 사용한다고 한다. 또한, 春木이 金을 만났으니 반드시 棟梁之器가 될 것이라고 하여, 글 읽기를 하면 반드시 發할 것이라고 勸하였는데, 부단히 三十이 넘도록 글 읽기를 하여도 결과를 보지

---

13) "建祿者, 月建逢祿堂, 祿卽是劫, 或以祿堂透出卽可依以爲用者, 非也. 故建祿與月劫, 可同一格, 不必另分, 皆以透干會局, 別取財官煞食傷爲用", 『子平眞詮評註』, 권5, 앞의 책, p.39.

14) "其祿劫之格, 無財官而用傷食, 洩其太過, 亦爲秀氣, 春木秋金, 用之則貴, 蓋木逢火則明, 金生水則靈, 又癸卯/庚申/庚子/庚辰, 金水相涵也", 위의 책, 같은 권 5, p.43.

도 못하고 家勢는 점점 줄어가고 있었다.'고 하면서 철초님은 격국론(당시까지만 해도 俗論이다)에서 祿劫格에 煞星을 相神으로 해야 한다는 것을 부정하고 時支의 午火를 중화용신론으로 보았다.

『窮通寶鑑』 다음은 계절을 중시하는 조후용신론에 의하면, 正月 甲木은 初春이라 오히려 찬 기운이 남아 있다. 우선적으로 제1용신으로 丙火를 얻고 제2용신으로 癸水를 얻으면 '富貴雙全'한다. 계수가 암장하고 병화만 투출하면 이름 하여 '寒木向陽'이라 명주는 큰 부귀를 누린다. 만약에 병화와 계수가 없다면 평상인이다.[15]고 하였다.

여기서 조후론의 허점이 보이는데 譯評者의 견해로는 春(寅卯月)木은 丙丁火의 도움은 필요하지만 이와 같이 水勢가 강한 사주에 癸水가 필요하다는 것은 이해하기가 어렵다. 아마도 나무를 가꾸는 방법론을 응용한 듯하다.

임철초의 조후용신론의 특징은 春木이 水勢가 강하여 土로써 防水를 하여야 하는데 오히려 年支의 辰土는 水庫라 용신으로 자격을 상실하였으니, 다음으로 그 土를 생하는 火를 찾아 時支의 午火를 응급용신으로 정하고 대운을 기다리는 방법을 취하고 있는 것이다. 대운에서라도 용신이 온다면 發財할 수 있다고 설명하였다.

결국 이 명조는 格局論으로 풀면 相神인 庚金이 뿌리가 없어 格局은 이루어졌으나, 뿌리가 없는 것이 문제점이다. 이와 같이 格局이 정해지면 格局用神에만 의지하려는 것이 格局論의 결점이라고 할 수 있다. 조후론도 中和(抑扶)論을 궁구하는 학인들에게 이해하기 어려운 이론이라고 사료되며, 오히려 張楠의 病藥論으로 풀어야 하는 명조다.

---

15) "春月之木, 初春尙有餘寒, 得丙癸透, 富貴雙全, 癸藏丙透, 名寒木向陽, 主人富貴, 如無丙癸, 平常人也", 『窮通寶鑑』 앞의 책, p.5.

[宗主命理 解說]

時 日 月 年 <事例 3>

庚 甲 壬 壬

午 寅 寅 辰

戊 丁 丙 乙 甲 癸

申 未 午 巳 辰 卯

천간을 얻지 못한 午中己는 사라진다. 토의 유인력이 없어 土자리에 火로 채워진다. 그리고 辰中戊는 토의 유인력이 없기 때문에 계절의 법칙에 따라 목이 사령하니 辰中戊가 辰中乙木으로 변한다. 물론 토의 유인력이 없으니 寅中戊도 사라지고 木과 火로 재배분이 된다. 土의 상황을 고려하여 지수를 계산하면 수1.5 목6.7 화4.2 토0 금1.0으로 드러난다. 목이 화와 상생하니 태왕이 초태왕으로 변한다. 종주는 차종주의 상생으로 인수격에 들지 못하여 剋法取用하므로 木을 극하는 金을 찾아보는데, 금은 通根이 안되어 不用하고 결국 火용조가 되고 오화가 통근통력이 충족되므로 용신이 되고 목이 희신이 된다.

27세까지는 고초의 길을 겪는다. 28세부터 生成의 기운이 들어오니 계획하고 마음먹은 것들이 일거에 이루게 된다. 辰運은 습토생금하고 용신을 설하니 30세 전에 돈이 되지 않았다. 寅卯辰方合이 되어 비견국을 이루니 있는 돈도 나갈 판이다. 二天二地로 年月에 거하니 조부모가 둘이 되는 가족력을 가지고 있고, 형제 중에 장애나 트러블메이커가 있어 돈도 줄줄 세어나간 것으로 보인다. 그러나 寅午戌화국이고 용신운이 動하는 35세부터는 사업운이 열리고 재물이 불어나게 된다. 35세 丙寅년부터 용신을 도우기 때문이다. 30전에는 申子辰운동과 寅午戌운동이 서로 相戰하니 天地回轉으로 스트레스로 돌아버릴 지경이었을 것이다. 그러나 33세부터는 寅午戌운동이 강화되고 활성화되니 불꽃처럼 재산이 불어난다.

寅寅으로 쌍자도충으로 허자申이 자리하고 있어 사업계획이 항상 불안하다. 申대운에는 일거에 계획과 사업의 청사진이 수포로 돌아가는 일이 발생한다. 모든 것이 停止되어버리기 때문이다. 旺神인 寅목을 건드리지 않는다면 재산은 늘어만 가게 된다. 문제는 申대운이다. 申대운에 임하면 왕신인 인목을 충거하는 순간 귀한 戊토가 불이 꺼지듯이 사라진다. 하지만 午화식상의 밑불은 남아있으니 망해도 부자이다. 57세 戊子년에 임하면 戊토재물이 보이니 덤비다가 子午沖으로 戊토를 잃게 되는 사고가 발생한다. 연이어 58세 己丑년에는 丑戌刑으로 재물로 인한 관재구설을 겪게 될 것이다. 더구나 旺神沖發하여 君劫爭財가 되니 不歸의 客이 되었을 것이다.

時　日　月　年<事例 4>

辛　癸　甲　癸

酉　亥　子　酉

戊　己　庚　辛　壬　癸

午　未　申　酉　戌　亥

此福建人不知姓氏，庚午冬余推之，大取金水運，不取火土，彼曰，金水旺極，何以又取金水，則命書不足憑乎，書曰，旺則宜洩宜傷，今滿局金水，反取金水，是命書無憑矣．余曰，命書何爲無憑，皆因不能識，命中五行之奧妙耳．此造水旺逢金，其勢沖奔，一點甲木枯浮，難洩水氣，如止其流，反成水患，不若順其流爲美，初行癸亥，助其旺神，蔭庇有餘，一交壬戌，水不通根，逆其氣勢刑耗並見辛酉庚申，丁財並旺，己未戊午，逆其性，半生事業盡付東流，刑妻剋子，孤苦無依，此所謂崑崙之水，可順而不可逆也．順逆之機，不可不知也．

이 四柱는 이름을 알 수 없는 福建省 사람의 것인데, 庚午年 겨울에 내가 보면서 金·水運을 크게 取하고 火·土運을 取하지 말라 하니, 그가 말하기를 '金水가 極에 달했는데 어찌 또 金水를 取한단 말이요? 즉 이것은 命書를 충분히 공부하지 않았다'는 증거이다. 책에서 말하기를, '旺한즉 洩하거나 傷하여야 마땅하다 했으며, 이렇게 金·水로 꽉 찬 四柱에 金·水를 반대로 取하다니, 이것은 命書에 證明되지 않았소!'

내가 말하기를, '命書에 어찌 없단 말이요! 이 모두가 命中에 五行의 奧妙함을 알지 못하는 데에서 원인이요! 이 四柱는 水가 旺한데 金을 만났으니 그 氣勢가 충분하며, 하나의 甲木은 枯浮되어 水氣를 洩하기에는 어렵고, 흐르는 것을 막기에는 반대로 물에 대한 근심을 이룰 것이니, 만약에 順하게 흐른다 하여도 아름답지 못하다'고 설명해 주었다.

初年 癸亥大運에서 旺神을 도와 父母의 德에 여유로움이 있었으며 壬戌大運이 한번 지나면서 뿌리가 그 氣勢를 逆하여 水氣運이 通하지 않아서 官災와 財産이 줄어드는 일이 함께 있었다.

辛酉와 庚申大運을 보면서 사람도 많아지고 재산도 함께 늘었으나, 己未 戊午大運에 (사주의) 性情을 거스르는 바람에 半平生의 事業이 모두 동쪽으로 흐르는 강에 흘려보내고, 마누라는 죽고 자식을 剋하여 의지할 곳 없는 외로운 삶이었다. 이러하니 崑崙의 물은 順함이 마땅하고, 逆함은 옳지 않음을 말하는 것이다. 그러하니 順하고 逆하는 機微를 알지 않으면 올바르지 못하다.

<譯評> 증주자인 철초님은 이 명조를 從强格으로 해석하고 있다. 이 從格은 『淵海子平』에서 나오는 7格 즉, 稼穡格, 從革格, 潤下格, 曲直格, 炎上格과 棄命從財格과 棄命從殺格을 확장하여 발표한 이론이다. 이와 같이 崑崙의 물은 順함이 마땅하고, 逆함은 옳지 않다고 한다.

『子平眞詮』 물론 『연해자평』의 이론인 從格을 충실히 받은 심효첨의 격국론에서도 다음과 같이 설명하고 있다. 論雜格장에 의하면, 五行이 一方으로 되면 秀氣를 취하여 (格이 될 수) 있다. (예를 들어) 甲/乙日主가 亥/卯/未, 寅/卯/辰으로 全備되었고 또 春月에 태어난 甲/乙日主는 본래

劫財와 한 종류이다. 각각의 오행의 기운이 전체를 얻고 있다면 成格이 되므로 印綬가 투출하면 사주체가 순수해 진다. 마치 癸亥/乙卯/乙未/壬午로 吳相公의 命이 그렇다. 운 역시 印綬와 比劫의 대운을 반긴다. 財星과 食傷運도 吉하고 官煞運만 꺼린다.[16]고 하여, 이 명조<事例 4>에서처럼 印星이 투출된 것을 기뻐한다고 하였다.

이 같은 근거에 의하면 南宋代의 徐升이 지은『淵海子平』의 이론이 두 가지 이론으로 갈라지는 모습을 淸代에서 볼 수 있다. 즉『연해자평』에서의 格局論과 從格을 심효첨이 받아들였으며, 임철초는 중화론과 從格을 받아들여 새로운 확장이론을 발표하고, 양자는 모두 神煞論을 부정하였으며, 심효첨의 격국론에서는 奇格과 異局을 인정하고 있다. 이 같은 내용은 譯評者의 연구논문에 자세히 다루었다.

『窮通寶鑑』 다음으로 조후용신론에 의하면, 11월의 癸水는 얼음이 어는 때에 처해 있으므로 金/水사이에 반기는 기운을 주고받지 못하고 있다. 오로지 丙火를 제1용신으로 하여 해동시키면 거의 얼음이 어는 상태까지는 다다르지 못할 것이다. 또한 辛金으로 滋扶하는 것이 중요하다. 丙火가 없으면서 辛金만 있다면 妙함이 없다.[17]고 하였다.

이와 같은 결론으로 조후론으로는 이 명조는 용신이 없는 명조가 되었다. 또한 '無丙有辛'이면 묘함이 없다고 하여 철초님이 주장하는 '順逆之機'를 '不可不知也.'라고 하는 뜻을 從旺格이 없는 조후론에서는 허망함이 드러나는 부분이다.

---

16) "有取五行一方秀氣者, 取甲乙全亥卯未寅卯辰, 又生春月之類, 本是一派劫財, 以五行各得氣全體, 所以成格, 喜印露而體純, 如癸亥/乙卯/乙未/壬午, 吳相公是也, 運亦喜印綬比劫之鄕, 財食亦吉, 官煞則忌矣",『子平眞詮評註』권5, 앞의 책, p.55.

17) "十日月癸水, 置冰凍之時, 金水無交歡之象, 專用丙火解凍, 庶不致成冰, 又要辛金滋扶, 無丙有辛, 不妙",『窮通寶鑑』 앞의 책, p.207.

[宗主命理 解說]

時 日 月 年 <事例 4>

辛 癸 甲 癸

酉 亥 子 酉

戊 己 庚 辛 壬 癸

午 未 申 酉 戌 亥

지수를 보면 금4.5, 수7.5, 목1.9, 화0, 토0이다. 종주가 7.5이고 차종주가 4.5이니 超極旺用組로 生法取用하므로 水가 用神이고 金이 喜神이 된다. 용신을 극하는 己未운에 패망한다. 月柱의 甲이 동하는 22세, 23세가 되는 甲午, 乙未년에 용신을 거슬리니 傷官見官운으로 관재구설이 따르고 子午沖으로 衰者沖拔이 되므로 재물이 흩어졌을 것이다. 더구나 戌대운은 土剋水하고 丑戌刑刑을 만드니 흉액을 피하기 어려웠던 것이다.

亥子가 虛字로 丑을 불러오니 巳酉丑금국이 튼튼하여 고정자산이 금광을 이루지만 46세 이후 亥가 동하면 모든 상황이 얼어버린다. 자금이 동결되고 사업은 부도가 나니 차디찬 겨울을 겪게 된다.

日柱와 時柱운도 잘 흘러가는 것 같지만 亥卯未운동과 巳酉丑운동이 隔角衝突하는 46세 이후는 격변하는 시기를 맞이하게 된다. 拱挾된 戌토의 날카로운 이빨을 드러내기 때문이다. 바로 丑戌刑을 만들어 殺氣로 들어오니 한바탕 홍역을 치를 판이다.

辛酉와 庚申大運은 용신운으로 부동산재물과 임대사업으로 엄청난 재산을 거머쥐었지만, 己未 戊午大運에 임하면 囚의 계절이 되니 재물이 흩어지고 건강이 나빠지게 된다. 특히, 무시무시한 殺氣가 들어 닥치는 47세 己未년의 흉액은 대운까지 흉액을 더 보탠다. 특히, 未가 입을 벌리면 癸와 甲목은 무덤행이 된다. 七殺을 피하려니 처와 재물부터 잘라야 하므로 자식과 처와 재물을 다 버리거나 떠나야 할 신세가 되어 버린 것이다. 태어난 시가 辛酉시만 아니어도 공협된 허자만 아니었더라면 비극을 면했을 텐데, 戊토가 경거망동하도록 하여 욕심을 부리다 재앙을 초래한 것이다.

第五 理氣

【原文】

理承氣行豈有常, 進兮退兮宜抑揚.

理를 이어서 氣가 움직이는 것이 어찌 늘 일정하기만 하겠는가? (氣의) 나아감과 물러남에 따라 抑制해 주고 도와주는 것이 마땅하다.

[劉氏注]

闔闢往來皆是氣, 而理行乎其間, 行之始而進, 進之極則爲退之機, 如三月之甲木是也. 行之盛而退, 退之極則爲進之機, 如九月之甲木是也. 學者宜抑揚其淺深, 斯可以言命也.

닫기도 하고 열기도 하며 오기도 하고 가기도 하는 것을 모두 다 氣라고 하며 그 사이를 다니는 것을 理라 부른다. 氣가 움직이기 시작할 때가 進이라하며 進이 極에 다다를 때에는 退의 機微가 나타나니 마치 三月의 甲木이 그와 같다.

움직임이 極히 盛하면 退가 되며, 退가 極에 달하면 進의 機微가 보이므로 九月의 甲木이 이와 같다. 學者는 마땅히 그 深淺과 抑揚을 알아야만 되고 이렇게 해야 命을 말할 수 있는 것이다.

〔任氏注〕

任氏曰, 進退之機, 不可不知也. 非長生爲旺, 死絶爲衰, 必當審明理氣之進退, 庶得衰旺之眞機矣. 凡五行旺相休囚, 按四季而定之, 將來者進, 是謂相, 進而當令, 是謂旺, 功成者退, 是謂休, 退而無炁, 是謂囚, 須辨其旺相休囚, 以知其進退之機, 爲日主, 爲喜神, 宜旺相, 不宜休囚, 爲凶煞, 爲忌神, 宜休囚, 不宜旺相, 然相妙于旺, 旺則極盛之物, 其退反速, 相則方長之氣, 其進無涯也. 休甚乎囚, 囚則旣極之勢, 必將漸生, 休則方退之氣, 未能遽復也. 此理氣進退之正論也. 爰擧兩造爲例.

임씨가 말하였다. '進退之機'를 알지 못하면 안 된다. 長生이 旺이 되며, 死絶이 衰가 되는 것은 아니다. 반드시 理氣의 進退를 살펴서 밝히면, 거의 旺衰의 참 機能을 얻을 수 있을 것이다. 이른바 五行의 旺 · 相 · 休 · 囚는, 四季節을 살펴서 그것이 定해지면, 장차 앞으로 오는 것을 '進'이라 하고 이것을 '相'이라 한다. '進'이 季節에 當令을 하면 그것을 旺이라 하며, 功을 이룬 者는 물러나야 하니 그것을 休라 하며, 물러나서 氣運이 없을 때를 囚라 한다.

반드시 그 旺 · 相 · 休 · 囚를 분별하여 '進退之機'를 알아야 한다. 日主가 되는 것과 喜神이 되는 것은 旺相함이 마땅하고, 休囚는 마땅치 않다. 凶殺이 되는 것과 忌神이 되는 것은 休囚가 마땅하고, 旺相함은 마땅치 않다.

그러나 旺한 것보다는 相함이 妙한 맛이 있다. 旺은 '極盛之物'로써 물러날 때는 반대로 빠르게 물러나고, 相은 그 기운이 넓고 길어서 나아감에 障碍가 없다. 休가 심하면 囚라 불리는데, 囚 역시 세력이 극에 달하였으니 반드시 장래에 서서히 生할 것이다. 休는 바로 물러난 기운이라, 돌아와 자리도 잡지 못한 상태이다. 이것이 '進退之氣'의 바른 理論이다. 여기서 두 개의 命造로 예를 들겠다.

時　日　月　年<事例 5>
壬　甲　庚　丁
申　辰　戌　亥

甲　乙　丙　丁　戊　己
辰　巳　午　未　申　酉

甲木休囚已極, 庚金祿旺極之, 一點丁火, 難以相對, 加之兩財生殺, 似乎殺重身輕, 不知九月甲木進氣, 壬水貼身相生, 不傷丁火, 丁火雖弱, 通根身庫, 戌乃燥土, 火之本根, 辰乃溼土, 木之餘氣, 天干一生一制 ,地支又遇長生, 四柱生化有情, 五行不爭不妒, 至丁運科甲聯登, 用火敵殺明矣, 雖久任京官, 而官資豊厚, 皆一路南方運也.

甲木이 이미 休囚의 極에 다다르고, 庚金은 祿旺하여 甲木을 剋하고 하나의 丁火는 庚金을 상대하기가 어렵다. 더하여 (地支로) 두 개의 財星는 殺을 生하니 殺은 重하고 日主는 약한 것 같이 보인다. 그러나 九月의 甲木은 進氣라는 것을 알지 못함이니, 더욱이 壬水는 옆에서 (갑목을) 相生할 뿐, (이 때문에 年干에 있는) 丁火는 다치지 않았다. 丁火는 비록 弱하나 자기의 庫에 뿌리를 내리고 있고, 戌土는 燥土라 火의 뿌리가 된다. 辰은 濕土이며 木의 餘氣가 된다.

天干은 한 번은 生하고 한 번은 制하고, 地支는 또 長生을 만났으니, 四柱가 生하고 化하여 有情하고, 五行은 쟁탈하는 것이 없으며, 丁大運에 이르러 연달아 科擧에 오르니, 火를 用神으로 써서 殺을 制하는 것이 확실하다. 비록 오랫동안 京官의 자리에 임하였으나 벼슬과 財産이 두텁고 豊富하니 이 모두(대운의 天干/地支)가 한결같이 南方의 大運으로 가기 때문이다.

<譯評> 증주자인 철초님은 이 명조를 9월(戌月)의 甲木이 進氣를 받고 있다고 주장한다. 하지만 譯評者의 생각으로는 戌月이라 進氣가 된 것이 아니고, 地支의 구조상 水氣가 많아서 甲木 일주는 태어난 달은 衰하지만 주변에 도와주는 水氣(印星)가 많아 '弱變爲强'이 된 사주라 木氣運을 洩하는 남방 火運에 발복한 명조라 판단된다. 劉伯溫의 原註에서는 九月의 甲木은 退가 極에 달하면 進의 機微가 보일 정도라고 하였다.

『子平眞詮』 다음은 심효첨의 格局論에 의하면, 월령을 중시하는 관계로 戌月의 甲木은 '偏財格'이다. 財格과 印格은 正偏을 구분하지 않고 四吉神 중에 하나이다. 論財篇에 의하면, 財星은 내가 극을 하여 사용하는 물건이다. (또) 官을 생하는 능력이 있기 때문에 아름답다고 여긴다. 財帛이 되고, 妻妾이 되며, 才能이 되고, 驛馬가 되는 것이 모두 才類에 속한다. 財星은 뿌리가 깊은 것을 반긴다. 지나치게 노출되면 마땅치 않다. 그러므로 한 자리에 투출하여 깨끗이 쓰이면 格이 가장 반기는 것이다.[18] 고 하였다,

그러나 이 명조는 불행하게도 財星이 투출하지도 않았으며 오히려 財星이 官星에 뿌리가 되어 病이 되었다. 하지만 다시 심효첨은 말하기를, 財格에 傷官을 相神으로 쓰는 자는 財星이 심히 旺하지 않고 比劫이 강하면 천간으로 투출한 傷官으로 (비겁을) 化하여 (재성을) 돕게 하면, 마치 甲子/辛未/辛酉/壬辰으로 未土에 뿌리 한 甲木이 辛金을 만나 겁탈이 되었는데 壬水가 劫財를 化하여 財星을 생하는 旺學士의 命이 그렇다.[19] 고 하였다.

심효첨은 이 사례명조를 통하여 財格은 四吉神에 해당하므로 격을 보호하는 원리에 의하여 사주원국에 격을 형성한 財格이 약하고 劫財가 강할 경우 傷官을 相神으로 하여 財星을 도우라고 하였다. 즉, 격을 보호하라고 하였다.

그러나 일주를 위주로 하여 중화론을 주장하는 철초님은 위의 명조<事例 5>를 '不知九月甲木進氣'하고 '壬水貼身相生'하여 충분히 일주가 충분히 傷官을 용신으로 하는 것을 감당하므로 중화용신격으로 食神制煞作用을 하게 하였다. 결론적으로 이 명조<事例 5>를 통하여 격국론과 중화론

18) "財爲我剋, 使用之物也, 以能生官, 所以爲美, 爲財帛, 爲妻妾, 爲才能, 爲驛馬, 皆才類也, 財喜根深, 不宜太露, 然透一位淸用, 格所最喜", 『子平眞詮評註』, 권4, 앞의 책, p.13.

19) "有財用傷官者, 財不甚旺而比强, 略露一位傷官以化之, 如甲子/辛未/辛酉/壬辰, 甲透未庫, 逢辛爲劫, 壬以化劫生財, 王學士命是也", 위의 책, 같은 권, p.17.

은 用(相)神이 일치하지만 傷官星의 작용력에서는 차이가 난다.

그러므로 이 명조<事例 5>는 地支의 辰土는 申金과 半會를 하여 水局을 이루므로 일주가 강하여지면 상대적으로 용신은 약해지므로 火氣運을 용신으로 정하고 대운을 기다려야 한다. 이와 같은 결과로 인하여, 대운을 살펴보니 三旬大運부터 용신을 돕는 운이 말년까지 이어지므로 벼슬과 재산을 두텁게 하고 終命한 명조이다.

『窮通寶鑑』 계절을 중시하는 조후용신론에 의하면, 9월 甲木은 木의 성질이 메말라 떨어진다. 오로지 丁火를 사랑하고 壬/癸水의 滋扶가 있어야 한다. 丁/壬/癸가 투간하고 戊/己土가 투간하면 이 명조는 배합으로 中和를 이루게 된다.[20]고 하였다. 이는 마치 나무를 키우는 방법을 설명한 山林志를 보는듯하다. 특히 계절을 중시하는 조후용신론에서는 相剋이 되는 오행끼리도 생물이 자라는데 필요하면 함께 쓴다. 이곳에서와 같이 壬水와 丁火를 함께 쓰고 있다.

결과적으로 위의 명조<事例 5>에서는 우연일지는 몰라도 조후론에서 필요한 오행이 時干에 壬水가 제1用神이 되고, 年干에 傷官星인 丁火가 제2用神이 되므로 調候論에도 합격한 명조이다. 이와 같이 세 가지 용신론에 모두 합격이 되는 명조는 大貴할 가능성이 높다. 그러나 年干에 傷官星 있으면 선조들은 빈천한 집안 출신이라고 통변이 가능하다.[21]

---

20) "九月甲木, 木性凋零, 獨愛丁火, 壬癸滋扶, 丁壬癸透, 戊己亦透, 此命配得中和", 『窮通寶鑑』 앞의 책, p.23.

21) 『淵海子平評註』에서는, "가령 년이 근본이 되는데, 관성과 인수가 있으면 일찍이 관직에 나가고 조상과 가문이 특출하다.(假令年爲本, 帶官星印綬, 則蚤年有官, 出自祖宗)" 라고 하였듯이 현대 명리학에서는 특히 年干에 官星을 破하는 傷官이 있으면 빈천한 집안 출신이라고 통변할 수 있다.

[宗主命理 解說]

時 日 月 年 <事例 5>

壬 甲 庚 丁

申 辰 戌 亥

甲 乙 丙 丁 戊 己

辰 巳 午 未 申 酉

명조분석에 자신감은 土에 대한 완전한 이해에서 나온다. 土를 모르면 정확한 용신을 취하지 못하여 명조해석은 제대로 되질 않는다. 申中戊는 사라진다. 土가 천지응통하지 못하여 토의 유인력이 없기 때문이다. 亥中戊는 처음부터 토가 부지하지 못한다. 앞서 설명한 바가 있다. 다만, 辰戌토는 변화의 문제인데, 일지의 辰中戊는 계절에 법칙에 따라 토가 사령하니 그대로 토로 건재한다. 월지의 戌中戊는 경술이 월지에 임하면 생동주가 되어 경술의 술중무가 금으로 변한다. 이렇게 토를 정리하고 지수를 계산하면, 수3.0 목2.4 화1.4 토1.8 금6.4이다.

금이 초극왕으로 剋法取用하니 火가 용신이 된다. 월주의 戌이 동하는 28세 甲寅년과 29세 乙卯년에 과거에 오른다. 寅戌합으로 인하여 진술충이 해소되면서 申辰합이 되는 것이 吉福이 배가 된다. 半合半生으로 凶한 것을 묶어주는 반사이익을 누린 셈이다. 화생토하여 대길하니 재물이 풍족하여 쌓여갔다.

辰이 動하는 34세, 35세는 庚申 辛酉년으로 업무의 과중으로 건강을 해치거나 직장운이 좋지 않지만 45세까지는 좋았다. 戌未형으로 재물손괴나 가정의 어려움이 있었지만 丙午대운으로 받쳐주니 어려움을 잘 극복하고 프로다운 모습을 보였을 것이다.

남방으로 가면 한결같이 길하다고 보는 해석은 지양해야 할 것이다. 시주의 辰이 동하는 50대에 벼슬에 물러나 낙향하였을 것으로 보인다. 물이 얼고 냉동상태로 변하니 사고 나기 쉬운데 甲辰백호운까지 겹치니 초고와 시련을 겪고 질병고에 허덕이게 된다. 농사를 짓는 것이 禍厄을 줄이는 길이다.

時 日 月 年<事例 6>

壬 甲 庚 乙

申 戌 辰 亥

甲 乙 丙 丁 戊 己

戌 亥 子 丑 寅 卯

此與前大同小異, 以俗論之, 甲以乙妹妻庚, 凶爲吉兆, 貪合忘冲, 較之前造更佳, 何彼則翰苑, 此則寒衿, 不知乙庚合而化金, 反助其暴, 彼則甲辰, 辰乃溼土, 能生木, 此則甲戌, 戌燥土不能生木, 彼則申辰拱化, 此則申戌生殺, 彼則甲木進氣, 而庚金退, 此則庚金進氣, 而甲木退, 推此兩造, 天淵之隔, 進退之機, 不可不知也.

이 命造는 앞 命造와 비슷하고, 一般的으로 甲日主가 누이동생을 庚金에게 시집보내어, 庚金으로 하여금 合을 貪하느라 沖을 잊어버리게 하여 凶이 吉兆로 바뀌었다고 말들을 하지만, (비교하여 보면) 어찌하여 위의 명주는 翰苑출신이고, 이 命主는 가난한 선비인가? (그 이유는) 乙庚合을 하여 金氣運으로 化하니 오히려 사나움에 도움을 주는 것을 알지 못함이다.

위의 命造는 日主가 甲辰으로 辰土는 濕土이므로 能히 木을 生할 수 있으며, 이 命造의 日主는 甲戌로, 戌土는 燥土로, 生木을 할 수 없으며, 앞의 命造는 申辰이 合을 하여 水가 되며 이 命造는 申戌이 合을 하여 金을 이루어 殺氣가 生하고, 앞 命造는 甲木이 進氣이고 庚金이 退氣인데, 이 命造는 庚金이 進氣이며 甲木은 退氣이니, 이 두 命造를 硏究하여 보면 天淵의 差異를 느낀다. (그러므로) 進退之氣를 알지 못하면 안 된다.

<譯評> 이번에는 '進退之氣'가 不通하여 막힌 명조이다. 증주자인 철초님의 설명과 같이 위의 명조와 '天壤之差'를 느낀다. 역평자는 철초님이

주장하는 金의 進氣라는 설명은 동의하지 않는다. 왜냐하면, 장차 다가올 여름은 金의 死地가 되기 때문이다. 이 명조는『滴天髓闡微』의 理氣장에 나오는 명조로 철초님이 理氣를 강조하기 위하여 進氣와 退氣로 설명하고 있는 부분이다.

『子平眞詮』 심효첨의 格局論에 의하면, 일주는 前造와 같은 甲木日主이지만 태어난 달이 辰月이라 격용신으로는 '偏財格'이다. 偏財가 七煞을 거느리고 있을 경우 혹 '合煞存財'하던지 혹 '制煞生財'를 하면 모두 貴格이 된다. 마치 毛壯元의 命이 乙酉/庚辰/甲午/戊辰으로 '合煞存財'가 되고, 李御使의 命이 庚辰/戊辰/戊寅/甲寅은 '制煞生財'가 그렇다. 하지만 위의 명조<事例 6>는 乙庚合이 되어 오히려 金化가 되어 더욱 命主를 괴롭혀서 가난한 선비로 생을 마감하였을까? 이는 격국론으로는 설명하기 힘든 사주자체가 중화를 이루지 못하고 지나치게 偏枯한 사주이기 때문이다.

『窮通寶鑑』 다음으로 계절을 중시하는 조후용신론에 의하면, 3월의 甲木은 木氣를 相(돕는)하는 기가 다(木氣已老)하니 먼저 庚金을 취하고, 다음으로 壬水를 취용한다. 庚金과 壬水가 투간되면 한 번에 책임자에 오를 수 있다. 단, 운에서도 용신을 상생하는 것이 중요하다.[22]고 하였다. 譯評者의 견해로는 매우 드물게 '운에서 용신을 상생하는 것이 중요하다'고 하였다.

이와 같은 이론이라면 이 명조는 일주 甲木을 중심으로 庚金과 壬水가 포진하고 있으므로 好命이 되어야 하는데 어찌하여 가난한 선비의 처지를 벗어나지 못하였을까? 철초님의 설명과 같이 天干과 地支에 있는 오행들이 합을 이루어서 일주에게 피해를 끼치기 때문이다. 위의 명조<事

22) "三月甲木, 木氣相竭, 先取庚金, 次用壬水, 庚壬兩透, 一榜堪圖, 但要運用相生",『窮通寶鑑』 앞의 책, p.10.

例 6>는 地支로 합(申辰)을 하여 도움이 되는데 이 명조는 乙庚合, 申戌合을 하여 金氣運이 대세를 이룬 명조가 되었다.

증주자인 철초님의 주장하는 '進退之氣' 보다는, 명조를 감명할 경우에는 사주체의 강·약에 의한 중화작용을 하는 용신을 구하는 것이 훨씬 믿음이 간다고 사료된다. 왜냐하면 이 사주는 乙庚合을 하여 金氣運이 강한데, 그 강한 기운을 제할 火氣運이 없는 것이 가장 아쉬운 사주이다. 또한 감명을 하여 용신을 정하였어도 대운에서 扶助가 없으면 용신도 소용이 없다.

[宗主命理 解說]

時 日 月 年 <事例 6>

壬 甲 庚 乙

申 戌 辰 亥

甲 乙 丙 丁 戊 己

戌 亥 子 丑 寅 卯

앞선 명조와 유사하다. 적어도 토에 대한 분석도 비슷하다. 자세한 것은 이론편을 참고하고 지수를 정리하면, 戌은 좌우법칙에 따라 金, 庚辰은 동주법칙에 따라 金으로 계산하면 水3.1, 木1.8, 火0.3, 土0, 金9.1이다. 金이 太旺하니 剋法取用으로 火를 찾지만 없다. 火가 없어 木水用組가 되고 그중에 亥中甲木이 용신이고 火는 약신이 된다.

수목의 인비격을 이루니 선비격이다. 운로가 희신운으로 흐르니 무난하게 학자로 살았다고 하겠다. 또한, 칠살이 이웃하고 財生殺하니 운에서 병화가 殺制化하는 시기에 특수격에 들 수도 있다.

年柱가 동하는 18세까지는 초년시절이 유복하였을 것이나 19세 이후부터 28세까지는 어려움이 있었을 것이다. 戊대운이 財生殺을 하니 건강상 어려움이 있었고 경제적으로도 어려움이 있었을 것이다. 戊토는 재성으로 칠살을 생하니 금전적으로 인하여 고초를 겪든가 아니면 금전적 손실이 발생하기 때문이다.

甲戌은 申酉공망으로 관성이 공망인데, 시주와 월주의 관성이 공망을 당했으니 벼슬에 허망함을 느껴 한량한 선비로 지내게 된 것으로 보인다.

문제는 申시로 인하여 拱挾된 酉금이 고질적인 흉살로 작용하고 辰酉합으로 더욱 흉을 가세하니 빛 좋은 개살구의 인생이 되고 제도권에 대한 염증과 두려움이 이방인으로 남게 만드는 요소로 작용하는 것이다. 숨어 있는 허자의 凶物은 제거하기도 힘이 든다. 凶物이 숨어있는 사주는 보기보다 힘들게 살아간다. 虛字인 酉는 모든 상황을 정지시켜 묻어버리는 작용을 하므로 살아가는 것이 고역이다.

第六 配合

【原文】

配合干支仔細詳, 定人禍福與災祥.

天干과 地支의 配合을 자세하게 살피면 사람의 禍福과 더불어 災殃과 祥瑞로움이 정해져 있다.

[劉氏注]

天干地支, 相爲配合, 仔細推詳其進退之機, 則可以斷人之禍福災祥矣.[23)]

天干과 地支는 서로 配合을 하여 이루어졌으므로 進退의 機微를 자세하게 살피면 사람의 禍福과 災殃과 상서로움을 판단할 수 있는 것이다.

[任氏注]

任氏曰, 此章乃闢謬之要領也. 配合干支, 必須正理, 搜尋詳推, 與衰旺喜

23) 『滴天髓輯要』에는 '干支配合, 細詳其進退之機'라고 하여 『闡微』에서 '則可以' 이하가 누락되었다.

忌之理, 不可將四柱干支置之弗論, 專從奇格異局神殺等類妄譚, 以致禍福無憑, 吉凶不驗, 命中至理, 只存用神, 不拘財官印綬比刦食傷梟殺, 皆可爲用, 勿以名之美者爲佳, 惡者爲憎, 果能審日主之衰旺, 用神之喜忌, 當抑則抑, 當扶則扶, 所謂去留舒配, 取裁碻當, 則運途否泰, 顯然明白, 禍福災祥, 無不驗矣.

임씨가 말하였다. 이 章에서 妄靈되게 말하는 것을 깨우치는 要領이 있다. 干支의 配合은 반드시 바른 理論으로 갖추어야 하며, 衰旺 · 喜忌의 理致와 더불어 상세히 미루어 찾아야 한다. 장차 四柱의 干支에 配와 合이 놓여 있는 것을 이야기하지 않고는 不可能하며, 오로지 奇格 · 異局 · 神煞 등의 종류를 따라 이야기하는 것은 妄靈된 이야기일 뿐이므로 이러한 理致는 禍福을 證明할 수 없고 吉凶도 經驗하지 못한다.

命 가운데에 理致가 있으니, 단지 用神이 존재하느냐 이며, 財官 · 印綬 · 比劫 · 食傷 · 梟殺을 不拘하고 모두 사용할 수 있고, 예쁜 것만 아름답다 부르지 말고 싫은 것은 미워하지 말아야 한다. 결과적으로 日主의 旺衰와 用神의 喜忌을 능히 살펴서 누를 것은 누르고, 도울 것은 도우며, 이른바 없애고 남기고 펼쳐주고 북돋아주고, 확실히 당해낼 만한 것을 만들어 取한다면 運이 흘러감에 따라 否塞함이나 便安함이 明白히 나타나 禍福 · 災祥을 經驗해 보지 않음이 없다.

時　日　月　年<事例 7>
壬　庚　戊　甲
午　申　辰　子
甲 癸　壬　辛　庚　己
戌 酉　申　未　午　巳

此造以俗論之, 干透三奇之美, 支逢拱貴之榮, 且又會局不冲, 官星得用, 主名利雙收, 然庚申生于季春, 水本休囚, 原可用官, 嫌其支會水局則坎增其勢, 而離失其威, 官星必傷, 不足爲用, 慾而强衆敵寡而用壬水, 更嫌三奇透戊, 根深奪食, 亦難作用, 甲木之財, 本可借用, 疎土衛水, 洩傷生官, 似乎有情, 不知甲木退氣, 戊土當權, 難以疏通, 縱用甲木, 亦是假神, 不過庸碌人, 況運走西南, 甲木休囚之地, 雖有祖業, 亦一敗而盡, 且不免刑妻剋子, 孤苦不堪, 以三奇拱貴等格論命而不看用神者, 皆虛謬耳

이 命造는 일반적으로 설명하는 경우, 天干에 三奇가 투출하여 아름답고, 地支로는 拱貴의 영화로움을 만났다. 또 충이 없이 水의 局을 이루었고, 官星을 用神으로 삼았으니 이 명조의 命主는 명예와 부를 한꺼번에 거둘 것이다. 그러나 庚申 日主 늦봄에 태어나고 수기는 본래 休囚여서 기본적으로 官星을 用神으로 하였는데, 불만스럽게도 지지가 水局으로 모이니, 물이 증가하고 불의 위용이 사라져가니 官星이 반드시 나치게 되었다.

욕심 같아서는 강한 무리를 적은 것으로 대적하려고, 壬水를 쓸 생각인데 다시 싫은 것은 三奇 중에 戊土가 뿌리를 튼튼히 하고 食神을 겁탈하려 하니 역시 쓰는데 어려움이 생긴다. 財인 甲木은 본래는 물을 지키고 흙을 파는 데 빌려 쓰기가 가능하여 食傷을 설하고, 官星을 생하여 유정한 것처럼 이야기할 수 있지만, 甲木은 退氣이며, 戊土가 권력을 잡고 있어서 甲木이 소통하는데 어려움이 있는 것을 모르고 하는 소리이다. 甲木 역시 假用神으로 碌碌한(비실비실한) 사람을 고용하여 쓰는 것에 불과하다.

더구나 운이 西南方으로 가니 甲木은 休囚인지라 비록 조상의 유산은 받았으나 크게 한번 무너져 사라지고 처자마저 죽고 외롭고 고독함을 참을 수가 없었으니, 三奇니 拱貴니 여러 가지 격을 이야기하면서 用神을 보지 않는 것은 모두가 허망한 거짓말이다.

<譯評> 이 명조는 地支로 申子辰 水局을 이루고 時干으로 壬水가 투간하여 水의 기운이 대세를 이루고 있다. 이 水의 기운을 막으려면 土의

기운이 필요하므로 月干의 戊土를 용신으로 삼고자 하나 물을 머금고 있는 月支의 辰土에 뿌리를 내리려고 하지만 申子辰 水局으로 변하여 뿌리를 내릴 수가 없다.

다음으로 火氣運을 찾으나 時支의 午火는 水의 세력에 자신 하나도 지키기 어려운 실정이 되었으며, 다시 木의 기운을 찾았으나 年干의 甲木은 범람하는 水勢에 떠내려갈 처지가 되어버린 형상이 되었다. 하지만 철초님은 이것이나마 假用神으로 사용한다고 하였다. 증주자인 철초님의 의도는 奇格 · 異局 · 神煞論을 부정할 의도로 이 명조로 예시한 것이다. 철초님의 설득력 있는 설명에 고개가 절로 숙여진다. 다음은 奇格이 없어도 '靑雲直上'한 명조를 보겠다.

『子平眞詮』 심효첨의 격국론에서는 庚金日主가 月支의 辰中 正氣인 戊土가 月干으로 투출하여 食神格으로 볼 수도 있지만 地支에 申子辰 水局을 이루고 時干으로 壬水가 투출하여 食神格으로 變格이 될 수도 있다. 그러므로 심효첨은 論用神變化장에서 말하기를, 用神은 이미 月令에서 정한다고 하였다. 그러나 월령이 저장하고 있는 오행이 한결같지 않아 용신이 이에 따라 변한다. 예를 들어 十二支 가운데 子/午/卯/酉를 제외한 나머지 地支는 저장하고 있는 (다른)오행이 있다. (구태여) 四庫支를 (예를 들) 필요 없이 寅木을 가지고 논한다면, 甲木이 本主가 되어 마치 郡의 府가 되며, 丙火가 長生이 되어 마치 郡의 同知가 되고, 戊土 역시 長生으로 郡의 通判이 있는 것이다. 가령 寅月이 提綱이 되어 甲木이 투간되지 못하고 丙火가 투간되었다면 마치 知府가 郡에 任官하지 못한 것이니 同知가 대신 그 임무를 맡는 주인이 되는 것이다. 이와 같은 현실이 변화의 이유가 되는 것이다.[24]고 하였다.

---

24) "用神旣主月令矣, 然月令所藏不一而用神遂有變化, 如十二支中除子午卯酉外, 餘皆有藏, 不必四地, 卽以寅論, 甲爲本主, 如郡之有府, 丙其長生, 如郡之有同知, 戊亦長生, 如郡之有通判, 假使寅月爲提, 不透甲而透丙, 則知府不臨郡, 而同知得以作主, 此變化之由也", 『子平眞詮評註』, 앞의 책, 권2, p.28.

이와 같이 食神格으로 변하면서 食神이 강해져 이 食神을 洩하는 相神인 財星運이 유리하고 食傷運도 길하며, 印綬運은 가장 꺼리고 官煞은 모두 불길하다.[25]고 하였다. 여기서 심효첨이 印綬運을 꺼린다는 것은 격 용신이 四吉神인 食神格이라 '偏印倒食'하기 때문이다. 譯評者의 견해로는 이 명조는 時支의 午火는 申子辰 水局에 밀려나고 특히 철초님이 주장하듯 '縱用甲木'이나 '亦是假神'인데 대운 역시 '況運走西南'이나 '甲木休囚之地'하여 녹록한 삶을 살 수밖에 없었을 것이다.

『窮通寶鑑』 계절을 중시하는 조후용신론에 의하면, 3월의 庚金日主는 戊土가 當令하였으므로 '母旺子相'이라 금은 자연 生旺하니 丁火로 단련하고, 단지 두려운 것은 '土旺埋金'이라 정화로 단련한 이후 甲木으로 疏土를 하고 甲木으로 引火하는 것을 보좌해야 한다.[26]고 하였다.

결론적으로 제1용신이 丁火가 되고 제2용신이 甲木이 된다. 이와 같이 조후론의 허점은 태어난 달만 보기 때문에 '母旺子相'이라고 하였지만 현실적으로 月令의 배반으로 오히려 '子旺母弱'이 된 결과 중화용신론에 의한 印/比도 못 쓰는 형편이 되었다. 또한 철초님의 비평과 같이 『연해자평』에서 三奇(甲·戊·庚)[27]니 拱貴格[28]이니 하는 것은 아무런 소용이 없음을 보여주고 있는 사주다.

25) "食神太旺而帶印, 運最利財, 食傷亦吉, 印則最忌, 官煞皆不吉也", 『子平眞詮評註』 「論食神」 권4, 앞의 책, p.25.

26) "三月戊土秉令母旺子相, 庚金自然生旺, 只怕土旺埋金, 故以丁火煅煉爲主, 甲木疏土引丁爲佐", 徐樂吾 저, 『子平粹言』 권2, 앞의 책, p.241.

27) "天上三奇甲戊庚, 地下三奇乙丙丁, 人中三奇壬癸辛", 徐升 編著, 『淵海子平評註』, (臺灣 : 武陵出版有限公司, 2002) p.41.

28) "此格有六日, 甲寅日見甲子時, 壬子日見壬寅時, 甲申日見甲戌時, 戊申日見戊午時, 辛丑日見辛卯時", 위의 책, p.139. 이와 같이 6일에 해당하는 命主가 각각 정하여진 시간에 태어나면 귀한 사주라고 하는데, 증주자는 위의 명조를 설명하면서 庚申日主에 壬午時까지도 공귀격이라고 주장하고 있다. 아마도 지지만 보고 申日에 午時이므로 拱貴格이라고 주장하는 듯하지만 『연해자평』의 내용과는 차이가 난다.

[宗主命理 解說]

時 日 月 年 <事例 7>

壬 庚 戊 甲

午 申 辰 子

甲 癸 壬 辛 庚 己

戌 酉 申 未 午 巳

申子辰水局이면 合局 剋法取用하는 케이스이므로 지수계산이 불필요하다. 水體土火用組이고 그중에 火가 용신이 되고 확장된 火土用을 보호하는 金도 천간으로 들어오면 희신이 된다. 그래서 土火喜用을 거스르는 水木은 흉액을 초래하게 한다.

火土용신이 申子辰은 魔와 毒으로 작용한다. 숨통을 끊어서 시체를 만들거나 냉동을 시켜 보관을 해야할 판이다. 수의 계절이 인생 54세까지 계속 조여드니 있는 것 없는 것 다 내놔야 한다.

그래서 용신이 왕기를 득한 巳午未운에 인성의 덕을 입어 유산을 받지만 申酉戌대운에 금생수하여 하는 일이 막히고 장애와 실패를 야기하니 사업을 확장할수록 재산이 흩어지게 된다. 천간의 금이 토를 보호하는 경우는 희신으로 작용하지만 지지로 들어오는 금은 금생수하여 흉액을 증폭시키게 된다. 辰中乙木은 水多에 표류되어 떠나가게 되고 午中丁火는 隔角殺에 걸려 신자진국과 인오술국의 투쟁에 희생양이 되어 사라진다. 이명조는 午화가 동하고 甲戌운이 오기도 전에 마무리를 하게 된다. 적어도 申운에 囚衣를 입게 된다.

처궁에 기신이 임하고 아들 자리에 기신이 임하고 있어 申이 동하는 33세부터 부부궁이 흉하여 37세 庚子년에 임하면 신자진수국으로 처를 앗아가고 子午沖으로 沖出되어 丁壬合去되니 자식도 떠나는 것이다. 더구나 申대운은 재액을 가중시키니 흉액을 피하기 어려웠을 것이다.

신자진삼합의 식상인 甲목은 편재로 뿌리가 신자진합수로 쓸려가 버리고 인성인 금은 비겁으로 역시 뿌리가 상실되는 형국이다. 비겁도 재성도 뿌리가 상실되어 허망한 꼴이 된 셈이다. 그나마 유산과 상속이 있었던 것은 午中官星과 印星이 온전했기 때문에 巳午未 운에서 풍족했던 것이다.

時	日	月	年<事例 8>
壬	乙	己	丙
午	丑	亥	子

乙	甲	癸	壬	辛	庚
巳	辰	寅	卯	丑	子

此造初看, 一無可取, 天干壬丙一剋, 地支子午遙冲, 且寒木喜陽, 正遇水勢泛濫, 火炁剋絶, 似乎名利無成, 余細推之, 三水二土二火, 火水勢雖旺, 喜無金, 火本休囚, 幸有土衛, 謂兒能求母, 況天干壬水生乙木, 丙火生己土, 各立門戶, 相生有情, 必無爭剋之意, 地支雖北方, 然喜己土原神透出, 通根祿旺, 互相庇護, 其勢足以止水衛火, 正謂有病得藥, 且一陽後萬物懷胎, 木火進氣, 傷官秀氣爲用, 中年運走東南, 用神生旺, 必是甲第中人, 交寅, 火生木旺, 連登甲榜, 入翰苑, 是以青雲直上, 由此兩造觀之, 配合干支之理, 其可忽乎.

이 命造를 처음 볼 때는 취할 만한 것이 하나도 없어 보인다. 天干의 丙·壬이 한 번 극을 하고, 地支의 子·午는 멀리서 충을 한다. 또 겨울철 나무는 태양을 반기는데 水勢의 범람을 곧바로 만났으니, 火氣는 극을 받아 끊어지게 되어 마치 名利를 이룰 수 없다고 할 것이다.

그러나 내(徵義에는 余가 없음)가 이 명조를 자세히 미루어 보니, 세 개의 水와 두 개의 土, 두 개의 火로 수세는 비록 旺하지만 기쁜 것은 金이 없고 火가 본래는 休/囚이나 土가 水를 막아 주니 말을 하면 자식이 어머니를 살리는 格이다. 더구나 天干의 壬水는 乙木을 생하고 丙火

는 己土를 생하니, 각각 자기가 맡은 일을 책임지는 형상으로 相生 有情하여 극하고 싸울 마음이 반드시 없다. 地支는 비록 北方이지만, 기쁜 것은 己土의 原神이 투출하여 祿旺(午/丑)에 뿌리를 내리고 서로가 보호하니 그 세력은 물을 막고 불을 보호하기에 충분하다.

이른바 病이 있고 藥을 얻은 것[29)]이며, 또 一陽 후에 만물이 懷胎하고 木火는 進氣라 빼어난 傷官 기운을 用神으로 삼는다. 중년의 운이 東南으로 흘러 용신이 生旺해져, 필시 사람들 중에 첫째라, 寅大運을 만나 火를 생하고 木이 旺해져 연이어 과거에 급제하여 翰苑에 들어갔다. 이러하므로 靑雲의 꿈을 곧 바로 성취할 수 있었던 것이다. 이 두개의 命造를 보면서 모름지기 느낀 것은 干支의 配合의 그 理致를 소홀히 함이 어찌 옳겠는가?

<譯評> 앞의 명조와 이 명조는『闡微』의「配合」장에 올려 天干과 地支의 配合의 중요성을 설명하고 있다. '命不如好運'이다. 또, 張楠의『命理正宗』의 '病藥論'을 이용하여 설명하고 있다. 철초님의 天干의 丙/壬剋과 地支의 子/午沖은 인정할 수 없는 설명이며, 심효첨의 格局論으로는 亥月의 乙木 일주로 正印格이다. 격으로는 好格이고 이 격에 어울리는 용신은 水勢가 강하므로 火를 相神으로 할 것이다.

철초님 역시 '寒木喜陽'이라고 하여 丙火를 용신으로 하고 己土(財星)가 거센 물줄기를 막는 역할을 한다고 하였지만 조후론에서는 戊土가 필요하다고 정해버렸다. 亥月에 태어난 甲/乙木 일주는 태생적으로 火氣를 좋아한다. 철초님도 이 명조의 용신으로 年干의 丙火를 용신으로 하였으며, 月干의 己土가 水勢를 막아주는 역할을 하므로 丙火가 온전할 수 있다고 하였으나 己土는 오히려 약하기 때문에 '己土濁壬'이 될 수 있다.

또한 불안한 것은 年支의 子水와 月支의 亥水와 時干의 壬水는 언제든

---

29) 이「病藥論」은 明代의 張楠의『命理正宗』의 이론이다

지 용신인 丙火를 공격할 기세인데 大運이 중년 이후 木/火運으로 흐르므로 사주가 好命이 된 사주이며, 앞의 사주<事例 7>는 대운마저 金/水運으로 흐르니 不好命이 된 사주다. 역시 사주보다 대운이 중요하다는 것이 증명된다.

『子平眞詮』 심효첨의 격국론에 論印綬篇에 의하면 印綬는 일주를 생하는 것을 반긴다. 正/偏이 같은 美格이 된다. 그러므로 財格과 印格은 正/偏을 구분하지 않고 하나의 격으로 여겨 논한다.[30]라고 하였다. 論取用論에 의하면, 일주가 강하고 印星이 旺하여 두려운 것은 太過된 상태이다. (그러므로) 일주의 기운을 洩하는 秀氣를 相神으로 삼는다. 마치 戊戌/乙卯/丙午/己亥인 李壯元의 命이 그렇다. 만약에 '印淺身輕'하고 층층이 食傷星이 있으면 '寒貧之局'이 된다.[31]고 하였다. 그러나 위의 명조 <事例 8>는 '印旺身强'한 명조로 '木火進氣'하고 '傷官秀氣爲用'하니 '中年運走東南'하여 '用神生旺'하므로 '入翰苑'한 命主다.

『窮通寶鑑』 다음은 계절을 중시하는 조후용신론에 의하면, 10월의 木은 庚金과 丁火를 중요히 여긴다. 그 다음으로 丙火가 된다. 壬水가 甲木을 범람하는 것을 꺼리므로 반드시 戊土로 그것(壬水)을 제압해야 한다.[32]고 하였다.

아래의 정단님의 지수법칙에 의해서 보면 水6.4로 極旺한 명조로 용신을 剋用을 취하면 먼저 土를 찾는다. 명조에 없는 용신은 취하지 않는 것이 정단님의 법칙인데 철초님의 설명과 같이 天干의 己土가 祿旺地에

---

30) "印綬喜其生身, 正偏同爲美格, 故財與印不分偏正, 同爲一格而論之", 『子平眞詮評註』, 권4, 앞의 책, p.29.

31) "有印而用傷食者, 身强印旺, 恐其太過, 洩身以爲秀氣, 如戊戌/乙卯/丙午/己亥, 李壯元命是也, 若印淺身輕, 而用層層傷食, 則寒貧之局矣", 위의 책, 같은 권, p.30.

32) "十月甲木, 庚丁爲要, 丙火次之, 忌壬水泛身, 須戊土制之", 『窮通寶鑑』, 앞의 책, p.27.

있으니 土가 용신이 된다.

土가 용신이 된 경우는 정단님은 土火를 하나의 묶음으로 보아 土火用助로 하여 亥月의 乙木은 조후가 우선하므로 火를 용신으로 하고 土를 희신으로 보고 火를 생하는 木도 희신으로 취한다. 물론 이 이론은 정단님도 病藥論으로 풀어가는 방법을 취하신다. 결국 이 명조는 철초님, 심효첨, 궁통보감, 정단님 4인의 이론이 합치하는 명조가 되었다.

[宗主命理 解說]

時 日 月 年 <事例 8>

壬 乙 己 丙

午 丑 亥 子

乙 甲 癸 壬 辛 庚

巳 辰 卯 寅 丑 子

亥子丑水局으로 合局 剋法取用하는 케이스이므로 지수계산이 불필요하다. 극왕한 수를 剋法取用으로 토를 구하나 수체에는 습토는 불용이니 토를 취하지 못하고 火가 용신이 된다. 午화가 온전하고 丙화 투간되니 용신이 유정유력하다.

절지에 임한 초년을 벗어난 19세부터는 형편이 나아지기 시작한다. 그러나 庚子, 辛丑대운은 오화가 絶지에 임하고 극을 받으니 어려움이 있었다. 감옥 같은 생활을 겪었다.

그러나 생기가 동하는 28세부터는 마음먹은 대로 되어가는 탄탄대로가 이어진다. 壬寅대운부터는 午화용신이 생을 받고 화생토로 발복하니 재물이 불어나고 하는 일이 순탄하고 번창하며 원하는 바를 성취하게 된다. 과거에는 벼슬을 통하여 부를 축적하는 것이니 청운의 뜻을 이루기 위해서는 과거급제가 필수였다.

일지의 丑은 지치고 피로가 쌓여간다. 가정에서 妻의 우울증과 의부증

이 발동하기 때문이다. 다행히, 亥子丑으로 묶어두고 있어 巳亥沖을 하거나 축미충파를 하지 않으면 무난하다고 보겠다.

그러나 처덕이나 처복이 있다고 보기는 어렵다. 문제는 축토가 동하여 개고되면 庚己丁에 무덤행이 되니 수의를 입거나 고통스런 형국이 되는 것이다.

妻宮이 용신을 入墓시키니 처로 인하여 답답함을 호소할 수도 있다. 일지丑이 동하는 46~47세가 어려움이 있을 수 있다. 46세 辛酉년은 酉丑합으로 殺旺하여 乙辛충극을 당하고 丑午원진이 있으면 동력전이가 잘 되므로 子午沖까지 발하면 처로 인하여 손재발생이 생기기 때문이다. 印綬局을 이루어 학문의 깊이가 河海와 같으니 翰苑에 들어갈 수 있었다. 오화는 용신이면서 文昌貴人에 들고 桃花까지 섬하니 문장이 화려하고 수려했음을 암시한다.

<小結> 이와 같이 知命 · 理氣 · 配合의 3장이, 앞의 형이상학적인 명리학의 중화론인 天道 · 地道 · 人道를 이어서 실론적인 감명방법을 사례명조를 통하여 설명하였다. 이곳에서도 오로지 中和論으로 일관된 설명이다.

한편으로 서락오의 『徵義』는 天道 · 地道 · 人道 · 知命 · 理氣 · 配合을 함께 묶어 「通神訟」이라는 章名을 붙였으며, 『闡微』의 知命장에 있는 建隆皇帝를 포함한 사례명조 4개는 없다. 참고적으로 『徵義』에서는 地支장에 있는 것을 발견하였다. 여기서 『闡微』의 구성과 내용이 『徵義』와 차이가 있음을 확인할 수 있다.

또한, 구성상 특징이라면, 이 配合장에서 天干과 地支의 配合을 자세히 살피라고 강조하고는 바로 아래에 天干과 地支장을 두어 설명하는 매우 치밀한 구성으로 짜여있음을 알 수 있다. 다음은 十干의 性情과 十二地支의 性情을 설명하는 장으로 天干과 地支에 관하여 설명한다.

第七 天干

【原文】

五陽皆陽丙爲最, 五陰皆陰癸爲至.

다섯 개의 모든 陽中에서 丙火가 最高의 陽의 성정이 되고 다섯 개의 모든 陰中에는 癸水가 陰의 성정이 가장 至極하다.

[劉氏注]

甲丙戊庚壬爲陽, 獨丙火秉陽之精, 而爲陽中之陽, 乙丁己辛癸爲陰, 獨癸水秉陰之精, 而爲陰中之陰.

甲 · 丙 · 戊 · 庚 · 壬을 陽이라 하고 다만 丙火만이 陽의 精氣를 지니고 있기에 丙火가 陽中의 陽이라 하며, 乙 · 丁 · 己 · 辛 · 癸를 陰이라 하고 오로지 癸水만이 陰의 精氣를 지니고 있기에 癸水를 陰中의 陰이라 한다.

〔任氏注〕

任氏曰, [33]丙乃純陽之火, 萬物莫不由此而發, 得此而斂, 癸乃純陰之水, 萬物莫不由此而生, 得此而茂, 陽極則陰生, 故丙辛化水, 陰極則陽生, 故戊癸化火, 陰陽相濟, 萬物有生生之妙, 夫十干之氣, 以先天言之, 故一原同出, 以後天言之, 亦一氣相包, 甲乙一木也, 丙丁一火也, 戊己一土也, 庚辛一金也, 壬癸一水也, 則分別所用, 不過陽剛陰柔, 陽健陰順而已, 竊怪命家作爲歌賦, 比擬失倫, 甲木爲梁棟, 乙木爲花果, 丙作太陽, 丁作燈燭, 戊作城牆,

---

33) 서락오의 『徵義』에서는 '任氏曰'은 없고, 다음과 같은 내용이 도입부분에 있다. '術數之學, 皆原於易, 伏羲先天之卦爲體, 乾坤爲主, 文王後天之卦爲用, 坎離爲主, 乾坤, 天地也. 坎離, 水火也. 干支論用, 故陽以丙爲最, 陰以癸爲至, 蓋丙乃純陽之火… 라고 하였다. 이러한 근거에 의하여 임철초가 『滴天髓』에 증주를 한 명리서도 異本이 있음을 확인할 수 있다.

己作田園, 庚爲頑鐵, 辛作珠玉, 壬爲江河, 癸爲雨露, 相沿已久, 牢不可破, 用之論命, 誠大謬也, 如謂甲爲無根死木, 乙爲活木, 同是木而分生死, 豈陽木獨稟死氣, 陰木獨稟生氣乎, 又謂活木畏水泛, 死木不畏水泛, 豈活木遇水且漂, 而枯槎遇水反定乎. 論斷諸干, 如此之類, 不一而足, 當盡闢之, 以絶將來之謬.

임씨가 말하였다. 丙은 곧 火의 純粹한 陽의 氣運을 가졌으니, 萬物은 이로 말미암아 發하고 이를 얻어서 收斂하지 않는 것이 없다. 癸는 水의 純粹한 陰의 氣運을 가졌으니, 모든 萬物이 이로 말미암아 生하고, 이를 얻어서 茂盛해지지 않는 것이 없다. 陽이 極에 다다르면 陰이 生한다. 그러므로 이 丙과 辛이 合을 하여 水로 變하는 것이요, 陰이 極에 다다르면 陽이 生한다. 그러므로 戊와 癸가 合을 하여 火가 되는 것이다. 陰과 陽은 서로서로 도우며 萬物을 生하고 또 生하는 妙한 것을 가지고 있다.

무릇 十干의 氣運은 先天으로써 말할 수 있다. 때문에 하나의 뿌리에서 같이 나타났으며, 後天으로써 말하면, 역시 하나의 氣運을 서로 가지고 있는 것이다. 甲乙은 하나의 木으로 서로 같으며, 丙丁은 하나의 火이며, 戊己는 하나의 土이며, 庚辛은 하나의 金이며, 壬癸는 하나의 水이다. 그러한 즉 分別하여 쓰는 것은 陽은 强하고 陰은 부드러움을, 陽은 健實하고 陰은 順할 뿐이다.

(그러나) 저으기 怪異한 口實을 붙여 노래하듯 하는 推命家들은 비교함에 [34]秩序를 잃어, 마침내 甲木은 대들보요, 乙木은 꽃나무니 하고, 丙火

34) 이하 임철초의 주장은 진소암의『命理約言』에서 나온 내용이다. "比喩失倫, 甲爲棟梁, 乙爲藤蘿, 丙爲太陽, 丁爲燈燭, 戊爲城牆, 己爲田園, 庚爲頑鐵, 辛爲珠玉, 壬爲江河, 癸爲雨露, 相沿旣久, 以爲其理失然, 用以論命, 則爲甲爲無根死木, 乙爲有根活木, 遂至一木而分生死, 豈陽木獨稟死氣, 而乙木獨稟生氣乎, 又謂活木畏水泛, 死木不畏泛, 豈活奔遇水且飄, 而枯槎遇水反定乎, 論斷者干如此之謬, 不一而足, 當盡闢之", 陳之遴(素庵) 著, 韋千里 編著,『精選命理約言』, (台北 : 書成書局, 2004) p.83. 이와 같이 임철초의 명리사상은 진소암의 명리사상에서 많은 영향을 받았다. 참고적으로 필자의 연구논문에서 밝혔듯이 진소암이 주장하는 원주자라는 인물(필자가 논문을 연구하던 중 假託

는 太陽이요, 丁火는 燈燭이니, 戊土는 城의 담장이요, 己土는 田園이라 하며, 庚金은 頑鐵이요 辛金은 珠玉이니, 壬水는 큰 江이요, 癸水는 이슬이나 비라고 하는 말은 이미 오랜 세월 흘러 굳어져 깨지지 않는 理論이 되어버리고 이러한 理論으로 命을 論하는 것은 크게 잘못된 것이다.

예를 들어 甲木이 뿌리가 없으니 죽은 나무라 하고, 乙木은 뿌리가 있으니 살아있는 나무라고 하는데, 이와 같이 나무의 生과 死를 分別하면 어찌 陽木만 유일하게 죽은 나무의 氣運의 性品이고, 陰木만 오로지 살아있는 나무의 性品을 가졌겠는가? 또한 말하기를 살아있는 나무는 물의 汎濫을 두려워하고 죽은 나무는 물의 汎濫을 두려워하지 않는다 하였는데, 어찌 살아있는 나무는 물을 만나면 또 뜨고, 오히려 마른 뗏목나무는 물을 만나면 안정이 된단 말인가? 모든 天干을 이러한 方法으로 論하였으니, 이러한 종류는 하나라도 만족할 수 없으므로 마땅히 그러한 理論은 깨뜨려 없애야 하며, 앞으로는 이렇게 잘못된 理論은 없어져야만 한다.

【原文】

五陽從氣不從勢, 五陰從勢無情義.

五陽은 氣에 따르지만 勢力에 따르지 아니하며 五陰은 情과 義理없이 勢에 따른다.

[劉氏注]

五陽得陽之氣, 即能成乎陽剛之事, 不畏財殺之勢, 五陰得陰之氣, 即能成乎陰順之義, 故木盛則從木, 火盛則從火, 土盛則從土, 金盛則從金, 水盛則從水, 於情義之所在者, 見其勢衰, 則忌之矣.[35] 蓋婦人之情也. 如此若得氣順理正者, 亦未必從勢而忘義, 雖從亦必正矣.

일 가능성이 발견되었다.)인 유백온과 진소암과 『자평진전』을 펴낸 심효첨(山陰)과 『천미』를 증주한 임철초도 모두 절강인이다.

35) 『滴天髓輯要』에는 '見其勢衰則忘之, 若從得其情正, 亦未必至於無情義也.'라고 끝이 났으나 『闡微』는 '蓋婦人之情.' 以下에 衍文이 되어 있다.

五陽(甲丙戊庚壬)은 陽의 氣를 얻어서 陽의 剛健한 일을 이룰 수 있으므로 財와 殺의 勢力을 두려워하지 않는다. 五陰(乙丁己辛癸)는 陰의 氣를 얻어서 陰의 柔順한 것으로 이루어진 것을 뜻하므로 木이 盛하면 木을 따르고 火가 盛하면 火를 따르며 土가 盛하면 土를 따르고 金이 盛하면 金을 따르고 水가 盛하면 水를 따른다. 情況에 따라서 뜻을 가지고 있는 者는 그 勢力이 衰弱한 것을 보면 꺼리므로 이러한 것은 대체로 아녀자의 마음이라고 할 수 있다. 이와 같이 만약에 氣가 順하고 理致를 바르게 얻은 者는 또한 반드시 勢를 좇고 뜻을 妄覺할 필요는 없을 것이며 비록 따른다 하여도 역시 바르다 할 것이다.

〔任氏注〕

任氏曰, 五陽氣闢, 光亨之象易觀, 五陰氣翕, 包含之蘊難測, 五陽之性剛健, 故不畏財煞, 而有惻隱之心, 其處世不苟且, 五陰之性柔順, 故見勢忘義, 而有鄙吝之心, 其處世多驕諂, 是以柔能制剋剛, 剛不能制剋柔也. 大都趨利忘義之徒, 皆陰氣之爲戾也. 豪俠慷慨之人, 皆陽氣之獨鍾, 然尙有陽中之陰, 陰中之陽, 又有陽外陰內, 陰外陽內, 亦當辨之陽中之陰, 外仁義而內奸詐, 陰中之陽, 外凶險而內仁慈, 陽外陰內, 包藏禍心, 陰外陽內者, 秉持直道, 此人品之端邪, 不可以不辨, 要在氣勢順正, 四柱五行停勻, 庶不偏倚, 自無損人利己之心, 凡持身涉世之道, 趨避必先知人, 故云擇其善者而從之, 卽此意也.

임씨가 말하였다. 다섯 가지의 陽의 氣運은 열리는 氣運이 있어 빛나고 亨通한 形象이라 쉽게 볼 수 있고, 다섯 가지의 陰의 氣運은 안으로 모이고 쌓이는 氣運이 있어서 헤아리기가 어렵다.

五陽의 性質은 剛健하므로 財와 煞을 두려워하지 않고, 남의 處地를 생각하는 마음을 가지고 있어, 세상을 살아가는데 苟且함이 없이 살아간다. 五陰의 性質은 柔順하고 부드러워 그 勢力을 보면 義理를 잊어버리고, 어리석고 욕심을 부리는 마음이 있어 세상을 살아가는데 아첨도 잘하고 驕慢해지기도 잘한다.

따라서 柔順한 것은 能히 强한 것을 제압할 수 있으며 强한 것은 柔順한 것을 制壓할 수 없는 것이다. 一般的으로 利를 따라서 義理를 妄覺하는 무리들은 이 모두가 陰의 氣運의 허물이 있어서이고, 不義를 보면 참지 못하는 이는 모두가 陽의 氣運이 唯一하게 모여서이다.

그러므로 陽 가운데에 陰이 있고 陰 가운데에 陽이 있는 것, 또 陽이 밖에 있고 陰이 안에 있는 것, 陰이 밖에 있고 陽이 안에 있는 것을 마땅히 辨別할 줄 알아야 한다. 陽 가운데의 陰이 있는 者는 겉으로는 仁慈하고 義理가 있어 보이나, 안으로는 奸邪하고 陰 가운데의 陽은 겉으로는 험하고 흉해 보이나 속은 仁慈하다. 陽이 밖에 陰이 속에 있는 者는 안으로 근심을 가지고 있으며, 陰이 밖에 陽이 안에 있는 者는 곧은 道를 가지고 있다.

이렇게 하여 사람의 性品이 端整하거나 邪惡함이 있으므로 확실하게 나누지 않으면 안 된다. 오로지 필요한 것은 그 氣勢가 順하고 바른 곳에 있으며, 四柱에 五行이 고르게 펴져야 하며, 五行이 한쪽으로 몰려서 서로가 依支하지 말아야 만이 스스로 他人에게 損害를 끼치지 않고 나에게 利益이 된다는 마음을 가지게 된다. 무릇 자기 자신이 세상을 살아가는 處世의 道理는 먼저 그 사람을 알아서 따를 사람과 피할 사람을 정하여야 하므로 말하기를 착한 사람을 선택해서 따라야 한다는 말은 즉 여기에 그 뜻이 있는 것이다.

【原文】

甲木參天, 脫胎[36]要火, 春不用金, 秋不用土, 火熾乘龍, 水宕騎虎, 地潤天和, 植立千古.

---

36) 『滴天髓輯要』에는 '胞胎'라고 되어 있다.

甲木은 하늘까지 치솟는 雄壯한 氣勢이지만 껍질을 벗기(새로 자라기) 위해서는 반드시 火가 필요하다. 봄에는 金을 사용하는 것을 許容하지 않고 가을에는 土를 사용하는 것을 許容하지 않는다. 火氣가 熾烈하면 辰土를 사용하고 水氣가 昌旺하면 寅木을 사용하며 땅(地支)이 潤澤하고 하늘(天干)이 溫和하면 千年을 버틸 수 있는 나무가 될 것이다.

[劉氏注]

[37]純陽之木, 參天雄壯, 火者木之子也. 旺木得火而愈敷榮, 生於春則欺金, 而不能用金也. 生於秋則助金, 而不能用土也. 寅午戌, 丙丁多見而坐辰, 則能歸, 申子辰, 壬癸多見而坐寅, 則能納, 使土氣不乾, 水氣不消, 則能長生也.

純粹한 陽의 木은 하늘을 찌를 듯이 雄壯하고 火는 木의 子息이 된다. (그러므로) 旺한 木은 火氣를 얻어서 보다 더 아름다운 꽃을 피울 수 있다. (사주에서) 봄(月支)에 태어난 木(日干)은 金을 欺瞞하기에 用神으로 허용치 못하고 가을에 태어난 木은 土가 金에게 도움을 주니 用神으로 土를 허용할 수 없다.

寅午戌, (火局이 되고) 丙丁火가 많이 보일 때는 (甲木이) 辰土 위에 앉아 있으면 그 辰土를 사용하여 火氣를 洩氣 시킬 수 있으며 申子辰, (水局이 되고) 壬癸水가 많이 보일 때는 寅木 위에 앉아 있으면 水氣를 거둘 수가 있다. 土氣를 마르지 않게 하고 水氣를 사라지지 않게만 한다면 오래 살 수 있을 것이다.

〔任氏注〕

任氏曰, 甲爲純陽之木, 體本堅固, 參天之勢, 又極雄壯, 生于春初, 木嫩氣寒, 得火而發榮, 生于仲春, 旺極之勢, 宜洩其菁榮, 所謂强木得火, 方化其頑, 剋之者金, 然金屬休囚, 以衰金而剋旺木, 木堅金缺, 勢所必然, 故春

37) 『滴天髓輯要』에는 '甲爲根幹之木'이고 그 以下는 同一하다.

不容金也. 生于秋, 失時就衰, 但枝葉雖凋落漸稀, 根氣却收斂下達, 受剋者土, 秋土生金洩氣, 最爲虛薄, 以虛氣之土, 遇下攻之木 ,不能培木之根, 必反遭其傾陷, 故秋不容土也. 柱中寅午戌全, 又透丙丁, 不惟洩氣太過, 而木且被焚, 宜坐辰, 辰爲水庫, 其土溼, 溼土能生木洩火, 所謂火熾乘龍也. 申子辰全又透壬癸, 水泛木浮, 宜坐寅, 寅乃火土生地, 木之祿旺, 能納水氣, 不致浮泛, 所謂水宕騎虎也. 如果金不銳, 土不燥, 火不烈, 水不狂, 非植立千古而得長生者哉.

임씨가 말하였다. 甲은 純粹한 陽으로 이루어진 木으로써 體의 根本은 堅固하고 하늘을 찌를 듯한 氣勢이며, 또한 至極히 雄壯하다. 甲木이 초봄에 태어나면 날씨는 춥고, 나무는 어리기 때문에 불을 얻어야 만이 꽃을 피울 수 있다. 仲春에 태어난 木은 極히 旺한 勢力이므로 마땅히 茂盛함을 설기 시켜야 하니, 이른바 頑强한 나무가 불을 얻어야 만이 모름지기 그 頑强한 氣運을 化할 수 있다.

木氣運을 다스리는 것을 金인데 오히려 봄의 金은 休囚에 屬하여 弱한 金으로 旺한 木을 剋하여 다스리려 하니 나무는 단단하고 金은 缺함이 있어 勢力에 따르는 바가 必然이므로 봄에는 金을 用神으로 쓰지 않는다.

가을에 태어난 木은 때를 잃어 衰하게 되는데, 단 가지와 잎은 비록 말라 점점 떨어져 없어지더라도 그 氣運을 收斂하여 아래로 내려 뿌리로 물러나니 오히려 剋을 받는 것은 土이다. 가을의 土는 金을 生하느라 洩氣가 심하여져 가장 虛弱하여진 土인데, 아래로는 木의 공격을 받고, 木의 뿌리를 키울 수 없는 것은 반드시 반대로 함정에 빠져 기울므로 가을에는 土를 用神으로 사용할 수 없다.

四柱 중에 寅 · 午 · 戌이 모두 있고 丙 · 丁이 透干하였다면 오히려 洩하는 氣運이 지나치게 심하여 木은 타버리는데 甲木이 辰土 위에 있다면 辰土는 水庫요, 濕한 土이므로 能히 木을 生하고 火氣를 洩할 수 있으니, 이를 일러 火氣가 熾熱하면 辰土를 쓰라고(火熾乘龍) 한 것이다.

申子辰이 모두 있고 壬癸가 透干하면 물이 汎濫하여 나무가 뜨니 마땅히 寅木 위에 앉아 있으면 寅木 안에는 火土의 生地이며, 木의 祿旺地이니 能히 물을 빨아들여 汎濫하거나 뜨게는 하지 않는다. 이른바 물이 放蕩하면 寅木을 쓰라고(水宕騎虎) 한 것이다. 이와 같은 결과로 金은 銳利하지 않고, 土는 마르지 않고, 火는 熾熱하지 않고, 水는 放蕩하지 않으면, 심은 나무가 千年을 갈 정도로 오래 살지 않겠는가?

【原文】

乙木雖柔, 刲羊解牛, 懷丁抱丙, 跨鳳乘猴, 虛溼之地, 騎馬亦憂, 藤蘿繫甲, 可春可秋.

乙木은 비록 軟弱하지만 未土에 뿌리를 내릴 수 있고, 丑土를 풀어 헤칠 수 있다. 丁火를 품고 있으며 丙火를 안고 있으면 酉金에 걸터앉고 申金도 올라 탈 수 있다.

地支가 虛하고 濕할 때에는 午火를 타고 있어도 근심이 되고 乙木은 담쟁이 같은 넝쿨식물이라 甲木을 의지하여 살아갈 수 있으므로 봄이든 가을이든 모두 좋다.

[劉氏注]

乙木者, 生於春如桃李, 夏如禾稼, 秋如桐桂, 冬如奇葩, 坐丑未能制柔土,[38] 如刲宰羊, 解割牛然, 只要有一丙丁, 則雖生申酉之月, 亦不畏之, 生於子月,[39] 而又壬癸發透者, 則雖坐午, 亦難發生,[40] 故益知坐丑未月之爲美, 甲與寅字多見, 弟從兄義, 譬之藤蘿附喬木, 不畏斫伐也.

---

38)『滴天髓輯要』에는「乙爲枝葉之木, 柔如花卉, 然坐丑未能制之,」「丑未陰土, 故乙能制」라고 하였다.『闡微』에는 없는 것으로『輯要』를 쓴 陳素菴이 敷衍說明한 것으로 판단된다.

39)『滴天髓輯要』에는「木葉凋零之時, 水多益寒」라고 陳素菴의 敷衍說明되어 있다.

40)『滴天髓輯要』에는「乙雖生午, 然午能洩乙, 況一火不能敵衆水也」라고 陳素菴의 敷衍說明되어 있다.

乙木이라는 것은 봄에 生하면 복숭아와 오얏나무와 같고 여름에 生하면 벼와 같고, 가을에 生하면 오동나무나 계수나무와 같으며, 겨울에 生하면 집안에 있는 기이한 花草와 같다.

丑土나 未土 위에 앉아 있으면 능히 유약한 토를 제할 수 있으므로, 마치 백정이 양을 잡는 것과 소를 가르는 것과 같다. 단지 (천간으로) 丙丁火中에 하나가 있으면 비록 申酉(正偏官)月에 태어나도 두렵지 않으나, 子月에 生하고 또 天干에 壬癸水가 透出하면 地支에 午火가 있다 하여도 역시 發하여 生하기는 어렵다.

그러므로 더욱 알아야 하는 것은 丑未月에 태어나면 아름답다는 것이다. 甲과 더불어 寅자가 많이 보이면 아우가 형의 뜻을 따르는 것과 같으므로 譬喩하자면 곧고 큰 나무에 넝쿨나무가 붙어 올라가며 사는 形局이므로 伐採도 두렵지 않다고 하는 것이다.

〔任氏注〕

任氏曰, 乙木者, 甲之質, 而承甲之生氣也. 春如桃李, 金剋則凋, 夏如禾稼, 水滋得生, 秋如桐桂, 金旺火制, 冬如奇葩, 火溼土培, 生于春宜火者, 喜其發榮也. 生于夏宜水者, 潤地之燥也. 生于秋宜火者, 使其剋金也. 生于冬宜火者, 解天地凍也. 刲羊解牛者, 生于丑未月, 或乙未乙丑日, 未乃木庫, 得以蟠根, 丑乃溼土, 可以受氣也. 懷丁抱丙, 跨鳳乘猴者, 生于申酉月, 或乙酉日, 得丙丁透出天干, 有水不相爭剋, 制化得宜, 不畏金强, 虛溼之地, 騎馬亦憂者, 生于亥子月, 四柱無丙丁, 又無戊未燥土, 卽使年支有午, 亦難發生也. 天干甲透, 地支寅藏, 此謂蔦蘿繫松栢, 春固得助, 秋亦合扶, 故曰可春可秋, 言四季皆可也.

임씨가 말하였다. 乙木이라는 것은 甲木의 質이므로 甲木의 生氣를 잇는 것이다. 봄의 乙木은 복숭아나무나 오얏나무와 같아서 金으로 剋하면 시들어 버리고, 여름의 乙木은 벼와 같으니 물을 주어 生함을 얻어야 한다. 가을의 乙木은 오동나무나 계수나무와 같아서 節氣上 金이 旺하므로

火로 (그 金을) 制하여야 하고, 겨울의 乙木은 집안의 花草이므로 濕한 土와 따듯한 불로써 키워야 한다. 봄에 태어난 乙木이 火氣가 마땅하다는 것은 그 꽃을 피우기 좋아하기 때문이고, 여름에 태어난 乙木이 물이 마땅하다는 것은 마른 땅을 윤택하게 하기 때문이고, 가을에 태어난 乙木이 火氣가 마땅하다는 것은 그것(火氣)으로 金을 극하기 위해서며, 겨울에 태어난 乙木이 火氣가 마땅한 것은 天地가 얼은 것을 녹이기 위해서다.

「刲羊解牛」라는 것은 丑·未月에 태어나고 혹 乙未 乙丑 日이면 未土가 木의 庫라 뿌리가 서려 있는 것을 얻음이요, 丑土는 濕土이므로 그 氣運을 받기에 충분하다.

「懷丁抱丙跨鳳乘猴」라는 것은 申·酉月에 태어나 혹 乙酉日이면, 天干에 丙丁火가 透出되고 水와 서로 爭剋만 없으면 金氣運을 두려워하지 않고 마땅히 制化하여 얻을 수 있다.

地支가 虛하고 濕할 때에는「騎馬亦憂」라는 것은, 亥·子月에 태어나 四柱에 丙丁火가 없으며, 또 戌·未 마른 土도 없고 즉 年支에 午만 있으면 역시 發生하기가 어려움을 근심하는 것이다.

天干으로 甲木이 透出하고 地支로 寅木이 있을 때는 이것을 松柏을 타고 오르는 담쟁이 넝쿨로 譬喩하여 말한다. 봄에는 확실히 도움은 받고 가을에는 合하여 도움을 받으니, 봄에도 좋고 가을도 좋다는 말은 四季節이 모두 좋다는 것이다.

【原文】

丙火猛烈, 欺霜侮雪, 能煅庚金, 逢辛反怯, 土衆成慈, 水猖顯節, 虎馬犬鄉, 甲木若來, 必當焚滅. 一本作虎馬犬鄉甲來成滅.[41)]

---

41) 이렇게『闡微』에서 밝혔는데, 이 밝힌 內容이 陳素菴의『滴天髓輯要』의 내용과 같으므로 이것을 미루어 보면, 任鐵樵도『闡微』를 增注하면서 陳素菴이 지은『輯要』가 아닌 다른 板本을 참조한 것으로 생각되며, 결론적으로 陳素菴 이외에의 사람들도 劉伯溫이 注를 붙인『滴天髓』를 옮겨 적어 소유하고 있었다는 증거가 된다. 그러나 필자는 논문연구를 하는 과정에서 실제

丙火는 사납고 세차서 서리나 눈 정도는 우습게 생각하고 업신여기며 충분히 庚金도 단련시키지만 (그러나) 辛金(正財)을 만나면 오히려 겁을 먹는다.

土가 무리를 지어 있으면 자비로움을 이루고, 水가 미쳐 날뛰어도 節槪를 지키며 寅午戌 火局을 이루고 있는 경우 甲木이 나타나면 반드시 모든 것을 태워버린다.

[劉氏注]

火陽精也. 丙火灼陽之至, 故猛烈, 不畏秋而欺霜, 不畏冬而侮雪, 庚金雖頑, 力能煅之, 辛金本柔, 合而反弱, 土其子也. 見戊己多, 而成慈愛之德, 水其君也. 遇壬癸旺而顯忠節之風, 至於未遂炎上之性, 而遇寅午戌三位者, 露甲木則[42]燥而焚滅也.

火는 陽의 精髓이며 丙火는 太陽의 작렬함의 지극하고 猛烈하기 때문에 가을을 두려워하지 않고, 서리 정도는 우습게 생각하며 겨울을 두려워하지 않고 눈도 업신여긴다. 庚金이 비록 頑强하다 하여도 충분히 힘으로 鍛鍊시킬 수 있으나 辛金은 本性이 부드러우나 그것과 合하면 오히려 약해진다.

土는 그의 자식이므로 戊己土가 많은 것을 보면 慈愛로운 德이 생기며 水는 그의 임금이므로 壬癸水가 旺한 것을 만나면 忠節의 모습이 나타난다. 뜨거운 炎上의 性質을 이루지 못하여도 地支로 寅午戌 세 개를 만나면서 甲木이 透出되면 燥熱하여 모든 것을 태워서 사라져 버리게 한다.

[任氏注]

任氏曰, 丙乃純陽之火, 其勢猛烈, 欺霜侮雪, 有除寒解凍之功, 能煅庚金, 遇强暴而施剋伐也. 逢辛反怯, 合柔順而寓和平也. 土衆成慈, 不凌下也. 水

유백온이 原文에 注를 하였다는 설에 모순점을 발견하였다.

42)『滴天髓輯要』에는「身旺遇印」이라고 陳素菴의 敷衍說明이 있다.

猖顯節, 不援上也. 虎馬犬鄕者, 支坐寅午戌, 火勢已過于猛烈, 若再見甲木來生, 轉致焚滅也. 由此論之, 洩其威, 須用己土, 遏其焰, 必要壬水, 順其性, 還須辛金, 己土卑溼之體, 能收元陽之氣, 戊土高燥, 見丙火而焦坼矣. 壬水剛中之德, 能制暴烈之火, 癸水陰柔, 逢丙火而熯乾矣. 辛金柔軟之物, 明作合而相親, 暗化水而相濟, 庚金剛健, 剛又逢剛, 勢不兩立, 此雖擧五行而論, 然世事人情何莫不然.

임씨가 말하였다. 丙에는 곧 純粹한 陽의 氣運인 火가 있어 그 氣勢가 猛烈하여, 서리나 눈도 업신여기며 추위를 除하고 얼은 것을 푸는 공이 있다. 能히 庚金을 만나면 製鍊을 할 수 있으므로, 그 强하고 暴惡한 性質을 剋伐한다. 辛金을 만나면 오히려 怯을 먹어 合(丙辛)하여 柔順하여지고 和平함을 이룬다.

土의 무리를 보면 慈愛가 생겨 아래 것이라 凌蔑하지 않고, 水氣가 미쳐 날뛰면 節槪가 나타나 윗사람에게 도움을 바라지 않는다.「虎馬犬鄕」이란 地支에 寅午戌이 앉아 있고 이미 火의 勢力이 지나쳐서 이미 猛烈한 때에 또다시 甲木이 生하여 준다고 나타나면 돌아서서 태워 없애는 것이다.

이 이론에 따르면 그 威容을 洩氣하려면 반드시 己土를 利用하여 뜨거움을 막아야 하며, 그 性質을 順하게 하려면 반드시 壬水가 必要하다. 濕한 性質의 土와 辛金을 보내어 能히 陽의 氣運의 으뜸인 것을 收斂하여야 한다. 戊土는 지나치게 마른 土라 丙火를 보면 타서 부서져 버리고, 壬水는 强한 가운데 德을 지녔으니 能히 强烈한 불을 制할 수 있으나, 癸水는 柔弱한 陰水이므로 丙火를 보면 말라 없어진다.

辛金은 柔軟한 物質로 밝은 데서 合을 하여 서로가 親하고 어두운 곳에서 合을 하면 水로 化하여 서로 돕는다. 庚金은 剛健하여 强한 것이 强한 것을 만나면 서로가 勢力을 維持할 수 없다. 비록 이렇게 五行을 擧論한 것이지만 당연히 사람이 살아가는 세상에서 人情 또한 어찌 그러하지 않겠는가?

【原文】

丁火柔中, 內性昭融, 抱乙而孝, 合壬而忠, 旺而不烈, 衰而不窮, 如有嫡母, 可秋可冬.

丁火는 부드러운 가운데 안으로는 性情이 밝음과 融和하려는 氣運을 가지고 있다. 乙木을 껴안고 있으면 孝道를 하고 壬水와 合하여 忠誠을 하며 旺하여도 猛烈하지 않고 衰하여도 困窮하지 않다. 만약에 친어머니(甲木)가 있으면 가을도 좋고 겨울도 좋다.

[劉氏注]

丁干屬陰, 火性雖陽, 柔而得其中矣. 外柔順而內文明, 內性豈不昭融乎. 乙非丁之嫡母也. 乙畏辛而丁抱之,[43] 不若丙抱甲而反能焚甲木也. 不若己抱丁而反能晦丁火也. 其孝異乎人矣. 壬爲丁之正君也. 壬畏戊而丁合之, 外則撫恤戊土, 能使戊土不欺壬也. 內則暗化木神, 而使戊土不敢抗乎壬也. 其忠異乎人矣. 生於夏令, 雖逢丙火, 特讓之而不助其焰, 不至於烈矣. 生於秋冬, 得一甲木, 則倚之不滅, 而焰至於無窮也. 故曰可秋可冬, 皆柔之道也.

丁干은 陰에 屬한다. 火의 性情은 비록 陽이지만 (丁干은) 부드러우면서도 그 안으로는 中心을 가지고 있다. 밖으로는 柔順하여도 안으로는 文明이 되어 있는 狀態이므로 안의 性情이 어찌 밝게 融和하지 않겠는가?

---

43) 『滴天髓輯要』에는 「丁爲溫煖之火, 其性雖烈而屬陰, 則柔而得其中矣. 外柔順而內文明, 豈不昭融乎. 乙乃丁之母, 畏辛而丁抱之」라 되어 있으며, 이하는 內容 面에서 다르지 않다. 특히 『闡微』에서의 '乙非丁之嫡母'라고 한 것과 『輯要』에서의 '乙乃丁之母'라고 한 語感의 차이는 크다고 할 수 있다. 孝道를 한다는 의미는 같지만 친엄마가 아닌데도 孝道를 한다는 『闡微』의 內容과 『輯要』에서는 엄마에게 孝道를 한다는 내용의 차이는 丁火의 性情을 다르게 說明한 것이다. 또한 男命으로 예를 들면 甲木이 嫡母이고 乙木은 偏印인 庶母가 되는 것이다.

乙木은 丁火에게는 친어머니가 아니지만 乙木이 辛金을 두려워할 때 丁火가 乙木을 품고 있는 경우에는, 丙火가 甲木을 껴안고 있을 때 오히려 甲木을 태워 버리는 경우와 같지 않고, 己土가 丁火를 껴안고 있을 때 오히려 丁火를 꺼져버리게 하는 경우와는 같지 않다. (丁火는 乙木을 辛金으로부터 보호해 준다) 그의 孝誠心(庶母에게까지 하는)은 남다르다고 할 수 있는 것이다.

壬水는 丁火에 임금이다. 壬水가 戊土를 두려워할 때 壬水와 丁火가 合을 하여 겉으로는 戊土를 근심하는 척 어루만져 주어서 戊土로 하여금 壬水를 업신여기게 하지 않고 안으로는 化合하여 木神이 되어 戊土로 하여금 감히 壬水에 對抗하지 못하게 하니 그의 忠誠心은 남다르다고 할 수 있겠다.

夏節에 當令하여 태어난 丁火는 비록 丙火를 만나면 그 令을 특별히 丙火에게 辭讓하고 불꽃을 돕지 않으므로 猛烈함까지 다다르지 않게 한다. 가을 겨울에 태어나도 甲木 하나만 얻으면 그것에 依支하여 꺼지지 않으므로 불꽃은 無窮하니 가을도 좋고 겨울도 좋다고 말하는 것은 모두가 柔順한 道理가 있기 때문이다.

〔任氏注〕

任氏曰, 丁非燈燭之謂, 較丙火則柔中耳, 內性昭融者, 文明之象也. 抱乙而孝, 明使辛金不傷乙木也. 合壬而忠, 暗使戊土不傷壬水也. 惟其柔中, 故無太過不及之弊, 雖時當乘旺, 而不至赫炎, 即時值就衰, 而不至于熄滅, 干透甲乙, 秋生不畏金, 支藏寅卯, 冬産不忌水.

임씨가 말하였다. 丁火를 燈燭으로 이야기하는 것이 아니다. (다만) 丙火와 비교하여 柔中한 것뿐이다. 안의 性質이 밝고 融和가 되었다는 것은 文明이 된 形象이다. 乙木을 껴안아 孝道를 하는 것은 公開的으로 辛金으로부터 乙木을 다치지 않게 하는 것이며, 壬水와 合을 하여 忠誠을 한다는 것은 暗暗裡에 戊土로부터 壬水를 다치지 않게 하는 것이다.

오직 그 유순함과 중심을 잡으므로 심히 지나치는 것이나 모자라는 弊端은 없다. 비록 때의 當權을 잡아 旺하여져도 熾熱하게 뜨거운 狀況까지 가지 않으며, 衰弱한 때를 만나도 天干에 甲 · 乙木만 透干하면 꺼지는 地境까지는 가지 않아, 가을에 태어나도 金을 두려워하지 않으며, 地支에 寅 · 卯木만 있으면 겨울에 태어나도 水를 꺼리지는 않는다.

【原文】

戊土固重, 旣中且正, 靜翕動闢, 萬物司命, 水潤物生, 火燥物病, 若在艮坤, 怕冲宜靜.

戊土는 단단하고 무거우며 이미 中央에 머물면서 또한 올바름이 있다. 고요하면 모이는 氣運이 있고 움직이면 열리는 氣運이 있어 萬物의 命을 다스린다. 水氣가 潤澤하면 萬物이 生하고 火氣가 燥熱하면 萬物에 病이 된다. 만약에 命造 중에 寅 · 申이 있으면 冲을 두려워하니 고요함이 마땅하다.

[劉氏注]

戊土非城牆隄岸之謂也. 較己特高厚剛燥, 乃己土發源之地, 得乎中氣而且正大矣. 春夏則氣闢而生萬物, 秋冬則氣翕而成萬物, 故爲萬物之司命也. 其氣屬陽, 喜潤不喜燥, 坐寅怕申, 坐申怕寅, 蓋冲則根動, 非地道之正也. 故宜靜.

戊土는 城의 담장의 土나 언덕의 土라고 말할 수는 없다. 己土와 比較하여 특별히 높고 두텁고 剛健하고 메마르다는 것으로 곧 己土의 發源地가 된다. 中氣를 얻었다는 것은 이 또한 바르고 크다는 것이다.

봄과 여름에는 氣運을 열어 萬物을 生하게 하고 가을과 겨울에는 氣運을 모아서 萬物을 이루게 하므로 萬物의 命을 다스린다고 말하는 것이다. 그 氣運은 陽에 屬하여 潤澤함을 좋아하고 마른 것을 싫어하며 寅木 위에 앉아 있으면 申金을 두려워하고 申金 위에 앉아 있으면 寅木을 두려워하므로 대체로 沖을 하면 戊土의 뿌리가 흔들리게 되어 있다. 이와 같은 것은 地道의 바름이 아니므로 戊土는 마땅히 고요하여야만 된다고 하는 것이다.

〔任氏注〕

任氏曰, 戊爲陽土, 其氣固重, 居中得正, 春夏氣動而闢, 則發生, 秋冬氣靜而翕, 則收藏, 故爲萬物之司命也. 其氣高厚, 生於春夏, 火旺宜水潤之, 則萬物發生, 燥則物枯, 生於秋冬水多宜火暖之, 則萬物化成, 溼則物病, 艮坤者, 寅申之月也. 春則受剋, 氣虛宜靜, 秋則多洩, 體薄怕沖, 或坐寅申日, 亦喜靜忌沖, 又生四季月者, 最喜庚申辛酉之金, 秀氣流行, 定爲貴格, 己土亦然, 如柱見木火, 或行運遇之則破矣.

임씨가 말하였다. 戊土를 陽土라 하고 그 氣運은 重厚하고 한결같으니 가운데 머물러 올바름을 얻었다고 하였다.

봄과 여름에는 氣가 動하고 그것을 열어 萬物을 發生시키고 가을과 겨울에는 氣를 고요히 하고 모아서 萬物을 거두어서 貯藏을 하므로 萬物의 命을 管掌한다고 한다. 그 氣運은 高尙하고 重厚하여서 봄, 여름에 태어나면 火가 旺하므로 水氣로 潤澤하게 하여야 萬物이 發生하고, 지나치게 메마르면 萬物이 메마른다. 물이 많은 季節인 가을과 겨울에 태어나면 마땅히 불로써 따듯하게 하여야 만이 萬物이 化하여 이루게 되는데, 지나치게 濕한 즉 萬物에 병이 된다.

艮 · 坤이라는 것은 寅 · 申月인데, 봄에 剋을 받으면 그 氣가 虛하니 마땅히 고요하여야 하며, 가을에는 洩氣가 심하면 土氣運이 얇아져 沖이 두려울 뿐이다. 혹 寅 · 申日 위에 앉아 있어도 역시 고요한 것을 기뻐하고 沖하는 것을 꺼린다.

또 각 季節의 마지막 달인 四季月에 태어난 者는 庚申 辛酉의 金을 기뻐하는데, 빼어난 氣運을 流通시키므로 貴格으로 定해지고, 己土 역시 그러하다. 만약 四柱 중에 木火를 보고 行運에서 혹시 木火大運으로 흐른다면 四柱가 깨져 버린 것이다.

【原文】

己土卑溼, 中正蓄藏, 不愁木盛, 不畏水狂, 火少火晦, 金多金光, 若要物旺, 宜助宜幫.

己土는 卑濕한 土이지만 中正하기에 萬物을 蓄藏하므로 木이 盛하여도 근심이 없으며 水가 猖狂하여도 두려워하지 않는다. 적은 불기운은 꺼트릴 수 있고, 金이 많으면 오히려 빛을 낼 수 있으며 만약에 萬物이 旺盛하기를 바란다면 마땅히 火와 土로 도와주어야 한다.

[劉氏注]

[44]己土卑薄軟溼, 乃戊土枝葉之地, 亦主中正而能蓄藏萬物, 柔土能生木, 非木所能剋, 故不愁木盛, 土深而能納水, 非水所能蕩, 故不畏水狂, 無根之火, 不能生溼土, 故火少而火反晦, 溼土能潤金炁, 故金多而金光彩, 反淸瑩可觀, 此其無爲而有爲之妙用, 若要萬物充盛長旺, 惟土勢固重, 又得火氣暖和方可.

己土는 卑濕하고 軟弱한 土인지라 마치 戊土의 枝葉의 땅이라 할 수 있으나 역시 이것 또한 中正이 있어 충분히 萬物을 蓄藏할 수 있다. (本性이) 부드러운 土인지라 木을 생하므로 木이 剋하는 대상이 될 수 없기에 木이 盛함을 근심하지 않는다.

土가 깊으면 水를 받아들이는 능력이 있으므로 水가 쓸어버릴 대상이 될 수 없기에 水가 猖狂한 것을 두려워하지 않는다.

火가 뿌리가 없으면 卑溼한 土를 生하기가 不可能하므로 火가 적으면 오히려 어두워지지만 溼한 土는 충분히 金기운을 윤택하게 하므로 金이 많아도 光彩를 내게 되므로 오히려 맑고 반짝거려서 보기가 좋게 될 것

44) 『滴天髓輯要』에서는 「己爲田園之土」라고 첫머리에 확실히 밝혔으나, 『闡微』에는 없는 것을 보면 任鐵樵의 『闡微』와 板本이 다른 것으로 판단된다.

이다.

이것은 겉으로는 아무 것도 하는 작용이 없는 것 같지만 오히려 안으로는 微妙한 작용으로 만물을 생하는 理致를 설명하는 것이다. 만약에 만물이 充分히 旺盛하게 생장하려면 필요한 것은 오로지 土의 세력이 단단하고 重厚하여야 하며 또 火氣運을 얻어 따듯한 기운이 和하면 비로소 좋게 될 것이다.

〔任氏注〕

任氏曰, 己土爲陰溼之土, 中正蓄藏, 貫八方而旺四季, 有滋生不息之妙用焉. 不愁木盛者, 其性柔和, 木藉以培養, 木不剋也. 不畏水狂者, 其體端凝, 水得以納藏, 水不冲也. 火少火晦者, 丁火也. 陰土能斂火晦火也. 金多金光者, 辛金也. 溼土能生金潤金也. 柱中土氣深固, 又得丙火去其陰溼之氣, 更足以滋生萬物, 所謂宜助宜幇者也.

임씨가 말하였다. 己土는 陰濕한 土라고 하고, 中正함을 蓄藏하였기에 八方으로 貫通하고 四季에 旺하여, 滋生하는 것이 쉼 없으므로 奧妙한 作用이 있을 뿐이다.

「不愁木盛」이란 그 性質이 溫和하고 부드러워서 나무를 키우는데 도움을 주므로 木이 剋을 하지 않는다는 것이다.

「不畏水狂」이란 그 自體가 바른 凝集力이 있어서, 물을 받아 貯藏할 수 있어 水와는 沖이 되지 않는다는 것이다.

「火少火晦」란 丁火를 말함인데 陰土는 능히 火를 수렴하여 불을 끌 수 있음을 말한다.

「金多金光」이란 辛金을 말함인데 濕土는 능히 金을 생하고 윤택하게 할 수 있음을 말한다.

命造 중에 土氣가 깊고 堅固하면 丙火를 얻어 그 陰濕한 氣運을 除去하면 더욱 萬物을 資生시키고 繁殖시키기에 충분하다. (인하여) 이렇게 도와주는 것을 이른바 '宜助宜幇'이라는 것이다.

【原文】

庚金帶煞, 剛健爲最, 得水而淸, 得火而銳, 土潤則生, 土乾則脆, 能贏甲兄, 輸于乙妹.

庚金은 煞氣를 띠고 있어 剛健함이 최고이며, 水를 얻으면 맑아지고 火를 얻으면 銳利해진다. 潤澤한 土는 金을 生하고 마른 土는 金을 弱하게 한다. 庚金은 剛健하여 능히 兄인 甲木을 이길 수 있으나, 그 甲木의 누이동생인 乙木에게는 情을 보내어 합하려 한다.

[劉氏注]

庚金乃天上之太白, 帶煞而剛健, 健而得水, 則氣流而淸, 剛而得火, 則氣純而銳,[45] 有水之土, 能全其生, 有火之土, 能使其脆, 甲木雖强, 力足伐之, 乙木雖柔, 合而反弱.

庚金은 곧 하늘에서는 太白星인지라 煞氣를 띠고 굳세고 튼튼하지만 그 튼튼함이 水를 얻어야만 氣가 흘러 맑아지고 剛해진다. 그 강한 것이 火를 얻으면 氣가 順하여져 銳利해진다.

水氣運이 있는 土는 온전하게 金을 생할 수 있으며 火氣運이 있는 土는 金을 弱하게 한다. 甲木이 비록 强하나 그것을 벨 수 있는 힘이 충분하고 乙木은 비록 柔弱하나 合이 되면 오히려 弱해진다.

〔任氏注〕

任氏曰, 庚乃秋天肅殺之氣, 剛健爲最, 得水而淸者, 壬水也. 壬水發生, 引通剛殺之性, 便覺淬厲晶瑩, 得火而銳者, 丁火也. 丁火陰柔, 不與庚金爲敵, 良冶銷鎔, 遂成劍戟, 洪爐煅煉, 時露鋒鍖, 生于春夏, 其氣稍弱, 遇丑辰之溼土則生, 逢未戌之燥土則脆, 甲木正敵, 力能伐之, 與乙相合, 轉覺有情, 乙非盡合庚而助暴, 庚亦非盡合乙而反弱也. 宜詳辨之.

---

45)『滴天髓輯要』에서는「則氣純而粹」라고 하여, 卽 純粹하여진다는 뜻이며,『闡微』에서는 純粹하고 銳利하여진다는 뜻인데,『闡微』의 內容이 보다 더 庚金의 性情을 잘 說明하고 있다고 판단된다.

임씨가 말하였다. 庚金은 가을하늘의 肅殺之氣를 가지고 있으므로 剛健함이 최고이다.

「得水而淸」이란 壬水를 말함인데, 그 壬水가 발생하므로 인하여 그 剛殺之性한 金氣運을 당겨서 오히려 갈고 담금질하여 반짝거리는 보석이 되기를 생각하게 한다.

「得火而銳」란 丁火를 말함인데 丁火는 陰이요, 부드러워서 金을 敵으로 생각하지 않고 잘 녹여서 담금질을 하여 창과 검을 만드는데 커다란 火爐에 製錬시키고 쇠모탕 위에 놓고 때때로 두드려서 날카로움을 세운다.

봄과 여름에 生하면 그 氣運이 점점 弱해지는데 濕한 丑·辰土를 만나면 살아나고 未·戌 메마른 土를 만나면 부시진다. 甲木은 正敵이라 能히 벨 힘이 있으며, 乙木과는 서로 合하면 생각을 달리하여 有情하여지는데, 乙木이 庚金과의 合을 모두 한다고 庚金의 난폭함을 돕는 것이 아니고, 庚金 또한 乙木과 合을 모두 하였다고 弱해지는 것이 아니니, 상세히 判別하는 것이 마땅하다.

【原文】

辛金軟弱, 溫潤而淸, 畏土之疊, 樂水之盈, 能扶社稷, 能救生靈, 熱則喜母, 寒則喜丁.

辛金은 軟弱하여 따듯하고 潤澤하게 하면 淸해지고 土가 많은 것을 두려워하며 水가 많은 것을 좋아한다. 충분히 社稷을 도울 수 있고 충분히 백성들을 救援할 수 있으며 뜨거우면 어머니를 좋아하고 추우면 丁火를 좋아한다.

[劉氏注]

辛乃陰金, 非珠玉之謂也. 凡溫軟淸潤者, 皆辛金也. 戊己土多而能埋, 故畏之, 壬癸水多而必秀, 故樂之, 辛爲丙之臣也. 合丙化水, 使丙火臣服壬水,而安扶社稷,[46] 辛爲甲之君也. 合丙化水, 使丙火不焚甲木, 而救援生靈, 生於九夏而得己土, 則能晦火而存之, 生於隆冬而得丁火, 則能敵寒而養之, 故辛金生於冬月, 見丙火則男命不貴,[47] 雖貴亦不忠, 女命剋夫, 不剋亦不和, 見丁男女皆貴且順.

辛金은 陰의 金이지만 珠玉이라고는 말할 수 없다. 무릇 그 性情은 따듯하고 柔軟하여 淸하고 潤澤하므로 모두가 辛金의 屬性이다. 戊己土가 많으면 묻히게 되니 그것을 두려워하는 것이며 壬癸水가 많으면 반드시 빼어난 기운을 얻으므로 그것을 좋아하는 것이다.

辛金은 丙火의 臣下이다. 丙火와 合하여 水로 化하여 그 丙火를 壬水의 臣下로 만들어 社稷을 편안하게 도와준다. 辛金은 甲木의 임금이다. 丙火와 合하여 水로 化하여 그 丙火가 甲木을 태우지 못하게 하므로 백성을 救援한다고 하는 것이다.

辛金이 뜨겁고 긴 여름에 태어나서 己土를 얻으면 火를 꺼뜨려서 존재하고 추운 겨울에 태어나서 丁火를 얻으면 추위를 이겨서 滋養할 수 있다. 그러므로 辛金이 겨울에 태어나서 丙火을 보면 乾命은 貴하지 않고 비록 貴하다고는 하나 不忠하고, 坤命은 男便을 剋하고 비록 剋하지 않으면 역시 和睦하지가 않다. 丁火가 있어야 男女가 모두 貴하고 性情이 順理에 따르는 사람이 된다.

〔任氏注〕

任氏曰, 辛金乃人間五金之質, 故淸潤可觀, 畏土之疊者, 戊土太重, 而涸

---

46) 『滴天髓輯要』에는 「辛爲丙之臣也. 撫恤壬水, 使不克丙火, 而匡扶社稷」이라고 하여 『闡微』에서는 丙火의 臣下인 辛金이 合化 水가 되게 해서 壬水의 臣下가 되어 社稷을 구한다는 것이고, 『輯要』에서는 辛金이 壬水를 어루만져 달래서 丙火를 克하지 못하게 한다는 것인데, 『輯要』에서 주장하듯이 辛金이 壬水를 어루만져 달랠 수 있는 능력이 있지 못하다. 오히려 壬水의 性情을 亂暴하게 할 수가 있기 때문에 『闡微』의 주장처럼 丙火와 合하여 水로 化하여 壬水에 服從하여 社稷을 구한다는 의미가 옳다고 생각된다.

47) 『滴天髓輯要』에는 「丙辛合而化水」라고 하여 陳素菴의 敷衍說明이 있다.

水埋金, 樂水之盈者, 壬水有餘, 而潤土養金也. 辛爲甲之君也. 丙火能焚甲木, 合而化水, 使丙火不焚甲木, 反有相生之象, 辛爲丙之臣也. 丙火能生戊土, 合丙化水, 使丙火不生戊土, 反有相助之美, 豈非扶社稷救生靈乎, 生于夏而火多, 有己土則晦火而生金, 生于冬而水旺, 有丁火則溼(暖)[48]水而養金, 所謂熱則喜母, 寒則喜丁也.

임씨가 말하였다. 辛金은 곧 사람들 사이에서 다섯 가지로 대표되는 金屬의 質(金, 銀, 銅, 鐵, 錫)이다. 그러므로 맑고 潤氣가 나며 보기가 아름답다.

「畏土之疊」이란 戊土가 太重하여 물이 마르고 金이 묻히게 되는 것을 두려워한다는 말이다.

「樂水之盈」이란 壬水가 넉넉함이 있어 土가 潤澤하여 金을 生하게 한다는 것이다.

辛金은 甲木의 임금이 된다. 丙火는 能히 甲木을 태워 없애는데, 丙火와 合을 하여 水가 되어 丙火로부터 木을 태우지 못하게 하고 오히려 相生하는 상태가 된다. 金은 丙火의 臣下이다. 丙火는 能히 戊土를 生할 수 있는데 丙火를 合하여 水가 되어 丙火로 하여금 土를 生하지 못하게 하면서 오히려 서로 돕는 아름다움이 있으니 이 어찌 社稷을 도우면서 生命을 救하지 않는다고 하겠는가!

여름에 태어나면 불이 많은데 己土로써 불을 끄면서 金을 생하게 하고, 겨울에 태어나면 물이 旺한데 丁火가 있어 水氣를 따듯하게 하여 金을 만드니, 이른바 뜨거우면 어머니(己土)를 좋아하고 추우면 丁火를 좋아한다는 것이다.

【原文】

壬水通河, 能洩金氣, 剛中之德, 周流不滯, 通根透癸, 沖天奔地, 化則有

---

48) 徐樂吾가 訂正한 『徵義』에는 '暖'으로 되어있다. 文脈上으로 『徵義』가 옳다.

情, 從則相濟.

壬水는 큰 江으로 通하고 있으므로 충분히 金氣를 洩할 수 있어 剛中의 德이 있으며 돌고 돌아 막힘이 없다. 地支에 通根하고 癸水가 透出되어 있으면 하늘을 찌르고 땅을 달리는 形象이 되며 化하면 情이 있고 從하면 서로 救濟한다.

[劉氏注]

壬水卽癸水之發源, 崑崙之水也. 癸水卽壬水之歸宿, 扶桑之水也. 有分有合, 運行不息, 所以爲百川者此也. 亦爲雨露者此也. 是不可歧而二之, 申爲天關, 乃天河之口, 壬水長生於此, 能洩西方金氣, 周流之性, 漸進不滯, 剛中之德猶然也. 若申子辰全而又透癸, 則其勢沖奔, 不可遏也. 如東海本發端於天河, 每成水患, 命中遇之, 若無財官者, 其禍當何如哉. 合丁化木, 又生丁火, 則可謂有情, 能制丙火, 不使其奪丁之愛, 故爲夫義而爲君仁, 生於九夏, 則巳午未中火土之氣, 得壬水薰蒸而成雨露, 故雖從火土, 未嘗不相濟也.

壬水는 癸水의 發源地이며 崑崙의 水이다. 癸水는 壬水가 돌아 와서 쉬는 곳이니 扶桑의 水이다. 갈라지기도 하고 合이 되기도 하여 쉬지 않고 다니며 바로 수많은 河川이 이와 같고 또한 비와 이슬이 이와 같은 것이므로 이것이 나뉘어 둘이 될 수 없다는 것이다.

申金은 하늘의 關門으로서 銀河水의 入口이고, 壬水는 그것의 長生으로서 충분히 西方 金氣를 洩氣할 수 있다. 돌고 도는 性質이란 막히지 않고 서서히 앞으로 나가는 것인데 剛健하고 中正한 德이 있는 것은 오히려 당연한 것이다.

만약에 地支로 申 · 子 · 辰이 모두 있고 癸水가 透干되어 있으면 그 세력이 넘쳐서 막을 수가 없을 것이다. 天河로부터 發端한 東海와 같으니 언제나 水로 인하여 근심이 이루어진다. 命 가운데에서 이러한 것을 만났을 경우 만약 財도 없고 官도 없는 者는 그 禍를 당하는 것이 어떠하겠는가?

丁火와 合을 하여 木이 되고 또 丁火를 生하니 바로 有情하다 말할 수 있으며 丙火를 制壓할 수 있어 丙火가 丁火의 사랑하는 마음을 빼앗지 못하게 하므로 지아비는 義理가 있고 君子는 仁慈하다고 할 수 있다. 한 여름에 태어나면 巳·午·未 중에 火土 氣運을 얻어 壬水가 薰蒸되어 雨露를 만드니 비록 火土에 따른다고 하여도 일찍이 서로 도와주는 것이라고 하지 않을 수가 없다.

〔任氏注〕

任氏曰, 壬爲陽水, 通河者, 卽天河也. 長生在申, 申在天河之口, 又在坤方, 壬水生此, 能洩西方肅殺之氣, 所以爲剛中之德也. 百川之源, 周流不滯, 易進而難退也. 如申子辰全, 又透癸水, 其勢泛濫, 縱有戊己之土, 亦不能止其流, 若强制之, 反沖激而成水患, 必須用木洩之, 順其氣勢, 不至又沖奔也. 合丁化木, 又能生火, 不息之妙, 化則有情也. 生於四五六月, 柱中火土並旺, 別無金水相助, 火旺透干, 則從火, 土旺透干, 則從土, 調和潤澤, 仍有相濟之功也.

임씨가 말하였다. 壬水는 陽水이며, '通河'라는 것은 즉 '天河'를 말하는 것이다. 壬水는 申金에 長生하고 申金은 天河의 입구에 있고, 坤方에 있으며 壬水는 이곳에서 生하니 能히 西方의 肅殺의 氣運을 洩할 수 있다. 바로 이것이 剛健한 中正의 德이 있는 것이다.

모든 河川의 根源이며 돌고 돌아 막힘이 없으니 나가기는 쉽고 물러나기는 어렵다. 만약 申·子·辰이 모두 있고, 癸水가 透干되면 그 세력이 범람하여, 설령 戊·己土로 막으려 하여도, 흐름을 막기에는 不可能할 것이다. 만약 그것을 强制로 制止한다면, 오히려 激烈한 衝突로 인하여 水로써의 근심이 생기니, 반드시 木을 사용하여 그 氣運을 洩氣하여야만이 그 氣勢를 따르는 道理이다. 沖하여 혼란스런 경우까지는 가지 말아야 한다.

丁火와 合을 하여 木이 되는데 그것이 또 能히 火를 生하니 쉬지 않고

生하는 妙함이 있으니, 化한즉 有情함이 있다. 四 · 五 · 六月에 生하고, 사주 중에 火 · 土가 함께 旺하며, 특별히 金 · 水의 도움이 없으면서, 火가 旺盛하여 透干되면, 즉 火가 旺盛하면 從하고, 土가 旺盛하여 透干되면 土를 從하는데, 이것이 조화롭게 이루어져 潤澤하여진 것으로 서로 돕는(相濟) 功이라고 할 수 있다.

【原文】

癸水至弱, 達于天津, 得龍而運, 功化斯神, 不愁火土, 不論庚申, 合戊見火, 化象斯眞.[49)]

癸水는 지극히 弱한 것이나 天津까지 다다를 수 있고 龍을 얻어 運行하면 神과 같은 造化를 이룰 수가 있다. 火와 土를 근심하지 않으며 庚辛金을 論하지 않고 戊土와 合을 하여 火를 보면 변한 모습이 바로 참된 化象이다.

[劉氏注]

癸水乃陰之順而至弱, 故扶桑有弱水也. 達於天津, 隨天而運, 得龍以成雲雨, 乃能潤澤萬物, 功化斯神, 凡柱中有甲乙寅卯, 皆能運水氣, 生木制火, 潤土養金, 定爲貴格, 火土雖多, 不畏, 至於庚金, 則不賴其生, 亦不忌其多, 惟合戊土化火何也. 戊生寅, 癸生卯, 皆屬東方, 故能生火, 此固一說也. 不知地不滿東南, 戊土之極處, 卽癸水之盡處, 乃太陽起方也. 故化火, 凡戊癸得丙丁透者, 不論衰旺秋冬皆能化火, 最爲眞也.[50)]

---

49) 『滴天髓輯要』에는 「火根乃眞」이라고 되어 있으나, 『闡微』에 있는 「化象斯眞」과 글자는 다르지만 내용상의 의미는 비슷하다.

50) 『滴天髓輯要』의 내용은 「癸乃純陰而至弱, 然上達天津, 凡柱中有甲乙寅卯, 皆能運用水氣, 生木制火, 潤土養金, 如龍能運水, 火土雖多不畏, 至於庚辛, 則不賴其生, 亦不忌其多, 惟合戊化火, 必通火根, 乃爲眞也.」 '癸水는 순수한 陰으로 지극히 弱하나, 위로는 天津까지 다다를 수 있으며, 四柱 중에 甲乙寅卯木이 있으면 모두 水氣를 運用하여 木을 生하고 火를 制하며 土를 潤澤하게 하고 金을 滋養한다. 만약에 龍이 水를 運用하듯 하면 火土가 비록 많더라도 두렵지 않고 庚辛金을 만나면 그 生함을 의뢰하지 않고 또한 그 많은 것을

癸水는 곧 陰의 柔順함이라 至極히 柔弱하다. 그러므로 扶桑에 있는 弱한 水라고 한다. (그러나) 天津까지 다다를 수 있어서 天氣를 따라 運行하여 龍을 얻으면 구름과 비를 만들어 萬物을 潤澤하게 할 수 있으니 神과 같이 造化를 이룰 수가 있다.

四柱 가운데에 甲 · 乙 · 寅 · 卯가 있으면 모두 水氣를 運搬하여 木을 生하고 火를 制할 수 있으며, 土를 기름지게 하여 金을 滋養할 수 있으면 貴한 格이 됨이 정해져 있다. 비록 火土가 많아도 두려워하지 않으며 庚金이 옆에 있어도 生하기를 依賴하지 않으며 역시 많은 것도 꺼리지 않는다. 오로지 戊土와 合을 하면 火로 化한다는 것은 어째서인가? 戊土는 寅木을 生하고 癸水는 卯木을 生하니 모두가 東方에 屬하므로 火를 生한다는 것이 一說로 이렇게 굳어진 것 같다.

그러나 東南쪽은 땅이 채워지지 않는 곳이기에 戊土가 極에 다다르는 곳이요, 癸水가 다하는 곳이며, 그 곳에서 태양이 뜨는 곳이라 火로 化한 것을 모르고 하는 소리이다. 戊土와 癸水가 合이 되고 丙 · 丁火가 透干된 것을 얻으면 旺衰를 論하지 말고 가을이든 겨울이든 모두 化할 能力이 있으니 (이것이) 가장 참된 (化火가) 되는 것이다.

［任氏注］

任氏曰, 癸水非雨露之謂, 乃純陰之水, 發源雖長, 其性極弱, 其勢最靜, 能潤土養金, 發育萬物, 得龍而運, 變化不測, 所謂逢龍卽化, 龍卽辰也. 非眞龍而能變化也. 得辰而化者, 化辰之原神發露也. 凡十干逢辰位, 必干透化神, 此一定不易之理也. 不愁火土者, 至弱之性, 見火土多卽從化矣. 不論庚辛者, 弱水不能洩金氣, 所謂金多反濁, 癸水是也. 合戊見火者, 陰極則陽生,

---

두려워하지 않는다. 오로지 戊土와 合을 하여 火로 化하는데 반드시 火의 뿌리에 통하면 그 변하는 것이 진실되다.'라고 끝을 맺었으나 『闡微』는 癸水가 戊土와 合을 하여 化火가 되는 두 가지의 다른 理論을 제시하였다. 그러나 이 두 가지 이론은 필자의 견해로는 아래 임철초가 설명한 부분이 오히려 현재의 이론이라고 할 수 있다.

戊土燥厚, 柱中得丙火透露, 引出化神, 乃爲眞也. 若秋冬金水旺地, 縱使支遇辰龍, 干透丙丁亦難從化, 宜細詳之.

임씨가 말하였다. 癸水를 이슬이나 비라고 말하는 것은 잘못되었고, (그것은) 곧 純粹한 陰의 水이며, 發源地는 비록 멀고 그 性質은 極히 微弱하여도 그 勢力만큼은 고요하여, 能히 土를 潤澤하게 하고 金을 씻어 다듬게 하며, 萬物을 發育시킨다.

運에서 龍을 만나면 變化하는 것이 無窮하여 헤아릴 수 없으니, 이른바 龍을 만나면 化하는데, 그 龍이란 辰土이다. 진짜 龍이 아니면 능히 변할 수 있겠는가? 辰土를 얻어 化한 것은 化한 辰土의 原神이 나온 것이다. 무릇 十干이 辰의 자리에서 만나면 반드시 化한 神이 나타나는데 이것은 一定하고 變하지 않는 理致이다.

「不愁火土」란 그 性質은 至極히 弱한데, 火 · 土가 많은 것을 보면 즉시 從化하는 것이다.

「不論庚辛」이란 弱한 물이 金氣를 洩氣하기가 不能하여, 이른바 金이 많으면 반대로 濁하여진다는 말인데 癸水가 그렇다.

「合戊見火」란 陰이 極에 다다르면 陽이 生하는데, 戊土는 마르고 투박한 土라, 命造 중에 透出된 丙火를 얻으면 變한 神을 꺼내니 이것이 진짜로 從하는 것이다. 만약에 金 · 水가 旺한 가을이나 겨울에 辰土가 오히려 있으면, 丙 · 丁火가 透干되었어도 역시 從化하기에는 어려움이 있으니 자세히 살펴보는 것이 마땅하다.

第八 地支

【原文】

陽支動且强, 速達顯災祥, 陰支靜且專, 否泰每經年.

陽의 地支는 動的이며 또한 强하여, 災殃과 祥瑞함이 빠르게 나타나고, 陰의 地支는 고요하고 또한 단순함으로 어려움과 편안함은 매번 해를 지남에 따라 나타난다.

[劉氏注]

子寅辰午申戌陽也, 其性動, 其勢强, 其發至速, 其災祥至顯. 丑卯巳未酉亥陰也, 其性靜, 其氣專, 發之不速, 而否泰之驗, 每至經年而後見.[51)]

子・寅・辰・午・申・戌은 陽의 地支이고, 그 性質은 動的이며 勢力은 强하여, 災殃이나 祥瑞함이 나타나는 것이 빠르다. 丑・卯・巳・未・酉・亥는 陰의 地支이며, 그 性情은 고요하고 그 氣運은 오로지 단순하여, 편안함과 어려움을 느끼는 것은 해가 지난 후에 알 수 있다.

〔任氏注〕

任氏曰, 地支有以子至巳爲陽, 午至亥爲陰者, 此從冬至陽生, 夏至陰生論也. 有以寅至未爲陽, 申至丑爲陰者, 此分木火爲陽, 金水爲陰也. 命家以子寅辰午申戌爲陽, 丑卯巳未酉亥爲陰, 若子從癸, 午從丁, 是體陽而用陰也. 巳從丙, 亥從壬, 是體陰而用陽也. 分別取用, 亦惟剛柔健順之理, 與天干無異, 但生剋制化, 其理多端, 蓋一支所藏或二干, 或三干故耳, 然以本氣爲主,

51)『滴天髓輯要』에는「每經年而始見.」이라고 되어 있다.『闡微』에는 "後"로 되어 있으나『輯要』에서는 "始"로 되어 있는데, 文句를 解釋할 경우에는 큰 차이는 없으나 硏究者의 見解는『輯要』의 "始"가 좋은 것으로 판단된다. 한편으로 서락오의『徵義』에는 임철초의 본론부분에 이 부분을 '原註'라고 밝히고, 임철초의 '본론'에 삽입한 것을 보면 서락오는 유백온이 원주를 지었다는 기존 명학자(진소암, 형원 주인, 원수산)들의 주장을 고의적인 의도로 엄폐하려는 듯하다. 그 이유는 서락오는 유백온이 原著를 하고 임철초가 編註를 하였으며, 본인인 서락오는 增註를 하였다고『徵義』의 표제를 하였기 때문이며, 본인의 後序에서도 역시 유백온이 원주를 하였다고 주장하였다. 더하여 보다 자세히 설명하기를, 명태조가 점서류를 꺼리기 때문에 벽장 속에 넣어두어 아무도 보지 못하게 하였으나, 사후에 명태조의 명령으로 벽장을 열개하여 세상에『滴天髓』라는 명서가 나타나게 되었다고 주장하고 있다.

寅必先甲以後及丙, 申必先庚以後及壬, 餘支皆然, 陽支性動而强吉凶之驗恆速, 陰支性靜而弱禍福之應較遲, 在局在運均以此宜消息之.

임씨가 말하였다. 地支에는 子에서부터 巳까지는 陽이고, 午에서부터 亥까지는 陰이라는 것은 冬至부터 陽이 生하고, 夏至부터 陰이 生한다는 理論에 따르는 것이다. 寅에서부터 未까지는 陽이고, 申에서부터 丑까지는 陰이라는 것은 이것은 木火는 陽이오, 金水는 陰이라는 것이다.

運命을 보는 이들은 子·寅·辰·午·申·戌을 陽이오, 丑·卯·巳·未·酉·亥를 陰이오, 만약 子水가 癸水에 屬하고, 午火가 丁火에 屬하면 이것은 體는 陽이오, 用은 陰이며, 巳火는 丙火에 屬하고 亥水는 壬水에 屬한다면 이것은 體는 陰이고, 用은 陽이라 한다.

分別하여 使用하고, 오로지 剛柔와 健順의 理致에 있으며, 天干 역시 다를 바가 없다. 단 生·極·制·化는 그 理致가 대단히 복잡하게 얽혀 있어 대개 한 개의 地支에는 두 개 혹 세 개의 干을 가지고 있기 때문이다. 그러나 本氣가 主人이 된다는 것은 예를 들어 寅中에는 반드시 甲木이 먼저이고 後가 丙火며 申中에는 庚金이 먼저이며 壬水는 나중이니, 나머지의 地支도 이와 같다.

陽의 地支는 그 性質이 活動的이며 强하여 吉凶의 效果가 항상 빠르게 나타나며, 陰의 地支의 性質은 고요하고 弱하여 禍福의 應驗도 比較的 느리게 나타난다. 이러한 理致는 四柱의 原局에서나 運에서도 마찬가지이니 이러한 뜻은 天地의 時運이 變化한다는 것이다.

<譯評> 서락오의 『徵義』에서는 이곳에 「戰局」과 「合局」장을 두었으며 사례명조 역시 함께 실려 있다. 이와 같이 원수산의 찬집한 『闡微』와 차이가 나는 것은 서락오가 집안의 아저씨로부터 『徵義』를 물려받을 당시의 상황을 후서에 남기기를 "내가 절을 하고 책을 받아 자세히 살펴보니 『滴闡髓徵義』의 내용이었다. 애석하게도 벌레에 상하고 쥐가 먹어, 남은 것이 결손 되어 온전치가 못하였다."[52]고 한 것으로 미루어 보면 차례와

내용이 서락오에 의하여 변경되었음을 짐작할 수 있다.

또 계속해서 말하기를, "세월이 흘러 四明銀行 孫衡甫君이 인쇄한 『滴天髓闡微』를 보고 (내용이) 大同小異함을 알고는 비로소 이 책이 임철초씨의 稿本임을 알았다. 또 名目이 같지 않고 내용 역시 詳略된 것이 있어 본인이 고쳤을 뿐이다."[53]고 한 것을 보면 『徵義』는 서락오에 의해 改修된 것을 확인할 수 있다.

【原文】

生方怕動庫宜開, 敗地逢沖仔細推.

地支에서 生方은 動하는 것은 두렵고, 庫는 마땅히 열려야 하며, 敗地는 沖을 만나면 상황에 따라 吉凶이 다르게 나타나니 자세히 살펴야 한다.

[劉氏注]

寅申巳亥生方也. 忌沖動, 辰戌丑未四庫也. 宜沖則開, 子午卯酉四敗也. 有逢合而喜沖者, 不若生地之必不可沖也. 有逢沖而喜合者, 不若庫地之必不可閉也. 須仔細祥之.

寅 · 申 · 巳 · 亥는 生하는 방향에 속하므로 沖하여 움직이는 것을 꺼리고, 辰 · 戌 · 丑 · 未는 四庫에 속하므로 열려면 마땅히 沖하여야 하며, 子 · 午 · 卯 · 酉는 四敗地이므로 合을 만나고 있는데 沖을 기뻐할 수도 있다. 이것은 四生地는 반드시 沖하는 것이 不可하다는 것과 다르고, 또 沖을 하고 있는데 合하는 것을 기뻐할 수 있으니, 이것은 반드시 四庫地는 닫고 있으면 不可하다는 것과도 다르다. 이것이 四敗地의 다른 特性이니 반드시 그것을 자세하게 살펴야 한다.

---

52) "予拜而受之, 詳細檢閱, 此則滴天髓徵義在焉, 惜蟲傷鼠蝕, 殘缺不全, 亦不知所自來", 劉伯溫 原著, 任鐵樵 編註, 徐樂吾 增註『訂正滴天髓徵義』, (台北, 集文書局, 民國70), p.481.

53) "往歲得見四明銀行孫衡甫君所印滴天髓闡微, 大同小異, 始知此書爲任鐵樵氏稿本, 而名目不同內容亦有詳略, 本人所修改歟", 위의 책, 같은 곳.

〔任氏注〕

任氏曰，舊說云，金水能沖木火，木火不能沖金水，此論天干則可，論地支則不可，蓋地支之氣多不專，有他氣藏在內也. 須看他氣乘權得勢，則木火亦豈不能沖金水乎. 生方怕動者，兩敗俱傷也. 暇如寅申逢沖，申中庚金，剋寅中甲木，寅中丙火，未嘗不剋申中庚金，申中壬水，剋寅中丙火，寅中戊土，未嘗不剋申中壬水，戰剋不靜故也. 庫宜開者，然亦有宜不宜，祥在雜氣章中，敗地逢沖仔細推者，子午卯酉之專氣也. 用金水則可沖，用木火則不可沖，然亦須活看，不可執一，倘用春夏之金水，則金水之氣休囚，木火之勢旺相，金水豈不反傷乎. 宜參究之.

임씨가 말하였다. 舊說에 의하면 金 · 水는 能히 木 · 火를 沖하고, 木 · 火는 金 · 水를 沖할 수 없다고 하나 이 理論은 天干에서나 가능한 이야기이고, 地支를 논할 때는 불가하니, 대체로 地支의 기운은 많아서 하나 같지 않기 때문이다. 理由인 즉, 다른 기운이 地藏間 내에 있어서이다. 모름지기 다른 기운이 權力을 잡고 得勢하였는지를 봐야하니, 즉 木 · 火가 得勢를 하였으면 木 · 火 역시 어찌하여 金 · 水를 沖할 수 없다는 것인가?

「生方怕動」이란 양쪽 모두가 부서지는 것이다. 가령 寅 · 申 沖이 되면 申中 庚金이 寅中 甲木을 剋하고 寅中 丙火는 아닌 게 아니라 申中 庚金을 剋하고, 申中 壬水는 寅中 丙火를 剋하고 寅中 戊土는 역시 申中 壬水를 剋하며 서로가 싸우고 剋하니 조용함이 없다.

「庫宜開」란 이 또한 마땅함과 못마땅함이 있으니, '雜氣章'[54]中에서 자세히 설명할 것이다.

「敗地逢沖仔細推」란 子 · 午 · 卯 · 酉는 混雜되지 않고 唯一하게 하나의 氣運이므로, 金 · 水를 用神으로 할 때는 沖이 可能하고, 木 · 火를 用

54) 여기서 특별히 '雜氣章'이라고 하였지만 특별히 목차에는 없고, 雜氣에 관한 설명이 본 연구본의 p.115. '八格章'에 보인다.

神으로 할 때는 沖이 不可能하다고 하지만 하나만을 고집하는 것은 不可能하다.

그러므로 역시 必須的인 것은 살아있는 觀察力이다. 예를 들어 月令이 봄여름의 金·水는 즉 金·水의 氣運은 休囚이고, 木·火의 勢는 旺相이라면, 金·水는 어찌 오히려 傷하지 않겠는가? 마땅히 그런 것을 헤아려서 硏究하여야 한다.

時　日　月　年<事例 9>
癸　癸　壬　甲
亥　巳　申　寅
己 戊 丁 丙 乙 甲 癸
卯 寅 丑 子 亥 戌 酉

秋水通源, 金當令, 水重重, 木囚逢沖, 不足爲用, 火雖休而緊臨日支, 況秋初餘氣未熄, 用神必在巳火, 巳亥逢沖, 羣刦紛爭, 所以連剋三妻, 無子, 兼之運走北方水地, 以致破耗異常, 至戊寅己卯, 運轉東方, 喜用合宜, 得其溫飽, 庚運制傷生刦又逢酉年, 喜用兩傷, 不祿.

가을 물이 根源地에 通하였고, 金이 當令하여 물이 많고, 木은 囚의 狀態에서 沖을 만났으니 用神으로 하기에는 不足하다. 비록 火는 休의 狀態라도 日支와는 바짝 붙어 있고 더구나 초가을의 아직 꺼지지 않는 불기운이 남아 있어 반드시 用神은 巳火인데 巳·亥 沖을 만났으며 劫財들이 무리를 지어 분쟁을 일으키고 있다.

이러한 까닭으로 연달아 마누라 셋을 극하여, 자식도 없고 겸하여 운 또한 北方 水地로 흐르니 그 결과 이상하게도 재산이 깨지고 줄어드는 일이 많았다. 戊寅 己卯 大運에 이르러 운이 東方으로 바뀌고는 喜神과 用神의 힘을 얻어 따듯한 밥을 먹을 수 있었으나, 庚大運에 傷官을 制하며 劫財를 생하고 또다시 酉年을 만나서 喜·用神이 둘 다 傷하여 不幸

하게 되었다.

<譯評> 地支가 寅/申/巳/亥 四生地로 구성되어 있다. 이와 같이 그 장을 설명하고 실례를 들 경우 그에 해당되는 명조를 반드시 든 것이 특징적이다. 철초님의 日主를 중심으로 한 抑扶論에 의하면 生地인 申月에 태어난 癸水日主가 壬申月에 癸亥時의 도움으로 强旺한 사주가 되었다.

때문에 용신을 年干의 甲木 傷官으로 정하고 명조를 살펴보니 사주에서 가장 강한 기운을 가지고 있는 月支의 申金이 힘없는 年支의 寅木을 충하고 있어 용신의 뿌리가 흔들리고 있는 상태이며, 日支의 巳火를 喜神으로 정하고 명조를 살펴보니 時支의 亥水에게 沖을 당하고 있으므로 명조자체가 안정감을 이루지 못한 사주가 되었다.

결과적으로 寅申沖, 巳亥沖을 이루어 命造自體가 지진이 일어나는 것과 같이 항상 지반이 불안한 상태가 되어 있다. 대운 역시 초년과 중년에 用/喜神과 반대로 흘러 어려운 생활을 하다가 말년에 겨우 20년간 따듯한 밥을 먹을 정도였다.

『子平眞詮』 심효첨의 月令을 중심으로 한 格局論에 의하면 印綬格으로 호격을 이루었으나. 寅申 沖이 되어 破格이 되었다. 또한 印綬格이 약하면 그 格用神을 돕는 相神인 官星이 필요한데 '官星不還見'이 된 명조다.

『窮通寶鑑』 계절을 중시하는 調候論에 의하면, 7月의 癸水는 '正母旺子相之時'라여 癸水가 비록 辛金이 死地라 하여도 특별히 申中에 庚金이 있어 그것을 생하고 있으므로 이름하여 '死處逢生'이라고 한다. '弱中復强'하니 즉, 대운이 西北으로 흐르면 또한 죽지 않는다. 단지 庚金이 司令하면 剛健하고 예리함이 극에 이르렀다. 반드시 丁火를 취하여 용신으로 하고, 혹 丁火 투출하고 甲木이 있으면 이름이 불꽃이 일어나듯 할 것이다.[55]고 하였다. 결론적으로 調候論과 抑扶論의 용신이 相合하는 결과가 되었다. 이 같은 결과로 아직까지도 調候論이 존재하는 명분이라고 할 수 있겠다.

[宗主命理 解說]

時 日 月 年 <事例 9>

癸 癸 壬 甲

亥 巳 申 寅

己 戊 丁 丙 乙 甲 癸

卯 寅 丑 子 亥 戌 酉

종주명리의 관법은 사주프레임에 정해진 氣를 지장간의 배분율에 따라 정확하게 계산하여 取用한 宗主用神과 用神의 運氣로 명조를 통째로 관통해보는 관법이다. 一見 보면 水가 태왕하다고 한다. 그러나 토의 상황을 감안하여 지수를 정확히 계산해봐야 한다.

亥巳申寅의 지지 중에 지장간의 토는 모조리 사라진다. 토를 버틸 유인력이 없기 때문이다. 土가 사라진 자리에 亥는 甲과 壬이 3:7로 채워지고, 巳는 庚과 丙이 2:8로 채워지고, 申은 壬과 庚이 3:7로 채워지고 寅은 丙과 甲이 3:7로 채워진다.

이러한 토의 상황을 감안하여 지수를 계산하면, 금3.6 수4.2 목2.7 화2.9 토0이다. 水가 4.2로 미달이지만 차종주인 금의 생을 받으니 假未達격에 해당하여 극법취용 한다. 그래서 水體土火用組를 찾는데, 토가 없어 火木용조이고 巳화가 통력이 유력하니 巳화가 用神이다.

용신인 巳火는 사신형합이 되고 사해충을 받아 용신이 온전하지 못하여 再沖再刑되는 시기나 인사신삼형이 동하면 도산, 파재, 파직, 관재구설, 수술, 사건사고를 당하게 된다. 특히, 群劫爭財가 되므로 극처하고 파

55) "七月癸水, 正母旺子相之時, 癸水死申, 殊不知申中有庚生地, 名死處逢生, 弱中復强, 即運行西北, 亦不死地, 但庚司令, 剛銳極矣. 必遇丁火爲用, 或丁透有甲, 名有焰之火",『窮通寶鑑』, 앞의 책, p.203.

재하는 것은 시간문제이다.

30대에 월지 申이 동하면 계획이 수포로 돌아가고 아무 것도 할 수 없는 상황에 놓여진다. 亥운에 절처봉생이 되어 바닥을 딛고 일어서게 된다. 그러나 일어서자 낙엽이 지는 계절이니 허망한 형국을 맞이한다.

亥운은 巳亥沖을 재충하니 지는 낙엽이 가족이므로 부친사망, 이혼, 손재가 발생하는데, 만약에 亥대운에 결혼했다면 이혼하거나 사업을 하다가 부도가 났을 것이다. 만약에 그렇지 않으면 부친사망으로 액땜이 될 수도 있다. 巳中에 丙은 妻이고 巳中에 戊토는 자식인데, 처도 자식도 부지하지 못하는 것이다.

여자가 들어오는 대로 처가 도망을 가거나 죽거나 생사이별을 피하기 어려운 사주이다. 고립무원의 용신사화는 물위에 떠 있는 촛불과 같다. 미풍에도 요동을 치는 불안하기 그지없는 사주이다. 누구의 운명이든 애석하고 가련한 사주이다.

巳火용신이 생조를 받는 운을 만나면 그나마 온전한 생활이 가능해진다. 인생후반기는 가족의 아픔을 간직하지만 나아지고 64세이후는 의욕이 살아나니 노익장을 과시하게 된다. 자칫하면 쪽박을 차니 주의해야한다. 寅대운에 임하면 巳亥沖을 풀어주고 목생화하여 凶中吉이 보이고 불행 중 다행으로 유족한 생활이 가능하게 하는 사업이 풀려나가게 된다. 그 시기가 50대 초반이 될 것이다. 원국에 사화가 동하고 대운에서 戊癸합으로 비겹을 막아주기 때문이다.

時	日	月	年<事例 10>		
壬	甲	癸	癸		
申	寅	亥	巳		
丁	戊	己	庚	辛	壬
巳	午	未	申	酉	戌

甲寅日元, 生于孟冬, 寒木必須用火, 柱中四逢旺水, 傷用, 無土砥定, 似乎不美, 妙在寅亥臨合, 巳火絶處逢生, 此卽興發之機, 然初運西方金地, 有傷體用, 碌碌風霜, 奔馳未遇, 四旬外, 運轉南方火土之地, 助起用神, 棄印就財, 財發數萬, 取妾, 連生四子, 由是觀之, 印綬作用, 逢財, 爲禍不小, 不用就財, 發福最大.

日柱가 甲寅으로 초겨울에 태어나서 겨울나무는 불을 用神하는 것이 필수적이다. 四柱 중에 旺水 네 개를 만나고 있어 傷官(巳火)을 用神으로 잡으려 하나, 水를 막아주는 土는 없다는 理由로 아름답지 못하다고 할 수 있으나, 妙하게도 寅·亥가 合을 맡고 있으므로 用神인 巳火가 '絶處逢生'을 하니, 이러한 것을 '興發之機'라고 한다.

그러나 初年 運이 西方金地라 日主와 用神이 傷함을 당하니, 바람 불고 서리 내리는 歲月을 보내면서 살아보려고 東奔西走하며 뛰어다녀도 機會를 잡지 못하다가, 네 번째 運이 南方 火 · 土大運으로 돌아서면서 用神을 돕고, 印星을 抛棄하고 財星을 取하니 財物이 늘어 數萬이라, 장가도 들고 자식도 연달아 네 명을 보았다. 이로 말미암아 四柱를 볼 때에는 印綬가 作用하고 있을 때 (사주자체에서) 財星을 만나면 적지 않은 禍를 만들 수 있다는 것이며, 財星을 用神으로 쓰지 않고도 재산을 크게 이룰 수 있다는 것을 알 수 있다.

<譯評> 이 명조 역시 地支로 四生地로 구성되어 있는 사주이다. 그러나 철초님의 명조풀이와 같이 앞의 사주와 이 사주의 地支의 구조가 사뭇 다른 느낌이 든다. 각각의 地支가 相沖하는 것을 月支와 日支가 합을 하여 化木을 이루므로 인하여 沖이 해소되고 일간의 뿌리가 健旺한 상태로 변한 명조이다.

일간을 중심으로 형세를 살펴보니 水勢가 왕하므로 이를 막아 줄 土를 찾았으나 없으므로 이차용신인 火를 찾으니, 年支의 巳火가 용신이 되면서 대운을 기다리면 된다. 초년 대운은 왕한 水氣를 도와주는 忌神 대운

이었으나 중년 未大運부터 火土大運을 맞이하여 印星이 왕한 것을 食/傷의 도움을 받은 財星이 살아나 財剋印을 하므로 印星을 포기하고 財星을 취하여 發財한 명조이다.

『子平眞詮』 심효첨의 格局論으로는 亥月의 甲木日主로 印綬格이다. 심효첨은 말하기를, 印綬格局은 한결같지 않은데 印綬格에 正官이 투간된 자는 그 正官이 印星을 취하여 생할 뿐 아니라 그 쓰임이 七煞과는 다르다. 그러므로 '身旺印强'한 것을 두려워하지 않고 太過한 것을 근심하지 않으며 오직 官星이 淸純한 것만이 필요하다. 마치 丙寅/戊戌/辛酉/戊子인 張參政의 命이 그렇다.[56]고 하여, 심효첨이 예를 든 張參政의 명조는 年干의 丙火를 相神으로 하였다.

그러나 철초님이 예를 든 사례명조는 時支의 偏官이 있으나 不用하고 다시 말하기를, 印綬格에 相神을 食/傷으로 쓸 경우 대운에서 財星을 만나면 오히려 길하고, 또한 食/傷運도 역시 이롭다.[57]고 하였다. 때문에 심효첨은 取用論에서 말하기를, 그러나 역시 食傷과 함께 있어도 貴하게 된다. 마치 朱尙書의 命이 丙戌/戊戌/辛未/壬辰으로 壬水가 戊土에 制를 당해 官星을 傷하지 않기 때문이다. 또 臨淮侯의 命이 乙亥/己卯/丁酉/壬寅인데 역시 己土가 乙木에 制를 당하여 己土는 官星에 장애가 되지 않는다.[58]고 한 것을 보면, 印綬格에 官星을 보호하려는 심효첨의 눈물 나는 君(격국)論을 알 수 있다. 다행히 위의 명조<事例 10>는 正官은 없고 偏官만 있기에 食/傷星을 相神으로 할 수 있다. 결론적으로 이 명조는 格局論과 相合하는 用神論이 되었다.

---

56) "印綬之格局亦不一, 有印而透官者, 正官不獨取其生印, 而卽可以爲用與用煞者不同, 故身旺印强, 不愁太過, 只要官星淸純, 如丙寅/戊戌/辛酉/戊子, 張參政之命是也", 『子平眞詮評註』 권4, 앞의 책, p.29.

57) "印綬而用傷食, 財運反吉, 傷食亦利", 위의 책, 같은 권, p.38.

58) "然亦有傷食而貴者, 則如朱尙書命, 丙戌/戊戌/辛未/壬辰, 壬爲戊制, 不傷官也, 又如臨淮侯命, 乙亥/己卯/丁酉/壬寅, 己爲乙制, 己不礙官", 위의 책, 같은 권, p.30.

『窮通寶鑑』 계절을 중시하는 調候論도 역시, 亥月의 甲木은 長生이 되고 壬水가 臨官하므로 水旺하여 나무가 뜨는 형국이라 반드시 戊土를 제일용신으로 하고 木은 陽和의 기운을 얻어야 하기 때문에 다음으로 丙火를 찾는다.[59)]고 하였다. 이와 같은 맥락에서 볼 경우 세 가지 用神論이 합치하는 경우가 발생한다. 이 같은 이유로 調候論이나 格局論이나 抑扶論이 존재하는 명분이 되었다.

[宗主命理 解說]

時 日 月 年 <事例 10>

壬 甲 癸 癸

申 寅 亥 巳

丁 戊 己 庚 辛 壬

巳 午 未 申 酉 戌

앞의 명조와 유사하다. 그러나 巳火와 寅木의 위치가 바뀐 것이 주목된다. 年支에 있는 地支는 沖이 되고 孤立無援이면 不用하므로 사화를 취하지 못하고 寅中丙화로 취용하게 된다. 지는 명조의 바탕은 되어도 유인력이 거의 없는 年支의 특수성 때문이다.

적어도 토에 대한 분석에 대해 그렇다. 지수조견표를 참고해도 좋다. 수5.0 목4.4 화2.2 토0 금1.7이다. 水가 적정종주이고 월지내 인성이므로 인성격을 검토한다. 준정격은 차종주의 생과 지지 중복혼잡과는 무관하나 천간 중복혼잡은 허용하지 않으므로 入格하지 못하고 극법취용한다.

水體土用에서 출발하나 토가 없어 水體木用이다. 寅中丙화가 진용신이 된다. 년지사화는 巳亥沖으로 불안하여 운로에서 받쳐주지 않으면 발하지 못한다. 運路가 辛酉 庚申운으로 흘렀으니 초년시절은 불우했음을 의

---

59) "亥宮甲木長生, 壬水臨官, 水旺泛木, 故必須先見戊土, 木得陽和之氣, 故次看丙火", 徐樂吾 著, 『子平粹言』 권2, p.180.

미한다.

사유축의 金氣운은 사회활동을 접어야 하는 운인데, 이것이 庚申대운까지 끌고 가니 七殺苦에서 抱病생활을 하게 된다.

그러나 亥가 동하게 되는 未운부터 생기를 얻어 발복하니 재물이 불꽃처럼 일어난다. 인사형으로 재물이 부풀어진다. 32세까지는 金剋木하고 水剋火하여 형상의 여로였지만 33세부터는 발복을 한다. 丙寅 丁卯 戊辰 己巳 庚午 辛未年을 거치면서 재물이 불어난다.

앞의 명조와 인신사해를 같이 전비했음에도 이렇게 다르게 풀이되는 것은 사주의 배열과 배합의 차이 때문이다. 10대 20대는 인성의 過多운으로 진로가 막히고 하고자 하는 일이 열리지 않는다. 사중에 무토는 부친인데, 부친은 학자였을 것이며 巳亥沖으로 부친을 잃고 어려운 청년시절을 보냈음을 암시한다. 巳亥沖으로 沖出된 戊토는 癸수가 데려가 버리기 때문이다.

일지에 용신과 희신이 임하니 원하는 사람을 만나 결혼하면서 복이 굴러들어온다. 장가를 빨리 가면 운이 열리는 사주이다. 寅中丙화와 寅中戊토는 뜨면 壬癸水에 위험하니 장간으로 보호되니 안전한 것이다. 특히, 무토는 계수를 끌어와 다시 火를 만드니 처의 내조의 공이 크고 妻家德을 크게 입었다고 하겠다. 시지의 신금이 동하는 64세부터는 혹독한 빙판을 맞이하게 된다. 모든 계획과 꿈이 일거에 사라지고 囚衣를 입을 형국이다. 旺神이 입묘하는 辰대운에 '不歸의 客'이 되었을 것이다. 69세 辛丑년에 임하면 財官印이 入墓하니 속세를 떠나는 것을 암시한다.

時	日	月	年<事例 11>
戊	戊	丁	辛
午	子	酉	卯

辛	壬	癸	甲	乙	丙
卯	辰	巳	午	未	申

此傷官用印，喜神卽是官星，非俗論土金傷官忌官星也．卯酉沖，則印綬無生助之神，子午沖，使傷官得以肆逞，地支金旺水生，木火沖剋已盡，天干火土虛脫，以致讀書未遂，碌碌經營，然喜水不透干，爲人文采風流，精於書法，更兼中運天干金水，未免有志難伸，凡傷官佩印，喜用在木火者，忌見金水也．

이 命造는 傷官格에 印綬를 用神으로 하고 喜神을 官星으로 하는데，一般的으로 말하는 土金傷官格에 官星을 꺼린다는 것이 아니다. 卯 · 酉沖으로 즉 印綬가 生助를 받을 神(卯)이 없어지고，子 · 午 沖으로 午火가 사라지므로，傷官이 힘이 더욱 强해져 꺼리는 것 없이 날뛰고，地支의 旺한 金이 水를 生하니 木과 火는 沖剋이 되어 이미 脫盡狀態가 되었으며，天干의 火와 土도 虛脫한 狀態이다.

이러한 결과로 공부를 하였으나 뜻을 이루지 못하고 실림살이 또한 苟且하였는데 다행히 기쁜 것은 天干으로 水가 透出하지 않아서 文彩와 風流가 있고，글 쓰는 법에 正統한 사람이었다. (그러나) 더욱 겸하여 中運에 天干으로 金水大運으로 흘러 뜻을 펼 수 있는 어려움을 免할 수가 없으니，무릇 傷官佩印이 喜 · 用神을 木 · 火로 쓸 때는 金 · 水를 꺼리는 것이다.

<譯評> 증주자인 철초님이 처음으로 格局論을 이용하여 看命한 부분이다. 格局論에 의하면 傷官格의 정의를 다음과 같이 하였다. 傷官은 비록 吉神은 아니나 실제로는 빼어난 기운이 되기 때문에 文人과 學士가 傷官格 내에서 많이 얻고 있다.[60]고 하였듯이 오늘날에도 인정하는 명리학설이다. 그러나 증주자의 의도는 격으로서 구성자체를 중요시한 것이 아니라 이 명조는 이름뿐인 '傷官佩印格'으로 好格이지만 그 격을 깨뜨리는 因子(神)가 주위에 포진되어 破格이 된 사례를 든 것이다.

이 명조의 地支는 子午沖과 卯酉沖으로 인하여 地震이 일어나는 듯하

---

60) "傷官雖非吉神，實爲秀氣，故文人學士，多於傷官格內得之"，『子平眞詮評註』，앞의 책，권5，p.14.

여 안정되지 못하고 항상 흔들리는 상태이다. 가장 강한 月令 傷官이 글자의 뜻대로 年干의 正官을 沖하여 印星을 돕지 못하게 하고, 傷官의 기운을 받은 日支의 財星 子水는 時支의 印星을 沖하여 日主를 돕지 못하게 하는 안타까운 현상이 벌어지고 있다.

아무튼 抑扶(中和)用神論으로 보아도 7월의 戊土가 신약하여 인성을 용신으로 정하고 관성을 희신으로 한다. 그런 후 대운을 살펴보니, 三旬運인 甲午大運이 가장 좋았을 것이고, 六旬運인 壬辰大運에 고전을 하였을 것이다. 왜냐하면 丁壬合木을 하여 그나마 天干에 힘없이 있는 丁火 용신을 합하여 羈絆을 하고, 地支로는 子辰水局을 이루어 午火 印星을 사정없이 공격하기 때문이다.

『子平眞詮』 심효첨의 格局論으로는 철초님의 설명대로 傷官格이다. 그러나 이 상관격은 심효첨도 언급하였듯이 四凶神 중에 하나이므로 伏制를 우선으로 하기에 相神을 印星으로 하여 '傷官佩印格'을 好格으로 하는데 중화론자인 철초님이 설명하였듯이 '凡傷官佩印'하고 '喜用在木火者'는 '忌見金水也'라 하였듯이 中年大運에 天干으로 金水大運이 들어와 '未免有志難伸'한 命主가 되었다.

『窮通寶鑑』 계절을 중시하는 調候用神論에서는, 7월의 戊土는 金水가 강한 계절이기 때문에 가장 우선적으로 (天干으로 투출된) 丙火를 쓰고 또한 많은 것도 꺼리지 않고, 다음으로 癸水와 甲木을 쓴다.[61]고 하였다. 여기서 癸水를 쓰는 이유는 戊土를 윤습하게 하기 위함이고, 甲木을 쓰는 이유는 丙火를 돕기 위해서 일 것이다. 이와 같이 이론적인 차이는 있을지 모르지만 7월의 戊土는 丙火(印星)와 甲木(官星)을 쓴다는 것이 우연의 일치가 되었다. 하지만 格局論에서 꺼리는 財星(癸水)을 쓴다는

---

61) "七月金水乘權, 故先看丙火, 所謂丙火重重而不厭, 方能用癸甲", 『子平粹言』 앞의 책, 권2, p.226.

것이 차이가 난다.

[宗主命理 解說]

時 日 月 年 <事例 11>
戊 戊 丁 辛
午 子 酉 卯

辛 壬 癸 甲 乙 丙
卯 辰 巳 午 未 申

戊토와 同柱한 午中己이지만 中氣에 속하니 午中己는 火로 변한다. 子酉卯는 土가 지장간에 없으니 그대로 자체오행으로 계산한다. 이렇게 土의 상황을 감안하고 극동주체감을 고려하여 지수를 계산하면, 화3.0 토1.3 금4.7 수2.7 목1.4로 정리된다. 宗主旺神인 金의 지수가 適正하고 월지 내에 있어도 상관에 해당하면 剋法取用하니 금체화용이고 정화가 용신이 된다. 다만, 정화는 오화와 이격이 되고 습목에 생을 받지 못하니 고립무원의 상태이니 발복하는데, 어려움이 있다.

재성이 기신이니 재물로 인하여 인수의 뿌리가 상처를 당하니 금전적인 문제로 인하여 진학이나 연구증진에 장애가 따른다. 처궁에 破沖殺이 걸려 재물이 流失되거나 처의 病苦로 손재가 발생하게 된다.

석양노을에 태양을 향해 뻗은 칼날이 찬란한 빛을 내는 형상을 만들어 내고 있어 학문과 문장력이 깊었다. 그러나 정화가 合去되는 壬辰대운에 임하면 旺神이 入墓의 길로 따라가니 명성도 이름도 퇴색되어 간다. 42세~43세 壬申 癸酉년을 거치면서 내리는 서리의 찬 기운을 피하지 못하고 낙엽이 되어가는 것이다.

몸이 허약하면 작은 추위에도 감기가 들듯이 용신이 허약하면 희용의 운이 끝나면 흉액이 빨리 찾아오고 강하게 찾아오는 법이다. 辛卯대운에 終命하지 않았다면 庚寅대운은 무난하게 보냈을 것이나 이름을 남기지 못하고 辛卯대운에 卒했다면 죽어도 이름은 남기게 된다.

時　月　月　年<事例 12>
壬　戊　辛　辛
戌　辰　丑　未
乙　丙　丁　戊　己　庚
未　申　酉　戌　亥　子

此造非支全四庫之美, 所喜者辛金吐秀, 丑中元神透出, 洩其精英, 更妙木火伏而不見, 純淸不混, 至酉運, 辛金得地, 中鄕榜, 後因運行南方, 木火並旺, 用神之辛金受傷, 由擧而進, 而不能選.

이 命造는 地支에 辰 · 戌 · 丑 · 未가 전부 있어 아름다운 것이 아니라, 반가운 것은 辛金이 빼어나게 透出되었기 때문으로, 丑中의 原神이 透出하여 그 原神의 빼어난 氣運을 洩氣한다. 더욱 아름다운 것은 木과 火가 潛伏하여 보이지 않아 四柱가 混濁하지 않고 純粹하게 맑아졌다. 酉大運에 이르러 辛金이 得地하여, 鄕榜의 試驗에는 뽑혔으나, 後에 運이 南方으로 흐르기 때문에 木火가 함께 旺하여져 用神인 辛金을 傷하게 하니, 추천에 의하여 벼슬길에 나갔으나 뽑히지 못하였다.

<譯評> 앞의 9번 10번 명조는 地支가 寅/申/巳/亥 四生地로 예를 들었으며, 11번 명조는 四敗地로 예를 들었으며, 이번 12번과 13번 명조는 四庫地로 예를 들어 증주자의 치밀한 성격을 알 수 있는 부분이다. 그러나 行運이 南方 木火運으로 흘렀다는 것은 인정할 수 없고 단지 蓋頭가 된 戊/己土는 喜神인 壬水를 剋하고 丙/丁火는 用神인 辛金을 극하기 때문에 '由擧而進而不能選'이 된 명조이다.

『子平眞詮』 심효첨의 格局論으로 보면, 月支 丑中 辛金이 天干으로 투출하여 傷官格이다. 이 상관격은 四凶神 중에 하나로 逆用을 우선하는데, 論傷官장에는 傷官은 비록 吉神은 아니지만 실제로는 秀氣가 되기 때문에 文人 學士들이 傷官格을 얻은 자들 안에서 많이 배출 되는데, 여름철에 태어난 나무가 水를 만나던지, 겨울에 태어난 金이 불을 보면 빼어난 기운 중에 더욱 빼어난 기운이 다른 格局에 비하여 그중에서 많이 있으며, 변화가 더욱 많다. 그 氣候을 살피고 그 强弱을 살피며, 그 喜忌를 살피고 그 純雜을 보아서 그것의 미묘함이 더욱 미묘하니 (한 가지에) 집착하면 안 된다.[62]고 하였다.

이와 같이 심효첨도 비록 四凶神인 傷官格이라도 오히려 印綬格보다 好格이 된다고 하였다. 물론 이 같은 好格의 조건은 사주자체가 身强함과 동시에 傷官 역시 뿌리가 강함과 동시에 상관을 극하는 印綬가 투출하던지, 또는 正/偏官이 혼잡 투출되어 傷官과 爭鬪를 하는 경우 破格이 되어 오히려 凶格으로 변한다.

다시 취운론에 의하면, 傷官格에 財星을 相神으로 하는 경우 財가 旺하면 身弱해지므로 印/比運으로 흐르면 유리하다.[63]고 하였으나, 격은 상관격인데 相神인 財星은 原局에 없고 대운에서 들어와 다행이었으나 末年運이 南方運이 들어와 '用神之辛金受傷'하여 '由學而進'이나 '而不能選' 한 命主이다.

『窮通寶鑑』 다음은 계절을 중시하는 調候論으로 살펴보면, 12월의 기운은 二陽氣로 나가는 때인지라 하나의 丙火의 줄기가 천간으로 투출하고 支藏된 것을 보면 戊土는 '弱中變强'한다. 하나의 壬水가 투간된 것을 얻으면 기운이 淸旺하여 富한 가운데 貴함을 취할 수 있다. 임수가 없는 자는 고독하고 寒貧한 下格의 命主가 될 것이다.[64]라고 하였다.

---

62) "傷官雖非吉神, 實爲秀氣, 故文人學士. 多於傷官格內得之, 而夏木見水, 冬金見火, 則又爲秀之尤秀者也, 其中格局比他格多, 變化尤多, 在査其氣候, 量其强弱, 審其喜忌, 觀其純雜, 微之尤微, 不可執也", 『子平眞詮評註』 권5, 앞의 책, p.14.

63) "傷官用財, 財旺身弱, 則利印比" 위의 책, 같은 곳, p22.

이와 같이 결과는 계절을 중심으로 다섯 가지 물질의 특성을 살리고자 하는 이유로 추위가 시작되는 가을과 겨울에는 대부분 丙火를 제1용신으로 하고 부차적으로 제2용신과 제3의 용신을 찾는 방법을 취하는 것이 특징이라고 할 것이다. 결론적으로 譯評者의 견해로는 이 명조도 역시 地支에 辰/戌沖과 丑/未沖의 원인에 의하여 항상 地支가 흔들리는 불안정한 명조의 구조가 되어 있다.

[宗主命理 解說]

時 日 月 年 <事例 12>

壬 戊 辛 辛

戌 辰 丑 未

乙 丙 丁 戊 己 庚

未 申 酉 戌 亥 子

종주명리가 土중심으로 보는 명리이지만 토가 많다고 어려운 것이 아니라 土의 상실과 변화를 읽어내는 것이 관건이다. 일간의 戊토의 유인력으로 時의 戌中戊는 土로, 辰中戊는 土로 작용한다. 月의 丑中己는 동주한 辛금의 유인력에 의해 金으로 변하고, 年의 未中己는 土月에 의해 土로 작용한다. 따라서 지수는 화0.7 토5.0 금4.9 수2.6 목1.1이다.

지수조견표를 참고해도 좋다. 토가 초적정으로 극법취용한다. 土體水用이다. 壬辰丑으로 수의 통근통력이 유정유력하기 때문이다. 水金이 희용이니 傷官生財格을 이루고 있어 부자가 되는 것은 시간문제이다.

옛날에는 출셋길이 벼슬 밖에 없었지만 오늘날 같으면 사업으로 부자될 사주이다. 戊辰괴강이고 백호가 丑戌未三刑에 걸려있어 불안하고 안전감이 없고 기복이 따르는 사주이다. 壬戌 戊辰백호가 重重하니 삼형이

---

64) "十二月氣進二陽, 見一派丙火, 干透支藏, 戊土弱中變强, 得一壬透, 氣淸而旺, 富中取貴, 無壬水者, 孤寒下格", 『子平粹言』, 앞의 책, 권2, p.230.

동하는 운을 어찌 피할 지가 관건이다.

乙未대운에 丑戌未三刑은 불귀의 객을 만들까 두렵다. 吉神太露 凶物深藏하여 사주배합이 아름다우나 52~53세부터 왕신입묘가 동하고 백호가 동하니 52세 壬戌년에 百事不成이 된다. 자칫하면 목숨까지 위험하며 癌에 걸릴 위험이 많으니 건강관리를 다해야 할 것이다.

月柱에 길신이 임하여 부모대의 덕을 누리며 23세까지는 유복했을 것이다. 그러나 28세 戊戌년부터 丑戌未三刑이 흉액을 쏟아낸다. 부모대의 재산을 날리는 사건사고가 일어났을 것이다.

時　日　月　年<事例 13>

己　辛　壬　戊

丑　未　戌　辰

戊　丁　丙　乙　甲　癸

辰　卯　寅　丑　子　亥

此滿局印綬土重金埋, 壬水用神傷盡, 未辰雖藏乙木, 無沖或可借用, 以待運來引出, 乃被丑戌沖破, 藏金暗相斫伐, 以至剋妻無子, 由此論之, 四庫必要沖者, 執一之論也. 全在天干調劑得宜, 更須用神有力, 歲運輔助, 庶無偏枯之病也.

이 命造는 印綬인 土가 많아서 金이 묻히는 形象에다가 用神인 壬水는 傷盡되었다. 비록 未・辰土 속에 乙木이 있다 하나, (丑·未)沖이 아니었다면 혹시 運이 오기를 기다려, 꺼내어 빌려 쓸 수 있겠지만 이미 丑과 戌은 沖破되어 暗藏된 金이 서로 斫伐을 하였다.

이로써 妻을 剋하고 자식은 없으니 이러한 것으로 말미암아 이야기하건데, '四庫는 반드시 沖이 필요하다'는 한 가지 理論에 執着하게 한 것은, 오로지 天干이 가지런하고 고른 것을 얻음이 마땅하며, 모름지기 用神은 힘이 있어야하고, 歲運도 補助를 하면, 거의 偏枯한 病은 없을 것이다.

<譯評> 증주자인 철초님은 이 命主의 대운도 설명하지 않고 사주원국이 잘못된 것만 지적하고 있다. 戌月의 辛金日主가 지나친 母性이 病이 된 명조이다. 또한 女命으로 비유하자면 壬水(傷官)자식이 없었다면 오히려 왕한 기운을 따라 從旺格이 될 가능성도 있으나 그 자식의 반대로 改嫁할 수도 없는 운명이 되었다.

이 명조 또한 地支로 辰戌沖과 丑未沖이 불안정한 상태이다. 증주자는 用神으로 天干에 透出된 壬水를 제1용신으로 보고, 喜神은 암장된 乙木을 喜神으로 보았으나 地支의 沖으로 인하여 破局이 되었다고 하였다. 지당한 해설이다. 이와 같이 사주체가 偏枯하면 현대적 병명으로 말기의 癌病이라고 할 수 있겠다.

『子平眞詮』 심효첨의 격국용신론에 의하면, 戌月에 辛金日主 印綬格이 되었으며, 심효첨은 '論印綬'장에서, 印綬는 일주를 생하는 것을 반기므로 正/偏이 함께 美格을 이룬다. 그러므로 財格과 印綬格은 偏正格을 나누지 않고 同一格으로 논한다. 印綬가 格을 이루면 한결같지 않다. (만약에 예를 들어) 印綬格에 官星이 투간한 것은 正官을 相神으로 취해 印星을 생하게 하는 것뿐만 아니다. 그러한 즉, (같은 印綬格에) 相神으로 煞을 相神으로 쓰는 것과는 다르다. 그러므로 '身旺印强'한 명조는 太過함을 근심하지 않고 단지 官星이 淸純한 것만을 바랄 뿐이다...... (또한) 印綬가 많아 財星을 相神으로 할 경우 '印重身强'하고 財星이 투간하여 太過함을 억제시켜 균형을 이루기 위하여 (財星을) 相神으로 쓰려면 단지 뿌리가 깊어 破財하는 방해가 없어야 한다. (그러나 반대로) 만약 '印輕財重'한 사주가 劫財의 구함이 없는 경우 즉, '貪財破印'이 되어 貧賤한 사주를 이루게 된다.[65]고 하였다.

---

65) "印綬喜其生身, 正偏同爲美格, 故財與印不分偏正, 同位一格而論之, 印綬之格局亦不一, 有印而透官者, 正官不獨取其生印, 而卽可以爲用與用煞者不同, 故身旺印强, 不愁太過, 只要官星淸純,,,,,,, 有印多而用財者, 印重身强, 透財而抑太過, 權而用之, 只要根深, 無妨財破, 若印輕財重, 又無劫財以救, 則爲貪財破印,

取運論에서는, 印綬格에 食傷을 相神으로 할 경우 財運이 오히려 吉하고 食傷運도 역시 吉하나 만약 官運으로 흐른다면 오히려 재앙이 나타나고 煞運은 오히려 복이 된다.[66]고 하였다. 이 같은 결과로 오히려 대운의 地支로 食傷과 財運으로 흐르는데도 '剋妻無子'하였다고 한다. 이러한 부분이 중화론과 격국론의 차이라고 할 수 있다.

『窮通寶鑑』 계절을 중심으로 하는 調候用神論에 의하면, 9월의 辛金은 戊土가 司令하여 '母旺子相'의 형국이다. 반드시 甲木을 써서 疏土를 하고 壬水를 써서 旺한 金氣를 洩氣해야 한다. 先壬後甲한다. 壬/甲이 둘 다 투간 되면 武陵桃源의 神仙이고, 혹 壬水는 투간 되었는데 甲木이 암장되고 또 庚金을 보는 자는 平人이다. 甲木이 투간하고 壬水가 암장되고 戊土가 地支 안에 있으면 다른 방법으로 벼슬길로 나간다.[67]고 하여 결론적으로 제1용신이 甲木이 되고 제2용신이 壬水가 된다. 이 같은 논리에 의하면 일단 제1용신이 없으므로 가장 중요한 일차용신 구하기에서 탈락된 명조가 된다.

<譯評> 철초님의 일간위주 중화론과 심효첨의 월간위주 격국론과 계절을 중시하는 궁통보감이론에서는 水/木을 쓴다고 하였으며 대운을 보면 역시 水/木運으로 흐르고 있는 명조에서 과연 '剋妻無子'까지 될 운명이었을까? 그렇지 않으면 위 3인이 용신을 잘못 취용하는 것이 아닐런지요? 결론적으로 철초님과 정단님의 이론대로 地支의 沖이 더욱 불안하다는 것으로 끝을 맺을까 한다.

貧賤之局也", 『子平眞詮評註』 권4, 앞의 책, p.29-32.

66) "印綬而用傷食, 財運反吉, 傷食亦利, 若行官運, 反見其災, 煞運則反能爲福矣", 위의 책, 같은 권, p.38.

67) "九月辛金, 戊土司令, 母旺子相, 須甲疏土, 壬洩旺金, 先壬後甲, 壬甲兩透, 桃洞之仙, 或壬透甲藏, 又見庚者, 平人, 甲透壬藏, 戊在支內, 異途之仕", 『窮通寶鑑』, 앞의 책, p.168.

[宗主命理 解說]

時 日 月 年 <事例 13>

己 辛 壬 戊

丑 未 戌 辰

戊 丁 丙 乙 甲 癸

辰 卯 寅 丑 子 亥

指數法則대로 계산하면 土體水用이고 임수가 용신이라는 것은 쉽게 잡힌다. 목은 藥神이 될 수 있는데, 원국에 未中乙목과 辰中乙목은 술중신금과 丑中辛金에 의해 金剋木이 되어 목의 뿌리가 이미 상실되어 운에서 목이 오더라도 약신으로 발복하기는 어렵다. 이것은 재성인 妻와 財物이 들어오지 못함을 의미한다. 처가 들어오지 못하면 자식 생산도 없는 것이다. 자식을 생산하는 것은 처이기 때문이다.

초년에는 辰戌沖으로 인하여 부친조별하거나 부친과 결별함으로써 금전적인 어려움이 있음을 의미한다. 貧寒한 生家였으면 결혼 후에는 빈한한 妻家였음을 말한다. 재성뿐만 아니라 관성도 인연이 없다. 戌中丁이나 未中丁도 沖出되어 나오면 壬수가 낚아 가버리니 세속의 인연이 희박하여 비현실적인 삶이나 종교적인 삶을 이어갔을 것이다.

壬水용신을 생해줄 금이 무력하여 고립무원의 형상이고 無力無情하여 발복이 어려운 사주이다. 더구나 운로가 금수를 저버리는 운으로 흘렀으니 정상적이고 평범한 인생길은 아니었을 것이다. 日柱가 動하고 시주가 동하는 丁卯대운 중에 47세 甲寅년은 용신을 잡아가 버리고 불바다로 만드니 인생에 치명적인 사건사고에 휘말리거나 불귀의 객이 되었을 것이다.

【原文】

支神只以沖爲重, 刑與穿兮動不動.

地支의 神은 단지 沖이 重要하고, 刑과 더불어 穿은 動하기도 하고 動

하지 않기도 한다.

[劉氏注]

沖者必是相剋, 及四庫兄弟之沖, 所以必動, 至於刑穿之間, 又有相生相合者存, 所以有動不動之異.

沖이라는 것은 반드시 서로가 剋을 하게 되고, 辰·戌·丑·未 四庫의 沖도 兄弟 사이의 沖이므로 반드시 動하게 되어 있다. 刑과 穿의 사이에서는 相生과 相合이라는 것이 存在한다. 그러므로 動하기도 하고 動하지 않기도 하는 차이가 있다.

〔任氏注〕

任氏曰, 地支逢沖, 猶天干之相剋也. 須視其强弱喜忌而論之, 至於四庫之沖, 亦有宜不宜, 如三月之辰, 乙木司令, 逢戌沖, 則戌中辛金, 亦能傷乙木, 六月之未, 丁火司令, 逢丑沖, 則丑中癸水, 亦能傷丁火, 按三月之乙, 六月之丁, 雖屬退氣, 若得司令, 竟可爲用, 沖則受傷, 不足用矣. 所謂墓庫逢沖則發者, 後人之謬也. 墓者, 墳墓之意, 庫者, 木火金水收藏埋根之地, (譬如得氣之墳, 未有開動而發福者也.)[68] 如木火金水之天干, 地支無寅卯巳午申酉亥子之祿旺, 全賴辰戌丑未之身庫通根, 逢沖則微根拔盡, 未有沖動而强旺者也. 如不用司令, 以土爲喜神, 沖之有益無損, 蓋土動則發生矣. 刑之義無所取, 如亥刑亥, 辰刑辰, 酉刑酉, 午刑午, 謂之自刑, 本支見本支, 自謂同氣, 何以相刑, 子刑卯, 卯刑子, 是謂相生, 何以相刑, 戌刑未, 未刑丑, 皆爲本氣, 更不當刑, 寅刑巳, 亦是相生, 寅申相刑, 旣沖何必再刑, (又曰子卯一刑也, 寅巳申二刑也. 丑戌未三刑也. 故稱三刑, 又有自刑, 此皆俗謬, 姑置之,)[69] 穿卽害也. 六害由六合而來, 沖我合神, 故爲之害, 如子合丑而未沖丑合子而午沖之類, 子未之害無非相剋, 丑午寅亥之害, 乃是相生, 何以爲害, 且

68)『징의』에는 ( ) 이 부분이 없다.
69) 이 부분도『징의』에는 없다.

刑既不足爲憑, 而害之義, 尤爲穿鑿, 總以論其生剋爲是, 至于破之義, 非害卽刑也, 尤屬不經, 削之可也.

임씨가 말하였다. 地支에서 沖을 만나는 것은 마치 天干에서 剋하는 것과 같다. 반드시 그것의 强하고 弱한 것과 喜 · 忌를 보고 그것에 대하여 논해야 한다.

四庫의 沖을 만나면 역시 마땅함이 있는가? 없는가를 살피는데, 만약 三月의 辰土가 乙木이 司令하고 戌土의 沖을 받으면 즉 戌中 辛金이 能히 乙木을 傷하게 하고, 六月의 未土가 丁火를 司令하고 丑土의 沖을 받는다면 즉 丑中 癸水가 能히 丁火를 傷하게 한다. 三月의 乙木이나 六月의 丁火는 비록 물러난 氣運에 屬하나 만약에 司令을 하고 있다면 모두 용신으로 쓸 수 있으나 沖하면 傷하니 쓰임에는 부족하다.

이른바 '墓庫는 沖을 만나야 發하는 것이다.'라고 하는 것은 後世 사람들의 거짓말이다. 墓라는 것은 墳墓를 말하는 것이고, 庫라는 것은 木 · 火 · 金 · 水를 거두어 들여 貯藏하고 뿌리를 묻고 있는 땅을 말하는 것으로 譬喩하자면 氣運을 가진 墳墓를 파헤쳐 일부러 열어서 發福한 사람은 아직까지 없었다.

만약 天干에 木 · 火 · 金 · 水가 있고 地支에는 寅 · 卯 · 巳 · 午 · 申 · 酉 · 亥 · 子의 祿旺地가 없으면서, 오로지 辰 · 戌 · 丑 · 未의 身庫에 뿌리를 두고 依支하고 있을 때 沖을 만나면 작은 뿌리가 뽑혀 사라지니, 지금까지 沖하여 動해서 强旺하여 진 경우는 없었다. 만약에 司令하는 氣를 用神으로 쓰지 않고 土가 喜神이면 沖한 것은 유익하고 손해는 없으니 대개 土가 動하면 發生하기 때문이다.

刑의 意味는 取用할 바가 없으니, 만약에 亥와 亥, 辰과 辰, 酉와 酉, 午와 午, 이런 것들이 만나면 自刑이라 하는데, 本支가 本支를 보면서 서로가 같은 氣運이라 말하면 되지 어찌 서로가 刑한다 말할 수가 있는가? 子와 卯, 卯와 子는 서로 相生하는데 어찌 서로 刑한다고 하는가? 戌과

未, 未와 丑은 모두가 本氣인데 다시 刑이라 하는 것은 不當하며, 寅과 巳 역시 相生하며, 寅申이 서로 刑한다는 것은 이미 沖했으니 하필 또다시 刑이라 할 필요도 없다. 또 말하기를 子卯는 一刑이고, 寅巳申은 二刑이며 丑戌未는 三刑이라고 三刑을 일컬으며 또 自刑까지 있다고 하니 이 모두는 속된 거짓말이니 내버려두라.(관심 갖지 말라.)

穿이라는 것은 害와 같은 말이다. 六害는 六合에서 由來되었는데 내가 合하고자 하는 神을 沖하니 그것을 害라 하며, 만약에 子와 丑이 合을 하려는데 未가 와서 沖을 한다든지 丑과 子가 合하려는데 午가 와서 沖을 하는 식의 종류이며, 子와 未의 害는 이미 相剋이고, 丑·午·寅·亥의 害는 相生에 포함해야지 어찌하여 害인가?

또 刑은 이미 證明하기가 不足하고, 害의 의미는 더욱이 억지로 理致에 닿지 않는 말이다. 結論的으로 말하면 이 모든 理論은 生하고 剋하는 理論으로 말할 수 있으며, 破의 意味에 대해서도 害도 아니고 곧 刑도 아니다. 더욱이 그런 것은 정통 명리학에 속할 수 없으니 없애는 것이 옳다.

時 日 月 年<事例 14>

癸 壬 辛 丙

卯 子 卯 子

丁 丙 乙 甲 癸 壬

酉 申 未 午 巳 辰

壬子日元, 支逢兩刃, 干透癸辛, 五行無土, 年干丙火臨絶, 合辛化水, 最喜卯旺提綱, 洩其精英, 能化刦刃之頑, 秀氣流行, 爲人恭而有禮, 和而中節, 至甲運, 木之元神發露, 科甲連登, 午運, 得卯木洩水生火, 及乙未丙運, 官至郡守, 仕途平順, 以俗論之, 子卯爲無禮之刑, 且傷官羊刃逢刑, 必至傲慢無禮, 凶惡多端矣.

壬子 日主가 地支에서 두 개의 羊刃을 만나고 天干에 癸水와 辛金이 透出하였으며, 五行 중에 土가 없고 丙火는 絶地에 앉아있어 辛金과 合을 하여 水로 化하였다. 가장 기쁜 것은 卯木이 자기의 季節을 만나서 水를 洩氣하여 빼어나게 빛나고, 능히 劫財의 頑剛함을 化하여 빼어난 氣運을 流行시키니 사람 됨됨이가 恭遜하고, 禮儀가 있고 부드러운 가운데 節度가 있었다.

甲大運에 이르러 木의 原神이 생겨나서 과거에 연달아 合格하고 午大運에는 卯木이 水氣를 洩하여 火氣를 生하니, 乙未 丙大運까지 官職이 郡守까지 이르러 벼슬길이 순탄하였다. 이 어찌 一般人들이 말하는 子·卯刑은 無禮하다고 하며, 또 傷官과 羊刃이 만나 刑을 이루면 반드시 傲慢하고 無禮하고 凶惡함이 많다고 하겠는가?

<譯評> 이와 같은 서술방식이 바로 증주자인 임철초식이다. 자기의 주장을 밝힘에 있어 근거를 들어 마무리를 하는 것이 임철초식 명리론이다. 이 명조의 용신은 月令에 傷官 乙木이며, 喜神은 年干의 丙火인데 喜神이 辛金과 합이 된 것이 아쉬운 명조이다. 그러나 중년대운과 말년에 蓋頭가 된 丙/丁火가 있어 合神을 풀어주어 '仕道平順'함으로 일생을 마무리 하였을 것이다.

『子平眞詮』 심효첨식 格局論에 의하면 傷官格으로 四凶神에 속한다. 위에서도 언급하였듯이 이 사흉신은 우선적으로 극하는 五行神을 相神으로 한다. 그러나 사례 명조 11번에서 서술하였듯이 傷官格은 비록 吉神은 아니지만 예외적으로 실제의 秀氣인지라 文人과 學士들이 보통 이 格을 타고 난다고 하였다. 또한 『子平眞詮』에 評註를 한 서락오는 傷官格에 일간이 강한 경우 官煞로 剋制하는 것보다 食傷을 써서 洩氣하는 것만 못하다.[70]고 하였다. 결국은 서락오도 剋보다는 洩을 택하였다.

---

70) "身旺者用官煞之剋, 不如用食傷之洩", 『子平眞詮評註』, 앞의 책, 권5, p.14.

그렇다면 위의 명조를 격국론자인 심효첨이 看命하였다면 중화론자인 철초님이 설명한 '年干丙火臨絶'하고 '合辛化水'되어 용신이 羈絆된 財星을 相神으로 하였을 것이다. 다시 取用論에 의하면, 그러므로 傷官格에 財星을 相神으로 하는 경우 傷官은 官星에게 불리하게 하므로 흉하다고 (하지만) '傷官生財'하여 다시 官星을 생하므로 격을 갖추니 '轉凶爲吉'이 된다. 그러므로 가장 이롭다. 단지 필요한 것은 身强하면서 財星이 뿌리가 있으면 바로 貴格이 된다. 마치 壬午/己酉/戊午/庚申으로 史春芳의 命이 그렇다.[71]고 하였다.

결론적으로 格局論에서 四凶神은 무조건 伏制해야 한다는 이론이 傷官格에서는 예외로 볼 수 있다고 할 수 있다. 또한 심효첨은 대운에서도 傷官格에 財星을 相神으로 할 경우 財運을 반기고 傷官運도 마땅하다.[73] 고 하였다.

『窮通寶鑑』 계절을 중시하는 調候論에 의하면, 水는 卯에서 死가 되고 더하여 旺한 木이 死水의 기운을 설기하므로 기가 약한 것을 알 수 있다. 오로지 庚辛金을 취하여 旺한 木을 제하고 水源을 열어 개발해야 한다. 그러므로 庚金이 있는 자는 富貴하고 庚金이 투간되면 大富요, 암장되면 小富이다.[73]고 하였다. 이 같은 결론에 의하면 위 두 이론과 용신을 결정한 결과 차이가 난다.

이와 같은 설명체계는 겉으로는 체계적이고 논리적인 구조를 보여준다. 某月에 태어난 某日干은 무슨 五行이 用神이라고 하는 것이 이미 결정되어 버린 상태이다. 그러나 일반 명리서에서 취급하는 六親論을 중심

---

71) "故傷官用財者, 蓋傷不利於官, 所以爲凶, 傷官生財, 卽以傷官爲生生官之具, 轉凶爲吉, 故最利, 只要身强而財有根, 便爲貴格, 如壬午/己酉/戊午/庚申, 史春芳命也", 위의 책, 같은 권, p.15.

72) "身强財淺, 則喜財運, 傷官亦矣", 위의 책, 같은 곳, p.22.

73) "水死於卯, 加以旺木洩死水之氣, 氣弱可知, 專取庚辛, 制旺木而發水源, 故有庚者富貴, 庚透大富, 庚藏小富", 『子平粹言』, 앞의 책, 권2, p.230.

으로 미묘하며 복잡다단한 관계의 格局의 高低와 日干의 强弱에 의한 용신을 설명하지 않기 때문에 명리를 처음 접하는 학인들에게 접하기는 쉬운 명리이론이나, 오히려 쉬운 이론이 쉽게 끝나기 때문에 오히려 관심의 대상에서 벗어나고 있는 실정이다.

[宗主命理 解說]

時 日 月 年 <事例 14>

癸 壬 辛 丙

卯 子 卯 子

丁 丙 乙 甲 癸 壬

酉 申 未 午 巳 辰

지수법에 의하면 토0 금1.0 수5.8 목6.1 화1이다. 그러나 月支卯는 극동주하여 감지수가 적용되므로 토0 금1.0 수5.8 목5.7 화1로 변한다. 水體火用으로 丙화가 용신이 된다. 丙辛으로 羈絆이 되나 陽干은 운에서 받쳐주면 羈絆되지 않는다. 다시 말해, 未대운까지는 丙火용신이 합거되지 않고 건재하나 申대운에 임하면 바로 丙辛기반으로 병화용신은 합거되는 일이 발생한다.

특히, 陽從氣하고 陰從勢하니 병화는 進氣에 살고 퇴기에 죽는 것이다. 발복을 할 때는 거침없이 승승장구하지만 운이 쇠락하면 바로 암흑천지가 되어 버리는 형국이다. 巳대운부터 발복하여 甲午 乙未대운을 거치며 과거에 합격하여 벼슬길이 탄탄대로를 달렸다.

43세 이후부터 하향 길을 걷게 된다. 庚申 辛酉년을 거치면서 서산의 해가 지듯이 검은 그림자가 드리워진다. 대운도 申子반합을 이루면서 子卯刑殺로 水木凝結이 강화되어 간다. 하는 일마다 관재구설과 파재를 당한다. 병신합하고 자묘형하기 때문이다.

묘유충하여 旺神沖發로 재액을 속출하게 하니 병화용신의 몰락을 의미한다. 처가댁의 몰락과 비극을 같이 하게 될 것이다. 자유귀문관살이 동하니 스스로 화를 자초한다. 주변가족을 달달 볶아 스트레스를 극에 달하게 하기 때문이다. 사주에 平頭殺이 많은 경우에는 차라리 스님이나 역술가가 되었더라면 흉액을 면할 수 있었을 것이다. 아쉽게도 임철초님은 申酉戌 이후의 대운에 대하여 기술하지 않아 미루어 짐작할 수밖에 없다.

時　日　月　年<事例 15>
丁　庚　乙　辛
亥　辰　未　未
己　庚　辛　壬　癸　甲
丑　寅　卯　辰　巳　午

庚辰日元, 生于季夏, 金進氣, 土當權, 喜其丁火司令, 元神發露而爲用神, 能制辛金之刦, 未爲火之餘氣, 辰乃木之餘氣, 財官皆通根有氣, 更妙亥水潤土養金而滋木, 四柱無缺陷, 運走東南, 金水虛, 木火實, 一生無凶無險, 辰運午年, 財官印皆有生扶, 中鄕榜, 由琴堂而遷司馬, 壽至丑運.

庚辰 日主가 늦여름에 태어나 金氣運이 進氣이며, 土가 權勢를 잡고 있는 때이고, 기쁜 것은 丁火가 司令이라 原神이 透出하여 그것을 用神으로 삼으니 能히 劫財인 辛金을 制壓할 수 있다. 未土는 火의 餘氣이고, 辰土 안에는 木의 餘氣가 있으니 財星과 官星이 모두 通根하여 氣運이 있다. 더욱이 妙한 것은 亥水가 土의 氣運을 潤澤하게 하고 金을 씻어주고 木을 키우니 四柱가 缺陷이 없다.

運이 東南으로 向하여 金水는 虛하고, 木火는 實하니 一生 凶도 없고 危險도 없었으며, 辰大運 午年에 財官印이 모두 서로 生하고 도와주어, 鄕榜에 합격하고 琴堂을 거쳐 司馬에 이르렀다. 壽命은 丑大運에서 다하였다.

<譯評> 이 명조의 用神은 丁火며, 喜神은 甲/乙木인데 乙木은 일주와 합을 하고 있는 상태에서는 목의 기운보다는 金氣運으로 化하는 기회를 기다리는 중이다. 더하여 日支의 辰土 역시 庚金을 돕고 年干의 辛金도 金氣運을 성하게 하니, 일주의 기운을 제압하는 丁火를 용신으로 정하고 用神을 돕는 喜神은 사주체에 없으므로 대운을 기다리는 수밖에 없다.

다행히도 逆大運이라 地支로 午/巳/卯/寅의 대운이 흐르므로 다행이나 天干으로는 忌神과 仇神運으로 흐르며 특히 壬辰大運에는 苦戰을 면치 못하였을 것이다. 증주자의 설명의 의도는 심효첨의 격국용신론에서 주장하는 論用神變化장의 설명과 유사하게 중화용신론을 설명하고 있다.

『子平眞詮』 심효첨의 격국론으로는 未月의 庚金日主는 印綬格이 되지만 未土는 雜氣格으로 구분하여 그 地藏物 중에 투출된 오행으로 격용신을 잡는다. 그렇다면 이 명조는 未中 餘氣인 丁火가 時干으로 투출하고 中氣인 乙木이 月干으로 투출하여 正財/官格이 되지만 餘氣인 官星이 보다 강하므로 격용신을 잡는다는 이론이 있다.

따라서 심효첨의 용신의 변화론은 다음과 같다. 用神은 이미 月令에서 정한다고 하였다. 그러나 월령이 저장하고 있는 오행이 한결같지 않아 용신이 이에 따라 변한다. 예를 들어 十二支 가운데 子/午/卯/酉를 제외한 나머지 地支는 저장하고 있는 (다른) 오행이 있다. (구태여) 四庫支를 (예를 들) 필요 없이 寅木을 가지고 논한다면, 甲木이 本主가 되어 마치 郡의 府가 되며, 丙火가 長生이 되어 마치 郡의 同知가 되고, 戊土 역시 長生으로 郡의 通判이 있는 것이다. 가령 寅月이 提綱이 되어 甲木이 투간되지 못하고 丙火가 투간되었다면 마치 知府가 郡에 任官하지 못한 것이니 同知가 대신 그 임무를 맡는 주인이 되는 것이다. 이와 같은 현실이 변화의 이유가 되는 것이다.[74]고 한 것을 보면, 『淵海子平』에서보다

74) "用神既主月令矣, 然月令所藏不一而用神遂有變化, 如十二支中除子午卯酉外, 餘皆有藏, 不必四地, 卽以寅論, 甲爲本主, 如郡之有府, 丙其長生, 如郡之有同

발전된 格에 의한 용신을 찾는 방법이 발전하였다는 증거[75]이다.

이와 같은 맥락에서 심효첨의 격국론에 의한 본래의 격용신은 印綬格인데 '用神變化'에 의하여 투출된 丁火가 正官格이고, 正官인 丁火는 亥水 위에 있어 약한 듯하지만 亥水 안에 地藏干 중 甲木의 扶助와 壬水의 合木氣의 暗助로 인하여 약하지는 않다. 더욱이 이 格用神을 돕는 相神

知, 戊亦長生, 如郡之有通判, 假使寅月爲提, 不透甲而透丙, 則知府不臨郡, 而同知得以作主, 此變化之由也", 『子平眞詮評註』, 앞의 책, 권2, p.28.

75) 『淵海子平』의 大綱은 1권에서 五行所生之時를 논하고, 그 근거에 의한 天干地支를 논하였으며, 五行相剋相生에 의한 干支의 合沖刑 生旺死絶을 논하였으며, 年上起月法에 의한 貴人과 拱祿格 天德 月德 등의 奇格이 등장하고, 空亡 天羅地網과 함께 대운법도 등장한다. 또한 결정적인 백미의 日爲主論과 月令을 논하였다. 2권에서는 六親星을 논하였으며, 다시 奇格과 아울러 六親星에 의한 格이 등장한다. 이 부분의 백미는 오늘날까지도 사용하는 炎上格 등의 從旺格이 등장하고 棄命從煞格과 棄命從財格이 나타났다. 3권에서는 六親論과 女命과 小兒와 性情과 疾病을 다루고 大運과 太歲運과 格局生死引用과 五行元理消息賦가 있다. 4권에서는 身弱論이 등장하고 月建候時訣이 나온다. 이 근거에 필자는 이 월건후시결이 명대에 작자미상인 『欄江網』의 근거가 된다는 것을 확인할 수 있었다. 결국 조후론과 격국론과 중화론의 祖宗은 『연해자평』이다. 또한 十二支體象과 十干體象을 두어 현대명리학의 근거가 됨을 알 수 있었다. 5권은 마무리를 짓는 중요한 부분으로 八正格詩訣을 두었으며 魁罡과 雜氣財官과 時上一位貴格과 天元一氣와 墓庫와 珞琭子消息賦와 格局生死引用 등을 詩訣賦로 설명하였으며 마지막으로 會要會命書說을 두어 미상인이 『연해자평』을 지은 이유를 밝히고 있다. 이 부분은 본 필자의 연구논문 중 일부분이다. "무릇 命書를 지을 때 선현들이 이미 궁구함을 다하여 천지의 정미한 蘊蓄을 궁구하기를 지극히 한 것이다. 唐나라 이허중으로부터 일행선사와 송나라 徐升 東齊와 명나라 王銓 醉醒子 등 여러 분들이 『연해』와 『연원』의 그 이치가 같다는 것을 깨달았으며 지극함과 다함이 경지에 이른 사람들이다. 木·火·土·金·水의 은미하고 묘함이 아님이 없을 뿐이다. 지금 후학이 뜻과 구결을 더했으나 선현들이 이미 발한 나머지 뜻이 아님이 없으니 대동소이하다. 지금 장차 『연해』와 『연원』 두 책을 하나로 합하여 한 권으로 만들었으니 한번 보면 곧바로 알 수 있음으로 두 책의 뜻을 다 찾아 궁구할 필요가 없다. 번거로움을 버리고 간략히 했으니 오래도록 삼가 본보기로 삼아라.(夫造命書, 先賢已窮盡天地精微蘊而極矣. 自唐李虛中一行禪師, 宋徐升東齋, 明王銓醉醒子諸公, 登覺淵海淵源, 其理雷同, 至矣盡矣. 無非木火土金水之妙微耳. 今之後學加增旨意口訣, 莫非先賢已發之餘意.. 大同小異. 今將海淵二書合成一集, 一覽便知, 不必尋究二書之旨, 刪繁去簡, 永爲矜式), 宋錢塘 東齋 徐升 編, 『淵海子平』 五卷, (臺灣 : 瑞成書局印行, 1964), p.39.

大運으로 地支의 흐름에 의하여 好命이 되었다.

『窮通寶鑑』 다음으로 계절을 중시하는 調候論에 의하면, 6월의 庚金은 三伏중에 寒氣가 생하니 頑鈍한 것이 지극하므로 먼저 제1용신으로 丁火를 용신으로 하고 다음으로 甲木을 취한다.[76]고 하였다. 이와 같은 결과 三者의 용신론이 일치하는 경우를 보았다.

[宗主命理 解說]

時 日 月 年 <事例 15>

丁 庚 乙 辛

亥 辰 未 未

己 庚 辛 壬 癸 甲

丑 寅 卯 辰 巳 午

이명조는 토가 비교적 복잡한 케이스이다. 독립성을 잃은 토는 상생과 동주하면 상생오행으로 변하지만 상극동주하면 계절의 법칙을 적용해야 한다. 辰中戊는 동주한 庚金따라 금으로 변하고 합화되어 乙목도 庚금으로 변한다. 乙未의 未中己는 토가 사령하니 토로 변한다. 辛未의 未中己도 토가 사령하니 토로 변한다. 토의 상황을 정확하게 반영하여 지수를 계산하면, 토3.2 금4.0 수1.7 목2.2 화2.8이다. 金이 미달종주이나 차종주의 생을 받으니 假未達格으로 剋法取用하니 金體火用이 된다.

정화는 정관으로 원리원칙을 따르고 실천하니 만인의 존경을 받게 된다. 庚辰괴강은 유하살이 임하고 있어 방랑과 유랑이 잦지만 을목은 유정하므로 부부가 유정하다. 暗合과 明合이 중복 혼잡되니 가는 곳마다 여자가 따르고 재물이 붙는다. 천을귀인이 정관과 인수에 붙고 兩貴를 갖추어 어딜 가도 보이지 않는 도움의 손길이 미치고 사랑을 받는다.

---

76) "六月庚金, 三伏生漢, 頑鈍極矣, 先用丁火, 次取甲木", 『窮通寶鑑』, 앞의 책, p.144.

運路가 火運과 木運으로 받쳐주니 부귀를 누리게 되나 丑大運에 임하면 體와 用이 공히 入墓地에 든다. 丁火正官, 己土印綬, 庚金이 丑大運에 임하면 모든 것을 접어야 한다. 관을 보호하는 인성이 丑未沖으로 깨지고 丑辰破로 파손되고 亥丑으로 丁癸沖하여 정화는 고립무원의 상태에서 입묘로 향하니 '불귀의 객'이 될 것이다. 財官印을 갖추면 국가조직에 종사하여 복록을 누리게 되니 火運에 과거에 합격하여 벼슬길이 運따라 순탄하게 흘러간 것이다.

時　日　月　年<事例 16>

丁　庚　乙　辛

丑　辰　未　丑

己　庚　辛　壬　癸　甲

丑　寅　卯　辰　巳　午

此與前造大同小異, 財官亦通根有氣, 前則丁火司令, 此則己土司令, 更嫌丑時, 丁火熄滅, 則年干辛金肆逞, 沖去未中木火微根, 財官雖有若無, 初運甲午, 木火並旺, 蔭庇有餘, 一交癸巳, 剋丁拱丑, 傷刦並旺, 刑喪破耗, 壬辰運, 妻子兩傷, 家業蕩然無存, 削髮爲僧, 以俗論之, 丑未沖開財官兩庫, 名利兩全也.

이 命造는 앞의 命造와 大同小異하다. 財星과 官星이 역시 通根하여 힘이 있으며, 앞 命造는 丁火가 月令을 다스리고, 이 命造는 己土가 月令을 다스리고 있다. 더욱이 싫은 것은 時間이 丑時라서 丁火를 꺼지게 하여 辛金이 굳세고 放恣함이 極에 달하였으며, 沖하여 未中에 木火의 작은 뿌리들은 사라져, 비록 財星과 官星이 있다 하나 마치 없는 것과 같다.

初運 甲午大運에 木火가 함께 旺하여 부모님의 德澤으로 餘裕가 있었으나, 癸巳大運을 지나면서, 癸水에 의하여 丁火가 剋을 당하고 丑土와 合을 하여 傷官과 刦財가 함께 旺하여져서 식구가 죽고 財産이 깨지고

줄어들었다.

壬辰大運에는 마누라와 자식이 모두 죽고, 家業 또한 쓸어버리고 나니 남는 것이 하나도 없어, 削髮하고 중이 되었다. 이것이 一般的으로 이야기하는 丑·未 沖하여 財星과 官星의 양쪽 창고를 열어서 名譽와 利益을 둘 다 갖춘다는 것인가?

<譯評> 증주자인 철초님은 이 명조를 예시하면서 格局論과 調候論으로 看命을 하면 前造와 같이 上格이 될 명조가 年支와 時支의 글자가 바뀌므로 抑扶(中和)用神論에서는 다르게 用神을 취한 경우이다. 다시 말해서 前造와 此造를 비교하면 격국용신과 조후용신의 관심 밖의 대상인 年支의 未土가 丑土로 변하고 時支의 亥水가 丑土로 변함으로서 此造는 '土多金埋'의 形局을 이루므로 격국용신과 조후용신이 결정한 용신론만 가지고는 好命과 不好命을 판단할 수 없다.

그 이유는 대운 역시 앞의 사주와 같이 天干으로는 忌神과 仇神運이 흐르고 地支로는 用神과 喜神運으로 흐르지만 같은 大運인데도 癸巳大運과 결정적인 壬辰大運에 삭발하고 중이 될 정도가 되었다. 이렇게 '天壤之差'가 생긴 이유는 사주자체가 지나치게 偏枯하여, 즉 사람으로 설명하면 자체적인 고질병에 의하여 면역력이 떨어져 외부로부터 들어오는 세균을 막아낼 수 없는 상태에 이른 것이다.

이를 증주자인 철초님은 '四柱가 偏枯'하다고 하였다. 특히 마지막 글귀 '一般的으로 이야기하는 丑·未 沖하여 財星과 官星의 양쪽 창고를 열어서 名譽와 利益을 둘 다 갖춘다는 것인가?' 라고 하여 四庫는 沖을 하여 문을 열어 그 안에 있는 물건을 꺼내 써야 한다는 기존 속론을 반박하고 있다. 이와 같은 반박론은 심효첨도 역시 같은 입장에서 반박론[77)]

77) "辰/戌/丑/未는 刑과 沖을 가장 반긴다. 財/官이 入庫가 되어 沖하지 않으면 불발한다고 하였는데 이 설은 일반적인 俗書에 많이 일컫고 있는 것이지만 자평 선생이 사주를 지으면서는 이런 설은 없었다."(辰戌丑未最喜刑沖, 財官入庫, 不沖不發, 此說雖俗書盛稱之, 然子平先生造命, 無是說也.), 『子平眞詮評

을 펴고 있다. 이와 같은 반박론은 아마도『淵海子平』에 영향을 받은 후학들이 墓庫에 들은 오행을 開庫를 하여 써야 한다고 하였는지 모른다.

『淵海子平』「墓庫詩訣」에 다음과 같은 내용이 나온다. 墓庫는 원래 葬神이다. 하나의 正印이 있으면 자세히 추론하여야 한다. 相生하고 相順하며, 相剋이 없으면 부귀 가운데 다음으로 나눈다. 사람의 명에서 墓庫를 만나면 곡식을 쌓고 재물을 쌓은 것이 헤아릴 수 없으면서도 아끼고 탐하여 한 푼도 쓰려하지 않으니 늙음에 이르러서는 (남들이) 守錢奴라고 부른다.[78]고 한 것에 의하여 守錢奴 소리를 듣기 전에 開庫를 하여 꺼내 써야 한다는 속설이 형성될 가능성은 충분하다고 생각된다. 한편 명리학적으로 開庫의 방법은 刑沖에 의하여 開庫를 하라는 것인데 위 두 사람은 속설을 부정하고 있다. 물론 현대명리학계에서도 이 부정설을 따르고 있다.

『子平眞詮』 심효첨의 격국론으로는 前造와 같이 未月의 庚金日主는 印綬格이 되지만 未土는 雜氣格으로 구분하여 그 地藏物 중에 투출된 오행으로 격용신을 잡는다. 그렇다면 이 명조는 未中 餘氣인 丁火가 時干으로 투출하고 中氣인 乙木이 月干으로 투출하여 正財/官格이 되지만 此造는 未土의 中氣인 乙木이 月干으로 투출한 것이 더욱 강하여 이를 격용신으로 하여 正財格이 되었다. 이 재격 역시 四吉神 중에 하나로 심효첨은 順用하라고 하였다.

그러므로 심효첨은 取用論에서 말하기를, 財格으로 成格이 되면 好格으로 보았다. (또) 財星은 뿌리가 깊은 것을 반기고 지나치게 (뿌리 없이) 露出된 것을 꺼린다. 그러므로 (뿌리가 있으면서) 一位에 淸하게 투

註』2권,「論墓庫刑沖之說」, 앞의 책, p.67.

78) "墓庫原來是葬神, 一位正印細推論, 相生相順無相剋,富貴之中次第分, 人命若還逢墓庫, 積穀堆財難計數, 慳貪不使一文錢, 至老人呼守錢奴“ 『淵海子平』권5,「墓庫詩訣」, 앞의 책, p.30.

출하면 格用神으로 쓰는 것을 격에서 가장 반긴다. (중략) 마치 葛參政의 命이 壬申/壬子/戊午/乙卯로 어째 財星이 투출하지 않았겠는가? 오직 그것(財星)이 官을 생하니 이 때문에 꺼리지 않는다.[79]고 하였다. 그러나 위의 명조<事例 16>는 月干의 乙木이 年干의 辛金과 日主인 庚金과 爭財가 일어나기 때문에 철초님은 이 命主는 결국 '削髮爲僧'이 되었다고 설명하고 있다.

『窮通寶鑑』 계절을 중시하는 조후용신론은 생략할 것이다. 왜냐하면 前造와 같은 未月의 庚金日主이기 때문이다.

[宗主命理 解說]

時 日 月 年 <事例 16>

丁 庚 乙 辛

丑 辰 未 丑

己 庚 辛 壬 癸 甲

丑 寅 卯 辰 巳 午

천간에 토가 없으니 토는 동주에 법칙에 따라 진중무와 축중기는 金으로 변하다. 지수법에 의한 지수는 토3.9 금4.7 수1.4 목1.4 화2.3이다. 적정이 초적정으로 변하니 金體火用으로 정화가 용신이다. 火는 戌未에 通根하면 정기통근과 같기 때문에 火용신이 가능하다.

을목은 을신충극을 당하고 축미충으로 뿌리가 상하고 축진파로 뿌리가 다치니 용신은 기진맥진이고 再沖再剋되는 운에 가진 재산도 사라지고 속세도 떠나고 싶어진다. 부친이 백호대살의 흉액을 당하는 癸巳대운에 가진 재산도 집안도 풍비박산이 나는 것이다.

丑未沖이 動하면 백호대살에 걸린 부친은 入墓를 하게 되므로 22~23

79) "財喜根深, 不宜太露, 然透一位以淸用, 格所最喜 (中略) 如葛參政命, 壬申/壬子/戊午/乙卯, 豈比財露, 惟其生官, 所以不忌也", 위의 책, 같은 권, p.13.

세 부친을 잃고 재산이 흩어지는 변고를 당하게 될 것이다. 癸巳대운에 계수는 정화를 극하니 을목 용신의 보호막이 사라지고 巳丑金을 결성하여 殺氣로 들어오니 엄청난 시련과 고통을 감당해야 한다.

괴강의 극단성은 편고된 인성 때문에 길흉이 극단으로 치닫게 된다. 사건사고도 한꺼번에 쓰나미처럼 몰려온다. 壬辰대운에 임하면 목은 관으로 향하니 살아도 죽음과 같은 고통을 겪게 된다. 食神이 입묘하니 천지가 답답하고 축진파로 을목은 송두리째 흔들리니 처자식을 잃고 속세를 등지게 되는 것이다. 을미백호와 정축백호는 처자식을 삼키는 흉액으로 동하기 때문이다.

【原文】

暗沖暗會尤爲喜, 彼沖我兮皆沖起.

命造의 原局에는 沖이 없는데 運에서 沖이나 會局을 이루면 더욱 기쁘고, 상대가 나를 沖하는 것은 모두 다 沖이 일어났다고 한다.

[劉氏注]

如柱中無所缺之局, 取多者暗沖暗會, 沖起暗神, 而來會合暗神, 比明沖明會尤佳, 子來沖午, 寅與戌會午是也. 是日爲我, 提綱爲彼, 提綱爲我, 年時爲彼, 四柱爲我, 運途爲彼, 運途爲我, 歲月爲彼, 如我寅彼申, 申能剋寅, 是彼沖我, 我子彼午, 子能剋午, 是我沖彼, 皆爲沖起.

만약에 四柱가 缺陷이 없는 命造라면, 暗沖 暗會를 많이 取할 수 있다. 暗神을 沖起하거나, 暗神과 會合을 하면, 明沖 · 明會보다 아름답다. 子가 와서 午를 沖할 때 寅과 戌이 午와 會合하여 火局을 이루는 경우가 그것이다. 日主가 나라면 月令이 상대이고, 月令이 나라면 年과 時가 상대이며, 四柱가 나라면 大運이 상대이고, 大運이 나라면 歲運이 상대이다.

만약에 예를 들어 내가 寅이고 상대가 申이면, 申이 能히 寅을 剋하므로 상대가 나를 剋했다는 것이고, 내가 子이고 상대가 午라면, 子가 能히

午를 剋하므로 내가 상대를 剋하는 것으로 이 모두가 沖이 일어난다고 하는 것이다.

〔任氏注〕

任氏曰, 支中逢沖, 固非美事, 然八字缺陷者多, 停勻者小, 木火旺, 金水必乏矣. 金水旺, 木火必乏矣. 若旺而有餘者, 沖去之, 衰而不足者, 會助之爲美, 如四柱無沖會之神, 得歲運暗來沖會尤爲喜也. 蓋有病得良劑以生也. 然沖有彼我之分, 會有去來之理, 彼我者, 不必分年時爲彼, 日月爲我, 亦不必分四柱爲我, 歲運爲彼也. 總之喜神是我, 忌神爲彼可也. 如喜神是午, 逢子沖, 是彼沖我, 喜與寅戌會爲吉, 喜神是子逢午沖, 是我沖彼, 忌寅與戌會爲凶, 如喜神是子有申, 得辰會而來之爲吉, 喜神是亥, 有未, 得卯會而去之則凶, 寧可我去沖彼, 不可彼來沖我, 我去沖彼, 謂之沖起, 彼來沖我, 謂之不起, 水火之沖會如此, 餘可例推.

임씨가 말하였다. 地支 가운데에서 沖을 만나면 진실로 아름답지 못한 일이다. 그러므로 八字가 缺陷이 있는 者가 많고, 고르게 정하여진 者는 적은 것이다. 木火가 旺하면 金水는 반드시 모자라고, 金水가 旺하면 木火는 반드시 모자를 것이다.

예를 들어 旺하며 餘裕가 있는 것은 沖하여 除去하고, 衰하여 不足한 것은 모여서 도와주는 것이 아름답다. 만약 四柱가 沖이나 會가 없을 경우에 歲運에서 沖과 會가 온다면 더욱 기쁠 것이며, 이 모두가 病이 있고 좋은 藥을 求하여 살아나는 것이다.

그러나 沖할 때에는 상대방과 나를 구분하여야 하고, 會할 때에는 가고 오는 理致가 있으니, 상대와 나라는 것은 반드시 年과 時가 상대방이고 日과 月이 나라고 할 필요는 없으며, 또 四柱가 나라면 歲運이 상대방이라고 할 필요는 없다.

한마디로 喜神이 나요, 忌神이 상대방이라고 하는 게 옳다. 만약에 喜神이 午火인데 子水의 沖을 만나면 이것이 상대가 나를 沖하는 것이고,

기쁘게도 寅·戌과 같이 모여 있으면 吉하다 말하고, 喜神이 子水인데 午火를 만나면 이것은 내가 상대방을 沖한 것인데, 꺼리는 것은 寅과 戌이 함께 있으면 凶하다고 말하는 것이다.

만약 喜神이 子水이고 申金이 있으면 辰土를 얻어 (申·子·辰)會局을 이루어 들어오면 吉하다고 말할 수 있으며, 喜神이 亥水인데 未土가 있고 卯木을 얻어 (亥·卯·未)會局을 이루어 亥水를 除去한 즉 凶하다고 말할 수 있다. 차라리 내가 상대방을 沖하여 除去하는 것이요, 옳지 않은 것은 상대방이 와서 나를 沖하는 것이다.

내가 상대방을 沖하여 가는 것을 충이 일어났다고(沖起)하고, 상대방이 와서 나를 沖할 때는 일어나지 않았다고(不起)한다. 水火의 沖과 會가 이와 같으니 나머지의 五行도 예와 같이 미루어 참고함이 될 것이다.

時	日	月	年<事例 17>		
庚	甲	乙	庚		
午	寅	酉	戌		
辛	庚	己	戊	丁	丙
卯	寅	丑	子	亥	戌

此造干透兩庚, 正當秋令, 支會火局, 雖制殺有功, 而剋洩並見, 且庚金銳氣方盛, 制之以威, 不若化之以德, 化之以德者, 有益於日主也. 制之以威者, 洩日主之氣也. 由此推之, 不喜會火局也. 反以火爲病矣. 故子運辰年, 大魁天下, 子運沖破火局, 去午之旺神也. 引通庚金之性, 益我日主之氣, 辰年溼土, 能洩火氣, 拱我子水, 培日主之根源也.

이 命造는 天干으로 두 개의 金이 透干하여, 가을인 제철의 氣運을 바로 받았으며, 地支로는 (寅·午·戌) 火局을 이루어 비록 殺氣運을 制하는 노력은 있으나, 剋하고 洩하는 것이 서로 보고 있으며, 더하여 庚金의 날카로움은 제철을 만나 盛하여, 威嚴으로 制하는 것이 德으로 化하는 것보다 못하니, 化하여 德을 쌓는 것이 日主에게는 有益한 것이다.

(庚金을) 制하려고 威嚴을 갖춘 (火는) 日主의 氣運을 洩하는 것이고, 이러한 것을 미루어 본 결과로 火局의 모임은 기쁘지도 않을 뿐만 아니라, 오히려 火局이 病이 된다. 그러므로 子運 辰年에 天下를 號令하였으니 (그 이유는) 子水가 火局을 沖破하여 午火인 旺神을 除去하였기 때문이며, 子水는 庚金의 性情을 誘導하여 日主인 나의 氣運을 有益하게 作用하였고, 濕土인 辰土는 能히 火氣運을 洩하고 나의 子水와 함께 日主의 根源을 북돋아주었기 때문이다.

<譯評> 官殺이 混雜太旺하여 일주가 지나치게 약하다. 특히 日支의 寅木은 時支의 午火와 半合으로 유인되므로 뿌리가 상실되었다. 만약 일주가 어느 정도 힘을 쓸 수 있다면 '食傷制煞格'으로 大貴格이 되지만 심효첨의 주장대로 '煞이 重하고 身弱한 경우에는 食/傷을 감당하지 못하여 돌이켜 印綬運을 취하니만 못하다'고 한 것으로 보아, 증주자인 철초님이 子大運 辰年에 천하를 호령하였다는 주장을 인정한다.

그러나 증주자의 설명대로 寅·午·戌 火局은 인정할 수 없다. 왜냐하면 年支의 戌土는 庚戌年에 乙酉月로 乙庚合金과 酉戌 半方局을 이루어 오히려 金化가 되려는 성질로 변해있는 처지가 되었기 때문이다.

『子平眞詮』 심효첨의 격국론에 의하면, 월령이 酉月이라 甲木日主 대비 正官格이다. 그러나 天干으로 兩透한 庚金 七煞이 있어 官煞混雜格으로 무조건 官煞을 除하는 火(食/傷)가 相神이 된다. 그러나 煞이 重하고 신약한 경우에는 食/傷을 감당하지 못하여 돌이켜 印綬運을 취하니만 못하다. 비록 月令에 通根을 하지 못하였어도 역시 無情하기도 하고 有情하기도 하다. 格 역시 귀함을 허락하지만, 단 크게 되지는 못한다.[80]고

80) "有煞重身格, 用食則身不能當, 不若轉而取印, 雖不通根月令, 亦爲無情而有情, 格亦許貴, 但不大耳", 『子平眞詮評註』 권5, p.3.

한 것을 보면 증주자인 임철초가 印星인 子水를 用神으로 정하고 대운을 기다린 것은 아마도 심효첨의 격국론에 영향을 받은 듯하다.

『窮通寶鑑』 계절을 중시하는 調候論에 의하면, 8월의 甲木은 목이 囚가 되고 금은 旺하다. 丁火를 먼저 용신으로 하고, 다음으로 丙火를 용신으로 쓰고 다음으로 庚金을 再次쓴다.[81)]라고 하였다.

이는 譯評者의 생각으로 계절적으로 旺한 金을 火로 먼저 다스리고 또 다시 金을 쓰는 이유는 木日主가 旺/相/休의 節氣를 지나 囚의 단계에 이르면 木의 形質은 이미 단단해졌으므로 金氣를 再次 쓴다는 이론은 일상적 생활에서 木材를 斫伐하여 이용하는 것을 응용하려는 의도인 것 같지만 이는 억부론과 격국론에서는 인정할 수 없는 이론이다.

[宗主命理 解說]

時 日 月 年 <事例 17>

庚 甲 乙 庚

午 寅 酉 戌

辛 庚 己 戊 丁 丙

卯 寅 丑 子 亥 戌

이 명조는 乙庚化氣 金格에 해당한다. 지수계산도 의미 없는 특수격에 해당한다. 년월에 화기금이 되고 일시에 同一五行이 있어 化氣 金格에 입격이 되니 금이 용신이고 수는 희신이 된다.

용신만 정확하게 짚어내면 사주의 절반은 감을 잡는 것이다. 본 명조는 극왕한 금을 보호하고 따르는 운에 발복하여 길복을 누리게 된다. 특히, 월주의 酉가 동하는 子운에 午화살성을 제거해주니 금은 旺氣를 얻고 하는 일이 순탄하게 풀려나간다. 己丑대운은 금을 따르니 재물이 늘

---

81) "八月甲木, 木水金旺, 丁火爲先, 次用丙火, 庚金再次", 『窮通寶鑑』, p.21.

어나고 엄청난 부동산을 소유하게 된다.

그러나 寅운에 오면 寅午반합이 풀려 인목은 金을 絶지로 몰아넣고 오화는 마음껏 금을 극하니 관재구설에 휘말리고 사고를 당하게 된다. 傷官見官이 시주에 그림자를 드리우고 있으니 卯운에 묘유충으로 酉금은 송두리째 날아간다. 運地를 득한 卯목은 酉금을 절태지로 잡아들이니 모든 것을 접어야 한다.

문제는 金이 四大空亡에 드니 氣가 왕할 때는 발복을 하지만 기가 꺾이면 급격하게 패망한다. 金이 絶胎地로 향하기 때문이다. 寅午화국하니 관재구설이 빗발친다. 적어도 41세 전후하여 금이 절지로 향하니 쇠망의 길로 가는 것이다. 건강도 척추장애나 골절을 주의해야 할 것이다. 運이 나빠지면 妻를 극하고 고독하게 살아간다. 고독을 견디다 못해 음독을 하게 될 수도 있으니 말년이 걱정된다.

時　日　月　年<事例 18>

丙　丁　癸　丁

午　卯　丑　巳

丁　戊　己　庚　辛　壬

未　申　酉　戌　亥　子

丁火雖生季冬, 比刦重重, 癸水退氣, 無力制刦, 不足爲用, 必以丑中辛金爲用, 得丑土包藏, 洩刦生財, 爲輔用之喜神也. 所嫌者, 卯木生刦奪食爲病, 以致早年妻子刑傷, 初運壬子辛亥, 暗沖巳午之火, 蔭庇有餘, 庚戌運, 暗來拱合午火, 刑傷破耗, 至己酉, 會金局沖去卯木之病, 財發十餘萬, 由此觀之, 暗沖其忌神, 暗會其喜神, 發福不淺, 暗沖其喜神, 發福不淺, 暗沖其喜神暗會其忌神, 爲禍非輕, 暗沖暗會之理其可忽乎.

丁火 日主가 비록 늦겨울에 태어났지만 比肩 劫財가 많고, 癸水의 氣運은 물러가는 時氣라서 用神으로 쓰기에는 不足하니, 반드시 丑中 辛金

이 用神이다. 丑土는 辛金을 보호하며 劫財을 洩하고 財星을 生하니 이것을 말하여, 用神을 돕는 喜神이라 한다. 꺼리는 바로는 卯木이 劫財를 生하고 奪食을 하니 病이 되었다. 이러한 결과로 젊어서 妻와 子息으로 苦痛받는 일이 생겼으나 壬子 辛亥大運에 巳火와 午火를 大運에서 暗沖을 하여서 父母의 蔭德이 餘裕가 있었다.

庚戌運에 戌土가 들어와 午火와 合을 이루어 財産이 깨지고 사라지는 苦痛을 받았으나, 己酉大運에 이르러서야 金局을 이루어서 病의 根源인 卯木을 除去하므로 財産이 늘어 十餘萬이 되었다. 이것으로 말미암아 보건데, 들어오는 沖은 忌神을 沖하여야 하고 들어와서 會局을 만들려면 喜神局을 이루어야 적지 않은 福을 이루는데, 오히려 들어오는 神이 喜神을 沖하든지 들어오는 會局이 忌神局을 이룬다면 災殃이 적지 않음이라, 이러하니 暗沖暗會의 理致를 疏忽함이 옳겠는가?

<譯評> 丑月의 丁火日主, 丑土(食神)의 洩氣로 일주가 허약한데, 주변에서 도와주는 형제(比劫)들과 日支 卯木의 도움으로 '弱變爲强'의 상태가 되었다. 이러한 이유로 강한 火氣로 充滿한 四柱體를 증주자인 철초님은 退氣라고 하였지만 丑中의 餘氣에 통근을 한 癸水 하나로 억제하기는 매우 어려운 지경이다. 때문에 丑土에 포장되어 있는 辛金을 용신으로 정하고 때를 기다리는 것이다. 결국은 辛金이 용신이고 그 辛金을 포장하고 水를 암장하고 있는 丑土가 喜神이 된다.

『子平眞詮』 심효첨의 格局論이 의하면, 丑中 癸水가 月干에 투출하여 雜氣七煞格이다. 심효첨은 이 七煞格도 여느 他格과 마찬가지로 알맞은 制伏이 되면 오히려 훌륭한 인물이 이 格에서 많이 나온다고 하였다. 그러나 이 명조에서 임철초는 일주가 강함을 감안하여 偏官을 用神으로 하고 財星을 喜神으로 하였다. 그렇다면 이 명조를 격국론의 심효첨은 어떻게 풀어야 할까? 일주가 '弱變爲强'이 되어 煞이 일주를 감당할 수 없어 오히려 살을 보호해야 한다.

그래서 다시 심효첨은 다시 取用論에서 말하기를, 日主가 重하고 煞이 輕한데 더하여 煞이 印星에 引化(官生印)되면 용신이 不淸해지므로 財星을 빌려 (財生官하면) 淸格이 되고 또한 貴格이 된다. 마치 甲申/乙亥/丙戌/庚寅의 劉運使의 命이 그렇다.[82]고 하였다. 결론적으로 격국론과 중화론이 이 명조<事例 18>는 用(相)神이 동일하게 되었다. 하지만 대운이 用(相)神運으로 흐르지 못하여 '辛酉刦刃肆逞'하여 '不祿'이 된 命主다.

다시 심효첨은 取運論에서 말하기를, 干頭로 財星이 투출하지 않았으면 청하기 때문에 相神으로 역시 취할 수 있어 귀하게 된다.[83]고 하였다. 이와 같은 이론이라면 丑中 辛金은 相神으로 정하고 대운을 보면 天干으로 庚/辛金은 好運이지만 戊/己土運은 격용신인 癸水를 극하는 食/傷運이라 凶運이 된다. 결론적으로 억부(중화)용신과 격국용신의 차이가 있음을 확인할 수 있다.

『窮通寶鑑』 계절을 중시하는 調候論에 의하면, 三冬의 丁火는 微寒의 處地이다. (때문에) 우선적으로 庚金과 甲木을 용신으로 한다. 甲은 곧 庚金의 좋은 친구가 된다. 무릇 (제1용신을) 甲木을 용신으로 할 경우 (제2용신은) 庚金을 소홀히 할 수 없다. 庚金도 없고 甲木이 없으면 어떻게 丁火를 引火 시길 수 있겠는가?[84]라고 하였다.

이와 같은 이론이라면 이 명조의 用神은 丁火가 되고 喜神은 庚金이 되는데, 이 명조 자체가 이미 微寒의 경지를 벗어나 겨울철의 불덩어리가 되었으므로 甲木은 더 이상 필요 없다. 특히 甲木을 제1용신으로 하

---

82) "又有身重煞經, 煞又化印, 用神不淸, 而借財以淸格 亦爲貴格, 如甲申/乙亥/丙戌/庚寅, 有運使命是也", 위의 책, 같은 권, p.5.

83) "有雜氣七煞, 干頭不透財以淸用, 亦可取貴", 『子平眞詮評註』, 권5, 앞의 책, p.5.

84) "三冬丁火微寒, 耑用庚甲, 甲乃庚之良友, 凡用甲木, 庚不可少, 無庚無甲, 何能引丁", 『窮通寶鑑』, 앞의 책, p.95.

여 제2용신을 庚金을 쓴다는 것은 속세를 떠나 문화생활을 하지 않고 사는 산골사람이 장작을 도끼로 패서 아궁이에 불을 지피는(劈甲引丁) 그림이 연상된다. 이와 같은 조후론은 중국의 중세 전원의 농경생활에서 착안된 듯 착각이 들게 한다.

[宗主命理 解說]

時 日 月 年 <事例 18>
丙 丁 癸 丁
午 卯 丑 巳
丁 戊 己 庚 辛 壬
未 申 酉 戌 亥 子

축월은 토가 사령하니 토로 남는다. 天干이나 地支에 金生水 해줄 금이 없기 때문이다. 즉, 고립무원의 癸수는 유인력이 없어 丑中己는 水로 변하지 않는다. 지수는 木3.0 火4.8 土2.7 金0.7 水2.3이다. 火는 비겁에 해당하고 월지를 벗어나 次宗主와 상생하여 초적정으로 변하니 剋法取用이 된다. 火종주를 극하는 수는 통력이 부족하나 금토용조는 통력이 충분하다. 午中己, 丑中己, 巳中庚으로 通力群이 형성되어 통력이 충족되기 기 때문이다. 금토용조 중에 축중 금이 용신이고 수는 약신이 된다.

金용신은 巳酉丑금운동을 원활하게 되어야 발복한다. 초년은 巳火가 동하니 금운동이 시작이 되고 처음에 금운동과 상생하는 壬子운에는 부모의 음덕으로 풍족하게 살았다. 巳운동 말에는 금운동과 亥卯未 극을 이루니 壬午년에 巳亥충으로 開庫된 丙火는 辛금재물을 가져가니 손재가 발생하였다. 동료 때문에 빚어진다. 기물이 파괴되어 戊토도 사라지고 庚금도 사라진다. 즉, 일을 벌이다가 투자회수가 되지 않는다.

그러나 해중 壬수를 득하니 직장을 구하고 명예와 문서를 얻으니 안정되고 확고한 직장을 구하게 된다. 26세 壬午년에 壬수와 亥수의 간지결

합으로 취직을 하는데, 丑未沖으로 개고된 정화가 임수를 가져가니 취직을 두고 치열한 경쟁을 벌이게 된다. 그러나 丙辛合水로 새로운 직장과 인연이 닿는다. 축중 신금과 시간병화가 합화하고 임수와 축월 때문에 합화수가 되기 때문이다.

時	日	月	年<事例 19>		
辛	丙	辛	庚		
卯	寅	巳	寅		
丁	丙	乙	甲	癸	壬
亥	戌	酉	申	未	午

丙火生於孟夏, 地支兩寅一卯, 巳火乘權, 引出寅中丙火, 天干雖逢庚辛皆虛浮無根, 初運壬午癸未無根之水, 能洩金氣, 地支午未南方, 又助旺火, 財之氣剋洩已盡, 祖業雖豐, 刑喪早見, 甲運臨申, 本無大患, 因流年木火, 又刑妻剋子, 家計蕭條, 一交申字, 暗沖寅木之病, 天干浮財通根, 如枯苗得雨, 浡然而興, 及乙酉十五年, 自掙數倍于祖業, 申運驛馬逢財, 出外大利, 經營得財十餘萬, 丙戌運, 丙子年, 凶多吉少, 得風疾不起, 比肩爭財, 乃臨絶地, 子水不足以剋火, 反生寅卯之木故也.

丙火가 초여름에 태어나고 地支에는 두 개의 寅木과 하나의 卯木이 있고, 巳火가 季節의 勢力을 잡았으며, 寅木中에 丙火(日干)가 透出하였다. (때문에 신강명조가 되었다. 그 원인으로 用神은) 비록 天干의 庚辛金으로 정하였으나, 뿌리가 없어 虛空에 뜬 상태가 되었기에, 初年에 壬午 癸未大運은 뿌리가 없기에 (壬/癸水가) 能히 金氣를 洩하고, 地支는 午未南方火運이므로 더욱 旺한 火를 도우니 財星의 氣運은 이미 消盡되므로, 비록 祖上의 遺業은 豊富하였으나 일찍 父母님이 돌아가셨다.

甲木이 申金에 臨하고 있어 本來는 큰 憂患은 없어야 하는데, 歲運이 木火運이라 마누라가 죽고 자식을 剋하고, 집안이 쑥대밭이 되었다. 그러다가 한번 申大運을 만나서 病의 원인인 寅木을 暗沖하여 除去하고 天干에 떠있던 財星(庚辛)이 通根이 되어, 마치 말라 가는 싹이 비를 만난 것처럼 우직하고 일어나 興하였으며, 이어서 乙酉大運까지 十五年간 스스로 創業하여 祖上의 財産보다 수배로 늘렸다.

申大運부터 驛馬에 財를 만나, 他鄕으로 가서 (15년간) 장사를 하여 財産이 十餘萬이었으나, 丙戌大運에 歲運 丙子年에 凶은 많고 吉은 적은 탓으로 中風을 맞아 일어나지 못하였다. 比肩이 財를 가지고 다투고 이어 絶地를 만나게 되었으며, 子水가 火를 剋하기에는 不足하고 반대로 寅/卯木을 生해 주었기 때문이다.

<譯評> 사주전체가 木/火와 金氣運으로 이루어졌다. 특히 月令이 巳火이고 地支로 寅/卯木이 있어 日干이 强旺한 상태에서 火勢가 강하면 水로 消火시켜야 하는데 사주자체에 없으면 다음으로 水를 생하는 金을 찾으니 月支中 庚金에 通根한 年干의 庚金을 용신으로 하고 다시 天干으로 두 개의 辛金의 도움으로 庚金을 용신으로 하고 大運을 기다린다.

金이 용신이면 土가 喜神이 되는데 土는 두 종류로 나누어진다. 즉 乾土와 濕土로 나누어지는데 이 명조에 필요한 喜神인 土는 濕土이다. 戌土는 乾土에 해당하므로 금에 도움이 되는 것이 아니라 오히려 火勢를 더욱 강하게 하는 성질이 있다. 때문에 丙戌大運에 불행을 당하게 된 것이다. '命好不如好運'이다.

『子平眞詮』 심효첨의 格局論에 의하면, 巳月의 丙火는 建祿格이다. 建祿格과 祿劫格은 하나의 格으로 같이 본다.[85]고 하였다. 그러한 이유로 심효첨은 계속해서 말하기를, 祿劫格에 財星을 相神으로 할 경우 반드시 食/傷星과 함께 해야 한다. (왜냐하면) 月令이 劫財가 되어 財星에게 작

85) "建祿者, 月建祿堂也, 祿則是劫, 故建祿與月劫, 可同一格", 『子平眞詮評註』 권5, p.39.

용하여 二者가 相剋이기 때문에 반드시 食傷으로 劫財를 化해야 비로소 劫財의 (性情을) 轉化하여 財星을 생하기 때문이다. 마치 甲子/丙子/癸丑/壬辰의 張都統의 命이 그렇다.[86]고 하였다.

결론적으로 철초님이 제시한 위의 명조와 심효첨이 제시한 명조는 祿劫格에 財/食傷이 相神이 된다. 또한 大運에서도 祿劫이 財星을 相神으로 할 경우 반드시 食/傷을 거느려야 한다.[87]고 하였으며, 만약에 財星을 相神으로 할 경우 食傷이 투출하지 않았으면 곧 發端하기가 어렵다.[88]고 하였다.

이와 같은 결과로 보면, 格局論에서는 祿劫이던 陽刃이던 가장 먼저 찾는 것도 또한 制刃을 하는 官星을 찾고 없으면 후순위로 財星을 찾고 다음으로 食/傷을 찾는 방법을 취한다. 여기서 抑扶論과 格局論의 이론이 같아지는 이유는 일간을 위주로 억부론을 펴는 중화용신론도 우선적으로 월령을 살피는데 일주가 월령을 타고 나면 극소수를 제외하고는 강해지기 때문이다.

『窮通寶鑑』 다음으로 계절을 중시하는 조후론에 의하면, 4월의 丙火는 巳에 建祿이다. 火勢가 불타오르는 듯하니, 마땅히 壬水를 용신으로 專用하여 불타오르는 세력을 해소하면 旣濟의 功을 이룬 것이다. 만약에 壬水가 없으면 외로운 陽이 도움을 잃은 것이니 淸光한 빛을 발산하기는 어렵다.[89]고 하였다. 이와 같은 조후론에 의하면 이 명조는 첫 번째 관문에서 탈락한 명조가 된다. 참고적으로 三夏의 丙火는 무조건 제1용신이 壬水가 되고 제2용신이 壬水의 發源地인 庚金을 취하고 있다.

86) "祿劫用財, 須帶食傷, 蓋月令爲劫而以財作用, 二者相剋, 必以傷食化之, 始可轉劫生財, 如甲子/丙子/癸丑/壬辰, 張都統命是也", 위의 책 같은 권, p.41.
87) "祿劫用財, 須帶食傷", 위의 책, p.41.
88) "用財而 不透傷食, 便難於發端", 위의 책, p.45.
89) "四月丙火, 建祿於巳, 火勢炎炎, 宜專用壬水, 解炎威之力, 成旣濟之功, 如無壬水, 孤陽失輔", 『窮通寶鑑』, p.66.

[宗主命理 解說]

時 日 月 年 <事例 19>

辛 丙 辛 庚

卯 寅 巳 寅

丁 丙 乙 甲 癸 壬

亥 戌 酉 申 未 午

指數法則에 의하면 木5 火5.8 土0 金2.3 水0으로 火는 태왕종주가 된다. 준정격은 차종주와 상생이면 입격하지 못한다. 따라서 剋法取用하니 水를 찾으나 水가 없어 金을 취한다. 金은 통력이 충분하므로 금이 용신이 된다. 庚/辛/辛巳으로 通力群을 형성하여 통근통력이 충족되기 때문이다.

부친궁에 용신이 임하니 財力이 있는 父親이지만 年柱에서 同柱絶하니 인연이 길지 못함을 암시한다. 6세가 되는 乙未년에 巳午未 方合을 결성하여 금을 극하고 乙庚 합거되어 경금이 사라지니 부친과 인연이 다한 것이다. 丙申년에 丙辛合이 되어 寅午반합이 寅申沖刑으로 풀려 寅巳申 삼형이 되니 모친도 잃게 된다. 인사형으로 모친은 고생과 고통이 많았음을 암시한다.

용신인 金운동을 해야 하는데, 金을 극하는 火운동을 하니 줄초상을 당한다. 만약에 원국에 濕土가 있었다면 火生土하고 土生金하여 禍厄을 면했을 것이다.

임철초님은 甲申大運은 우환이 없어야 하지만 세운이 木火라서 처자를 극하고 집안이 망했다고 했다. 그러나 자세한 상황전개를 보면, 甲申대운 甲寅년이면 寅申沖刑으로 大·歲가 沖刑하고 寅巳刑에 申이 개입되어 三刑을 이루니 그 화액이 배우자궁으로 향한다. 申의 개입으로 卯申원진이 되면 動力이 전이되어 사주가 전체가 禍厄의 소용돌이에 휘말리게 된다. 寅申 沖刑으로 申中 庚금은 충거되고 申中 壬수도 沖去되니 처와 자식을 잃게 되는 것이다.

그러나 甲申대운 31세 庚申년에 임하면 갑목을 눌러주니 寅申 충형이 일어나지만 왕한 금은 사라지지 않고 寅목만 사라지니 재물을 득하게 된다. 특히, 乙酉大運은 황금을 거머쥐는 운이다. 세운을 볼 필요도 없이 乙庚合化金이 된다. 運地를 득하여 건드리면 돈이 된다. 巳酉합금이 되니 마음먹은 대로 일이 되어 간다. 乙酉대운은 재물이 계속 불어나는 운이다. 그래서 부자가 되었다.

용신을 극하는 丙戌대운은 旺神을 入墓하는 戌大運이다. 용신을 극하여 하는 일이 안되고 旺神이 入墓하니 무덤으로 들어가는 형국이다. 大·歲운이 입묘하고 寅戌半合이 丙火의 유인력으로 火剋金이 극성을 부리니 작용이 정지되고 활동이 멈추게 된다.

그래서 丙戌大運 丙子年에 임하면 자수는 왕신을 격발하게 할 뿐이고 子卯형으로 얻는 것은 水木凝結이니 남는 것은 中風이라 건강을 잃고 수족마비의 고통을 호소하게 되는 것이다.

【原文】

旺者沖衰衰者拔, 衰神沖旺旺神發.

旺盛한 것이 衰弱한 것을 沖하면 뽑혀져 나가고, 衰弱한 神이 旺盛한 것을 沖하면 도리어 旺神이 怒發하게 된다.

[劉氏注]

子旺午衰, 沖則午拔不能立, 子衰午旺, 沖則午發而爲福, 餘倣此.

子水가 旺하고 午火가 衰할 때에 沖이 일어나면 午火가 뽑히어 일어설 수조차 없고, 子水가 衰하고 午火가 旺하여 沖이 일어나면 午火가 發하여 福이 되니 나머지도 이와 같이 유추하면 된다.

〔任氏注〕

任氏曰, 十二支相沖, 各支中所藏, 互相沖剋, 在原局爲明沖, 在歲運爲暗沖, 得令者沖衰則拔, 失時者沖旺無傷, 沖之者有力, 則能去之, 去凶神則利,去吉神則不利, 沖之者無力, 則反激之, 激凶神則爲禍, 激吉神雖不爲禍, 亦不能獲福也. 如日主是午, 或喜神是午, 支中有寅卯巳未戌之類, 遇子沖謂衰神沖旺, 無傷, 日主是午, 或喜神是午, 支中有申酉亥子丑辰之類, 遇子沖, 謂旺者沖衰則拔, 餘支皆然, 然以子午卯酉寅申巳亥八支爲重, 辰戌丑未較輕, 如子午沖, 子中癸水沖午中丁火, 如午旺提綱, 四柱無金而有木, 則午能沖子, 卯酉沖, 酉中辛金沖卯中乙木, 如卯旺提綱, 四柱有火而無土, 則卯亦能沖酉, 寅申沖, 寅中甲木丙火, 被申中庚金壬水所剋, 然寅旺提綱, 四柱有火, 則寅亦能沖申矣. 巳亥沖, 巳中丙火戊土, 被亥中甲木壬水所剋, 然巳旺提綱, 四柱有木, 則巳亦能沖亥矣. 必先察其衰旺, 四柱有無解救, 或抑沖, 或助沖, 觀其大勢, 究其喜忌, 則吉凶自驗矣. 至于四庫兄弟之沖, 其蓄藏之物, 看其四柱干支, 有無引出, 如四柱之干支, 無所引出, 及司令之神, 又不關切, 雖沖無害, 合而得用亦爲喜, 原局與歲運, 皆同此論.

임씨가 말하였다. 十二地支는 서로가 沖을 하는데 각 地支 가운데에 所藏하고 있는 것끼리 서로가 沖하고 剋을 한다. 四柱 原局에 있는 沖을 明沖이라 하고 歲運에서 들어오는 沖을 暗沖이라 한다.

月令을 얻은 것이 衰한 것을 沖하면 뽑히고, 月令을 잃은 것이 旺한 것을 沖하면 다치지를 않는다. 沖하는 것이 힘이 있으면 즉 能히 (相對神을) 제거 할 수 있는데 凶神을 除去하면 利益이 되고, 吉神을 除去하면 不利하다. 沖하는 것이 無力하면 즉 반대로 상대방을 刺戟하여 激憤하게 되는데 凶神이 激憤하면 災殃이 發生하고, 吉神이 激憤하면 단지 災殃만 없을 뿐이고 역시 福을 얻기는 不可能하다.

만약 日主(支)가 午火이거나 혹은 喜神이 午火라면 地支中에 寅 · 卯 · 巳 · 未 · 戌의 種類가 있을 때 子水가 沖을 하면 衰한 神이 旺한 神을 沖하는 것이니 奪이 없고, 日主(支)가 午火이거나, 혹은 喜神이 午火인데 地支 中에 申 · 酉 · 亥 · 子 · 丑 · 辰의 종류가 있고, 子水의 沖을 만나면 旺한 것이 衰한 것을 沖하여 뽑혀졌다고 말하니, 나머지 地支도 다 그러하다.

그러므로 子·午·卯·酉·寅·申·巳·亥 이 여덟 가지는 重要하며, 辰·戌·丑·未는 비교적 중요하게 생각하지 않는다. 子·午 沖은 子中 癸水와 午中 丁火의 沖인데 만약 午火가 月令을 얻어 旺하고 四柱에 金이 없고 木이 있으면 즉 午火는 能히 子水를 沖할 수 있으며, 卯·酉 沖도 酉中 辛金이 卯中 乙木을 沖하는 것인데 만약 卯木이 月令을 얻어 旺하여지고 四柱에 火는 있고 土가 없으면, 즉 卯木도 能히 酉金을 沖할 수 있다.

寅·申 沖에서 寅中 甲木과 丙火가 申中 庚金과 壬水에 바로 剋을 당하는 것이다. 그러나 寅木이 月令을 얻어 旺하고, 四柱에 火가 있으면 역시 寅木도 申金을 沖할 수 있는 것이며, 巳·亥 沖도 巳中 丙火와 戊土가 亥中 甲木과 壬水에 바로 剋을 받는 것이다. 그러나 巳火가 月令을 얻어 旺하고, 四柱에 木이 있다면 巳火 역시 能히 亥水를 沖할 수 있다.

반드시 먼저 살펴야 하는 것은 衰旺이요, 四柱에서 求해서 풀 것이 있나 없나 살펴야 하며, 혹, 沖을 누를 것인가? 도와 줄 것인가? 그 大勢를 보고 喜·忌를 窮究하면 吉凶은 저절로 經驗할 것이다.

四庫(辰/戌/丑/未)인 兄弟의 沖에 이르러서는 그 地藏之物들이 그 四柱의 干支에 引出이 되었는지 안 되었는지를 보고, 만약 引出된 것이 없으면 月令에 영향을 받는가? 받지 않는가?를 보고, 또한 司令之神이 끊어지지 않았다면 비록 沖을 하여도 害는 없고, 合하여 使用하여도 역시 기쁘다. 原局과 더불어 歲運도 모두가 이와 같은 理論이다.

時　日　月　年<事例 20>
癸　丙　辛　戊
巳　午　酉　辰
丁　丙　乙　甲　癸　壬
卯　寅　丑　子　亥　戌

此造旺財當令, 加以年上食神生助, 日逢時祿, 不爲無根, 所以身出富家, 時透癸水, 巳火失勢, 逢酉邀而拱金矣. 五行無木全賴午火幫身, 則癸水爲病明矣. 一交子運, 癸水得祿, 子辰拱水, 酉金黨子沖午, 四柱無解救之神, 所謂旺者沖衰衰者拔, 破家亡身, 若運走東南木火之地, 豈不名利兩全乎.

이 命造는 財星이 當令하여 旺하고, 더욱이 年上의 食神이 生助를 하고, 日主는 時支에 祿이 있어 뿌리가 없다고는 할 수 없으니, 그래서 富裕한 집에서 태어났다. 時干에 癸水가 透出하여, 巳火가 勢力을 잃고, 멀리 떨어진 酉金을 만나서 같이 金이 되었다. 五行 중 木이 없이 오로지 午火의 도움만을 의지하고 있으니, 즉 癸水가 病임에 확실하다.

한번 子水運을 만나 癸水가 祿을 만나고 子水와 辰土가 합쳐 水가 되고 酉金과 무리를 지어 子水가 午火를 沖하는데, 四柱에서 解決하고 救해 줄 神을 찾았으나 없다. (때문에) 이른바 旺한 것이 衰한 것을 沖하여 뿌리가 뽑혀져서 집안이 沒落하여 죽었다. 만약에 大運이 東南의 木/火大運으로 흘렀다면 어찌 名譽와 富가 온전하지 않았겠는가?

<譯評> 이 명조는 '財多身弱' 사주이지만, 다행인 것은 日干과 日支가 同柱하여 일간의 뿌리가 있어 다행이다. 그러나 태어난 시간이 癸時로 正官 癸水가 巳火 중 庚金의 도움을 받아 日干인 丙火를 언제든지 흐리게 할 수 있는 처지이다. 결국 이 사주의 병은 癸水가 되고 대운 역시 이 癸水를 돕는 대운으로 흐르므로 결국 子大運에 운을 다하게 되었다. 이와 같이 旺한 神이 衰한 神을 沖하면 衰者가 뽑혀 '破家亡身'이 되었다.

결론적으로 왕한 水勢를 막아주기 위해서는 印星인 木이 필요한데 그 인성은 전무하다. 때문에 官星이 들어올 경우 印星이 化官하여 護身할 자리는 이 명조에서 癸水가 있는 곳에 바로 印星이 있어야만 好命이 될 명조이다. 이와 같이 사주체에 필요한 용신을 정해 놓고도 용신이 보이지 않고, 대운에서 도와주지 못하면 發福하지 못한다. 즉 '命好不如運好'이다.

『子平眞詮』 심효첨의 격국론에 의하면, (財格用神에) 일주가 약하면 印/比를 반긴다. 官運은 또한 장애가 있다. 煞運은 오히려 꺼리지 않는다.[90]라고 하였다. 다시 取用論에서 심효첨은 말하기를, 財格에 佩印이 된 명조는 財星이 외로우면 不貴하다. 佩印하여 일주를 도우면 즉, 貴格을 취한다. 마치 乙未/甲申/丙申/庚寅으로 曾參政의 命이 그렇다. 그러나 財星과 印星이 함께 서로 함께 있으면 마땅치 않다. 마치 乙未/己卯/庚寅/辛巳는 乙木과 己土가 서로 능력을 발휘하지 못하여 (그 이유는) 좋은 자리에 있기 때문으로 小富가 될 뿐이다.[91]고 하여, 財星과 印星을 함께 쓸 수 없음을 강조한다.

이와 같은 이론이라면 이 명조의 간명의 결과는 억부(중화)론과 격국론과 일치한다. 이와 같은 설명에 의하면 심효첨도 격국을 정해 놓고 일간의 강약을 살핀다는 결론인데, 본래 격국론의 財格에는 官/煞과 食/傷이 제1相神인데 심효첨이 '財多身弱' 사주를 설명하기 위하여 끌어들인 것이 중화론이다. 또한 官運은 막힘이 있고 煞運은 꺼리지 않는다는 이론도 일치한다. 왜냐하면 위 명조의 亥大運이 日干對比 偏官運에는 무난히 지나왔으나, 子水 正官大運에 불행해졌기 때문이다.

『窮通寶鑑』 계절을 중시하는 조후론에 의하며, 8월의 丙火는 태양이 黃昏에 가까우므로 丙火의 餘光이 호수나 바다 위에 있다. (때문에) 거듭하여 壬水를 용신으로 하여 (병화가) 빛을 비추는 것을 도와주어야 한다.[92]고 하였다. 이와 같은 설명은 위 두 이론과는 논리적으로 근거가 결여되어 있다. 예를 들어 태양이 지는 황혼녘에 반짝이는 해수면을 더욱

---

90) "身輕則喜比印, 官運亦礙, 煞反佛忌也", 『子平眞詮評註』 권4, 앞의 책, p.23.

91) "有財格佩印자, 蓋孤財不貴, 佩印幇身, 卽以取貴, 如乙未/甲申/丙申/庚寅, 曾參政之命是也, 然財印不宜相並, 如乙未/己卯/庚寅/辛巳, 乙與己兩不相能, 卽有好處, 小富而已", 위의 책, 같은 권, p.15.

92) "八月丙火, 日近黃昏, 丙之餘光, 存於湖海, 仍用壬水輔映", 『窮通寶鑑』, 앞의 책, p.73.

빛내기 위하여 용신을 壬水로 쓴다는 것은 큰 호숫가나 바닷가에서 落照를 즐겨보지 못한 사람에게는 용신 정하기가 어렵다고 할 것이다.

[宗主命理 解說]

時 日 月 年 <事例 20>

癸 丙 辛 戊

巳 午 酉 辰

丁 丙 乙 甲 癸 壬

卯 寅 丑 子 亥 戌

戊辰토가 있어 토의 독립성이 확보된 상태이니 이격된 午中己까지는 건재가 가능하나 사중무는 원격되어 사라진다. 토의 상황을 감안하면, 지수는 木0.5 火5.0 土2.5 金5.5 水1.2이다. 금이 가장 강하여 宗主旺神이 되고 화는 차종주가 되니 金을 극법으로 취용한다. 金體火用으로 화가 용신이 된다. 화용신이 寅午戌화운동을 하는 사주이니 목화운에 발복하나 금수운에 어려움을 만날 것이다.

旺神을 沖하는 운을 눈여겨봐야 한다. 子대운에 주목하면, 32세는 甲子대운 己亥년이니 甲己合으로 甲목은 생화를 하지 못하고 丙화는 뿌리가 송두리째 날아간다. 巳亥沖去되고 子午沖去되기 때문이다. 기물이 파괴되어 남는 것이 없으니 卒하게 된다. 용신의 운동이 정지되어 암흑에 갇힌 형국이 된다.

用神이 희신을 두지 못하면 길복이 길지 못하고 단축됨을 자주 목격한다. 食神生財구조를 이루고 父宮에 희신이 임하고 있으니 풍족함을 누리는 부자태생임을 암시한다. 용신의 뿌리와 몸통이 송두리째 날아가는 운만 피했다면 丙寅 丁卯운에 임대사업으로 많은 부를 축적했을 것이다. 운은 대운과 세운이 맞물려 작용하므로 세운만으로 예단하는 것은 금물이다.

30대 초반에 短命하는데는 絶路空亡이 한몫을 한다. 인생길이 잘린다는 절로의 의미가 시사하는 바가 크다. 절로공망은 시간에 壬癸수가 있는 경우로 큰 강물을 만난 격으로 水가 기신이면 대흉하다. 인생이 답답하다고 하소연하는 상담자 중에는 절로공망이 든 자가 많음을 경험한다. 배성이 배궁에 절지에 임한 고란과곡살이고 음양차착살이 일주에 임했으니 가족과 오순도순 살기는 애당초에 글렀다는 것을 짐작케 한다. 가족이 있어도 있으나마나 한 고독한 생활이 자신을 끝없이 괴롭혔을 것이다. 신살을 보면 사주에서 묻어나는 향기를 느낄 수 있다.

時　日　月　年<事例 21>

癸　丁　壬　庚

卯　卯　午　寅

戊　丁　丙　乙　甲　癸

子　亥　戌　酉　申　未

此財官虛露無根, 梟比當權得勢, 以四柱觀之, 貧夭之命, 前造身財並旺, 反遭破敗無壽, 此則財官休囚, 剏業有壽, 不知彼則無木, 逢水沖則拔, 此則有水, 遇火刦有救, 至甲申乙酉運, 庚金祿旺, 壬癸逢生, 又沖去寅卯之木, 所謂衰神沖旺旺神發, 驟然發財巨萬, 命好不如運好, 信斯言也.

이 命造는 財星과 官星이 뿌리가 없이 透出되어 있다. 偏印과 比劫이 勢力을 얻으니, 이로써 四柱를 보고 가난하고 일찍 죽을 명조이다. 앞의 四柱는 日主와 財星이 모두 旺한데 반대로 망하고 일찍 죽음을 당했으나, 이 命造는 財星과 官星이 節氣上으로 休囚에 있는 데도 事業을 하고 오래 사는 理由는 앞의 四柱는 木이 없어 水의 沖을 받으면 用神인 火가 뽑히는데, 이 四柱는 水가 있어 劫財인 火를 만나도 救함이 있다는 것을 알지 못함이라.

甲申/乙酉大運에 이르러서 庚金이 자기의 節氣를 만났으니 壬·癸水를 만나 生하여 주고, 또 寅 · 卯木을 沖하여 보내니, 이른바 衰神이 旺神을 沖하면 發하는 것이다. 돌아다니면서 財産을 모아 巨富가 되었으니, "命이 좋은 것은 運이 좋은 것만 못하다"는 이 말은 믿을 만하다.

<譯評> 충분히 이해가 가는 철초님의 설명이다. 이 명조는 地支의 寅/午/卯/卯가 있어 日主 丁火가 신강하고 天干에 있는 財/官은 오히려 허약한 상태가 되었다. 火日主가 강하면 官/煞이나 食/傷으로 용신을 취하는데 이 명조에서는 食/傷이 없으므로 官星으로 用神을 정한다.

이와 같이 용신을 정하고 나면 喜神을 구하는데 이 官星의 喜神은 財星이 되므로 水/金이 用/喜神이 된다. 다음으로 용신을 정한 후 대운을 살펴보니 대운 역시 金/水運으로 흐르므로 好運이 된 사주이다. 철초님의 설명과 같이 '命好不如運好'이다.

『子平眞詮』 심효첨의 격국론에 의하면, 午月의 丁火는 建祿格이다. 심효첨은 建祿格과 月劫格을 동일하므로 별도로 나눌 필요가 없다.[93]고 하였다. 또 祿格이 되어 官星이 투출하여 相神이 될 경우 기이함이 된다. 필요한 것은 財星과 印星이 따라와서 官星이 (財星이나 印星의) 도움 없이 외롭게 해서는 안 된다.[94]고 하였다.

심효첨은 取用論에서 다시 말하기를, 祿格이 되어 官星이 투출하여 相神이 될 경우 기이함이 된다. 필요한 것은 財星과 印星이 따라와야 한다. (그 이유는) 官星을 (財星이나 印星의) 도움 없이 외롭게 해서는 안 되기 때문이다. 官星을 (相神으로) 쓰는데 印星이 보호하는 것은 마치 庚戌/戊子/癸酉/癸亥인 金丞相의 命이 그렇다. (또) 官星을 (相神으로) 쓰는데 財星이 돕는 것은 마치 丁酉/丙午/丁巳/壬寅의 李知府의 命이 그렇다.[95]고

93) "故建祿與月劫, 可同一, 不必另分", 『子平眞詮評註』 권5, 앞의 책, p.39.
94) "祿格用官干頭透出爲奇, 又要財印相隨, 不可孤官無輔", 위의 책, p.40.
95) "祿格用官干頭透出爲奇, 又要財印相隨, 不可孤官無輔, 有用官而印護者, 如庚戌/戊子/癸酉/癸亥, 金丞相命是也, 有用官而財助者, 如丁酉/丙午/丁巳/壬寅, 李

하였다.

그렇다면 이 명조<事例 21>를 格局相神과 비교하여 보면 일단 官星인 月干의 壬水가 相神이 되고 年干의 財星인 庚金이 따라 주어 격국론으로도 好格이 된 명조다. 이 명조를 심효첨의 格局相神과 비교하여 보면 後者의 이론에 의해 보면 財星은 年干에 있어 月干의 官星을 돕는 방법이 있다.

철초님의 중화용신론으로는 일주가 강한 이유로 官星을 용신으로 하였다. 결과적으로 심효첨의 格局相神論에 後者와 같은 '有用官而財助者'인 用(相)神이 도출되었다. 이와 같이 격국론과 중화론에서 用(相)神이 같은 경우 好格이 되는 경우가 많다. 이와 같은 논리라면 또 抑扶論과 일치하는 경우가 발생한다.

결론적으로 따라오는 神들의 이름이 무엇이냐는 것이다. 抑扶論에서는 이것을 喜神이라고 하는데, 格局論에서는 이것들의 이름이 없다는 것이다. 格局이 정해지면 그것이 用神이요, 그 用神을 補佐하는 것을 宰相인 相神이라고 정하였다. 이와 같이 格局用神은 君主論의 틀을 그대로 유지하고 있음이 확실하다.

『窮通寶鑑』 계절을 중시하는 조후론에 의하면, 五月의 丁火는 建祿으로 돌아가는 때인지라 甲木을 용신으로 하여 어지럽게 하는 것은 마땅치 않다. 年干으로 壬水가 떨어져 투출한 것을 만나면 丁火와 貪하는 마음이 없어지고, (오히려) 충성심이 또한 두텁다. 庚金과 壬水가 투출한 것을 얻은 자는 科甲이 정해짐이 당연하다.[96]고 하여 더운 계절의 丁火는 유일하게 年干의 투출한 壬水만이 용신이 된다고 하였다.

그 다음으로 설명하는 것은 地支로 火局을 이루면 庚金과 壬水를 兼容

知府命是也", 위의 책, p.40.

96) "五月丁火, 時歸建祿, 不宜難用甲木,遇年透隔位之壬, 不貪丁合者, 忠而且厚, 得庚壬兩透者, 科甲定然", 『窮通寶鑑』, 앞의 책, p.88.

하라고 하였으나 이 명조에는 해당사항이 안되므로 유일한 용신은 癸水도 아니고 단지 年干으로 투출한 壬水만 용신으로 정하였다. 이와 같은 이론에 의하면 이 사주는 月干의 壬水가 투출하여『窮通寶鑑』의 이론대로라면 破格이 되었다.

[宗主命理 解說]

時 日 月 年 <事例 21>

癸 丁 壬 庚

卯 卯 午 寅

戊 丁 丙 乙 甲 癸

子 亥 戌 酉 申 未

토를 보면 午中己가 사라지고, 쌍자연좌하여 30% 시지를 감하여 지수를 계산하면, 木5.5 火5.7 土0 金1 水1.3이다. 火體를 剋法取用하니 水는 불가하여 金을 찾으니 天干의 庚金이 卯卯가 있어 쌍자도충으로 酉금이 생성되므로 金이 用神이고, 水는 藥神이고 土는 喜神이 된다.

이 명조는 일견 앞의 명조와 유사한 듯하나 大運과 歲運이 절묘하게 길운을 맞추어 가고 있다. 甲申 乙酉대운은 희용운이니 잘 풀려나간다고 간단하게 볼 수 있지만 丙戌대운은 용신을 극하는 기신대운이다. 그런데, 원국과 세운에서 기신을 적절하게 제어해준다. 가령, 丙戌대운 丙寅년이면 寅午戌화국으로 금용신이 剋傷을 당하여 대흉할 것 같지만 壬癸수가 丙丁화를 막아주고 있다.

앞의 명조는 임계수가 기신으로 작용하니 絶路空亡의 대흉을 당했지만 이 명조는 임계수가 희신으로 작용하니 오히려 길하였다. 결국 사업을 하다가 중단되고 막힌 것이 전화위복이 되었기 때문이다.

金대운에 크게 벌어들여 敗亡 없이 재물이 안정적으로 늘어나니 말년에 이르러 거부가 되었다고 보여진다. 卯卯쌍자가 酉金허자를 도충해오기 때문에 용신운동이 활발하게 진행되었기 때문이다. 즉, 좌표상에 강하게 작용하니 대운에서 상극되지 않으면 화액을 면하게 된다.

第九 干支總論

【原文】

陰陽順逆之說, 洛書流行之用, 其理信有之也. 其法不可執一.[97)]

陽은 順行이요, 陰은 逆行한다는 順逆說은 洛書[98)]로부터 들여와 사용하게 되었는데, 그 理致는 믿을 수 있으나 그 法을 쓰는 데는 한 가지 理論으로만 집착하지 말아야 한다.

[劉氏注]

陰生陽死, 陽順陰逆, 此理出於洛書, 五行流行之用, 固信有之,[99)] 然甲木死午, 午爲洩氣之地, 理固然也. 而乙木死亥, 亥中有壬水, 乃其嫡母, 何爲死哉. 凡此皆詳其干支輕重之機, 母子相依之勢, 陰陽消息之理, 而論吉凶可也. 若專執生死敗絶之說, 推斷多誤矣.

陰이 生할 때에 陽은 死하고, 陽은 順行하고 陰은 逆行한다는 이 理論은 洛書로부터 나온 것으로, 그것을 근거로 五行이 流行하는 作用과 理

---

97) 『滴天髓輯要』「陰陽順逆, 其理固殊, 陽生陰死. 其論勿執.」라고 하여 '陰陽의 順逆은 그 理致는 진실로 다르지만, 陽이 生하는 곳에는 陰이 死한다는 理論을 固執하지 말라' 고 하였다.

98) 『易·繫辭上』「河出圖, 洛出書, 聖人則之.」전설에 따르면 태호 복희씨 때에 黃河에서 龍馬가 그림을 등에 지고 나왔는데, 이것을 聖人이 河圖로 정했다고 한다. 또한 하우씨가 治水할 때에 거북이 등에 書를 지고 洛水에서 나와, 聖人이 이것을 정했다고 한다. 南東園 著『周易解義Ⅲ』, (서울 : 나남출판, 2001), p.189.

99) 『滴天髓輯要』에는「以天干布地支, 而生死之道出焉, 陽順陰逆, 其理非無出也.」라고 하여 '天干은 地支로부터 生死의 道가 나온다. 陰陽의 順逆의 그 理致가 나오지 않는 곳이 없다.' 라고 하여『闡微』에서 처럼 洛書를 언급하지 않았다.「陽順陰逆」의 理致를 說明한 내용은 같다.

致는 확실히 믿을 만하다. 그러므로 甲木은 午에서 死한다는 것은 午가 그 木의 氣運을 洩氣하기 때문이니 확실히 그 理論은 믿을 만하다.

그러나 乙木이 亥에서 死한다는 것은 亥의 가운데에는 壬水가 있어서 말 그대로 친어머니인데 어찌하여 죽는다는 것인가! 대체로 이 모두 그 干支의 輕重의 機微를 상세히 살펴야 하며, 母子間의 서로 의지하는 形勢나, 陰陽이 天地 時運에 따라 변하는 理致를 자세하게 보아서 吉凶을 論하는 것이 옳을 것이다. 만약에 오로지 陽順陰逆說에 따라 生死敗絶의 說만 고집한다면 命을 논하는데 잘못되는 것이 많을 것이다.

〔任氏注〕

任氏曰, 陰陽順逆之說, 其理出洛書, 流行之用, 不過陽主聚, 以進爲退, 陰主散, 以退爲進, 若論命理, 則不專以順逆爲憑, 須觀日主之衰旺, 察生時之淺深, 究四柱之用神, 以論吉凶, 則了然矣. 至于長生沐浴等名, 乃假借形容之辭也. (長生者, 猶人之初生也. 沐浴者, 猶人之初生而沐浴以去垢也. 冠帶者, 形氣漸長, 猶人年長而冠帶也. 臨官者, 由長而旺, 猶人之可以出仕也. 帝旺者, 壯盛之極, 猶人之輔帝而大有爲也. 衰者, 盛極而衰, 物之初變也. 病者, 衰之甚也. 死者, 氣之盡而無餘也. 墓者, 造化有收藏, 猶人之埋於土也. 絶者, 前之氣絶而後將續也. 胎者, 後之氣續而結胎也. 養者, 如人之養母腹也. 自是而復長生, 循環無端矣.)[100] 人之日主不必生逢祿旺, 卽月令休囚, 而年日時中, 得長生祿旺, 便不爲弱, 就使逢庫, 亦爲有根, 時說謂投墓而必沖者, 俗書之謬也. 古法只有四長生, 從無子午卯酉爲陰長生之說, 水生木, 申爲天關, 亥爲天門, 天一生水, 卽生生不息, 故木皆生在亥, 木死午爲火旺之地, 木至午發洩已盡, 故木皆死在午, 言木而餘可類推矣. 夫五陽育于生方, 盛于本方, 弊于洩方, 盡于剋方, 于理爲順, (五陰生于洩方, 死于生方, 于理爲背, 卽曲爲之說, 而子午之地, 終無産金産木之道, 寅亥之地, 終無滅

100) ( ) 이 부분은 『징의』에는 없다.

火滅木之道,)[101] 古人取格, 丁遇酉, 以財論, 乙遇午, 己遇酉, 辛遇子, 癸遇卯, 以食神洩氣論, 俱不以生論, 乙遇亥, 癸遇申, 以印論, 俱不以死論, 卽遇寅藏之丙火, 辛遇巳藏之戊土, 亦以印論, 不以死論, 由此觀之, 陰陽同生同死可知也. 若執定陰陽順逆, 而以陽生陰死, 陰生陽死論命, 則太謬矣. (故知命章中, 順逆之機須理會, 正爲此也.)[102]

임씨가 말하였다. 陰과 陽은 順行과 逆行을 한다는 理致는 洛書로부터 나왔고 그것이 흘러 들어와 命理에 사용하게 되었다. 陽은 주로 모여서 나갔다가 물러남을 삼고, 陰은 주로 흩어져서 물러났다가 나가는 것에 불과하다. 만약에 命理를 논할 때에는, 즉 이 順逆의 理論으로만 증빙하기에는 완전하지 못하다.

모름지기 日主의 衰旺을 보고 生時의 깊고 얕음을 살피어 四柱의 用神을 窮究하여 吉凶을 논하면 마침내 깨달음이 있을 것이다. 長生과 沐浴 등의 이름은 단지 形容하는 말을 빌려온 것이다,

長生이라는 것은 사람으로 비유하면 마치 처음 태어난 것이고, 沐浴이란 사람이 처음 태어나 때를 없애는 것이고, 冠帶는 나이를 먹어 가는 상태로 사람으로 말하면 長年에 該當되고 冠帶를 하는 것이며, 臨官이란 다 커서 기운이 旺盛하여 벼슬길에 나가는 것을 말하고, 帝王이란 長成

---

101) ( ) 이 부분도 『징의』에는 없다.

102) 『징의』에는 ( ) 이 부분이 없고 대신, "故云其法不可執一也."라고 되어 있으며, 또 자칭 증주자인 서락오의 부연설명이 있다. 按陰陽者, 正負也, 凡物必有兩端, 甲端爲陽極, 乙端爲陰極, 中爲祿旺, 過旺則衰, 陽極則陰生, 陰極則陽生, 循環無端, 順逆之理, 始於八卦, 故木生於亥, 至午八位爲極.(參看命理尋源) 陰陽이라는 것은 正과 負이다. 무릇 사물에는 반드시 양단이 있는데, 갑의 끝은 양의 극이고 을의 끝은 음의 극이다. 가운데는 록왕이 되는데, 지나치게 왕한 즉, 陽極則陰生하고 陰極則陽生하여 순환하는 것이 끝이 없는 것은 順逆의 理致이다. (이와 같은 이치는) 八卦로부터 시작하기 때문에 木이 亥에서 生하고 8번째 자리인 午에 이르러 극이 된다.(命理尋源을 참고하여 보라) 이와 같이 실제 증주자인 임철초의 의도와는 다르게 끊임없이 음양이 순환하는 원리를 『命理尋源』을 빌려서 이 원리는 팔괘에서부터 시작하였다고 逆說하고 있다.

이 極에 다다른 것을 말하며, 사람으로 말하면 임금을 輔弼하고 큰 뜻을 行하는 것을 말한다. 衰한 것은 盛함이 極에 이르러서 弱해진 것을 말하고 事物이 처음 變한 것을 말하며, 病이란 衰한 것이 심한 것을 말한다.

死란 氣運이 다 되어 남는 것이 없음을 말한다. 墓란 變하여 만들어진 것을 거두어 감추는 것이니 사람으로 말하면 땅에 묻히는 것을 말하며, 絶이란 앞의 氣運이 끊어지고 뒤의 기운이 이어지는 것을 말하는 것이다. 胎란 後의 氣運이 이어져서 뭉쳐 孕胎하는 것을 胎라 한다. 養이란 마치 어머니 뱃속에서 자라는 형태를 말한다. 이렇게 시작하여 다시 長生으로 돌아오니 끝없이 循環하는 것이다.

이러므로 사람의 日主는 祿旺을 만나 生할 필요는 없고, 즉 月令이 休囚라도 年日時 中에서 長生이나 祿旺을 만나면 오히려 日主가 弱하지 않다고 보고, 또 庫(辰・戌・丑・未)를 만나면 역시 뿌리가 있으면 반드시 沖하여 꺼내어야 한다고 하는데 그것은 低俗한 책의 허황된 말이다. 옛법에는 단지 四長生(甲=亥, 丙=寅, 庚=巳, 壬=申)만 있고, 子・午・卯・酉를 陰長生이라는 말은 쫓아가 봐도 없다.

水生木이란, 申金을 天關이라 하고 亥水를 天門이라 하여, 하늘에서 한번 물이 생겨 즉, 生하고 生하는 것이 멈춤이 없다는 뜻이다. 그러므로 모든 木은 亥水에서 生하여 火가 旺한 午火에서 죽으니, 木이 午火의 洩氣로 氣運이 다하여 午火에서 죽는다는 것이다. 木을 가지고 말하였으니 나머지 종류도 미루어 보라.

무릇 五陽은 자라기를 生方에서 자라고, 盛하기를 本方에서 盛하며, 부서지기를 洩方에서인데 끝이 나는 곳은 剋方에서 다하는 것이니 이 理論은 順行理論이다. 五陰은 洩方에서 生하여, 죽기는 生方에서 죽으니 이 이론은 잘못된 이론이다. 子・午之地에는 결국 金도 木도 생산할 수 없다는 것이고, 寅・亥之地에는 火나 木은 영원히 사라지지 않는 것이다.

옛 사람들이 취한 格은 丁火가 酉金을 보면 財格으로 이야기하고, 乙

木이 午火를 만나고, 己土가 酉金을 만나고, 辛金이 子水를 만나고, 癸水가 卯木을 만나면, 이 모두 食神이 洩氣한다고 하지 生한다고는 이야기하지 않았다. 乙木이 亥水를 만나고, 癸水가 辛金을 만나면, 印綬로 이야기하지, 죽는다고는 하지 않았다. 즉, 己土가 寅木의 藏間의 丙火를 만나든지, 辛金이 巳火의 藏間에 戊土를 만난다면 역시 印星으로 論하여야지 죽었다고 이야기하면 안 된다.

이러한 것을 보고 결과적으로, 陰陽은 같이 살고 같이 죽는다는 것을 알아야하느니, 만약 陰陽順逆을 고집하여 쓴다면, 陽이 生한 곳에 陰이 죽고, 陰이 生하는 곳에 陽이 죽는다는 理論으로 命을 이야기하면 크게 誤謬를 범하는 것이다. 그러므로 知命章 중에 '順逆之機須理會'의 理論이 바른 理論이다.

時　日　月　年<事例 22>
丙　乙　己　丙
子　亥　亥　子
乙　甲　癸　壬　辛　庚
巳　辰　卯　寅　丑　子

乙亥日元, 生于亥月, 喜其天干兩透丙火, 不失陽春之景, 寒木向陽, 淸以純粹, 惜乎火土無根, 水木太重, 讀書未售, 兼之中年一路水木, 生扶太過, 局中火土皆傷, 以致財鮮聚而志未伸, 然喜無金, 業必淸高, 若以年時爲乙木病位, 月日爲死地, 豈不休囚已極, 宜用生扶之運, 今以亥子之水作生論, 則不宜再見水木也.

乙亥 日主가 亥月에 태어나, 天干으로 透出한 두 개의 丙火를 반가워한다. 따듯한 봄과 같은 경치를 잃지 않았으며 겨울나무는 햇빛을 즐기는데, 깨끗하고 순수함이 있다. 哀惜한 것은 火/土가 뿌리가 없고, 水/木이 너무 많은 것이니, 공부를 하여도 결과가 좋지 않았다.

겸하여 中年運이 水/木運으로 흘러, 日主를 도와주는 것이 너무도 지나쳐서 사주 중에 있는 火/土가 모두 다쳤다. 이런 이치로 財物을 벌어도 모으기가 어려웠으며 그 뜻을 펼치지도 못하였다.

한편으로 기쁜 것은 金이 없어, 生水를 하지 않기 때문에 하는 일은 淸高하였다. 만약에 年과 時에 乙木의 病이 자리하고 있고, 月/日에 死地라고 이야기한다면, 어찌 休/囚가 이미 極에 다다르지 않겠는가? 그럼 마땅히 生하고 도와주는 運을 써야 하는데 지금 이 亥/子水 運으로써 日主를 生하고 있으니, 水/木을 다시 보는 것은 마땅하지가 않다는 것을 이야기하는 것이다.

<譯評> 여기서도 또 증주자의 설명방법의 특징이 드러난다. 그 특징이란 어떤 기존의 이론을 부정한다든지 긍정하여 확장한다든지 할 경우 왜 부정하게 되었는지, 왜 긍정하여 확장하였는지를 실제 명조를 가지고 예시를 들어, 따라 공부하는 이들에게 믿음을 주어 믿고 따라 오도록 설명을 하고 있다. 이 명조의 용신은 地支로 亥/亥/子/子가 있어 초겨울 쌀쌀한 날씨에 예상치 못한 많은 비로 地支가 온통 물바다가 되었다.

이같이 地支의 상황은 天干에 있는 모든 오행에게 영향을 주는데 특히 日主는 지지의 扶助에 따라 身弱과 身强이 정해진다. 때문에 이 猖狂한 水勢를 저지하기 위해서는 戊土와 戌土가 필요하고 그를 돕는 火氣가 필요한데 사주자체에 토가 없으므로 火가 임시용신(假用)이 되고 토는 때를 기다리는 藥神이 된다. 희신인 木은 天干으로 들어오는 甲木만 필요하다. 왜냐하면 용신인 丙火는 乙木은 필요 없고 甲木만 丙火를 살릴 수 있기 때문이다.

결론적으로 증주자의 주장은 胞胎法에서 陰陽을 나누어 陽의 生地는 陰의 死地가 된다는 이론을 부정하고, 오로지 金/木/水/火/土를 가지고 旺/相/休/囚를 구분하면 된다고 주장하는 것이다. 이 胞胎法 역시 神煞의 일종이다. 특히 陽은 善하고 陰은 惡하다는 것은 유교의 君主論에 의해서 나타난 神煞論이다.

『子平眞詮』 심효첨의 격국론에 의하면, 印綬格은 일주를 생하는 것을 기뻐한다. 正/偏이 함께 美格을 이룬다. 그러므로 財格과 함께 印綬格도 正/偏을 나누지 않는다.[103]라고 하였으며, 또한 印綬格에 食傷을 相神으로 할 경우 財運은 오히려 길하고 食傷運 역시 이로우며 官運으로 흐르는 경우에는 오히려 災殃을 당하고 煞運은 오히려 복이 될 수 있다.[104]고 하였다. 이와 같은 논리에 의하면, 天干으로 傷官이 있어 相神으로 정하고 大運을 살펴보면, 말년에 乙巳/丙午/丁未 食傷運으로 흐르니 이로움이 있었을 것이다.

그러나 증주자인 철초님은 '以致財鮮聚而志未伸'하나 '然喜無金'하여 '業必清高,'라고 한 것을 보면 말년에도 크게 發福을 못한 것 같다. 그 이유는 사주자체가 지나치게 印綬가 강하여 食傷運이 들어와도 인수에 傷害를 받기 때문이다. 결국은 격국론에서 심효첨이 주장하는 美格도 대운 앞에서는 할 수 없음이 증명된 사주이다. '命好不如運好'다.

『窮通寶鑑』 계절을 중시하는 조후론에 의하며, 12월의 乙木은 차가운 나무인지라 마땅히 丙火를 제1용신으로 한다. (그러면) 차가운 계곡에 봄이 돌아오는 형상이다. 하나의 병화가 투출한 것을 얻고 계수가 투출하여 破格이 안 되면 특별히 과거에 급제할 뿐만 아니라, 命主는 名臣으로서 벼슬길에 들어설 것이 정해져 있다.[105]고 하였다. 이와 같이 우연의 일치인지는 몰라도 亥月의 乙木은 따듯함을 즐기는 것만큼은 확실하다.

---

103) "印綬喜其生身, 正偏同爲美格, 故財與印不分偏正", 『子平眞詮評註』 권4, 앞의 책, p.29.

104) "印綬用傷食, 財運半吉, 傷食亦利, 若行官運, 反見其災, 煞運則反能爲福矣", 위의 책, p.38.

105) "木寒宜丙, 有寒谷回春之象, 得一丙透, 無癸出破格, 不特科甲" 『窮通寶鑑』, 앞의 책, p.53.

[宗主命理 解說]

時 日 月 年 <事例 22>

丙 乙 己 丙

子 亥 亥 子

乙 甲 癸 壬 辛 庚

巳 辰 卯 寅 丑 子

토가 지지에 없으니 지수계산이 간단하다. 수8.6 목3.2 화1.3 토1.0 금0이다. 重疊合局을 이루고 있어 宗主生法取用하니 해수를 취하여 亥中甲이 眞用神이 된다. 하니 해중 갑목이 용신이고 화는 약신이다. 또한, 純粹一氣格으로 특수격에 해당한다. 지지가 水氣로 전비하고 있기 때문이다. 비겁이 용신이면 부귀영달을 누리기보다 청고한 선비가 어울린다. 태극수목운에 발복하고 금수운에 어려움이 예상된다.

해묘미목운동을 하는 목용신이니 목운동을 방해하는 辛丑운에 임하면 학업진행이 원활하지 않다. 1996년생이라면 辛丑대운 癸巳년에 임하고 있다. 대학진학을 앞두고 있는 나이다. 巳亥沖出된 丙火는 丙辛합 되니 진로가 막히는 일이 발생한다. 戊癸합하니 화생하여 진로를 도우지만 명예는 실추되니 명문대학은 어렵다. 그래도 巳中庚금을 득하니 전통 있는 지방대학 진학은 가능할 것으로 짐작한다. 갑오년은 병화와 오화가 물상결합하니 진로가 열리고 활동무대가 넓어진다. 활발한 대학생활이 가능할 것이다. 丙辛合化水하여 새로운 인성을 만들어내니 새로운 학문과 새로운 자격증에 도전하게 될 것이다. 명예와 자격증이 늘어나는 셈이다.

사주체는 타임머신과 같다. 사주를 완전 이해하고 과거 현재 미래를 클로즈업을 해보면 상황전개를 예단할 수 있기 때문이다. 乙巳대운 己巳년에 임하면 대운과 세운이 극하고 巳亥충을 재충하니 巳亥沖으로 인한 변동이 있고 巳中庚을 득하니 직장변동이 따른다. 지살역마관이니 한직으로 나아갈 것이다. 庚금은 기신이기 때문이다. 비겁이 용신이면 한가한

공직이 제격이다.

時　　日　　月　　年<事例 23>
癸　　癸　　乙　　戊
亥　　卯　　卯　　午
辛　庚　己　戊　丁　丙
酉　申　未　午　巳　辰

此春水多木, 過于洩氣, 五行無金, 全賴亥時比刦幫身, 嫌其亥卯拱局, 又透戊土, 剋洩並見, 交戊午運不壽, 若據書云, 癸水兩坐長生, 時逢旺地, 何以不壽, 又云食神有壽妻多子, 食神生旺勝財官, 此名利兩全, 多子有壽之格也. 總以陰陽生死之說, 不足憑也.

이 命造는 봄의 물(癸水日主)이 나무가 많아, 洩氣가 지나치며, 五行 중 金(印星)이 없어 모든 것을 時干의 比劫인 亥水가 日主를 도와주는 것을 依支하는 實情이다. 싫은 것은 卯木과 局을 이루고, 또 戊土가 透出하여 剋洩을 같이 보고 있어, 戊午大運을 만나 죽었다.

만약에 책에 있는 말에 의하면, 癸水가 두 개의 長生에 앉아 있고, 生時는 旺地를 만났으니 어찌 오래 살지 못하겠는가? 또, 말에 의하면 食神이 있으니 壽命長壽요, 처와 자식이 많다 하였으니, 食神이 충분히 財官을 堪當하므로, 이 命造는 名譽와 富가 온전하며 자식이 많고 長壽할 격이라고 할 것이다. 결론적으로 이 모든 것이 '陰陽生死之說'로는 증명하기에 부족하다.

<譯評> 이와 같이 증주자인 철초님의 명리사상의 특징은 하나의 견본으로는 믿고 따르는 학인들에게 의심이 있을지 모르는 老婆心에서 사례 명조를 하나 더 보이면서 본인의 주장을 확인하려 한다. 이 명조의 용신은 時柱에 있는 癸亥(比肩 劫財)이다. 증주자의 설명과 같이 時支의 亥水가 卯木에게 羈絆을 당하는 느낌이 있다. 결국 時干의 癸水 역시 뿌리를

잃은 형국이라 매우 안타까운 형국을 이루고 있다.

초년대운마저 財運인 火運으로 흐르므로 사주체가 조열해져 戊午大運을 넘기지 못하였다. 戊午大運을 넘겼다고 하여도 己未大運 未土가 亥卯未 木局을 이루어 결국은 長生地에서 終命할 운명이기는 하다. 증주자는 이와 같이 설명하므로 인하여 神煞論을 부정하고 오로지 陰陽五行의 生剋制化에 의한 명을 논할 것을 주장하고 있다.

『子平眞詮』 이 명조는 卯月의 癸水日主이므로 格局論에 의하면 食神格이다. 이 격은 四吉神의 하나이지만, 심효첨은 이 격이 합격하기 위해서는 다음과 같은 조건을 제시하고 있다. 食神은 본래 (日主를) 洩氣하는 것에 속한다. (그 설기한 기운을 가지고) 능히 正財를 생하는 것을 즐거워한다. 그러므로 '食神生財'는 美格이 되는 것이다. 또한 재격 역시 뿌리가 있어야 하며 정편이 중첩하여 투출할 필요는 없다. 만약에 身强하면서 食神이 旺하고 財星이 투출하면 大貴格이 된다.[106]고 하였다. 이와 같은 食神格의 정의에 의하면, 이 명조는 食神格은 成格이 되지만 일주가 신약한 관계로 조건에 맞지 않았기 때문에 破格이 되었다. 결론적으로 심효첨도 '與身强食旺'하면 '大貴之格'이라고 하여, 격을 정한 후에 일주의 동태를 살피는 방법을 취하였다.

『窮通寶鑑』 계절을 중시하는 조후용신론에 의하면, 2월의 癸水는 강하지도 않고 연약하지도 않다. 乙木이 司令하여 日主를 洩氣하여 약해졌으므로 오직 庚金을 제1용신으로 하고, 辛金을 다음 제2용신으로 삼아야 한다. 庚/辛金이 함께 투출하고 丁火가 투출함이 없어야만 科甲에 의한 귀함이 있으며, 庚/辛金이 없는 자는 평상인이다.[107]고 하였다.

---

106) "食神本屬洩氣, 以其能生正財, 所以喜之, 故食神生財, 美格也. 財要有根, 不必偏正疊出, 與身强食旺, 大貴之格". 『子平眞詮評註』, 앞의 책, 4권, p.45.
107) "二月癸水, 不剛不柔, 乙木司令, 洩弱原神, 專用庚金爲用, 辛金次地, 庚辛俱透, 無丁出干者, 貴由科甲, 無庚辛者常人", 『窮通寶鑑』, 앞의 책, p.197.

이 조후론에 의해서도 찾고자 하는 용신은 없다. 위 두 설과 차이가 있어도 이 명조는 水氣도 메마르고 水氣運을 도와줄 金氣運도 없다. 이 이론대로 庚/辛金이 없으니 평상의 명조이고, 마치 음력 2월 봄 가뭄이 들어 모든 식물들이 메마른 상태라고 할 수 있다.

결론적으로 증주자의 설명대로 위의 명조<事例 23>가 戊午大運을 넘기지 못한 것은 수분 자체가 없는 사주체에 대운마저 메마른 대운인 戊午大運이 들어와 不壽가 된 명조다.

[宗主命理 解說]

時 日 月 年 <事例 23>

癸 癸 乙 戊

亥 卯 卯 午

辛 庚 己 戊 丁 丙

酉 申 未 午 巳 辰

한눈에 봐도 木이 강하다는 것이 드러나지만, 정확한 것은 지수의 상태를 확인해야 한다. 수2.7 목7.5 화1.5 토1 금0이다. 극왕한 목이 식상에 해당하고 비겁이 뿌리가 있으면 食傷用比格에 해당하므로 특수격에 든다.

水용신이니 申子辰운동이 일어나야 발복하는 명조이다. 28세부터 36세까는 좌표상으로 卯가 동하므로 운동성이 약해진 상황인데, 戊午대운을 맞이하여 감옥행으로 몰고 가는 형국이다. 戊午대운에 무계합하여 용신인 계수를 가져가기 때문이다. 속수무책의 상황으로 간다. 재물은 손쓸 수 없는 상태로 변하여 손재가 발생한 것이다. 어설픈 酉금으로 卯酉충을 하니 卯왕신이 노발대발하여 禍厄을 불러온다.

그러나 46세 이후는 좌표상으로 卯운동이 일어나 허자 酉금을 당겨오고 대운은 庚申 辛酉로 흘러가니 金水喜用이 임하여 원하는 바를 이루니 학문과 정치로 출세를 거두게 된다.

子卯형살로 수목이 응결되니 활동불능상태가 된다. 시주에 四大空亡이 걸렸으니 결과가 비극으로 끝날 수도 있다. 해묘반합으로 사대공망의 흉으로부터 보호받고 있다가 묘유충으로 공망의 흉액이 동한 것이다.

【原 文】

故天地順遂而精粹者昌, 天地乖悖而混亂者亡, 不論有根無根, 俱要天覆地載.108)

天干과 地支가 順하게 따르는 까닭에 精粹한 者는 昌盛할 것이요, 天干과 地支가 어그러져 混亂스러운 者는 敗亡할 것이다. 根의 有無를 論할 必要 없고 반드시 天覆地載를 갖추면 된다.

〔任氏注〕

任氏曰, 取用干支之法, 干以載之支爲切, 支以覆之干爲切, 如喜甲乙, 而載以寅卯亥子, 則生旺, 載以申酉, 則剋敗矣. 忌丙丁, 載以亥子則制伏, 載以巳午寅卯, 則肆逞矣. 如喜寅卯, 而覆以甲乙壬癸則生旺, 覆以庚辛, 則剋敗矣. 忌巳午, 而覆以壬癸則制伏, 覆以丙丁甲乙, 則肆逞矣. 不特此也. 干通根于支, 支逢生扶, 則干之根堅, 支逢沖剋, 則干之根拔矣. 支受蔭于干, 干逢生扶, 則支之蔭盛, 干逢剋制, 則支之蔭衰矣. 凡命中四柱干支, 有顯然吉神而不爲吉, 碻乎凶神而不爲凶者, 皆是故也. 此無論天干一氣, 地支雙淸, 總要天覆地載.

임씨가 말하였다. 天干과 地支에서 用神을 取하는 方法으로 天干은 地支에 실어주는 것을 절실하게 여기고, 地支는 天干에서 덮어주는 것을

---

108) 『輯要』에는 이 【原文】과 〔原注〕가 없다. 결론적으로 이 부분은 찾을 수가 없다. 그러나 『闡微』에는 있다. 參考的으로 徐洛吾가 訂正한 『徵義』에도 보인다. 이와 같은 이유로 陳素菴의 『輯要』와 任鐵樵가 入手한 板本이 다르다는 것이 證明된다. 하지만 명리사상만큼은 진소암의 『命理約言』을 따르고 있다.

절실하게 여긴다.

만약 甲乙이 喜神이라면 寅·卯·亥·子가 실어주면 生旺이 되고, 申·酉金이 실어주면 剋하여 망한다고 하는 것이다. 丙·丁火가 忌神인데 亥·子水가 실어주면 統制하여 降伏을 받는 것이고, 巳·午·寅·卯가 실어주면 바로 放恣한 마음이 생겨 자기 마음대로 하려 한다.

만약 喜神이 寅·卯木인데 甲·乙·壬·癸가 덮어주면 生旺이라 하고, 庚·申金이 덮어주면 剋하여 망한다고 하는 것이다. 忌神이 巳·午火인데 壬·癸水가 덮어주면 즉 統制하여 降伏을 받은 것이고, 丙·丁·甲·乙이 덮어주면 즉 放恣한 마음이 생겨 자기 마음대로 하려 한다.

이런 일은 특별한 일이 아니다. 干支가 地支에 通根하고, 地支도 生하는 도움을 받는다면 干支의 뿌리가 튼튼할 것이고, 地支가 沖剋을 받으면 干支의 뿌리가 뽑힐 것이다. 地支가 天干의 陰德을 받고, 天干도 生하는 도움을 받는다면, 즉 地支의 陰德은 盛하고, 干支가 制剋을 받는다면 地支의 陰德도 衰할 것이다.

무릇 命主의 四柱 干支 중에 당연히 吉神이 나타나 있는데 吉하지 않고, 凶神이라고 확실히 말했는데 凶이 없는 것은 이 모두가 연관관계가 있기 때문에 그렇다. 여기서 이야기 할 필요가 없는 것은 天干이 一氣니, 地支가 雙淸이니, 하는 것이다. 結論的으로는 天干은 덮어주고 地支는 실어주는 것을 필요로 하는 것이다.

時　日　月　年<事例 24>
庚　庚　丁　己
辰　申　卯　亥
辛　壬　癸　甲　乙　丙
酉　戌　亥　子　丑　寅

庚金雖生春令，支坐祿旺，時逢印比，足以用官，地支載以卯木財星，又得亥水生扶有情, 丁火之根愈固, 所謂天地順遂而精粹者昌也. 歲運逢壬癸亥子, 干有己印衛官, 支得卯財化傷, 生平履險如夷, 少年科甲, 仕至封疆, 經云, 日主最宜健旺, 用神不可損傷, 信斯言也.

庚金이 비록 봄철에 태어났으나, 地支에 祿旺을 깔고 앉아 있고, 時干에는 印星과 比劫이 있으니 충분히 丁火 官星을 用神으로 使用할 수 있고, 地支에서 卯木 財星이 힘을 실어주는데, 더욱이 亥水를 얻어 生함을 도와주니 有情하다. 丁火의 뿌리는 더욱 단단하여 이른바 천지의 도리를 따르고 깨끗하고 순수한 자는 번창하는 것이다.

歲運에서 壬・癸・亥・子를 만났을 때, 天干에 印星인 己土가 있어 官星을 보호하고 地支에는 財星인 卯木이 있어 傷官의 攻擊을 化하여 주고 있으니, 평생에 위험한 일을 밟고 있다 하여도 마치 온화한 상태였다. 그러므로 少年時節에 科擧에 及第하고 벼슬이 封疆까지 이르니 책에서 말하듯이 日主는 마땅히 健旺하고 用神은 損傷되지 말아야 한다는 말은 믿을 만한 말이다.

<譯評> 이와 같이 증주자는 '天覆地載'에 대하여 설명하기 위하여 庚申日 庚辰時에 태어난 명조를 견본으로 하여 用/喜神이 月柱에 있는 명조를 제시하고 있다. 이 명조의 용신은 月干의 丁火(正官)가 용신이고 희신은 月令인 卯木이 된다. 또한 증주자의 설명대로 세운에서 傷官運이 들어온다 해도 사주자체에서 방어능력을 갖추고 있기에 흉운도 피해갈 수 있다고 하겠다.

『子平眞詮』 심효첨의 격국론에 의하면, 卯月의 일주 庚金과 대비하면 正財格으로 四吉神의 하나에 든다. 財格의 귀함은 한결같지 않으나, 財星이 旺하여 官을 생하는 자는 身强하면서 傷官이 투출하지 말아야 하고 七煞과 혼잡되지 않으면 貴格이 된다.[109]고 하였다. 또한 財星이 旺하여

109) "財格之貴局不一, 有財旺生官者, 身强而不透傷官, 不混七煞, 貴格也", 『子

官星을 생하는 者는 大運이 身旺한 印綬運을 반기고 七煞/傷官運은 불리하다.[110]고 하였다.

이와 같은 논리에 의하여 대운을 살펴보면 天干으로 壬/癸水, 地支로 亥子大運이 흐르므로 이 命主<事例 24>는 불리하였어야 하는데 어찌 평생을 무난하게 살 수 있었을까? 이는 格局論과는 상관없는, 사주구조의 짜임새에서 나타난 것이다. 증주자는 격국론에서 불리하다는 傷官運도 무난히 지나갔음을 강조하는 것은 격국에서 불리한 대운을 '天覆地載'의 작용의 결과라는 것을 강조한 것이다.

『窮通寶鑑』 다음으로 계절을 중시하는 조후용신론에 의하며, 2월의 庚金日主는 오로지 丁火를 용신으로 한다. 甲木을 빌려 丁火를 引火시키고 庚金을 빌려 甲木을 쪼갠다. 丁火가 없어 丙火를 쓰는 자는 부귀는 (자연히 받을 수는 없고) 부지런함에서 많이 나온다.[111]고 하였다.

결국 庚金을 빌려서 '劈甲引丁'하라는 소리는 天干으로 甲木과 庚金이 함께 투출하여야 한다는 뜻으로 해석하면 될 것이다. 이 같은 논리라면, 이 명조는 도끼는 일주 자신이 되고 나무는 月令의 卯木中 甲/乙木이 있다. 다음의 명조<事例 25>는 사주구조가 조후용신론의 이론과 같이 갑목이 있어 '劈甲引丁'을 하고도 好命이 되지 못하고 가난한 삶을 산 명조를 예시하고 있다.

平眞詮評註』 권4, 앞의 책, p.14.

110) "財旺生官者, 運喜身旺印綬, 不利七煞傷官", 위의 책, p.20.

111) "二月庚金, 專用丁火, 借甲引火, 借庚劈甲, 無丁有丙者, 富貴多出於勉强", 『窮通寶鑑』, 앞의 책, p.136.

[宗主命理 解說]

時 日 月 年 <事例 24>

庚 庚 丁 己

辰 申 卯 亥

辛 壬 癸 甲 乙 丙

酉 戌 亥 子 丑 寅

指數法則에 의하면 시지의 辰中戊는 동주한 경금에 따라 금으로 변하니 금(5.2)이 적정한 종주가 된다. 종주왕신의 상태가 적정하나, 월지를 벗어나 파격이므로 剋法取用하므로 金體火用으로 火를 구한다.

육십갑자 중에 납음으로 통근되는 것은 庚辰金과 丁卯火뿐이다. 정화가 납음으로 취용하니 정화가 用神이고 목은 喜神이 된다. 火용신이니 寅午戌화국이 일어나야 발복하는 사주이다.

좌표상으로 亥가 동하여 마무리를 하는 乙丑운에 위기를 맞이한다. 亥는 어설프게 도전하거나 시도하다가 경험부족으로 실패하기 쉽고, 丑은 열정도 자신도 없는 상황에서 일을 벌이다가 乙木재물이 사라지는 형국을 맞이하기 때문이다. 그래서 12세에 임하는 乙丑대운 庚戌년에 집안에 목돈이 털리게 된다. 비견의 짓이니 주변에 아는 사람의 소행이거나 동료, 친구에 의해 발생한다. 群比爭財이니 반드시 손재사고를 치게 된다. 누구에 의해 털리지 않으면 아파서라도 재물이 나가게 된다.

丑戌형이 동하니 刑出된 戊와 癸는 戊癸合으로 火生을 하므로 할 일이 많아진다. 다소 바빠진다는 것을 알 수 있다. 한편으로 戊와 癸는 합하여 사라지니 명예가 실추되는 일이 발생하고 진로와 활동에 장애가 발생한다는 것을 암시한다.

그래도 刑出된 정화는 飛出되어 정관을 득하니 좋은 일을 하게 되고 안정되고 장래가 촉망되는 거리가 준비된다. 사회에 진출할 나이이면 공직에 임하게 됨을 의미한다.

37세 이후는 부터는 좌표상으로 庚申이 동하고 대운도 壬戌 辛酉를 맞이하니 인생최대의 위기를 직면한다. 강력한 水운동은 火운동의 숨통을 조여 놓는다. 42세가 되면 壬戌대운 庚辰년인데, 辰戌충으로 沖出된 乙목은 庚금과 함께 사라지니 주변의 꾐으로 손재를 당하게 된다. 아니면 처가 다른 남자와 바람이 난다. 沖出된 정화와 대운의 임수는 合去되니 돈과 여자 때문에 직장을 잃게 된다. 여자로 인하여 집안이 기울고 돈 때문에 파직을 당하게 된다. 더구나 干支同일주이고 妻宮이 不美하기 때문이다. 여명이면 젊은 남자와 바람이 난다. 時柱에 있는 남자이기 때문이다.

時	日	月	年<事例 25>
甲	庚	丁	己
申	辰	卯	酉

辛	壬	癸	甲	乙	丙
酉	戌	亥	子	丑	寅

此亦以丁火官星爲用, 地支亦載以卯木財星, 與前造大同小異, 只爲卯酉逢沖, 剋敗丁火之根, 支中少水, 財星有剋無生, 雖時透甲木臨於申支, 謂地支不載, 雖有若無, 故身出舊家, 詩書不繼, 破耗形傷, 一交戌運, 支類西方, 貧乏不堪.

이 命造 역시 官星인 丁火를 用神으로 하고, 地支도 또한 財星인 卯木이 실어주고 있어, 앞의 命造와 大同小異한데 다만, 卯 · 酉가 沖을 만나서 丁火의 뿌리가 사라졌고, 地支 중에는 물이 적어서 財星이 剋만 받고 生이 없다.

비록 時干에 甲木이 透干하였으나 申金 위에 있으니, 地支가 실어주지 못한다고 말할 수 있으니 비록 있으나 없는 것과 같았다. 그러므로 이름 있는 집안 出身이나 공부를 계속할 수 없을 정도였고 家産이 사라지고 식구들이 죽었으며, 大運에서 戌大運을 만나 地支가 西方 金運이 되면서 가난함을 堪當하기 어려웠다.

<譯評> 이 명조는 태어난 해가 己酉年이며 태어난 시가 甲申時이다. 태어난 月과 태어난 日이 같으므로 격국을 잡거나 조후용신을 취할 경우 앞의 명조와 동일한 격국과 相神이 나오며, 조후용신도 똑같은 용신으로 卯月의 庚金日主이므로 丁火가 제일 용신이고 다음으로 갑목이 天干에 투출하여야 하고 다음으로 庚金이 투출하여 '劈甲引丁'을 하면 호명이 된다고 앞의 명조에서 설명한 경우이다.

그러나 앞의 命主는 무난히 일생을 마쳤고 이 命主는 舊家出身으로 중년에 가난을 감당하지 못하였을까? 그 이유는 앞의 명조에서 설명하였듯이 格局도 아니고 調候도 아닌 사주구조의 문제인 것이다. 앞의 사주는 庚申日主에 庚辰時라 일주가 강하고, 이 명조는 庚辰日에 甲申時이므로 조후론에서 원하는 甲木은 地支의 申金에 의한 도움을 받지 못하므로 있으나 없는 것과 같은 작용불능 상태에 처한 것이 병이 된다.

또한 태어난 해가 己酉年이라 비록 月令인 卯木이 司令을 하였다고 하여도 沖은 沖인지라 酉金에게 충을 당하여 파격이 되었다. 그러나 앞의 명조는 己亥年으로 亥卯合木으로 財星이 더욱 강해져 용신(격국론에서는 相神)의 뿌리가 튼튼하여 이 명조의 치명적인 戌大運도 피할 수 있었지만 이 명조는 태어난 년이 己酉年이라 戌大運을 맞으면 地支로 申酉戌方合을 이루어 봄철의 旺氣인 卯木도 합을 이루어 공격을 하는 금기운 앞에서는 속수무책인 것이다.

또한 앞의 명조는 庚申日主고, 이 명조는 庚辰日主이므로 뿌리의 淺深에 의한 힘 또한 강한 가운데서도 차이가 난다. 이와 같이 格局과 調候가 중요한 것이 아니라 사주의 배열에 의한 '天覆地載'가 중요함을 강조한 것이 이 장의 특징이라고 할 수 있다.

[宗主命理 解說]

時 日 月 年 <事例 25>

甲 庚 丁 己

申 辰 卯 酉

辛 壬 癸 甲 乙 丙

酉 戌 亥 子 丑 寅

指數法則에 따르면, 土1.0 금6.6 수0.9 목5.1 화1.0으로 宗主旺神은 금이고 차종주는 목이다. 금이 극왕하니 金體火用이 되므로 火를 구하니 丁卯는 납음허자를 쓸 수 있어 丁火가 用神이 된다.

화용신이니 인오술화국이 일어나야 발복하는 사주이다. 좌표상으로 卯가 동하는 36세까지는 발복하기 어렵다. 亥卯합목을 하지만 癸水가 丁화를 극하니 소문만 요란할 뿐이다. 직장인 정화가 재물을 만들어주는 역할이상은 하기 어렵다.

정화용신이 月干에 동하고 있어 이를 잡아가는 壬運이 오면 정화는 잡혀가는 형국이 된다. 임철초님은 丁壬合去에 대한 설명이 없는 것이 아쉽다. 戌대운은 辰戌沖이 일어남을 주목해야 한다. 辰戌沖出된 戌中 辛丁戊는 기물파괴로 사라지니 정화는 직장이고 자식인데, 직장을 잃는 어려움을 겪거나 자식문제로 아픔을 겪게 됨을 의미한다. 沖出된 辰中 乙癸戊는 자신이 갖고 있는 재산을 까먹는 형국이고 계수는 진로이고 활동인데 戊癸合을 하지만 합화하지 못하니 직업을 구하지 못하고 알바 수준에 머물고 만다.

壬戌대운 癸卯년에 임하면 卯酉沖出된 甲목은 生火를 하지 못하고 甲己合化土로 변하여 더욱 진로와 활동이 정지되거나 정체되는 현상이 일어나게 된다. 55세는 時柱運이 요동을 치는 시기이니 인생말년에 가장 어려움에 봉착하는 상황이 됨을 암시한다.

庚辰괴강살의 악살이 동하면 극처극자하고 유랑하는 신세가 되니 말년을 쓸쓸하게 보냈을 것이다. 甲申시주는 同柱絶하니 충하는 壬寅년에 妻의 변고가 있었다고 보여진다.

時	日	月	年<事例 26>
癸	辛	壬	庚
巳	酉	午	申

戊	丁	丙	乙	甲	癸
子	亥	戌	酉	申	未

此庚辛壬癸, 金水雙淸, 地支申酉巳午, 煅煉有功, 謂午火眞神得用, 理應名利雙輝, 所惜者, 五行無木, 金雖失令而黨多, 火雖當令而無輔, 更嫌壬癸覆之, 緊貼庚辛之生, 而申中又得長生, 則壬水愈肆逞矣. 雖有巳火助午, 無如巳酉拱金, 則午火之勢必孤, 所以申酉兩運, 破耗異常, 丙戌運中助起用神, 大得際遇, 一交亥運, 壬水得祿, 癸水臨旺, 火氣剋盡, 家破身亡.

이 命造는 庚 · 辛 · 壬 · 癸가 있어 金과 水가 둘 다 깨끗하고, 地支는 申 · 酉 · 巳 · 午가 있어 불로 製鍊시키는 功勞가 있으니, 말하여 午火가 眞神으로 쓰인다고 하여 名譽와 富가 찬란할 것이라고들 했다. 그러나 哀惜한 것은 五行 중에 木이 없어 金은 비록 失令은 하였으나 무리를 지어 있고, 火는 비록 當令은 하였으나 도와주는 것이 없다.

더욱 싫은 것은 壬 · 癸水가 덮고 있으며 庚과 辛이 바짝 붙어서 水를 生하여 주고 申中에 長生이 있어 壬水는 더욱 放恣한 行動을 하였다. 비록 巳火가 午火를 돕는다고 하지만 巳 · 酉가 合이 되어 金이 되므로 없는 것이나 같다. 즉 午火의 勢力은 반드시 외로울 것이다.

바로 이러하므로 申 · 酉大運에 깨지고 사라지는 것을 당하고, 丙戌大運에는 用神을 도와 힘을 얻으니 크게 얻을 기회를 만났다. 한번 亥大運을 만나면서 壬水가 祿을 얻고 癸水는 旺을 만나니 火氣가 極히 消盡되어 집안이 망하고 자신도 죽었다.

<譯評> 이 명조의 용신을 『闡微』의 중심사상인 억부(중화)용신에 의하면 午月에 태어난 辛金은 비록 失令을 하였지만 庚申年 辛酉日에 태어나 癸巳時라 巳酉拱金에 의해 '弱變爲强'이 된 명조이다. 그러므로 이 강한 金氣運을 억제하는 月令의 午火가 용신이 되며 희신은 午火를 도와줄 木氣運이나 애석하게도 사주자체에 木氣運이 없으므로 大運에서 오기를 기다려야 한다. 그러나 대운을 살펴보면 기대와는 반대방향으로 흐르므로 '破家身亡'이 된 명조이다.

『子平眞詮』 심효첨의 격국론에 의하면 月令이 午月에 일간 辛金대비 偏官(七煞)格으로 사흉신 중에도 가장 흉하다는 격으로 相神으로는 격을 억제하는 傷官이 된다.

심효첨의 偏官格의 정의를 보겠다. 煞이라는 것은 일주를 공격하기 때문에 마치 美物이 아닌 것 같지만 大貴格이 七煞格에 많다는 것이다. 대체로 剋하고 制하는 것이 마땅함을 얻으면 煞을 나의 용신으로 삼을 수 있다. 마치 대영웅과 대호걸이 말 타는 것이 어려워 보이지만 방법이 있는 곳에 처하면 驚天動地의 노력이 있어 갑자기 그것을 나아가 취할 것이다. 이는 王侯將相이 七煞格에 많이 있는 이유이다.[112]라고 하였다.

심효첨은 七煞格이 美物은 아니지만 그 강한 七煞氣를 적당히 제압하여 용신으로 이용하면 대영웅과 대호걸과 王侯將相이 이 격에서 많이 배출한다고 하였다. 그러나 이 명조는 格用神 자체가 月令을 타고 났지만, 이 또한 격용신이 약하므로 그 용신을 도와주는 相神을 찾아야 한다.

그러므로 위의 명조<事例 26>도 격용신인 午火의 相神인 木星이 사주자체에 존재해야 하며, 또한 대운 역시 財星運으로 흐르면 好運이 된다. 그러나 대운을 살펴보면 金氣인 比劫運으로 흐르고 있으며 亥水 傷官大

112) "煞以攻身, 似非美物, 而大貴之格, 多存七煞, 皆控制得宜, 煞爲我用, 如大英雄大豪傑, 似難駕馭, 而處之有方, 則驚天動地之功, 忽焉而就, 此王侯將相所以多存七煞也", 『子平眞詮評註』 권4, 앞의 책, p.1.

運을 만나 '壬水得祿'하여 '家破亡身'한 명조이다.

결론적으로 격국용신으로 정해지면 그 용신의 동태에 따라 相神(중화용신론에서는 喜神)이 결정되어 그 상신의 부조와 억제의 기능에 따라 吉格이든 凶格이든 好命과 凶命이 되는 것이다.

『窮通寶鑑』 계절을 중시하는 조후용신론에 의하면, 5월의 辛金은 壬/癸/己 三者를 모두 용신으로 쓴다. 혹 壬/己 둘이 투출하고 地支의 癸水가 보이고 沖이 없으면 명주는 顯達함은 정해져 있다. 혹 癸水가 투출하고 庚金이 있으면 命主는 반드시 비단옷을 입고 은혜와 영광을 받을 수 있을 것이다.[113)]라고 하였다.

조후용신론으로는 더운 계절인 5월은 제1용신을 壬水와 己土로 정하고 다음으로 癸水를 정하였다. 이와 같이 정하고 명조를 살펴보면 비록 己土는 투출하지 못하였지만 天干으로 壬/癸水가 투출하고, 庚金 또한 年干에 투출하여 조후용신론의 조건에 필요충분조건을 갖추었다.

그러나 이 필요충분조건에도 불구하고 이 命主는 '破家亡身'을 하였다. 그 이유는 증주자의 설명대로 天干과 地支사이에 서로 덮어주고 실어주는 기미가 보이지 않기 때문이다.

[宗主命理 解說]

時 日 月 年 <事例 26>

癸 辛 壬 庚

巳 酉 午 申

戊 丁 丙 乙 甲 癸

子 亥 戌 酉 申 未

사주에 用神을 찾아야 사주의 運動性을 찾고 大運을 照鑑할 수 있다.

---

113) "五月辛金, 壬癸己, 三者皆用, 或壬己兩透, 支見癸水, 不沖, 定主顯達, 或癸出有庚, 必主衣錦, 叨受恩榮", 『窮通寶鑑』, 앞의 책, p.161.

용신을 剋傷하는 운에 주목하여 길흉화복과 흥망성쇠를 집중 해부할 수 있기 때문이다. 사주에 용신을 찾기 위해서는 음양에 대한 철저한 연구가 선행되어야 한다. 오행의 정확한 질량을 계측하기 위해 지수법칙에 따라 오행지수를 계산해야 한다.

지수법칙에 따르면 土0 金5.8 水1.8 木0 火5.3이다. 金이 태왕하니 극법취용하므로 金體火用으로 火를 구한다. 火가 丙丁의 通力群을 형성하므로 火가 용신이 된다.

火用神이니 寅午戌화운동을 해야 발복하는 사주이다. 좌표상으로 오화가 동하는 丙戌운을 맞이한다면 발복을 한다면 다행이다. 그러나 고립무원으로 무용지물로 끝나기 쉽다. 좌표상으로 유금이 동하는 46세 이후는 경거망동하다가 쪽박을 차게 된다. 子午沖하여 오화용신의 숨통이 끊어질 상황을 겪게 된다.

37세부터 임하는 좌표상의 辛酉가 동하면 사화를 巳酉金으로 만드니 42세 辛丑년은 旺神入墓運이니 땅이 갈라지고 무덤으로 묻히는 일이 일어나게 된다. 그러면 남김없이 망하게 하는 것이다. 日柱運이 요동치고 酉금이 동하여 火를 死地로 몰고 가니 차가운 돌덩어리로 변하고 만 것이다.

辛금일주가 癸巳시를 만났으니 絶路空亡에 걸린 것이다. 가다가 길이 끊어지는 형국이니 좌절하고 절망한다. 더구나 자신이 사대공망을 加하니 덧없고 부질없음을 한탄하게 된다. 인생 무상함을 뼈저리게 느끼니 종교에 귀의했더라면 좋았을 것이다. 구추방해살이 가세하니 온갖 풍상을 겪어보게 된다.

신살은 함부로 쓰는 것이 아니다. 희기와 동정이 분명하게 구분될 때 신살은 빛나는 악세사리가 되는 법이다.

火용신으로 대운 전체를 조감하면 巳화를 沖하는 亥대운에 주목하지 않을 수 없다. 亥대운 자체는 큰 위기는 아닐 수도 있다. 비록 丁火 官은

沖出되어 사라지지만 자신이 가지고 있는 丙화관은 지키기 때문이다.

時	日	月	年<事例 27>
甲	辛	壬	庚
午	酉	午	申

戊	丁	丙	乙	甲	癸
子	亥	戌	酉	申	未

此亦用午中丁火之殺，壬水亦覆之於上，亦有庚金緊貼之生，所喜者午時一助，更妙天干覆以甲木，則火之蔭盛，且壬水見甲木而貪生，不來敵火，四柱有相生之誼，無爭剋之風，中鄕榜，仕至觀察，與前造只換得先後一時，天淵之隔，所謂毫釐千里之差也.

이 命造 역시 午中에 官殺인 丁火를 用神으로 삼는데 壬水가 역시 위에서 덮고 있으며 庚金이 바로 옆에 붙어서 生함을 도우고 있다. (그러나) 기쁜 것은 時支의 午火가 돕는 것이며 더욱 妙한 것은 天干의 甲木이 덮고 있어 火의 蔭德이 盛함이다.

또 壬水는 甲木을 보고 生하고 싶은 마음에 午火를 공격할 마음이 없으니 四柱가 相生하는 옳은 것만 가지고 있으니, 싸움할 마음이나 극할 마음이 없는 상태이다. 鄕榜에 合格하여 벼슬이 觀察使까지 올랐다. 앞 命造와는 단지 한 시각의 앞뒤를 바꾼 것인데 하늘과 땅 차이가 난다. 그래서 하는 말이 털끝만큼의 고침이 천리차이가 된다고 하는 것이다.

<譯評> 여기서 증주자의 의도가 드러나는데, 이 장의 대의인 '天覆地載'를 이용하여 격국론이 무용하다는 것을 설득하려고 한다. 이 명조는 앞의 명조와 태어난 시간이 2시간 차이가 난다. 그런 결과 癸巳時에서 甲午時로 바뀌었을 뿐인데 증주자의 주장대로 '天淵之隔'이 되었다. 그러나 증주자는 용신과 희신에 관하여서는 언급이 없이 사주가 '無爭剋之風이라 鄕方을 거쳐 觀察使까지 하였다'고만 하였다.

譯評者의 견해로는 사주자체가 오히려 甲午時가 되면서 偏官格인 月令의 午火에 힘을 밀어주어 偏官이 왕하고 일주가 강하여 중화용신에 의해 月干의 壬水를 용신으로 하고 그 壬水를 생하는 庚金을 희신으로 정하고 대운을 살펴보면 金/水運으로 흐르기에 好命이 된 명조라고 사료된다. 결론적으로 此造는 食傷制煞格으로 成格이 된 명조이며 前造는 格相神으로 食傷을 쓰지 못할 명조가 된 것이다.

『子平眞詮』 심효첨의 격국론에 의하면 前造와 같은 午月의 辛金日主인지라 偏官格이 되었다. 論偏官장에 의하면, 이 편관격은 四凶神의 하나이므로 剋用하는 것으로 제1相神을 취한다. 論偏官장에 의하면, 煞은 일주를 공격하므로 마치 美物이 아닌 것처럼 보이나, 大貴格은 七煞에 많이 존재한다. 剋하고 制하는 것이 적당하면 煞을 나를 위해 쓸 수 있다. 마치 大英雄 大豪傑들이 말을 모는 것이 어려워 보이지만 일단 그 방법을 알고 나면 驚天動地의 功을 홀연히 취할 수 있으니, 王侯將相이 七煞格에 많이 존재하는 까닭이다.[114]라고 하였다.

또 심효첨은 말하기를, 七煞이 格局을 이루면 역시 (相神을 쓰는 데는) 한결같지 않다. 食傷五行을 相神으로 하여 制伏시키면 上格이다. '煞旺食强'하고 일주가 튼튼하면 極貴格이 된다. 마치 乙亥/乙酉/乙卯/丁丑은 極等의 格이다.[115]고 하였다. 결론적으로 위의 명조<事例 27>도 중화용신론으로도 食傷制煞格이 되어 成格이 되었다.

다시 심효첨은 偏官取運論에 의하면, 煞(偏官)格에 食(傷)을 相神으로 하여 制煞할 경우 煞이 重하고 食(傷)이 輕하면 食(傷)을 도와야 한다.[116]

---

114) "煞以攻身, 似非美物, 而大貴之格, 多存七煞, 蓋控制得宜, 煞爲我用, 如大英雄大豪傑, 似難駕馭, 而處之有方, 則驚天動地之功, 忽焉而就, 此王侯將相所以多存七煞也", 『子平眞詮評註』 권5, 앞의 책, p.1.

115) "七煞之格局亦不一, 煞用食制者, 上也, 煞旺食强而身健, 極爲貴格, 如乙亥/乙酉/乙卯/丁丑, 極等之貴也", 위의 책, 같은 권, p.2.

116) "煞用食(傷)制, 煞重食輕, 則助食", 『子評眞詮評註』 권5, 앞의 책, p.8.

고 하였다. 이와 같은 근거에 의해서 위의 명조<事例 27>의 대운을 살펴보면 대운 역시 食/比運으로 흐른다.

『窮通寶鑑』 조후용신론에 의한 午月의 辛金日主는 앞의 명조에서도 언급하였듯이 제1용신으로 壬水를 쓰고 제2용신으로 庚金을 쓴다. 대운 역시 金/水運으로 흐르니 好命이 된 사주다. 이와 같이 삼자의 이론을 비교한 결과 증주자는 용신이 앞의 용신과 동일하다는 전제 아래 대운을 무시하고 사주가 '天覆地載'에 의한 '無爭剋之風'이라 好命이 되었다고 하지만 조후용신론은 제외하고 오히려 격국론의 相神에 의한 取運論의 이론이 이 명조에는 합당하다고 사료된다.

[宗主命理 解說]

時 日 月 年 <事例 27>

甲 辛 壬 庚

午 酉 午 申

戊 丁 丙 乙 甲 癸

子 亥 戌 酉 申 未

一見 보면 金이 一氣를 이루어 宗主인 듯싶으나 지수로 계산하면, 土0 金5.5 水1.5 木1.0 火6.1로 火가 極旺하다. 극왕한 火를 剋法으로 다스리니 火體水用으로 수를 찾는 것이 기본이다. 壬수와 申中壬이 있어 通力群을 갖추었으니 수가 용신이 되고 금이 희신이 된다.

水용신이니 申子辰운동이 일어나면 발복하는데, 申酉戌亥子丑으로 운이 흘러주니 향방에 올라 관찰사에 이를 정도로 발복을 한 것이다. 병술대운은 묘하게 가볍게 지낼 수 있는 행운도 따르는 편이다.

좌표상으로 辛酉가 동하고 丁亥대운을 맞이하면 壬丁合으로 관직으로 인하여 재물이 불어난다. 丁壬합목하기 때문이다. 그러나 合化하지는 않는다. 월령을 얻거나 운지를 득하지 못했기 때문이다. 그러나 오히려 다행이다. 46세 乙巳년에 임하면 巳亥충으로 沖出된 임수가 정화를 가져가는 대신에 丙화를 得하니 불안전한 자리에서 안정하고 확고한 자리에 오르게 됨을 암시한다. 바로 관찰사에 오른 것으로 짐작할 수 있다. 지장간에 丙正官이 암합으로 爭鬪하니 권력을 놓고 은막에서 경쟁이 있음을 의미한다. 사적으로 숨겨둔 아들이 있을 수 있음을 말한다.

日時간에 天地回傳殺이 있어 음주를 하면 주사가 있을 수 있다. 상관과 결부되어 나타나니 주인공은 관찰사를 했지만 아랫사람들에 함부로 대했을 것이다. 더구나 旺地에 임하여 강한 자존심과 독단은 짐작하고도 남음이 있다.

【原 文】

天全一氣, 不可使地德莫之載.[117)]

완전히 天干의 氣運이 한 가지로만 이루어졌으므로 地支의 德이 (힘이 되게) 실어주지 않으면 되는 것이 없다.

[劉氏注]

四甲四乙, 而遇寅申卯酉, 爲地不載.

天干에 四甲이나 四乙이 있고, 地支로 寅 · 申 · 卯 · 酉를 만나면 地支가 天干을 실어주지 않게 되는 것이다.

〔任氏注〕

任氏曰, 天全一氣者, 天干四甲, 四乙, 四丙, 四丁, 四戊, 四己, 四庚, 四辛, 四壬, 四癸, 皆是也. 地支不載者, 地支與天干無生化也. 非特四甲四乙而遇申酉寅卯爲不載, 卽全受剋于地支, 或反剋地支, 或天干不顧地支, 或地支不顧天干, 皆爲不載也. 如四乙酉者, 受剋於地支也. 四辛卯者, 反剋地支也. 必須地支之氣上升, 天干之氣下降, 則流通生化, 而不至於偏枯, 又得歲

---

117) 『滴天髓輯要』에는 「不可使地道莫之載」라고 하여 『闡微』에서 '德' 이 '道' 로 되어있다. 文脈的으로 '道와德' 에 차이는 없다고 생각된다.

運安頓, 非富亦貴矣. 如無升降之情, 反有沖剋之勢, 皆爲偏枯而貧賤矣. 宜細究之.

임씨가 말하였다. '天全一氣'란 天干에 四甲, 四乙, 四丙, 四丁, 四戊, 四己, 四庚, 四辛, 四壬, 四癸가 모두 있을 때를 '天全一氣'라고 한다. '地支不載'란 地支가 天干을 生化하여 주지 않는 것을 '地支不載'라고 한다.

특히 原注에서 언급하듯이 비단 天干에 四甲, 四乙이 地支에서 申 · 酉 · 寅 · 卯를 만났을 때만 不載라고 하지 않으며, 즉 모든 天干이 地支로부터 剋을 받을 때, 혹은 반대로 地支가 剋을 받을 때, 혹은 天干이 地支를 돌보지 않을 때, 혹은 地支가 天干을 돌보지 않을 때, 이 모두를 不載라고 한다.

예를 들어 四乙酉는 地支로부터 剋을 받는 것이며, 四辛卯는 반대로 地支가 剋을 받는 것이다. 반드시 필요한 것은 地支의 氣運은 위로 올라와야 하고, 天干의 氣運은 아래로 내려가서, 즉 돌고 돌아 生化를 하여야 하며, 偏枯한 곳에 이르지 말아야 한다. 歲運에서도 편안하게 도와주면, 富者는 못되어도 貴하게는 될 것이다. 만약에 오르내리는 情이 없고, 반대로 沖하고 剋하는 形勢라면 이 모두를 偏枯하다고 하며 가난하고 賤하니, 天干과 地支의 關係를 자세히 窮究함이 마땅하다.

時	日	月	年<事例 28>		
甲	甲	甲	甲		
戌	寅	戌	申		
庚	己	戊	丁	丙	乙
辰	卯	寅	丑	子	亥

年支申金, 沖去日主寅木, 加以戌土乘權重見, 生金助殺, 謂地支不顧天干, 夫四甲一寅, 似乎强旺, 第秋木休囚, 沖去祿神, 其根已拔, 不作旺論, 故寅卯亥子運中, 衣食頗豐, 一交庚辰, 殺之元神透出, 四子俱傷破家不祿, 干多

不如支重, 理固然也.

年支에 있는 申金이 日主의 寅木을 沖하고, 더하여 季節을 만난 戊土를 또 보고, 그 戊土는 官殺인 申金을 生하고 도와주니, 이를테면 '地支不顧'라. 무릇 네 개의 甲木과 한 개의 寅木이 있어 强旺하다고 말할 수 있으나, 그러나 가을의 나무는 休囚에 處하고, 沖하여 祿神(寅木)이 사라지고, 그 뿌리는 이미 뽑힌 것이나 마찬가지이니, 旺하다고는 할 수 없다.

그러므로 寅卯/亥子運에 衣食이 자못 풍부하였는데 한번 庚辰大運을 만나면서 殺의 原神이 透出하여, 네 아들을 한꺼번에 잃고 집안이 망하고 불행하게 되었다. 天干에 (같은 것이) 많이 있어도 地支에 많은 것과 같지 않다는 理致는 當然하고도 확실하다.

<譯評> 그렇다. 天干은 地支에 뿌리가 있어야 움직이지 않는다. 즉 天干은 動的이고 地支는 靜的이기 때문에 天干의 네 글자 중 自座한 것이 가장 강한 오행이 된다. 또한 같은 自座라도 月干의 自座가 가장 강하고 그 다음으로 日干이고 時干이고 마지막으로 年干의 순이다.

이 명조는 '天干一氣格'으로 甲木의 기운이 定處 없이 떠돌아다니는 형상이다. 단지 유일하게 日干만이 살아남아 있는 形局이지만 地支가 金氣運을 포함한 戊土가 세 개씩 있어, 日干인 甲木은 뿌리를 바위틈 사이에 내리고 있는 처지와 같다고 할 수 있다.

이 명조의 용신은 일간이 약하므로 印/比가 용신이다. 印星이 보이지 않으므로 우선 比肩을 용신으로 하고 印星을 대운으로 기다린다. 대운 역시 比劫運에서 印星運으로 흐르니 好運이 되었다. 다행스럽게도 大運만큼은 일간을 도와주는 방향으로 흘러와 중년을 넘기려는 순간 六旬인 庚辰大運이 들어와 月柱를 '天剋地沖'하는 이유로 불행하게 된 명주이다.

일반적으로 六旬大運이면 月柱를 沖하는 대운이 들어오는데 命局自體가 튼튼하거나 月柱가 忌神인 경우는 오히려 발복하는 경우가 있지만 대부분 사주에서 가장 강한 기운을 가진 곳을 沖하면 旺한 것이 怒發하여 불행하게 되는 경우가 非一非再하다 때문에 오늘날 인생은 60부터라고 하는 말이 극소수지만 月柱에 있는 忌神을 대운에서 沖하므로 발복한 경우이다.

『子平眞詮』 심효첨의 격국론에 의하면, 偏財格이다. 財格은 正/偏을 구분하지 않고 四吉神이라 하였으므로 이 財星(戊土)을 돕는 食傷이 있어야 好格이 된다. 또한 財格이 成格이 되려면 가장 우선적 요구하는 것이 財星이 旺하고 日主가 강해야 하는 것을 바란다. 그러나 이 명조는 그 요구에 충족하지 못하고 있다. 月令인 戊土(財星)도 약하고 일주 또한 약하다.

그러므로 차선의 대책을 찾는다. (財格에 相神은 比劫을 쓰지 않는다)[118] 그러므로 印星이 있으면 약한 일주를 돕는 차원에서 印星을 相神으로 하고 대운 역시 官星運으로 흘러야 한다. (그 이유는) 신약하기 때문에 (印星을 相神으로 하였으니) 그것(官星)을 만나면 印星이 왕한 것을 기뻐한다.[119]고 하였다. 이와 같은 논리에 의하면, 窮餘之策으로 쓰는 相神도 사주자체에 보이지 않으므로 이 명조는 破格이 되었다.

『窮通寶鑑』 계절을 중시하는 조후론에 의하면, 9월의 甲木은 오로지 丁火와 癸水를 용신으로 한다. 戊土가 투간된 것을 보면 반드시 귀하게 된다. (천간으로) 甲木과 乙木 比肩이 있는데 또 다시 大運에서 比肩運을 만나면 命主는 형제 사이에 재물을 차지하려는 쟁송사건이 생기고 妻子를 刑損한다.[120]고 하였다.

이 같은 이론에 의하면 대운이 비겁운인 中年運에 이 命主는 형제 사

118) 이는 譯評者의 見解다.
119) "財格佩印, 運喜官鄕, 身弱逢之最喜印旺", 『子評眞詮評註』 권4, 앞의 책, p.22.
120) "九月甲木, 耑用丁癸, 見戊土透必貴, 甲乙比肩, 又逢比劫運, 主兄弟財劫爭訟, 刑妻損子" 『窮通寶鑑』, 앞의 책, p.26-7.

이에 재산에 의한 쟁송사건과 마누라와 자식을 앞세우는 운명인데 中年運까지 의식이 풍부하였을까? 결론적으로 中和論에 의하면 財星도 약하고 日主도 약하면 우선적으로 日主를 중심으로 中和를 찾기 위해서 劫財도 用神으로 쓸 수 있다는 결론이다.

[宗主命理 解說]

時 日 月 年 <事例 28>

甲 甲 甲 甲

戌 寅 戌 申

庚 己 戊 丁 丙 乙

辰 卯 寅 丑 子 亥

지수법에 의해 오행질량을 계산할 경우에 土의 상태에 유의해야 한다. 透出되지 않은 지지의 토는 火나 金으로 대부분 변한다. 戌中戊토는 이웃한 금에 의해 금으로 변하니 金이 5.7로 종주가 되고 목이 3.6로 次宗主가 된다. 旺神이 결정되면 종주왕신의 상태에 따라 취용한다. 5.3이 초과하는 종주이니 剋法取用으로 火를 찾는다. 火는 寅戌戌로 통력군을 형성하므로 戌中丁火가 용신이고 목이 희신이 된다.

火용신이니 寅午戌화운이 되어야 발복한다. 좌표상으로 戌운에 戊寅대운을 맞이하면서 재산을 크게 만들었다. 46세 이후는 좌표상으로 寅이 동하면서 庚辰대운을 맞이하니 辰戌충하고 甲庚沖하여 교란에 일어나고 천지가 투쟁의 장으로 변하니 실자가 상충하여 산산이 부서져 사라진다. 51세는 大歲運이 충하는 庚辰대운 甲戌년이다.

진술충으로 動力이 轉移되어 원국에 寅申沖刑이 일어나 재충형하는 형국이니 목숨부지도 어려운 상황이 된다. 丙辛합으로 직장도 잃고 활동무대나 생활영역을 상실하게 된다. 丁壬합으로 명예도 사라지고 실추된다. 적어도 직장을 건지면 자식이라도 잃게 되니 아들을 모두 잃은 것이다.

통변성의 질량법칙에 따라 선택과 집중에 따라 삶의 방향을 어디에 두느냐에 따라 아들을 잃을 수도 있고 직장을 잃을 수도 있다. 인생의 52세~53세의 전환기에 戌의 기운을 만나 辰戌沖의 요동으로 水와 火가 모두 沒하는 형국에 드는 것이다.

時	日	月	年<事例 29>		
戊	戊	戊	戊		
午	戌	午	子		
甲	癸	壬	辛	庚	己
子	亥	戌	酉	申	未

此滿局火土, 子衰午旺, 沖則午發而愈烈, 熬乾滴水, 是謂天干不覆, 初交己未, 孤苦萬狀, 至庚申辛酉運, 引通戊土之性, 大得際遇, 娶妻生子立業成家, 一交壬戌, 水不通根, 暗拱火局, 遭祝融之變, 一家五口皆亡, 如天干透一庚辛, 或地支藏一申酉, 豈至若是之結局乎.

이 命造는 火 · 土가 가득한 명조이기에 子水는 쇠약하고 午火는 旺하니, 沖을 하면 午火가 분발하여 더욱 맹렬할 것인즉, 한 방울의 물조차 말라버리게 하므로 이것을 말하여 天干이 地支를 덮어주지 않는 것이다. 처음 己未大運을 만나 외롭고 고통스러운 고생을 여러 가지 방법으로 겪었다.

그러나 庚申 · 辛酉大運을 만나 戊土의 性情을 소통시키어, 크게 얻을 기회를 만났으며 장가도 가고 자식도 낳고 사업도 일으키고 가정도 이루었다. 한번 壬戌大運을 만나면서 水氣運이 通根하지 못하고 暗合으로 火局을 이루니, 화재사고를 당하여 일가 다섯 식구가 몽땅 죽었다.

만약에 天干으로 庚 · 辛 중에 한 글자만 투출하던지, 地支로 申 · 酉 중에 한 글자만이라도 있었으면, 어찌하여 이러한 결과에 다다를 수 있겠는가?

<譯評> 이 명조는 戊土 일주가 天元一氣格에 地支로 午/戌/午의 형국을 이루고 오직 年支의 子水만 유일하게 남는다. 이것이 이 명조의 유일한 용신이 된다. 또 이 용신을 돕는 금이 희신인데 사주자체에는 없으므로 대운에서 오기를 기다려야 한다. 다행이 三旬 辛酉大運까지는 희신운으로 흘렀는데 四旬大運인 壬戌大運 戌土가 午戌/午戌 火局을 이루어 水氣運이 불통되어 화재로 일가족이 몰살당했다. 이와 같이 원문의 뜻대로 '天全一氣'는 '不可使地德莫之載'의 의미가 실감난다.

『子平眞詮』 심효첨의 격국론에 의하면, 印星이 많아 財星을 相神으로 하는 자는 印星이 重하여 일주가 强해졌기에 투출한 財星을 억제하는 것이 太旺하여 균형을 잡아 써야 한다. 단지 (財星이) 뿌리가 깊어서 財星을 깨뜨리는 방해가 없어야 한다.[121]라고 하였다.

또한 取運論에서는 印綬格에 (일간이 약할 경우) 劫財運을 반기고, 官印運도 반기는데, 財運으로 흐르면 꺼린다.[122]고 하였다. 이와 같이 일주가 강한 경우 相神 취용법이 다른데 이 명조의 경우 일주가 강하여 財星을 相神으로 하는 경우로 成格의 조건은 財星이 뿌리가 깊어야 한다는 것이다.

그러나 이 명조<事例 29>는 年支의 子水를 相神으로 하므로 순수한 子水가 엄청난 火土의 氣勢를 감당하기란 힘겨운 일이다. 때문에 財星을 生助하는 食傷大運까지는 장가도 들고 자식도 낳고 사업을 하여 집안을 일으켰으나 壬戌運 戌大運에 破家한 명조이다.

『窮通寶鑑』 계절을 중시하는 조후론에 의하면, 5월의 戊土는 타오르는 火勢의 仲夏節에 우선 壬水를 찾고 다음으로 甲木을 취하고 丙火를 적당히 써야하며, (壬水가 없어) 癸水를 대신 쓰면 힘이 미미하다.[123]고

121) "有印多而用財者, 印重身强, 透財而抑太過, 權而用之, 只要根深, 無妨財破", 『子平眞詮評註』 권4, 앞의 책, p.32.
122) "印綬遇財, 運喜劫地, 官印亦亨, 財鄕則忌", 위의 책, p.40.

하였다.

火勢가 강한 절기에 壬水가 제1용신이라는 것은 이해가 가지만 제2용신으로 甲木을 찾는다는 것은 이해하기 힘들다. 아마도 戊土 위에 壬水가 내리면 그 위를 소토하기 위하여 甲木이 필요하고 소토한 땅에 (식물이 자라기 위해서는) 햇빛(丙火)이 필요해서인 것 같다. 만약 필자의 상상력이 적중하였다면 마치 農書를 공부하는 느낌이 든다. 결론적으로 조후론에 의한 용신론으로 이 명조에서 필요한 五行神은 단지 壬水일 뿐이다.

[宗主命理 解說]

時 日 月 年 <事例 29>

戊 戊 戊 戊

午 戌 午 子

甲 癸 壬 辛 庚 己

子 亥 戌 酉 申 未

指數法則에 의하면 화6.0 토3.6 금0.9 수1.4 목0이다. 종주가 화이니 剋法取用으로 수를 구하나, 수는 통력군을 형성하지 못하고 충극을 당하여 통력이 부족하다. 하지만 종주와 차종주가 화토로 쏠리면 雜反轉이 일어나 허자를 당겨와 취용한다. 무는 합으로 계수를 당겨와 자수와 응통하여 水용신이 되고 금이 희신이 된다.

水용신이니 申子辰운동이 살아나야 발복하는 명조이다. 좌표상으로 戊가 동하는 己未대운에 火土운으로 生金하지 못하니 己未運에 어려운 시절을 보내게 된다. 그러나 좌표상으로 子가 동하는 庚申대운은 申子水局으로 용신이 旺氣를 득하여 마음대로 큰 뜻을 이루게 된다.

---

123) "五月戊土, 仲夏火炎, 先看壬水, 次取甲木, 丙火酌用, 用癸力微", 『窮通寶鑑』, 앞의 책, p.110.

경신대운에 크게 출세하나 신유대운은 무가 동하니 토생금으로 왕성한 활동을 이어갔다. 그래서 庚申 辛酉대운에 용신의 대활약하므로 20년간은 승승장구하였다. 금이 食傷이고 食傷生財를 하니 재물을 헤아릴 수 없는 부자가 된다.

그러나 壬戌대운이후는 발복운이 하강하게 된다. 좌표상으로 午가 동하는데 壬戌대운이 되면 午戌화국을 이루어 忌神의 불바다를 만들어 낸다. 더구나 왕신의 火가 戌에 入墓하니 위기를 맞이하는 것이다.

戌中 辛金용신은 寅午戌화국을 이루는 39세 丙寅년에 戌中 辛金은 火바다로 변하니 용신은 사라지고 火土旺神이 戌에 入墓를 하니 죽을 고비를 당하게 된다. 戌대운에 臨하면 虛字 寅이 動하여 이미 火局을 만들게 되는데, 불바다로 만드는 결정적 사건은 丙寅년이었던 것이다.

時　日　月　年<事例 30>

戊　戊　戊　戊

午　子　午　申

甲　癸　壬　辛　庚　己

子　亥　戌　酉　申　未

此與前造祗換一申字, 而天干之氣下降, 地支水有源, 午火雖烈, 究不能傷申金, 用金明矣. 況有子水爲去病之喜神, 交申運戊辰年四月入學, 九月登科, 皆得太歲辰字, 暗會水局之妙, 惜將來壬戌運中, 天干羣比爭財, 地支暗會火局, 未見其吉矣.

이 命造는 앞 命造와 꼭 申金 한 글자만이 바뀌어서, 天干의 氣運이 내려와 地支 子水의 水源이 되고, 午火는 비록 맹렬하다 하나 申金을 다치게 할 마음이 없으니, 用神은 申金이 확실하다. 더구나 子水가 있어 喜神의 병을 제거해 주니, 申大運 중에 戊辰年 四月에 入學하여 九月에 登科하니, 모두가 太歲運에서 辰土를 얻어 暗合으로 水局을 만든 묘함이 있어서이다. 애석하게도 장래에 壬戌大運 중에 天干에서 羣比爭財가 일어나고, 地支로는 暗會 火局을 이루니 길함을 보지 못할 것이다.

<譯評> 이 명조 역시 火土의 기세가 沸騰하다. 단지 위치만 변하였을 뿐, 戌土와 申金이 바뀜으로써 용신이 바뀌었다. 결국 앞의 명조는 子水가 용신이고 이 명조는 申金이 용신이 된다. 또한 대운은 동일하고 용신만 바뀌었지만 申金이든 壬水이든 사주구조상 年支의 위치는 무력한 자리이므로 어떤 오행이든 그 자리에 있으면 무력해진다.

결론적으로 이 명조의 용신은 年支의 申金이지만 역시 壬戌大運 戌大運이 오면 길함을 보지 못할 것이라고 증주자는 걱정하고 있다. 철초님식 독특한 명조설명 방법이다.

『子平眞詮』 심효첨의 격국용신론에 의하면, 印綬格에 食/傷을 相神으로 쓴다면 身强하고 印旺하여 그 太旺함이 두렵다. (때문에) 일주를 洩氣하므로 秀氣가 된다.[124]고 하였다. 격국론의 相神은 年支의 申金(食神)이 된다. 또 取運論에 의하면, 印綬格에 食傷을 相神으로 쓸 경우 財運은 오히려 길하고 食傷運도 역시 이롭다. 만약 官運으로 행한다면 그 재앙을 오히려 볼 것이며 煞運이면 오히려 능히 복이 된다.[125]고 하였다.

결론적으로 격국론의 四吉神도 이름뿐이며, 흉신이든 길신이든 용신(格局論에서는 相神)이 정해지면 그 상신의 動態에 따라 대운도 따라주어야 好命이 될 수 있다는 결론이다. 이 명조 역시 年支의 申金을 相神으로 하고 대운은 取運論에서 설명하듯, 壬戌大運까지 같은 食傷運으로 흘렀기에 다행이라고 할 수 있다.

『窮通寶鑑』 계절을 중시하는 조후론에 의하면, 앞의 명조와 설명과

---

124) "有印而用傷食者, 身强印旺, 恐其太過, 洩身以爲秀氣", 『子平眞詮評註』 권4, 앞의 책, p.30.

125) "印綬而用傷食, 財運反吉, 傷食亦利, 若行官運, 反見其災, 煞運則反能爲福矣", 위의 책, p.38.

동일하다. 앞의 명조에서 설명하였듯이 壬水가 제1용신, 甲木이 제2용신, 丙火가 제3용신으로 격국론이나 중화론에서 용신(相神)이 정해지면 그를 도와주는 오행신을 찾아야 하지만 조후론에서 午月의 戊土의 경우에는 庚金을 찾지 않는 것을 특징이라고 할 수 있다.

[宗主命理 解說]

時 日 月 年 <事例 30>
戊 戊 戊 戊
午 子 午 申

甲 癸 壬 辛 庚 己
子 亥 戌 酉 申 未

土一氣는 특수격에 들지 못한다. 일반격으로 보기위해 指數法則에 의하면 화6.1 토1.9 금0.9 수2.9 목0이다. 火가 宗主旺神으로 태왕하여 剋法取用한다. 火를 剋하는 水를 찾으나 子수는 좌우로 剋을 당하고 自座干合으로 극을 당하니 수의 통력이 부족하여 不用하여 금을 구한다. 金은 土金用組로 통근을 계산하므로 통력이 충분하다. 그래서 金을 도우는 濕土운과 金水運에 발복하고 금을 극상하는 목화운에 어려움을 겪게 된다.

금용신은 사유축금운동이 살아나야 발복하는 명조이다. 己未대운은 생금하기 어려우니 경제적 어려움이 있지만 좌표상으로 申금이 동하는 庚申대운은 용신운으로 금생수가 되니 庚申 辛酉대운에 임하면서 食傷生財를 하여 금전적으로 풍요해지게 된다. 20년간을 식상생재를 하니 재물을 늘이게 된다. 그러나 壬戌대운에 임하면 午戌화국으로 火剋金을 하여 용신이 극상된다.

좌표상으로 午화가 동하는 午運에 午戌화국을 결성하고 무덤으로 끌고 가니 불지옥과 같았다. 39세 丙戌년에는 子午沖이 동하고 旺神이 入墓를 하는 운이니 답답하면서 일이 지체되고 火剋金하고 土剋水하니 사업이 부진하고 금전적인 어려움에 봉착하게 된다. 화금금으로 금이 녹아나기 때문이다.

더구나 戊대운에 임하면 虛字未와 戌未刑을 이루어 비겁만 늘어나니 친구와 동료가 생기는 일이 생기지만 다시 세운에서 술을 만나는 丙戌년에는 戌未가 再刑을 이루어 주변인들은 재물을 가지고 가버리는 형국이 된다. 月時가 二天二地를 이루어 문서상에 장애가 따르고 배다른 형제가 있을 수 있다.

時 日 月 年<事例 31>

時	日	月	年		
辛	辛	辛	辛		
卯	卯	卯	卯		
乙	丙	丁	戊	己	庚
酉	戌	亥	子	丑	寅

此造四木當權, 四金臨絶, 雖曰反剋地支, 實無力剋也. 如果能剋, 可用財矣. 若能用財, 豈無成立乎. 彼出母腹, 數年間父母皆亡, 與道士爲徒, 己丑戊子運, 印綬生扶, 衣食無虧, 一交丁亥, 生火[126]剋金, 卽亡其師, 所有微業, 嫖賭掃盡而死

이 命造는 네 개의 木이 季節을 얻었으니 네 개의 金은 絶地에 臨하였다. 비록 말하기를 오히려 地支가 剋을 받는다고 할 수 있으나, 실제로는 剋할 힘이 없다. 만약에 結果的으로 能히 剋할 수 있어 財星을 用神으로 쓸 수 있다면, 어찌하여 成功할 수가 없었겠는가?

그는 태어나서 수 년 사이로 父母를 모두 여의고 길을 가던 道士와 무리가 되어 따라가서, 己丑 戊子大運에 印綬가 日主를 生하는 도움으로

126) 『徵義』에는 '木'이라고 되어 있는데 이는 亥卯合木만 본 것이고 合木을 하여 大運의 丁火를 살려 天干으로 火剋金을 한 것을 보지 못한 것이다. 서락오의 잘못이다.

먹고사는 것은 苟且하지 않았으나, 한 번 丁亥大運을 만나면서 火를 生하고 金을 剋하니, 즉 그의 스승은 돌아가고 조그마하게 장사를 하던 것도 음란한 나쁜 마음이 생겨 도박으로 모든 재산을 날리고 죽었다.

<譯評> 이 명조는 '天元一氣格'으로 地支 역시 木旺節에 卯木의 한 기운으로 뭉쳐 있기에 天干과 地支사이에 '不可使地德莫之載'를 하기는커녕 '金木相爭'의 형국이다. 또한 '天動地靜'의 원리에 의하여 天干의 약한 金氣運은 地支의 강한 木氣運을 감당하기 어려워 '木多金衰'의 형국이라 일간을 위주로 명조를 살펴보면 '財多身弱' 사주가 되었다.

때문에 이 명조의 용신은 일간 자체가 용신이 되고 그를 돕는 印星이 희신이 된다. 이와 같이 사주체에서 용신과 희신을 결정한 후 대운을 살펴보면 己丑/戊子大運이 희신운이며, 이후 丁亥大運은 亥卯合木을 하여 丁火를 살리고 그 丁火가 天干에 힘없이 무리지어 있는 辛金들을 극하므로 사망한 명조이다.

정단님도 이 명조를 『종주명리』의 마지막 장에서 예시 명조로 사용한 것이다. 여기서 '天元一氣'가 되면 지수와 관계없이 一氣虛字가 들어와 통근이 된다. 天元一氣가 되면 同一虛字가 地支에 생기므로 從格이 되지 않는다. (301p 참조)

『子平眞詮』 심효첨의 격국론에 의하면, 偏財格이다. 印格과 財格은 正/偏을 구분하지 않는다는 심효첨의 이론에 따르면, 이 격 또한 四吉神 중에 하나가 된다. 때문에 이 格을 劫奪하는 比劫을 相神으로 할 수가 없다. 단 印星은 쓸 수 있으나, 『子平眞詮』의 평주자인 서락오가 말하듯이 財格에 印星을 함께 쓰는 것은 쉽지 않다.[127]고 하였다.

그 이유는 일주를 돕는 인성을 용신으로 할 경우 재성의 극을 두려워하기 때문이고 심효첨이 比劫相神을 언급하지 않은 것은 奪財를 하기 때

127) "財印竝用, 最不易取", 『子平眞詮評註』 권4, 앞의 책, p.15.

문이다. 그러나 중화론에 의한 임철초는 比劫을 용신으로 하고 그 비겁을 돕는 인성을 희신으로 과감하게 쓰므로 이 명조의 印星大運에 반짝 好運이 있었다는 것을 증명하고 있다.

『窮通寶鑑』 계절을 중시하는 조후용신론에 의하면, 2월의 辛金은 陽和의 계절이라 壬水를 존중해야 한다. 戊/己土를 보면 病이 되므로 甲木을 얻어 伏制시켜야 한다. 즉, 辛金이 매몰되지 못하게 하여야 한다. 壬水 또한 혼탁하지 말아야 하며, 이것에 합당한 자는 반드시 玉堂에 들어갈 것이다.[128]고 하여, 壬水가 제1용신이고 甲木이 제2용신이 된다.

이러한 결과 임철초의 중화론과는 거리가 먼 용신이 정해지게 되었다. 이와 같이 三者의 용신이론이 차이가 나는 명조는 대부분 貧賤하지 않으면 破家亡身을 한다든지 夭折을 한다든지 하는 경우가 있음을 확인할 수 있으며, 이와 반대로 三者의 용신론이 일치하는 경우에는 好格 내지는 好命이 되는 경우가 많은 것을 확인할 수 있다.

時	日	月	年	<事例 31>	
辛	辛	辛	辛		
卯	卯	卯	卯		
乙	丙	丁	戊	己	庚
酉	戌	亥	子	丑	寅

지수를 적용하지 않는 특수격에 해당하는 天干一氣格이다. 천간일기격은 生法取用하니 一氣를 이룬 金이 용신이 된다. 금이 용신이니 금을 생하는 운에는 발복을 하여 물질적 풍요함을 누리지만 天干一氣를 극하는 火木운이 오면 재물로 인하여 화액을 당하게 된다.

金용신이면 巳酉丑금운동이 일어나야 발복한다. 그래서 己丑대운초입

128) "二月辛金, 陽和之際, 壬水爲尊, 見戊己爲病, 得甲制伏, 則辛金不致埋沒, 壬水不致混濁, 合此者必身入玉堂", 『窮通寶鑑』 앞의 책, p.156.

에 재물을 거머쥐게 되지만, 丁亥 丙戌대운은 일기인 금을 극하는 운이니 재물로 인하여 목숨을 잃을 수도 있는 것이다. 同柱絶하는 庚寅대운에 인목으로 인하여 물질적인 고통이 생기는 것이다. 절지에 임하고 부재하는 부모운기이니 재운에 임하여 조실부모한 것이다.

偏財가 중중하니 투기와 사업을 좋아하고 雙辰殺을 重重하여 하는 일에 장애가 많이 따른다. 인성이 희신이니 스승과 부모덕을 입어보지만 부모가 돌아가시거나 스승이 돌아가시면 절대지원자가 떠나는 형국이라 갖은 횡액에 노출되는 것이다. 편재가 흉신으로 작용하면 재물이나 여자관리가 되지 않아 소유도 향유도 길지 못하다.

편재의 역기능은 투기성과 도박성이 강하여 한번 빠지면 헤어나질 못하는 것이다. 辛卯일주는 九醜妨害殺에 걸려 있어 횡액을 당하면 온갖 추잡한 일을 겪게 된다. 결혼해도 처가를 멀리하는 성향이 있다.

【原文】

地全三物, 不可使天道莫之容.[129]

地支에 會局이나 方局을 이루는 세 가지 物이 있다 하여도, 天干의 道가 그것을 허용하지 않으면 안 된다.

[劉氏注]

寅卯辰, 亥卯未, 而遇甲庚乙辛, 則天不覆, [130]然不特全一氣與三物者, 皆宜天覆地載, 不論有根無根, 皆要循其氣序, 干支不反悖爲妙.

地支가 寅卯辰으로 木方局을 이루고 亥卯未로 木會局을 이루고 있고 天干에서 甲庚乙辛을 만나면, 즉 天干이 地支를 덮어주는 것이 아니다.

---

129) 『滴天髓輯要』에는 「不可使天道莫之覆」이라고 되어 있다. 『闡微』에서의 '容'보다 『輯要』에서의 '覆'이 文脈的으로 옳고, [劉氏注] 에서도 「天覆地載」로 설명한 것으로 보면 『闡微』의 【原文】이 불완전하게 옮겨졌다. 참고적으로 『徵義』도 『闡微』와 같다.

130) 以下는 陳素菴의 『滴天髓輯要』에는 없는 文句이다. 어느 누군가가 衍文을 한 것으로 판단된다. '天全一氣' 와 '地全三物' 을 總括的으로 설명하였다.

그리고 天干의 一氣와 더불어 地支의 三物뿐만 아니라 모두가 마땅한 것은 天覆地載이며, 根의 유무를 막론하고 필요한 것은 그 氣運이 차례대로 순환하므로 天干과 地支가 서로 어그러지지 않는 것에 妙함이 있게 되는 것이다.

〔任氏注〕

任氏曰, 地支三物者, 支得寅卯辰, 巳午未, 申酉戌, 亥子丑, 之方是也. 如寅卯辰日主是木, 要天干火多, 日主是火, 要天干金旺, 日主是金, 要天干土重, 大凡支全三物, 其勢旺盛, 如旺神在提綱, 天干必須順其氣勢, 洩之可也. 如旺神在別支, 天干制之有力, 制之可也. 何以旺神在提綱, 只宜洩而不宜制. 夫旺神在提綱者, 必制神之絶之也. 如强制之, 不得其性, 及激而肆逞矣. 旺神者, 木方提綱得寅卯是也. 制神者, 庚辛金也, 寅卯乃庚辛之絶地也. 如辰在提綱, 四柱干支, 又有庚辛之助, 方可制矣. 所謂循其氣序, 調劑得宜, 斯爲全美, 木方如此, 餘可例推.

임씨가 말하였다. '地全三物'이란 地支에 寅·卯·辰, 巳·午·未, 申·酉·戌, 亥·子·丑의 方局을 얻은 것을 말하는 것이다. 만약 寅·卯·辰이 있고 日主가 木日主라면, 반드시 天干에는 많은 불이 필요하고, 日主가 火日主라면 天干에는 金이 旺한 것을 필요하며, 日主가 金이라면 天干에는 반드시 土가 重한 것을 필요로 한다.

대체로 地支가 오로지 三物이 모이면 그 氣勢가 旺盛하고 만약 旺神이 月令을 잡았으면 天干은 반드시 그 氣勢를 順하게 해주어야 하니, 洩氣시키는 것이 옳다. 만약 旺神이 다른 地支에 있고 天干에서 制하는 것이 유력하면 制하는 것이 좋다.

어찌하여 旺神이 月令을 잡았을 때 制하면 마땅치 않고 오로지 洩하는 것이 마땅하냐 하면 무릇 旺神이 提綱했다는 것은, 制하려는 神은 반드시 絶地에 있기 때문이다. 만약 强制로 制하려고 하면, 그 性情을 얻어내지 못하고 마침내 激烈하게 放恣한 行動을 할 것이다.

旺神이란 木方의 提綱인 寅 · 卯月이며, 制神이란 庚 · 辛金이다. 寅 · 卯月은 庚 · 辛의 絶地가 되어 制할 힘이 없다. 만약 辰月이 月令을 잡고 四柱 干支 중에서 또 다시 庚 · 辛이 도움을 받는다면 方局을 制하여도 된다.

이른바 氣運이 차례대로 돌고 마땅함을 얻어서 고르게 만들어지니 이것을 오로지 아름답다고 하는 것이다. 木方局을 이와 같이 예를 들었으니 나머지도 미루어 짐작함이 옳다.

時	日	月	年<事例 32>		
丙	甲	庚	辛		
寅	辰	寅	卯		
甲	乙	丙	丁	戊	己
申	酉	戌	亥	子	丑

此寅卯辰東方, 兼之寅時, 旺之極矣. 年月兩金臨絶, 旺神在提綱, 休金難剋, 而且丙火透時, 木火同心, 謂强衆而敵寡, 勢在去庚辛之寡, 早行土運生金, 破耗異常, 進京入部辦事, 至丙戌運, 分發廣東, 得軍功, 升知縣, 喜其剋盡庚辛之美, 至酉, 庚辛得地, 不祿宜矣.

이 命造는 寅 · 卯 · 辰 東方木局을 이루고 겸하여 時間도 寅時라, 旺한 것이 剋에 이르렀다. 年 · 月의 庚 · 辛金은 絶地에 臨하고 旺神은 提綱에 있으니, 休의 狀態인 金이 (旺神인 木을) 剋하기는 어렵고 또한 丙火가 時干에 透出하여, 木과 火가 한마음이 되니 말하여 무리는 强하고 (쳐들어오는) 적은 적으므로 (本柱의 木/火) 세력은 庚 · 辛의 적음을 제거할 수 있다.

일찍이 土運에서 金을 生하는 관계로 財産이 깨지고 사라지는 이상함을 만났으나, 그 후 (丁亥大運에) 서울로 올라가 辦事部에 들어가고, 丙戌大運에 이르러서 廣東省에서 군사적으로 분발하여 功을 세워 知縣에 오르게 되었다. 기쁜 것은 庚·辛을 剋하여 다하게 하니 아름다움이 있었는데, 酉金運을 만나 庚·辛이 뿌리를 얻어 不幸하게 되었으니 당연한 것이다.

<譯評> 이 명조는 증주자가 후반부에 주된 세력에 힘없이 반대하는 오행이 있는 경우를 張楠은 그의 이론에서 병이 된다고 하는 病藥論으로 이론을 이끌어나간다. 이와 같이 강한 오행을 沖하는 약한 오행은 오히려 사주자체를 혼란스럽게 만든다. 때문에 이 사주 역시 초년 土大運이 들어오면서 잠복해 있던 庚/辛金을 도우려 하지만 '衆寡不敵'의 현실감만 느끼게 하고 공연히 '破耗異常'함 만 되었다.

『子平眞詮』 심효첨의 격국론에 의하면, 建祿格이라는 것은 月建이 祿堂에 있는 것이다. 祿은 곧 劫이다. 혹 祿堂이 투출한즉 의존할 수 있을 것으로 여겨 쓰는 것은 잘못된 것이다. 그러므로 建祿과 月劫은 한가지다. 별도로 나눌 필요가 없다. 모두 투간되고 地支로 會局을 이루면 財/官/煞/食을 相神으로 써야 한다.[131)]고 하였다.

이와 같은 근거에 의하면 심효첨은 이 명조의 相神(중화론에서 用神)을 財/官/煞/食 중에서 찾아야 할 것이다. 이와 같이 建祿/月劫格이 되면 官星을 최우선한다. 그러나 이 명조는 비록 寅月의 甲木이라 身强하므로 食傷에 의해 制殺을 해야 할 것 같다.

그러므로 심효첨은 또 말하기를, 祿劫格에 財/官星이 없어서 食/傷星을 相神으로 하면 그 太過한 기운을 洩氣하여 역시 秀氣가 된다. 더욱이 (日主가) 春木과 秋金이면 귀하다. (왜냐하면) 대체로 木이 火를 만나면 밝아지고, 金이 水를 생하면 神靈스러워지기 때문이다. 마치 張壯元의 命이 甲子/丙寅/甲子/丙寅으로 '木火通明'이 된 명조다. 또 癸卯/庚申/庚子/庚辰

---

131) "建祿者, 月建逢祿堂, 祿卽是劫, 或以祿堂透出卽可依以爲用者, 非也, 故建祿與月劫, 可同一格, 不必另分, 皆以透干會支, 別取財官煞食爲用", 『子平眞詮評註』 권5, 앞의 책, p.39.

으로 金水가 서로 받아들이고 있다.[132]고 하였다.

위의 명조<事例 32>는 張壯元의 명조와 같이 일주가 春木에 해당되어 食傷으로 洩氣하는 대운을 기다린다. 결론적으로 剋制하는 相神인 年干과 月干에 있는 庚辛(官煞)金을 相神으로 사용하기에는 '衆寡不敵'이라, 洩氣하는 時干의 食神을 相神으로 취할 수밖에 없다. 이 같이 하고 대운을 살펴보니 丁亥/丙戌大運을 제외하고는 好大運이 없다. 그러므로 '至酉'하여 '庚辛得地'하니 '不祿宜矣'한 命主다.

『窮通寶鑑』 계절을 중시하는 조후론에 의하면, 正月의 甲木은 初春이라 오히려 차가운 기운이 남아 있다. 丙火를 얻고 癸水가 투간하면 富貴가 둘 다 온전하다.[133]고 하였다. 이와 같은 이론에 의하면 조후용신으로는 제1용신은 丙火가 되고 제2용신은 癸水가 된다. 그렇다면 조후용신론에 의한 취용에 의하면 이 명조에는 제1용신인 丙火는 용신이 되지만 제2용신인 癸水를 쓴다는 것은 이해할 수 없는 이론이다.

[宗主命理 解說]

時 日 月 年 <事例 32>

丙 甲 庚 辛

寅 辰 寅 卯

甲 乙 丙 丁 戊 己

申 酉 戌 亥 子 丑

지수의 도움이 없이 宗主가 보일지라도 지수를 정확하게 계산하는 것이 오류와 실수를 줄이는 길이다. 辰토는 시제의 법칙에 따라 辰中戊가 木으로 변한다. 土의 변화지수를 감안하면, 지수는 수0.3 목9.7 화2.9 토

132) "其祿劫之格, 無財官而用傷食, 洩其太過, 亦爲秀氣, 春木秋金, 用之則貴, 蓋木逢火則明, 金生水則靈, 又癸卯/庚申/庚子/庚辰, 金水相涵也", 위의 책, 같은 권, p.43.

133) 正月甲木, 初春尙有餘寒, 得丙癸透, 富貴雙全", 『窮通寶鑑』, 앞의 책, p.5.

0 금1.3이다. 木體金用이나 금이 무근무력으로 불용하고 火가 用神이 되고 목이 희신이 된다. 그러나 重疊合局에 해당하는 특수격이다. 寅목이 용신이고 寅中丙이 진용신이다.

화용신은 寅午戌화운동이 일어나야 발복한다. 좌표상으로 寅이 동하는 丙戌대운에 크게 발복하여 엄청난 재물을 거머쥐게 된다. 그래서 30대 후반부터 10년간은 군에서 무공을 세우고 높은 벼슬에 올랐다.

좌표상으로 甲辰이 동하는 乙酉운에 기신이 살아나니 어려움을 겪는다. 금이 살아나면 의욕도 열정도 사라지고 사회활동이나 대외활동에 장애가 발생하고 가족의 도움을 받는 처지가 되기 때문이다.

선천적으로는 식상생재를 원하고 후천적으로는 관인상생으로 흐르니 엇박자가 불가피하다. 엇박자가 나면 선택의 기로에서 갈등과 고민이 깊어진다. 水土運에 용신이 극상을 당하니 食傷이 파손되어 기본적인 생계수단과 활동무대가 사라지거나 어려움에 처해지는 것이다. 官殺이 혼잡하고 同柱絶하니 직장변경이 다반사가 된다.

비겁이 태왕하면 群劫爭財가 되니 戊子대운에 재물의 손실이 크게 발생한다. 가장 두려운 운은 卯酉충하여 沖出된 辛금이 丙화용신을 앗아가 버릴 때이다. 더구나 運支를 만나 乙庚合化金하여 새로운 金이 생성되어 七殺鬼로 들어오고 을목 희신도 기신으로 변하니 믿고 지원해준 주변의 지인도 배신하고 돌아서는 일이 발생한다.

가장 기대가 되는 운은 丙戌운이다. 병화용신이 살아나고 辰戌沖出開庫된 辰中乙목은 관살혼잡의 庚금을 데려가 버리니 흉물이 제거되어 길함을 크게 느끼게 된다. 寅申충하는 甲申대운은 월과는 충하고 시와는 再沖하여 흉액이 속출한다.

建祿이 공망이 되니 크게 한번 실패를 경험한다. 庚寅이 공망이고 天刑殺에 걸려있어 둘째 아들이 몸이 불변하거나 장애를 겪는다. 天地回轉殺이 시주에 임하고 길하게 작용하니 운발을 받으면 천재성을 발휘하기도 하고 운이 빗나가면 돌아이 기질도 드러낸다. 食傷에 홍염살을 두르고 있어 말하거나 행동할 때는 얼굴에 흐르는 눈웃음이 보통이 아니다.

時 日 月 年<事例 33>
丁 甲 庚 庚
卯 寅 辰 寅
丙 乙 甲 癸 壬 辛
戌 酉 申 未 午 巳

此亦寅卯辰東方, 旺神不是提綱, 辰土歸垣, 庚金得載力量足以剋木, 丁火雖透, 非庚金之敵, 用殺明矣. 至甲申運, 庚金祿旺暗沖寅木, 科甲聯登, 仕至郡守, 一交丙運制殺, 降職歸田.

이 命造 역시 寅卯辰 東方木局을 이루었는데 旺神이 提綱을 얻지 못하고, 辰土가 자기 담장 안으로 돌아가니(辰土가 提綱), 庚金이 힘을 얻어 충분히 木을 剋할 수 있다. 비록 丁火가 透出은 하였으나 庚金에게는 敵의 상대가 못되므로 用神은 官殺이 되는 것이 확실하다. 甲申大運에 이르러 庚金이 祿旺地를 얻고 寅木을 暗沖하여 과거에 연달아 合格을 하고 벼슬길이 郡守까지 올랐으나 한번 丙大運을 만나 制殺을 하여 職位에서 물러나 시골로 돌아갔다.

<譯評> 그렇다! 月令이 生/旺/墓月 중에 生/旺月은 方局을 이룰 수 있지만 墓地인 辰/戌/丑/未月은 方局을 형성할 능력이 없다. 때문에 辰土는 地藏干에는 乙/癸/戊가 온전하다. 그래서 바로 천간에 투출한 庚金은 乙木과 합을 하고 戊土에 생을 받아 용신으로 사용할 수 있다.

특히 年干의 庚金까지 있어 용신역할을 하기에 충분하다. 용신이 정해지면 희신은 그것을 도와주는 오행신이 희신이 된다. 그래서 金/土가 用/喜神이 된다. 다시 대운을 살펴보니 三旬大運까지는 고전하였을 것이며 甲申/乙酉大運이 好運이었을 것이다.

『子平眞詮』 심효첨의 格局論에 의하면 偏財格이다. 이 偏財格은 印綬格과 함께 正偏 관계없이 四吉神 중에 하나이다. 그러나 格局用神을 정하고 그 용신의 강약에 따라 相神을 정해야 하는데, 심효첨은 財格에 傷官을 相神으로 쓸 경우 財星이 심히 旺하지 않고 比肩劫이 강해야 한다. (그렇게 되면) 하나의 자리에 노출된 傷官이 그것을 (강한 比肩劫의 기운을) 化하게 된다.[134]고 하였다. (그렇게 되면 상관이 강한 比肩劫의 힘을 설기시켜 比肩劫이 財星을 劫奪하는 힘을 줄이고 그 빼앗은 힘을 財星에게 도움을 주기 때문이다)[135] 결론적으로 심효첨의 格局論에 의하면, 偏財格으로 정했으므로 그 偏財가 약한 이유로 傷官丁火가 相神이 된다. 이 같은 결과 심효첨과 임철초의 用(相)神 정하는 방법에 차이가 난다. 그 이유는 심효첨은 편재격을 중심으로 相神을 찾았으며, 임철초는 일주의 강약과 사주구조를 살펴서 用神을 찾았기 때문이다.

『窮通寶鑑』 계절을 중시하는 調候用神論에 의하면, 3월의 甲木은 木氣가 바닥이 다한 상태이다. 먼저 庚金을 취하고 다음으로 壬水를 용신으로 취한다. 庚金과 壬水가 둘 다 투출하면 圖謀하는 일을 책임질 명단에 오를 수 있다.[136]고 하였다.

이 같이 조후론에 의하면 제1용신이 庚金이고, 다음으로 壬水를 取用한다고 하였는데, 庚金 제1용신을 쓴 이유는 음력으로 3월 정도면 甲木의 상태가 어느 정도 이루어졌으므로 金氣로 剪枝하고 다시 임수로 培養한다는 뜻이 내포되어 있다. 결론적으로 中和論에서는 3월의 木은 木氣가 旺하여 金氣로 制하고 그 제하는 용신을 돕는 土氣로 扶助하는 喜神으로 삼았다.

---

134) "有財用傷官者, 財不甚旺而比强, 略露一位傷官以化之", 『子平眞詮評註』 권4, 앞의 책, p.17.
135) 이는 역평자의 견해다.
136) "三月甲木, 木氣相竭, 先取庚金, 次用壬水, 庚壬兩透, 一榜堪圖", 『窮通寶鑑』, 앞의 책, p.10.

[宗主命理 解說]

時 日 月 年 <事例 33>

丁 甲 庚 庚

卯 寅 辰 寅

丙 乙 甲 癸 壬 辛

戌 酉 申 未 午 巳

木이 宗主임을 쉽게 알 수 있고 重疊合局이 되는 듯하나 庚辰의 辰中戊가 金으로 변하여 중첩합국의 破格으로 극법취용하니 木體金用으로 시작한다. 좌우의 법칙보다는 동주의 법칙이 우선하기 때문이다.

金의 通力은 金土用組로 계산하니 통력이 충분하므로 金이 용신이 된다. 庚庚辰의 通力群으로 통력이 충족이 되기 때문이다. 金이 用神이면 巳酉丑금운동이 일어나야 발복한다. 좌표상으로 寅목이 동하는 壬午대운에 寅午화국을 결성하여 忌神으로 변하니 화액을 겪는다. 그래서 18세 丁未년은 왕신이 入墓하고 묘미목국을 이루어 비겹이 중중하고 양인이 동하니 파재와 부친상을 당하게 된다.

좌표상으로 辰이 동하는 甲申대운에 用神이 왕기를 발하여 원하는 바를 성취하니 과거에 합격하고 벼슬길에 오른다. 좌표상으로 寅이 동하는 丙戌대운에 寅戌화국을 결성하여 기신으로 변하니 용신이 火剋金으로 무력무능한 처지로 전락하게 되므로 퇴직하여 귀향한다. 火剋金하는 사오미운에서 어려움을 겪고 가난을 경험하게 된다. 편관성이 부모궁에 임하고 있어 부친이 엄격하였음을 의미한다. 고독과 극처를 의미하는 孤鸞殺이 있고 양인살이 있어 가정적으로 원만하지 못함을 말한다. 配星이 寅中戊로 있고 挾字로 辰土가 생겨나니 龍띠 여자가 천생연분이 된다. 배성이 약하니 뱀띠도 인연이 된다.

甲寅일주는 納音이 동주병이니 다정다감함을 자랑하나 干支同이니 37세 이후에 결혼하면 좋은 배필을 만나게 된다. 虛字辰은 희신으로 용신을 돕기 때문이다. 동주절하는 아들이 첫째이니 이생에서 인연이 멀어진다. 목병이니 목생화도 어렵고 화생토도 어려워 위장질환이 우려되니 항상 위장을 따뜻하게 하여 胃腸관리를 잘해야 한다. 木이 종주왕신이면 怒함이 심하여 土氣가 상하니 소화불량이나 식체이고, 힘든 土生金으로 대장, 폐질환이 생기기 때문이다.

【原文】

陽乘陽位陽氣昌, 最要行程安頓.

陽이 陽의 자리에 있으면 陽氣가 繁昌할 것이다. 가장 중요한 것은 運이 편안하고 안정적인 곳으로 흘러야 한다.

[劉氏注]

六陽之位, 獨子寅辰爲陽方, 爲陽位之純, 五陽居之, 如若是旺神, 最要行運陰順安頓之地.

여섯 陽의 자리에서 오로지 子・寅・辰이 陽의 方向되어 순수한 陽의 자리라고 하며, 天干의 다섯 가지 陽이 子・寅・辰에 머무르면서 만약에 이것이 旺神에 해당한다면 가장 중요한 것은 行運에서 陰으로 가면서 順하고 便安하게 安定的인 자리로 흘러야만 한다.

〔任氏注〕

任氏曰, (六陽皆陽, 非子寅辰爲陽之純也.)[137] 須分陽寒陽暖而論也. 西北爲寒, 東南爲暖, 如若申戌子全, 爲西北之陽寒, 最要行運遇卯巳未東南之陰暖是也. 如寅辰午全, 爲東南之陽暖, 最要行運遇酉亥丑西北之陰寒是也. 此擧大局而論, 若遇日主之用神喜神, 或木, 或火, 或土, 是東南之陽暖, 歲運亦宜配西北之陰水陰木陰火, 方能生助喜神用神, 而歡如酬酌, 若歲運遇西北之陽水陽木陽火, 則爲孤陽不生, 縱使生助喜神, 亦難切當, 不過免崎嶇而趨平

---

137) 『徵義』에는 '子寅辰午申戌爲陽支'라고 되어 있다.

坦也. 陽暖之局如此, 陽寒之局亦如此論, 所謂陽盛光昌剛健之勢, 須配以陰盛包寒柔順之地是也. 若不深心確究, 孰能探其精微, 而得其要訣乎.

임씨가 말하였다. 여섯 가지의 陽은 모두 陽이며, 子 · 寅 · 辰만이 純粹한 陽이 아니다. 반드시 나누어야 하는 것은 陽이 차고, 따듯한 것만 논하면 된다. 西北은 차고 東南은 따듯하니, 만약에 申 · 戌 · 子가 모두 있으면 西北의 차가운 陽氣라 하여 가장 필요한 것은 行運에서 卯 · 巳 · 未 東南의 따듯한 陰의 氣運이다. 만약에 寅 · 辰 · 午가 모두 있다면, 東南의 따듯한 陽의 氣運이 되니 가장 필요한 것은 行運에서 西北쪽의 酉 · 亥 · 丑인 차가운 陰의 기운을 만나는 것이라 했다.

이렇게 넓은 의미로 예를 들어 놨으니, 만약에 日主의 用神이나 喜神이 혹, 木 · 火 · 土라면, 이것은 東南의 따듯한 陽이니, 歲運에서도 역시, 마땅히 西北의 陰水 陰木 陰火를 만나야만이 능히 喜神과 用神을 生助하므로 마치 주고받는 즐거움이 있는 것이다.

만약 歲運이 西北의 陽水 陽木 陽火를 만나면 즉, 외로운 陽이 되어 생할 수 가 없으니 억지로 喜神을 生助시킨다 하여도 역시 뚝 떨어지게 하기에는 어려움이 있으며, 그저 험한 것은 면하고 평탄한 것만 추구하는 것에 불과하다.

따듯한 陽의 局으로 이와 같이 하였으니, 차가운 陽의 局도 역시 이와 같은 論理이다. 바로 이리하여 陽의 기운은 剛健하고 빛나며 昌盛한 세력이니, 모름지기 그의 짝인 陰도 반드시 旺盛한 기운으로 차갑고 柔順한 地支를 포용하여야 한다. 만약에 심오한 마음으로 정확하게 탐구하지 않는다면 누가 능히 그 정밀하고 미세한 것을 찾아내어 그 중요한 비결을 얻어내겠는가?

時　　日　　月　　年<事例 34>

庚　　丙　　丙　　癸

寅　　午　　辰　　巳

庚　辛　壬　癸　甲　乙

戌　亥　子　丑　寅　卯

此東南之陽暖, 天干金水, 似乎無根, 喜月支辰土, 洩火蓄水而生金, 金挂角逢生, 則庚金可用, 癸水卽庚金之喜神, 初運乙卯甲寅, 金絶火生而水洩, 孤苦不堪, 一交癸丑, 北方陰溼之地, 金水通根, 又得巳丑拱金之妙, 出外大得際遇, 驟然發財十餘萬, 陽暖逢寒, 配合之美也.

이 命造는 東南의 따듯한 陽으로써 天干의 金·水는 뿌리가 없는 것처럼 보이지만, 기쁜 것은 月支의 辰土가 있어 火를 洩하고 물을 貯藏하고 金을 생할 수 있다. 庚金은 뿔 끝에 매달리어 생을 받는 形象이니 庚金을 用神으로 할 수 있다. 癸水는 庚金의 喜神인데, 初運에 乙卯/甲寅大運을 만나 金이 絶地이고 火를 生하고 水는 洩이 되니, 외롭고 고독한 것을 참기가 어려웠으나 한번 癸丑大運을 만나, 北方의 陰濕한 땅이라 金·水가 通根하고 또 巳丑이 묘하게도 金局을 이루니 밖으로 나가 크게 얻을 기회를 잡아서 재빠르게 發動하는 財物 福으로 十餘萬의 財産을 모았으니, 따듯한 陽의 氣運이 차가움을 만나서 일어나는 아름다움이다.

<譯評> 이 명조는 辰月에 태어난 丙火日主로 洩氣가 되어 약할 것 같지만 天干으로 丙火가 하나 더 있고 地支의 寅午火局을 이루면서 年支의 巳火까지 있어 일주를 도와주니 일주는 강하다. 때문에 증주자는 庚金을 용신으로 하고 그 금기운을 洩하는 水氣를 喜神으로 하였다.

하지만 譯評者의 견해로는 月支 辰土의 地藏干에 乙/癸/戊 중에서 癸水에 뿌리를 둔 年干의 癸水(正財)를 용신으로 하고 그 용신을 돕는 金氣를 희신으로 정하고 대운을 살펴보면 二旬大運인 甲寅大運까지 어렵게 살다가 三旬大運 癸丑運부터는 水金大運으로 흐르니 好命이 된 명조이다.

『子平眞詮』 심효첨의 격국론에 의하면, 辰月의 丙火日主 食神格이다. 심효첨은 이 食神格을 論食神장에서 말하기를, 이 食神은 본래 (일주를) 洩氣하는데 속하며, 그 기능은 正財를 생하는 것을 기뻐한다. 그러므로 '食神生財'는 美格이다. 재성은 뿌리가 있는 것이 중요하며 正/偏이 중첩되어 투출된 것을 필요로 하지 않는다. 만약에 身强하면서 食神이 旺하고 財星이 투출하면 大貴의 格이 된다. 마치 丁未/癸卯/癸亥/癸丑으로 梁丞相의 命이 그렇다. (또) 己未/壬申/戊子/庚申으로 謝閣老의 命이 그렇다.[138]고 하였다.

또한 식신격에 評註를 한 서락오의 의견에 의하면, 食神이라는 것은 財星의 뿌리가 된다. 日元이 왕성한 자는 기세가 편안하고 안정적이어야 한다. (편안하고 안정되려면) 화려하고 빼어남은 흘러서 노출되는 것을 반긴다. 만약에 旺하면서 洩하는 기운이 없으면 몸에 미쳐 멈추어 있는 것으로 반드시 아름다운 명조는 아니다.[139]고 하여 食神格을 설명하였다.

이와 같은 이론에 의하면 임철초가 위의 명조<事例 34>를 用神으로 庚金을 用神(격국론에서는 相神)으로 정한 것을 이해할 수 있다. 더하여 食(土)生財(金), 財(金)生官(水)하는 用/喜神을 정한 방법을 이해할 수 있다.

『窮通寶鑑』 계절을 중시하는 조후용신론에 의하면, 3월의 丙火日主는 氣가 점점 뜨겁게 오를 때이다. 壬水를 제1용신으로 하고 혹 土局을 이루었다면 甲木을 취하여 보필이 되어야 한다. 壬水는 떨어지면 안 된다.

---

138) "食神本屬洩氣, 以其能生正財, 所以喜之, 故食神生財, 美格也, 財要有根, 不必偏正疊出, 如身强食旺而財透, 大貴之格, 若丁未/癸卯/癸亥/癸丑, 梁丞相之命是也, 己未/壬申/戊子/庚申, 謝閣老之命是也", 『子平眞詮評註』 권4, 앞의 책, p.45.

139) "食神者, 財之根也, 日元旺盛者, 氣勢要有安頓, 菁英喜其流露, 若旺而無洩, 及身而止, 必非美造" 『子平眞詮評註』 권4, 앞의 책, p.45.

壬水와 甲木이 둘 다 투간되면 科甲이 정해짐이 마땅하다.[140]고 하였다.

이와 같이 꼭 꼬집어 壬水와 甲木이 용신이 되기 때문에 年干의 癸水는 탈락된다. 특히 丙火日主는 명리학계에서는 壬水를 즐기고 癸水는 오히려 구름과 안개로 형상화하여 햇빛을 가린다고 하여 癸水를 용신으로 쓰는 것을 꺼린다. 또한 甲木을 쓰면 이 명조에서는 강한 日主를 오히려 더욱 강하게 하기 때문에 中和用神論에서는 인정할 수 없다.

[宗主命理 解說]

時 日 月 年 <事例 34>

庚 丙 丙 癸

寅 午 辰 巳

庚 辛 壬 癸 甲 乙

戌 亥 子 丑 寅 卯

指數法則에 의하면, 목2.7 화6.2 토2.7 금1.3 수1.4이다. 화는 태왕하여 목으로 상생되어 극왕이 되었다가 다시 토와 상생되어 태왕으로 원위치가 된다. 따라서 火가 太旺宗主이고 剋法取用하니 火體水用이고 수는 통력이 부족하므로 금을 찾는다. 水는 계진의 통력군을 취하나 극지에 있는 水이니 追加通力이 필요하다. 결국 水는 불가하여 金土用組에서 庚辰巳의 通力群이 충족되므로 金이 用神이 된다.

金용신이니 巳酉丑금운동이 일어나야 발복한다. 좌표상으로 丙화가 동하는 癸丑대운에 巳酉금국을 결성하여 用神이 왕하게 살아나니 원하는 바를 이루게 된다. 20대에 투자나 투기나 사업을 일으키면 성공을 거두게 된다. 辰이 동하는 시기에 壬子대운을 맞이하면 재물로 정계나 관계로 진출하여 출세가도를 달리게 된다.

---

140) "三月丙火, 氣漸炎升, 用壬水, 或成土局, 取甲木爲輔, 壬不可離, 壬甲兩透, 科甲定宜",『窮通寶鑑』, 앞의 책, p.64.

火體水用에서 금용신이 되었으니 水는 藥神으로 수운에 크게 발복한다. 乙卯 甲寅운에서는 寅巳刑이 동하여 화극금을 하니 살기를 당하니 가난과 질병이 깊었을 것이다. 그러나 癸丑운 이후부터 약신이 발하고 용신이 들어오니 크게 출세함이 당연하다. 食傷이 약신이니 움직이고 동하면 만사대길해진다. 편재를 쓰니 사업으로 재물을 모으게 된다. 그러나 戌대운에 임하면 寅午戌화국으로 旺神이 入墓하고 火剋金하니 재물이 날아가고 직장을 잃게 된다. 경금은 뿌리가 없으니 쉽게 날아가고 직장도 증발되는 형국이다. 그러나 火局은 새로운 水를 생성하니 새로운 직업을 가지게 된다. 다가오는 己酉 戊申대운에 발휘할 전망 있는 직에 종사할 것이다.

그러나 같은 사주라 해도 선택과 집중에 의해 달라지니 무슨 꽃을 피우느냐가 중요하다. 時柱가 공망이고 편관만 있으니 아들 두기 어렵고 딸만 두게 된다. 丙午일주이니 자비심과 경애심이 많아 종교생활에 어울린다.

時	日	月	年<事例 35>		
庚	丙	乙	戊		
寅	寅	丑	寅		
辛	庚	己	戊	丁	丙
未	午	巳	辰	卯	寅

丙寅日元, 雖支遇三寅, 最喜丑土乘權, 財星歸庫, 若運走西北土金, 財業必勝前造, 惜一路東南木火之地, 祖業破盡, 徧歷數省, 奔馳不遇, 至午運暗會刦局, 死于廣東, 一事無成, 莫非運也.

丙寅日主가 비록 地支로 세 개의 寅木을 만났으나, 가장 기쁜 것은 丑土가 月令을 잡은 것인데 財星은 庫에 들어가 있으니, 만약 운만 西/北土/金運으로 달려만 준다면 財産과 家業이 앞 命造를 능가할 것이다. (그러나) 애석하게도 大運의 흐름이 東南의 木/火 地支이니, 祖上이 물려준 사업도 탕진하여 버리고, 여러 省을 돌아다녔으나 기회를 잡지 못하고, 결국에는 午大運을 만나면서 暗會 刦局이 되어 廣東省에서 한 가지 일도 이룬 것이 없이 죽었으니, 이것을 運命이 아니라고는 할 수 없다.

<譯評> 참으로 자세히도 설명해 주신다. 이와 같은 설명방법이 철초님의 특징이라고 할 수 있다. 이 명조의 丙火日主, 三冬之節 중 가장추운 丑月에 태어나 병화의 기운이 洩氣가 심하다. 그러나 地支에 三寅이 있어 일주는 '弱變爲强'이 되었다. 때문에 月令 丑月(傷官)의 地藏干(癸/辛/己)에 時干의 偏財(庚)가 뿌리를 내려 용신으로 하고 그 偏財가 생하는 官星을 喜神으로 한다.

결국 앞의 명조와 같이 일간 丙火가 丑土를 생하고, 그 丑土가 庚金을 생하는 순환구조의 用喜神을 정한다. 이와 같이 사주구조에 나타난 용신과 희신을 정하고 대운을 살펴보니 오히려 대운이 東南方으로 흐르기 때문에 용희신이 원하는 방향의 반대방향으로 흐르기에 午大運에 광동성에서 죽는 운명이 된 것이다. 결론적으로 '命好不如好運'이 된 명조이다.

『子平眞詮』 심효첨의 格局論에 의하면, 傷官格이다. 그러므로 傷官이 있고 財星을 생하는 자는 대체로 傷官은 官星에 불리하다. 그러므로 흉함이 된다. '傷官生財'는 즉, 傷官이 생한 것이 또 생하는 관이 갖추어지면 凶에 반전되어 吉이 되기 때문에 가장 이롭다. 그러므로 신강하고 재성이 뿌리가 있으면 바로 貴格이 된다.[141]고 하였다.

이와 같이 격의 조건을 살펴보았으며 다음은 이에 맞는 取運論을 살펴보면, 일주가 강하고 재성이 약하면 財運을 반기고 傷官運 역시 마땅하다.[142]고 하였다. 이에 근거하여 대운을 살펴보면 역시 대운이 不美하게

---

141) "故有傷官用財者, 皆傷不利於官, 所以爲凶, 傷官生財, 則以傷官爲生, 生官之具, 轉凶爲吉, 故最利, 只要身强而財有根, 便爲貴格", 『子平眞詮評註』 권5, 앞의 책, p.15.

흐르고 있다. 이와 같이 中和論과 用(相)神이 일치하고 대운 역시 일치하면 미래예측 가능성의 정확도 확률이 높아진다.

『窮通寶鑑』 계절을 중시하는 調候論에 의하면, 12월의 丙火는 양의 기운이 두 번 나가는 달이다. 눈도 무섭지 않고 서리 정도는 우습다. 壬水를 用神으로 하는 것을 반기고 己土가 司슈하여 土가 많으면 木이 적은 것은 옳지 않다. 壬水와 甲木이 둘 다 투간하면 科甲을 감당함이 마땅하다.[143]고 하여, 중화용신과 격국용신에 의해 취용한 결론이 확실하게 차이가 난다.

이와 같이『窮通寶鑑』은 가급적 오행을 活動(用)性이 있는 일상주변의 생물체와 각 계절에 나타나는 寒/暖/燥/濕을 日主와 月令을 비교하여 필요한 五行神이 사주 내에 존재하면 好命이 되고, 없으면 속수무책이 되는 것이『窮通寶鑑』의 단점이라고 할 수 있다.

[宗主命理 解說]

時 日 月 年 <事例 35>

庚 丙 乙 戊

寅 寅 丑 寅

辛 庚 己 戊 丁 丙

未 午 巳 辰 卯 寅

指數法則에 의하면 목5.1 화2.8 토4 금1.4 수1.3으로 宗主旺神은 木이고 次宗主는 土이다. 종주왕신이 적정하나 월지를 벗어나니 剋法取用하여 木體金用이고 金은 金土用組를 취하니 그중에 金이 用神이 된다.

종주가 印星이니 월지를 포함한 경우였다면 印綬格에 入格되어 生法取

142) "身强財淺, 則喜財運, 傷官亦宜", 위의 책, p.22.

143) "十二月丙火, 進氣二陽, 侮雪欺霜, 喜壬爲用, 己土司令, 土多又不可少甲, 壬甲兩透, 科甲堪宜",『窮通寶鑑』, 앞의 책, p.79.

用이 가능했을 것이다.

금용신이니 巳酉丑운동을 하여야 발복하니 丑좌표가 동하는 30대 초반에 己巳대운을 맞이하면 巳丑금국을 이루어 傷官生財하니 사업으로 큰 재물을 모으게 된다.

좌표상으로 戊寅이 동하여 金용신을 극하는 丙寅 丁卯운에서는 유산을 탕진하여 가난과 어려움을 겪었다. 식상은 관성을 만나야 식상이 장구하게 이어지는 법인데, 관성이 없으니 사업을 해도 사회성과 영속성이 결여되어 먹고사는 수준에 머물렀다. 庚午대운에 임하면 경금 편재에 대한 욕심이 살아나 투기를 벌이지만 寅午火局을 결성하여 火剋金으로 꿈도 희망도 사라지니 사업이 패망하여 접게 되는 것이다.

49세 丙寅년은 寅午火局으로 丑戌刑이 動하고 戊癸合化로 戊토식신이 사라지고 새로운 比劫자가 생겨나니 爭財현상이 강하게 일어난다. 또한 대운과 세운이 극하여 火金相戰하니 재물을 두고 처절한 싸움이 발생한다.

忌神인 火는 인묘진 사오미운으로 왕성해지니 상대적으로 용신은 기운을 잃어 가는데, 용신이 絶地에 처해지니 탕화살이 사망으로 몰고 간다. 스스로 음독하여 졸하게 될 수 있기 때문이다. 사업이 완전 패망하면 편고된 사주는 브레이크를 잃어버리기 때문에 더욱 위험하다.

【原文】

陰乘陰位陰氣盛, 還須道路光亨.

陰이 陰의 자리에 있으면 陰氣가 旺盛해지므로 도리어 밝은 運路로 흘러야만 한다.

[劉氏注]

六陰之位, 獨酉亥丑爲陰方, 乃陰位之純, 五陰居之, 如若是旺神, 最要行運陽順光亨之地.

여섯 陰의 자리에서 유일하게 酉 · 亥 · 丑이 陰의 方向되어 순수한 陰의 자리라 하며 天干의 다섯 가지의 陰이 그곳에 머무르며 만약에 旺神에 該當하는 경우에는 가장 필요한 것은 行運에서 陽順하고 光亨한 곳으로 흘러야만 한다.

〔任氏注〕

任氏曰, (六陰皆陰, 非酉亥丑爲陰之盛也,)[144] 須分陰寒陰暖而論也. 承上文西北爲寒, 東南爲暖, 假如酉亥丑全, 爲西北之陰寒, 最要行運遇東南寅辰午之陽暖是也. 如卯巳未全 爲東南之陰暖, 最要行運遇申戌子西北之陽寒是也. 此擧大局而論, 若日主之用神喜神, 或金, 或水, 或土, 是西北之陰寒, 歲運亦宜配東南之陽金陽火陽土, 方能助用神喜神, 而福力彌增, 若歲運遇東南之陰金陰火陰土, 則爲純陰不育, 難獲厚福, 不過和平而無災咎也. 陰寒之局如此論, 陰暖之局亦如此論, 所謂陰盛包含柔順之氣, 須配以陽盛光昌剛健之地者是也.

임씨가 말하였다. 여섯 가지의 陰은 모두 陰이며, 酉 · 亥 · 丑만이 陰이 盛하는 곳이 아니다. 모름지기 陰에서도 따듯함과 차가움만을 나누자는 것이다. 위의 글에 따르면 西北은 춥고, 東/南은 따듯하다. 가령 酉 · 亥 · 丑이 모두 있으면 西/北의 차가운 陰이 되니, 가장 필요로 하는 것은 行運에서 東/南, 寅 · 辰 · 午의 따듯한 陽의 기운을 만나는 것이다.

만약 卯 · 巳 · 未가 모두 있으면 東南의 따듯한 陰의 기운이 되니, 가장 필요한 것은 行運에서 西/北, 申 · 戌 · 子의 차가운 陽의 기운을 만나는 것이다. 이렇게 넓은 의미의 예를 들어 이야기하였으니, 만약 日主의 用神이나 喜神이 혹, 金 · 水 · 土라면 이것들은 西北의 차가운 陰이므로 역시 歲運에서 東/南의 陽金 陽火 陽土를 짝으로 맞이함이 마땅하니, 모름지기 능히 用神과 喜神을 도울 수 있으며 福力은 오래도록 증가할 것

---

144) 이곳도 『징의』에는 '丑卯巳未酉亥爲陰支'라고 되어 있다.

이다.

만약 歲運에서 東/南의 陰金 陰火 陰土를 만나면 즉, 純粹한 陰은 키울 수 가 없으니 두둑한 福을 얻기에는 어려움이 있으며, 和平하다 해도 허물과 災殃의 근심이 없는데 불과하다. 차가운 陰의 局을 이와 같이 이야기하였으니, 따듯한 陰의 局도 역시 이와 같은 논리이다. 이른바 부드럽고 順한 기운을 포함한 盛한 陰은, 모름지기 그의 짝인 陽의 기운이 剛健하고 빛나고 번창한 것을 地支로 맞이하여야만 하는 것이다.

時　日　月　年<事例 36>

壬　乙　己　丙

午　酉　亥　子

乙　甲　癸　壬　辛　庚

巳　辰　卯　寅　丑　子

此全酉亥子西北之陰寒, 寒木更宜向陽, 以丙火爲用, 壬水卽其病也. 然喜壬水遠隔, 與日主緊貼, 日主本衰, 未嘗不喜其生, 又有己土透干, 亦能砥定中流, 且喜天干水木火土, 各立門戶, 相生有情, 地支午火緊制七殺, 年月火土, 通根祿旺, 更喜行運東南陽暖之地, 不但四柱有情, 而且行運光亨, 早年聯登甲第, 仕至封疆, 皆陰陽配合之妙也.

이 命造는 西/北의 차가운 陰의 氣運인 酉·亥·子가 있고, 겨울의 나무는 더욱이 햇빛을 향해야 마땅하여 丙火를 용신으로 하니 壬水가 곧 그 病이 된다. 그러나 기쁜 것은 壬水가 멀리 떨어져 있고 일주와 더불어 굳게 붙어있는 것이다. 본래가 일주는 쇠약한데 壬水가 일주를 생하는 것이 일찍이 반갑지 않은 것이 없다. 더욱이 己土가 투간하여 능히 물길을 가운데로 흘러가게 막아 정하여 주는 것이다.

또 반가운 것은 天干의 水/木/火/土가 각각의 본성을 가지고 서로 생하여 주는 정이 있다. 地支의 午火는 七殺에 바짝 붙어 制하고, 年/月의 火

/土에 祿旺으로 通根하고, 다시 기쁜 것은 行運이 東/南의 따듯한 陽의 자리로 흘러간다. 사주가 有情한 것뿐만 아니라, 行運 또한 빛나고 형통하여 젊어서 과거에 급제하고 벼슬은 封疆까지 이르니 이 모두가 음양의 배합의 묘함이다.

<譯評> 초겨울 乙木日主, 地支로는 寒冷한 물이 흐르고 유일하게 時支의 午火가 이 차가운 물을 덥혀 주기에는 역부족이다. 때문에 증주자가 말하듯 天干의 陽火인 丙火가 사주전체에 溫氣를 불어넣는다. 때문에 용신은 병화로 정하였으면 喜神을 찾아야 한다. 용신인 병화가 약하므로 도움을 주는 木星이 희신이 된다. 일간은 用喜神 그룹에서 제외되므로 大運을 기다려야 한다.

한편 증주자는 年/月의 火/土가 通根祿旺하다고 한 것은 時支의 午火에 通根하였다는 것인데 너무 거리가 멀어 필자의 눈에는 잘 보이지 않는다. 却說하고 용신은 丙火이며 희신은 木星이다. 한편 증주자는 '早年聯登甲第'라고 하였으나 三旬大運 寅大運부터 五旬大運 辰大運을 제외한 모든 대운이 好運으로 흐르고 있다.

『子平眞詮』 심효첨의 격국론에 의하면, 月令인 亥水와 일간 乙木과의 육친관계는 印綬格이다. 이 인수격은 사길신 중에 하나이므로 身旺身强의 太過함을 걱정하지 않는다. 단지 官星이 청순할 것을 바란다.[145]고 하여 印綬格을 정의한다. 또 取運論에서는 印綬格에 食/傷을 相神으로 쓸 경우 財星運은 오히려 吉하고 食傷運도 역시 이롭다. 그러나 만약 官運으로 대운이 흐르면 재앙을 당할 것이며, 煞運으로 흐르면 오히려 능히 복이 될 것이다.[146]라고 하였다.

이와 같이 印綬格에 財星을 相神으로 쓰는 경우 好格이라고 하였으나,

---

145) "故身旺印强, 不愁太過, 只要官星淸純", 『子平眞詮評註』 권4, p.29.

146) "印綬而用傷食, 財運反吉, 傷食亦利, 若行官運, 反見其災, 煞運則反能爲福矣", 위의 책, p.38.

取運論에서 보다시피 相神으로 傷官(丙火)을 정해 놓고 대운의 흐름은 財星運과 食傷運과 煞運만 好運이라고 정의하였지만, 중화론을 중심으로 用神(격국론의 相神)을 결정한 후 喜神을 정하는 경우에는 그 용신이 강하면 설기하는 五行神으로, 그 용신이 약하면 부조하는 오행신을 희신으로 정한다. 물론 이 명조의 경우처럼 比劫運도 꺼리지 않는다. 결론적으로 이와 같은 차이에 의하여 격국론과 중화론의 대운 취용법에 차이가 나는 것이다.

『窮通寶鑑』 계절을 중시하는 조후용신론에 의하면, 10월의 乙木日主는 木의 기운을 받을 수 없으나 壬水가 司令하여 丙火를 취하여 用神으로 취하고 다음으로 戊土를 취한다. 丙火와 戊土와 함께 투간하면 科甲은 당연히 정해졌다.[147)]고 하였다.

이와 같이『窮通寶鑑』의 이론은 겨울철에 木日干은 대부분 丙火가 제1용신이 된다. 다음으로 水勢가 강한 계절이라 戊土로 防水役割을 하게 하는 것이 특징이라고 할 수 있다. 또한 사주체에 이 두 오행이 투간되었다면 대운은 볼 것도 없이 好命이 된다는 가장 초보적인 용신취용법이다.

[宗主命理 解說]

時 日 月 年 <事例 36>

壬 乙 己 丙

午 酉 亥 子

乙 甲 癸 壬 辛 庚

巳 辰 卯 寅 丑 子

지수법칙에 따라 剋同柱遞減을 고려하면 수5.5 목2.3 화2.8 토1.0 금

147) "十月乙木, 木不受氣, 而壬水司令, 取丙爲用, 戊土爲次, 丙戊兩透, 科甲定然",『窮通寶鑑』, 앞의 책, p.50.

3.0이다. 水가 종주왕신이고 태왕한데, 차종주의 상생이 있어 剋法取用하므로 水體土用이나 토는 불용하고 화가 용신이 된다. 통력군으로 丙午를 갖추어 통력이 충족되므로 火용신이 된다.

火用神이면 寅午戌화운에 발복을 하게 된다. 인묘운에 화용신을 도우니 활동운과 재물운이 좋아진다. 火용신을 극상하는 庚子/辛丑대운은 조상인연이 박하여 가난과 질병으로 고생을 하고 공부가 되지 않으나 壬寅대운부터 인목 寅亥合生하고 인오화국을 결성하여 용신이 발복하니 과갑에 오르고 벼슬길이 말년까지 순탄하다.

같은 사주라 해도 어려운 시기에 공부를 하지 않았다면 寅대운에 과거에 오르지 못했을 것이다. 세상만사는 因果關係로 이어지기 때문이다. 壬수는 丙화용신을 극하는 기신인데, 기신이 그나마 병화용신과 떨어져 있다는 것은 그만큼 아름다운 그림이다.

용신작용에 전혀 장애가 되지 않기 때문이다. 또한, 지지에 午火도 子수로부터 멀리 떨어져 있어 그만큼 안전하니 貴함이 크다. 그래서 用神이 힘을 얻는 인묘진 사오미운으로 받쳐주니 乘勝長驅하여 큰 벼슬에 오른다.

時　日　月　年<事例 37>

壬　乙　丙　己

午　丑　子　亥

庚　辛　壬　癸　甲　乙

午　未　申　酉　戌　亥

此與前只換一酉字, 以俗論之, 酉換丑更美, 酉乃七殺剋我, 丑乃(偏)[148]財我剋, 又能止水, 何其妙也. 不知丑乃溼土, 能洩火不能止水, 酉雖七殺午火

148) 『징의』에는 '傷'이라 되어 있다. 『천미』의 '偏財' 즉 '己土'이다. '傷財'란 傷官과 財星이다. 丑土 내에는 傷官이 없다.

緊制, 不洩火之元神, 彼則丙火在年, 壬水遙遠, 又得己土一隔, 此則丙火在月, 壬水相近, 己土不能爲力, 子水又逼近相沖, 而且運走西北陰寒之地, 丙火一無生扶, 乙木何能發生, 十干體象云, 虛溼之地, 騎馬亦憂, 斯言不謬也, 所以屈志芸窗, 一貧如洗, 剋妻無子, 至壬申運, 丙火剋盡而亡, 所謂陰乘陰位, 陰氣盛也.

이 命造는 앞의 命造에서 (日支의) 酉金 하나만 바뀌었다. 일반적인 이론이라면 酉가 丑으로 바뀐 것이 더욱 아름답다 한다. (그 이유는) 酉金은 곧 나를 剋하는 七殺이고 丑土는 곧 내가 剋하는 財星이고 또 能히 물을 멈추게 하니, 진실로 묘함이 있다.

(그러나) 알지 못하고 하는 소리이다. 丑土는 濕土라, 능히 火氣를 洩하고 물은 막지 못하며, 앞 命造의 酉金은 비록 七殺이나 午火가 바로 옆에서 剋을 하고 火의 元神을 洩할 수 없고, 丙火는 年에 있고, 壬水와는 멀리 떨어져 있으며, 또 己土가 사이에 두고 자리를 하고 있는데, 이 命造는 丙火가 月에 있고 壬水와 가까이 있고, 己土는 힘을 쓸 수 없으며, 子水 또한 가까이 相沖하고 있다. 大運 또한 西/北의 차가운 陰의 자리로 흐르니, 丙火는 生扶를 받을 만한 것이 하나도 없으니, 乙木이 어찌 生氣가 일어날 수 있겠는가?

十干體象篇에서 이르되, '虛溼之地는 騎馬亦憂'라 하였으니 그 말은 잘못된 말이 아니다. 그리하여 선비의 꿈은 굽어지고 씻은 듯이 한 번의 가난으로 마누라는 죽고 자식은 없는데 壬申大運에 이르러 丙火가 剋을 받아 火氣가 다하여 죽었다. 이른바 말하여 陰이 陰의 자리를 타면 陰氣가 盛하여지는 것이다.

<譯評> 앞의 명조는 亥月의 乙木이고, 이 명조는 子月의 乙木으로 같은 冬節期라도 亥月과 子月의 차이는 엄청난 차이가 난다 예를 들면 亥水의 地藏干에는 戊/甲/壬이라는 天干이 들어 있으나, 子水에는 壬/癸水만 있어, 亥水는 비록 같은 水氣運이라도 戊土와 丙火가 뿌리를 내릴 여

지가 있지만 子水는 유일하게 壬/癸水의 뿌리가 된다. 또한 앞의 명조는 亥子水로 이루고 있지만 이 명조는 亥子丑 方合을 이루고 있으므로 앞의 명조보다 水氣運이 월등히 강하다.

또한 앞의 명조는 丙子 陽年에 태어난 男命이므로 大運이 順行하여 二旬大運까지 子丑大運이므로 불리하지만 三旬大運부터는 木/火大運으로 이어져 好運이 되었다. 그러나 이 명조는 己亥 陰年에 태어난 男命이므로 대운 역시 逆行하여 水/金大運으로 흐르기에 子月에 태어난 乙木은 발생불능상태가 되었다.

참고적으로 정단님의 指數法則이나 通力이나 앞의 명조와 같이 용신은 土火用助가 되지만 앞의 명조에서 설명하였듯이 土를 用神으로 쓸려면 乾土만 用神이 되고 濕土는 오히려 病이 되어 不用한다.

『子平眞詮』 심효첨의 격국론에 의하면, 印綬格은 正/偏을 구분하지 않는 四吉神 중에 하나이므로 격용신은 전조와 같은 인수격이고, 相神은 丙火 傷官으로 하고 取運論에 의한 好運이 되려면, 食傷運과 財星運과 煞運으로 흘러야 한다. 이 같은 이론에 의하면 이 명조는 取格에서는 成格이 되었으나 대운이 前造는 建命에 陽年生이라 順行하고 此造는 建命에 陰年生이라 逆運이 되어 取運에서 破格이 되었다.

『窮通寶鑑』 계절을 중시한 조후용신론에 의하면, 11월의 乙木은 (비유하자면) 꽃과 나무가 추위에 얼었다. 一陽이 와 잠복하는 때라 丙火를 용신으로 하여 해동하는 것을 반긴다. 즉, 꽃과 나무는 陽氣를 향하려는 의향이 있다. 얼은 花木에 계수를 용신으로 하는 것은 마땅치 않다. 그러므로 오로지 丙火만이 용신이다.[149]고 하였다.

이와 같이 三冬의 木日主는 가장 우선적으로 丙火를 제1용신으로 취한

149) "十一月乙木, 花木寒凍, 一陽來復, 喜用丙火解凍, 則花木有向陽之意, 不宜用癸以凍花木, 故耑用丙火", 『窮通寶鑑』, 앞의 책, p.51.

다. 결론적으로 삼자가 모두 용신을 月干의 丙火를 취한 것은 동일하나 위에서도 언급하였듯이 대운이 따라 주지 못하여 불행하게도 '所以屈志芸窗'하고 '一貧如洗'하였으며 '剋妻無子'까지 된 命主다.

[宗主命理 解說]

時 日 月 年 <事例 37>

壬 乙 丙 己

午 丑 子 亥

庚 辛 壬 癸 甲 乙

午 未 申 酉 戌 亥

指數法則으로 보면 亥子丑방국을 이루고 월령을 득하여 水가 宗主旺神임을 한눈에 짐작가능하다. 지수로 수8.9 목1.6 화3.0 토1.0 금0.3이지만, 亥子丑방합국에 壬수가 투간하면 合局은 극법취용하니 水體土用으로 土火用組를 구한다. 水體에는 濕土는 不用이니 다시 火용조를 구하는데, 丙午로 通力群을 갖추어 取用가능하다. 丙午가 通力群을 형성하여 通力이 충분하므로 火用이 된다. 용신의 상황을 보면 壬수가 이웃에서 剋하고 子수가 이웃에서 午화를 剋하니 용신의 능력을 60%정도 밖에 발휘하지 못한다.

火용신이니 寅午戌화운동을 하면서 巳午未삼대를 거치면 발복한다. 洛書의 좌표를 보면 子가 동하는 壬申대운에 禍厄이 속출하니 견디지 못하고 음독자살하게 된다.

乙亥대운까지는 火가 살아나고 년주 편재이니 조상 중에 부자이고 투기를 하여 복덕을 누리지만 甲戌대운에 甲목은 己토 재성을 가져가고 丑戌刑으로 沖出開庫된 辛금은 丙화 상관을 가져가니 경제적이고 실질적인 활동이 중단 및 장애 발생으로 가난의 굴레에 빠져 과거의 꿈도 사라지고 가난에 시달렸다. 癸酉대운 이후부터 壬申대운까지는 용신이 극상을 당하는 운으로 예능 능력이 뛰어나지만 부모불화를 겪고 白事不吉하니 음독으로 죽었다. 日支宮에 丑은 午화를 入墓시키고 탕화살로 작용하기 때문이다.

【原文】

地生天者, 天衰怕沖.

地支가 天干을 生하는 경우 天干이 衰하여 있을 때는 沖하는 것이 두렵다.

[劉氏注]

如丙寅戊寅丁酉壬申癸卯己酉, 皆長生日主, 甲子乙亥丙寅丁卯己巳, 皆自生日主, 如主衰逢沖, 則相拔而禍更甚.[150)]

예를 들어 丙寅・戊寅・丁酉・壬申・癸卯・己酉는 모두 長生 日主이고, 甲子・乙亥・丙寅・丁卯・己巳는 모두 自生 日主인데, 만약에 日主가 衰하고 沖을 만나면 서로 뽑히게 되므로 禍가 더욱 심하다.

〔任氏注〕

任氏曰, 地生天者, 如甲子丙寅丁卯己巳戊午壬申癸酉乙亥庚辰辛丑是也, 日主生于不得令之月, 柱中又少幫扶, 用其身印, 沖則根拔, 生機絶矣. 爲禍最重, 若日主得時當令, 或年時皆逢祿旺, 或天干比刦重疊, 或官星衰弱, 反忌印綬之洩, 則不怕沖破矣. 總之看日主之氣勢, 旺相者喜沖, 休囚者怕沖, 雖以日主而論, 歲運沖亦然.

임씨가 말하였다. 地支에서 天干을 生하는 것은 (다음과 같으니) 甲子・丙寅・丁卯・己巳・戊午・壬申・癸酉・乙亥・庚辰・辛丑이다.

---

150) 『滴天髓輯要』는 「如甲子, 丙寅, 丁卯, 己巳, 皆支生日, 如日主衰弱, 而支逢沖, 則根拔矣.」 '예를 들어 甲子, 丙寅, 丁卯, 己巳는 모두 地支가 日主를 生하는 경우인데, 만약에 日主가 衰弱하고 地支가 沖을 만나면 뿌리가 뽑힌다.' 고 하여 『闡微』보다 간단하고 명료하게 「地生天者, 天衰怕沖」을 설명하였다.

日主가 月令도 얻지 못한 상태에서 命造 가운데에서 도움 받는 것은 적으면 (그 日主의 用神은) 印星으로 하여야 하는데 沖하여서 뿌리가 뽑히면 生하는 機能이 끊어지게 된다. (말하여) 禍가 가장 중하여진다.

그러나 만약 日主가 得時/當令하고, 혹 年/時에 모두 祿旺을 만나고, 혹 天干에 比劫이 重疊하여 있을 때에, 혹은 官星은 衰弱해 있을 때는 반대로 印綬가 官星을 洩氣하여 (官星이 衰弱해지면 도리어) 沖하고 破하는 것을 두려워하지 않는다.

結論的으로 日主의 氣勢를 綜合的으로 살피어, 旺相한 것은 沖함을 기뻐하고 休囚는 沖하는 것을 두려워하니, 비록 이것이 日主에 대하여 이야기하지만 歲運에서 沖 역시 똑같이 살펴야 한다.

時	日	月	年<事例 38>
丙	丙	戊	甲
申	寅	辰	寅

甲	癸	壬	辛	庚	己
戌	酉	申	未	午	巳

此坐下印綬, 生于季春, 印氣有餘, 又年逢甲寅, 則太過矣. 土雖當令, 而木更堅, 喜其寅申逢沖, 財星得用, 第嫌比肩蓋頭, 沖之無力, 早年運走南方, 起倒異常, 至壬申癸酉二十年, 幫沖寅木, 剋去比肩, 刱業興家, 此謂乘印取財也.

이 命造는 日主가 印綬를 아래에 깔고 앉아 있으며, 늦은 봄에 태어나 印綬의 氣運이 남아 있고, 또 年에서 甲寅을 만났으니 즉 지나치게 과하다. 土가 비록 當令을 하였으나, 木氣運은 더욱 단단하여서, 반기는 것은 寅・申의 沖이며, 用神은 財星(申金)으로 한다.

그러나 싫은 것은 比肩(丙火)이 申金 위에 있어서 沖을 하여도 무력하다. 初年運은 南方으로 달려서 살아가는데 屈曲이 심하였고, 壬申 癸酉大

運 二十年을 만나 寅木을 沖하는데 도움을 주고 比劫을 除去한 結果, 創業을 하여 집안을 興하게 하였다. 이것을 말하여 印綬의 도움을 받아 財星을 취하는 것이다.

<譯評> 이 명조의 용신은 時支의 申金이다. 용신을 정하고 그 용신의 강약을 살펴서 희신을 정한다. 용신이 약하므로 토성을 희신으로 한다. 그 다음으로 대운을 살피는데, 三旬大運까지는 굴곡 있는 삶을 살았을 것이다 왜냐하면 天干으로 들어오는 己/庚/辛이 용신오행이지만, 그러나 地支로 巳/午/未 남방화운으로 比劫運이기 때문에 '起倒異常'의 삶이었을 것이다.

이후 四旬大運부터 20년간은 好運이었을 것이며, 六旬인 甲戌大運에 月柱를 天剋地沖하여 벌어놨던 재산 절반은 날아갔을 것이다. 이와 같이 六旬大運이면 반드시 月柱와 天剋地沖運이 오게 되는데 이때가 그 命主의 好/不好의 운명을 정리하는 대운이라고 할 수 있다.

『子平眞詮』 심효첨의 격국론에서는 이 食神格은 日干이 기운을 洩氣하여 생하는 五行神을 음과 양으로 구분하여 일간과 동일한 기를 가진 오행신을 食神格으로 반대의 기를 가진 오행신을 傷官格이라 한다. 이와 같은 格名에서도 알 수 있듯이 食神은 일주의 食福으로 길신이 되고 傷官은 나의 명예를 상해하는 신으로 흉신이 된다.

일반적으로 명리학계에서는 이 食神은 공격하는 신이 偏印이기 때문에 이 편인을 梟神이라고 하여 奪食의 주범이 되므로 꺼리는 五行神이다. 이를 '偏印倒食格'이라는 흉격으로 구분하기도 한다. 그러나 임철초는 용신으로 인성이 필요하면 正印이나 偏印을 가리지 말고 사용하라고 하였으며, 심효첨은 격국론에서 인성은 吉星이므로 財星과 함께 正/偏을 구분하지 않았다.

하지만 이 명조는 梟神이 奪食하는 구조로 되어 있기에 年干의 偏印은

月干의 食神을 奪食하는 흉신으로 작용한다. 심효첨의 格局論에 의하면, 食神은 본래 日干의 기운을 洩氣하는데 속하므로 그 능력으로 正財를 생하는 까닭에 기뻐한다. 그러므로 食神이 財星을 생하는 구조가 되면 美格이 된다. 만약에 身强하면서 食神이 旺하고 財星이 투출하면 大貴의 格이 된다. 마치 丁未/癸卯/癸亥/癸丑으로 梁丞相의 命이 그렇다. (또) 己未/壬申/戊子/庚申으로 謝閣老의 命이 그렇다.[151]고 하였다.

또한 取運論에 의하면, 만약에 食神格에 印星이 함께 있으면 財星이 투출하여 이를 해결해야 한다. 대운이 財星이 旺한 운으로 흘러야 반기고, 食傷運 역시 길하며, 印星과 官煞運은 꺼린다.[152]고 하였다.

이와 같은 成格의 조건과 取運論에 의하면 이 명조는 食神格에 偏印(梟神)이 食神을 극하므로 破格이 되었으며, 取運論에서는 財星이 투간하여야 한다고 하였으나 偏財인 申金이 時支에 자리하고 있으며, 더하여 天干으로 丙火가 자리를 하고 있어 투간이라는 것은 바랄 것도 없는 실정이다. 그러나 '運喜財旺, 食傷亦吉'이라는 구절만 효과가 있었을 것이다.

『窮通寶鑑』 계절을 중시하는 조후용신론에 의하면, 3월의 丙火는 (기운이) 점점 뜨거운 기운이 오르는 때이다. 제1용신으로 壬水를 쓰고 혹 土氣의 局을 이루면 甲木을 취하여 일주를 보좌해야 하며, 壬水는 떨어지면 안 된다. 壬水와 甲木이 함께 투출하면 科甲이 정해진 것은 마땅하다.[153]고 하였다. 이와 같이 제1용신으로 壬水가 되고, 제2용신은 甲木이 되므로 중화용신론과 격국용신론의 取用의 결과가 차이가 난다.

---

151) "食神本屬洩氣, 以其能生正財, 所以喜之, 故食神生財, 美格也, 若丁未/癸卯/癸亥/癸丑, 梁丞相之命是也, 己未/壬申/戊子/庚申, 謝閣老之命是也", 『子平眞詮評註』 권4, 앞의 책, p.45.

152) "若食神帶印, 透財以解, 運喜財旺, 食傷亦吉, 印與官煞皆忌也", 위의 책, p.56.

153) "三月丙火, 氣漸炎升, 用壬水, 或成土局, 取甲木爲輔, 壬不可離, 壬甲兩透, 科甲定宜", 『窮通寶鑑』, p.64.

[宗主命理 解說]

時 日 月 年 <事例 38>

丙 丙 戊 甲

申 寅 辰 寅

甲 癸 壬 辛 庚 己

戌 酉 申 未 午 巳

지수가 목5.5 화2.7 토3.7 금1.4 수1.0이다. 그러나 木局이니 바로 극법취용으로 木氣를 剋制하는 金을 찾는다. 金이 時支에 있으니 金土用組중에 通力群으로 申戊辰을 갖추니 金의 통력이 충분하여 金이 용신이 되어 食神生財格을 이룬다. 辰토가 戌未토의 방해 없이 온전하기 때문에 가능하다. 申금은 文昌귀인이니 순발력과 총명함이 뛰어나 재테크에 탁월한 재능을 발휘한다.

金용신이니 巳酉丑금운동을 하면서 申酉戌삼대를 거치면 발복을 하게 된다. 단, 旺神이 入墓하는 운은 위험하다. 辰未破가 되면 왕신인 木이 입묘를 하기 때문이다. 辛未대운 癸未년에 임하면 계수는 무토를 가져가고 戌未刑하고 술미파하여 구설, 시비 등으로 하는 일에 관재가 따른다. 33세 丙戌년에 왕신이 입묘하고 술미형파로 刑出된 辛금이 丙화 때문에 사라지니 주변의 지인으로 인하여 손재수가 발생한다. 庚午 辛未대운은 年柱偏印이 동하여 자라는 시기에 성장방해가 있었을 것이다.

그러나 壬申 癸酉대운에 임하면 임계수는 비겁을 잡아주고 식신생재를 도우니 사업이 흥하고 하는 일이 발전하고 번창한다. 재성을 용신으로 하고 비견과 동주하니 일거에 부를 이루나 오래가지 못한다. 壬申 癸酉대운은 월주식신이 동하여 유산을 받아 재물을 불리게 되니 다가오는 기회를 어떻게 살리느냐가 다음 운에 인과관계로 이어지니 甲戌운에 크게 영향을 끼칠 것이다.

비겁과 결과(財星)가 동주하니 하는 일에 치열한 경쟁자가 생긴다. 과

감한 투기가 잘 될 때는 한몫을 챙기지만 이런 구조는 위험한 승부수가 되기 쉽다.

時　日　月　年<事例 39>
丙　丙　甲　壬
申　寅　辰　申
庚　己　戊　丁　丙　乙
戌　酉　申　未　午　巳

此坐下印綬, 亦在季春, 印綬未嘗無餘, 年干壬殺, 生印有情, 不足畏也. 所嫌者, 兩申沖寅, 甲木之根拔, 還喜壬水洩金生木, 運走丙午, 刦去申財, 入學補廩登科, 丁未合去壬水, 三走春闈不捷, 戊申剋去壬水, 三沖寅木, 而死於途, 此造之壬水, 乃甲木之元神, 斷不可傷, 壬水受傷, 甲木必孤, 凡獨殺用印者, 最忌制殺也.

이 命造도 印綬가 日支에 있고 또한 늦봄에 태어나, 일찍이 印綬가 餘裕가 없는 것이 아니다. 年干의 官殺인 壬水는 印星을 生하여 有情하니, 두려워할 필요는 없다. 싫은 것은 양쪽의 申金(財星)이 寅木을 沖하여 寅木의 뿌리가 뽑히는데, 오히려 기쁜 것은 壬水가 洩金生木하는 것이다.

運이 丙午大運으로 흐를 때, 刼財(午火)가 申金인 財를 없애니 國立學校에 入學도 하고 登科하여 補廩이 되었다. (그러나) 丁未大運에 壬水를 合하여 가니, 春闈試驗에 세 번이나 도전하여도 붙지 못하였으며, 戊申大運 壬水를 剋하여 없애고 寅木을 세 개의 申金이 沖을 하므로 길거리에서 죽었다.

이 命造의 壬水는 甲木의 元神을 가지고 있기에 단절되거나 다쳐서는 不可하다. 壬水가 받는 상처는 甲木을 반드시 외롭게 할 것이니, 이른바 유일하게 殺이 하나에 印星을 用神으로 하는 경우에는 가장 꺼리는 것은 制殺이다.

<譯評> 이 명조는 임철초식 中和用神格에 의한 格名은 '官印相生格'이다. 즉 年干의 偏官과 日干 사이에 印星이 있어 官生印 印生我의 구조로 되어 이 삼자의 蓮生構造 중에 발원지인 官星이 剋을 받으면 用神格이 깨지는 破格이다. 결론적으로 이 명조의 用神은 印星인 木星이고 그 木星을 돕는 水星이 喜神이다. 하지만 아래 정단님의 지수법칙에 의한 용신격은 印比格이 된다. 자세한 설명은 정단님이 할 것이다.

『子平眞詮』 심효첨의 격국론에 의하면, 역시 月令이 辰月이고 日主가 丙火이기에 앞의 명조와 같이 食神格이다. 成格條件은 위와 같으나 이 명조는 앞의 명조와 차이가 나는 것은 비록 같은 食神格이지만 앞의 명조는 印星이 강하여 身旺한 경우이고, 이 명조는 같은 食神格이지만 地支로 食神과 財星이 포진하고 있기에 身弱한 명조가 되어 格用神을 돌보기 전에 일주를 살펴야 할 형국이다.

심효첨도 取運論에서 財星과 食神이 중하면 일주를 돕는 것을 반긴다. 官煞運으로 흐르면 함께 不美하다.[154]고 하였다. 이와 같이 심효첨도 우선적으로 月令을 중심으로 格局用神을 쓰면서도 일주가 약한 경우를 생각하고 있다. 결론적으로 심효첨은 일주를 돕는 五行神을 相神으로 하였다.

한편으로 地支로 食神과 財星이 포진하고 있기에 身弱한 명조가 되었으며 더하여 증주자인 철초님의 설명대로 두 개의 財星인 申金이 丙火의 印星을 沖하므로 뿌리가 뽑혀 身弱이 지나쳐 虛空의 丙火가 되었다. 다행인 것은 二旬大運인 丙午大運에 '入學補廩登科'하였으나, 三旬大運인 丁未大運에 '丁未合去壬水'하여 '三走春闈不捷'한 운명이 되었다. 그러나 더한 것은 四旬大運인 戊申大運에 偏官인 壬水가 食神인 戊土에게 극을 당하고 세 개의 財星인 申金이 돌아가면서 寅木을 沖하므로 客死하고 말았다.

---

154) "財食重則喜幇身, 官煞之方, 俱爲不美", 『子平眞詮評註』 권4, 앞의 책, p.51.

『窮通寶鑑』 계절을 중요시하는 조후용신론은 앞의 명조와 같은 辰月의 丙火日主이므로 생략할 것이다.

[宗主命理 解說]

時 日 月 年 <事例 39>

丙 丙 甲 壬

申 寅 辰 申

庚 己 戊 丁 丙 乙

戌 酉 申 未 午 巳

사주는 오행을 정확하게 보고 陰陽만 보면 간단하게 끝난다. 오행에는 항상 토오행이 문제이다. 월지의 辰土는 변화의 기로에 있다. 지수법에 따르면 토2.7 금2.5 수2.5 목4.3 화2.2이다. 木이 宗主이고 印星格에 드니 생법취용으로 木이 용신이 된다. 春月에 甲목투간하여 準月令을 득했기 때문에 인성격으로 入格이 된다. 생법취용으로 목이 용신이 되고 용신을 보호하는 화가 희신이 된다. 宗主를 함부로 극법취용하면 안되는 특별격에 해당하니 유의해야 한다.

丁未대운은 壬수가 丁화를 合去해서 가져가 버리기 때문에 급제하지 못했다.戊대운까지는 무난하였으나 申대운에 寅申충거로 용신의 뿌리가 사라지니 노상 횡사하였다.

원국에 日時가 寅申沖刑을 하고 있는데, 운에서 再沖刑을 하면 반드시 禍厄을 당한다. 忌神인 申금이 용신의 뿌리인 寅을 날려 버리니 지살역마의 충형이라 교통사고나 노상횡액이 따르는 것이다. 사대공망에 임수편관이 걸렸으니 슬하에 딸자식을 두어도 無德하였거나 無子였을 것이다.

年柱에 離隔이 되어 이생에서 멀어져 가는 인연이기 때문이다. 월주편인이니 부모덕을 기대하기 어렵고 문과에 어울리지 않으니 급제가 어려웠다. 오늘날 같으면 전문기술을 다루는 이공계에 종사하면 어울리는 구조이다.

【原文】

天合地者, 地旺喜靜.

天干과 地支가 合하는 경우에는 地支는 旺하면서 고요한 것을 기뻐한다.

[劉氏注]

如丁亥戊子甲午己亥辛巳壬午癸巳之類, 皆支中人元, 與天干相合者, 此乃坐下財官之地, 財官若旺, 則宜靜不宜沖.[155)]

예를 들어 丁亥 · 戊子 · 甲午 · 己亥 · 辛巳 · 壬午 · 癸巳 등 이러한 干支의 종류가 있다면 모두 地支 가운데에 있는 人元(支藏干)은 天干과 더불어 서로 합을 이루는 것들이 있다. 이것들은 바로 아래 地支에 財官을 깔고 앉아 있는 것이므로 財官이 만약에 旺하면 마땅히 고요하여야 하고 沖하면 마땅하지가 않다.

〔任氏注〕

任氏曰, 十干之合, 乃陰陽相配者也. 五陽合五陰爲財, 五陰合五陽爲官, 所以必合, 尙有陰旺不從陽, 陽旺不從陰, 雖合不化, 有爭合妒合分合之別, 若露干合支中暗干, 則隨局無所不合, 無所不分爭妒忌矣. (此節本有至理, 只因原注少變通耳.)[156)] 天合地三字, 須活看輕看, 重在下句地旺喜靜四字, 夫地

---

155) 『滴天髓輯要』는 "如戊子, 己亥, 壬午, 癸巳之類, 皆支中人元, 與天干相合, 此乃坐下財官, 旺則得其用矣, 不宜沖壞."(예를 들어 戊子, 己亥, 壬午, 癸巳의 種類들이 地支中의 人元用事가 天干과 서로 合을 이루면서 財星과 官星을 깔고 앉아 있기에 旺하면 그 쓰임을 얻었다고 할 수 있으므로 地支의 沖으로 깨지는 것은 마땅하지 않다) "戊子, 癸水財. 己亥, 甲木官, 壬水財, 壬午, 丁火財, 己土官, 癸巳, 戊土官, 丙火財."라고 敷衍하였는데, 이것은 陳素庵의 敷衍說明으로 판단된다.

156) 『징의』에는 ( ) 이 부분은 없다. 물론 전달하고자 하는 본 장의 의미와는

旺者，天必衰也．喜靜者，四支無沖剋之物，有生助之神也．天干衰而無助，地支旺而有生，天干必懷忻合之意，若得地支元神透出，緣上天下地，升降有情，此合似從之意也．合財似從財，合官似從官，非十干合化之理也．所以靜則居安，尙堪保守，動則履危，難以支持，然可言合者，只有戊子辛巳丁亥壬午四日耳，若甲午日，則午必先丁而後己，己土豈能專權而合甲，己亥日，亥必先壬而後甲，甲豈能出而合己(癸)，癸(己)[157]巳日，巳必先丙而後戊，戊豈能越佔而合癸，此三日不論，至於十干，應合而化，則爲化格，另有作用，解在化格章中．

임씨가 말하였다. 十干의 合이란, 곧 陰과 陽이 서로 짝을 맺는 것이다. 五陽이 五陰과 合하면 財星을 이루고, 五陰이 五陽과 合을 하면 官星을 이루는데, 이와 같기 때문에 반드시 일어나는 合이다. 오히려 陰이 旺하면 陽을 따르지 않고, 陽이 旺하면 陰을 따르지 않는 것이 있으니, 비록 合은 하되 化함은 없고, (合에도) 爭合이니 妒合이니 分合으로 나누는데, 만약에 天干으로 露出된 것과 地支에 暗藏된 干支와 合을 하면 格局에 따라서 合하지 않는 경우가 없으므로 爭, 妬, 忌를 나누지 못할 것이 없다.

이 節에서의 본래 갖고 있는 지극한 理致를 단지 原注로 因하여 조금 다르게 이야기된 것 같다. '天合地' 세 글자는 모름지기 활용하여 보되 가볍게 보고, 중요한 것은 이 아래 구절에 있으니, '地旺喜靜' 이 네 글자이다. 무릇 '地旺者'란 의미는 天干은 반드시 衰할 것이며, '喜靜者'란 의미는 네 地支가 沖剋이 없으며 서로 生助하는 神끼리 있는 것을 뜻한다.

天干이 衰하고 도움이 없을 때 地支가 旺하여 生함이 있을 때는 天干은 반드시 合하려는 뜻을 흔쾌히 품고 있을 것이다. 만약 地支에서 元神이 透出된 것을 얻었다면, 上下天地가 맺는 因緣으로 오르내리는 情이

상관없는 구절이다.

157) 『징의』에는 ( ) 안에 있는 癸, 己라는 글자가 생략되었는데, 『천미』가 문맥상 맞다.

있으니 이것은 合을 하여 從을 하는 것과 비슷하다. 財와 合을 하면 從財와 같고, 官과 合을 하면 從官과 같으니, 十干이 合을 하는 理致와는 전혀 다르다.

그러한 이유로 靜한즉슨 편안히 머무르며 오히려 지키려고 감수하여야 하며, 動한즉슨 위태로움을 밟는 것과 같으므로 유지하기가 어렵다. 그러한즉 合한 것의 옳게 말한 것은 단지 戊子 · 辛巳 · 丁亥 · 壬午 이 4일 뿐이다. 만약 甲午日이면 午는 반드시 丁이 먼저요 나중이 己인데 그 己土가 어찌하여 能히 權勢를 잡고 甲과 合을 하며, 己亥日의 亥도 반드시 壬水가 앞이요 뒤가 甲木인데 어찌하여 그 甲이 能히 나가서 己土와 合을 하겠는가?

癸巳日의 巳 중에 반드시 丙火가 먼저이고 戊土는 나중인데 어찌하여 戊土가 能히 癸水를 넘겨다 볼 수 있겠는가? 이 3일은 이야기가 되지 않으며, 오로지 十干에 이르러서는 대응하여 合하고 化하여 化格이 되는 것은 별도의 작용이 있으니 풀이 방법은 化格章 중에 있다.

(按露干合支重暗藏, 雖不可據爲定論, 然其喜忌, 亦不可不知, 玆附錄於下.)[158)]

時	日	月	年<事例 40>
乙	壬	辛	己
巳	午	未	巳

乙　丙　丁　戊　己　庚
丑　寅　卯　辰　巳　午

158) 이같이 서락오는 임철초가 『적천수』를 編註하였기에 본인이 增註를 하였다고 하여 이와 같이 부록을 삽입하였다.(부록 부분은 『징의』 p.76-77에 수록되어 있다) 그러나 『천미』에 撰輯을 한 원수산은 임철초의 『적천수천미』를 집필하면서 글자 하나 바꾸지 않았다고 하였으며, 틀린 글자가 있으면 바꾸는 것이 아니라 '아마도 이 글자는 임선생의 잘못인 듯하다'고 하면서 글자는 바꾸지 않고 별도로 설명하고 있어 임철초가 『천미』를 증주한 의도를 가능하면 바꾸려 하지 않았다.

支類南方, 乘權當令, 地旺極矣. 火炎土燥, 脆金難滋水源, 天衰極矣. 故日干之情, 不在辛金, 其意向必在午中丁火而合從矣. 己巳戊辰運, 生金洩火, 刑耗有之, 丁卯丙寅, 木火丙旺, 極盡辛金, 經營發財巨萬.

地支의 種類가 南方으로 南方의 火가 地支의 權勢와 當令을 잡았으니, 地支는 旺함이 極에 달했다. 불이 타고 있으니 흙은 메마를 것이요, 金은 무르고 부서지고 弱하여 물의 發源地가 되기는 어렵고, 天干이 衰한 것은 極에 달했다.

그러므로 日干의 마음은 辛金에 있는 것이 아니라, 그 뜻은 반드시 午中 丁火를 향하여 있으니 合하여 從을 했다. 己巳/戊辰大運에 金을 生하고 火를 洩하니 刑罰도 당하고 財産도 줄었으나, 丁卯/丙寅大運에 木/火가 함께 旺하여 辛金을 剋하여 消盡시키니 장사를 하여 많은 돈을 벌었다.

<譯評> 이 명조의 주인인 日干은 陽干의 壬水로서 十干의 體性에 관해 原文에서도 설명하였듯이 '壬水通河, 能洩金氣, 剛中之德'이라고 하였듯이 金氣를 洩氣할 능력이 충분하고 또 그 기운은 剛한 가운데 德이라고 하였다. 또한 뒷부분에 '化則有情, 從則相濟.'라고 하여 從格과 化格에 관해서도 선제조건을 제시하고 있다.

이와 같은 이론에 의하여, 『淵海子平』의 '棄命從財格'이 출현하였으며 이에 영향을 받아 청대에 임철초에게 영향을 주어 이 從格을 擴張 발표하였다. 자세한 내용은 譯評者의 논문 중 '從格의 擴張' 節目에 자세히 설명하였다. 이 명조도 증주자의 설명대로 月干의 辛金인 正印이 地支의 도움이 전혀 없으므로 枯弱한 상태이다. 그러한 이유로 일간의 의향은 本主의 體性에 따라 財星(火星)을 따라 相濟하려 한다. 결론적으로 이 명조는 '棄命從財格'이다.

『子平眞詮』 심효첨의 格局論을 살펴보자, 일단 未月에 日干이 壬水이므로 正官格이다. 이 정관격은 四吉神 중에 하나이므로 가능하면 보호하여야 한다. 그러나 地支에 未土를 중심으로 火勢가 강하므로 이 도움에 의해 미토는 强旺한 상태이다. 때문에 심효첨은 正官格의 取用論에서 다음과 같이 설명하고 있다. '만약에 正官格에 運을 取한즉, 正官으로서 그 格을 통솔하므로 나누어서 분배해야 한다. 正官格에 財星과 印星으로 나누어 相神으로 하는데 일주가 조금 약하면 일주를 돕는 相神으로 하고, 官星이 조금 약하면 財星을 相神으로 하여 官格을 돕는다.'[159]라고 하였다. 이와 같은 이론에 의하면 辛金인 正印이 문제가 된다.

다시 심효첨의 棄命從財格에 관하여 보겠다. 棄命從財格이라는 것은 사주가 모두 財星으로 되어 있고 일주가 無氣해야 한다. 命을 버리고 그것을 따르면 格을 이루어 大貴格이 된다. 만약에 印星이 투간하면 일주는 인성의 생에 의지하여 不從하고, 官煞이 있어도 역시 從財나 從煞의 이치는 없는 것으로 格을 이룰 수가 없다.[160]고 하였다.

이와 같은 심효첨의 이론대로라면 이 명조는 從財格에서 탈락하는 명조가 된다. 왜냐하면 月干의 辛金이 日主 壬水에게는 正印이 되기 때문이다. 그렇다면 임철초의 從格論과도 배치되는 이론이다. 하지만 임철초는 『연해자평』의 '棄命從財格'의 이론을 확장하여 無根인 印綬는 그 능력을 무시하였다.

그러한 근거로 대운을 살펴보면 三旬인 戊辰大運까지는 凶運이 되었을 것이며, 丁卯/丙寅運은 증주자가 설명한 대로 病神인 月干의 辛金을 제거하여 '經營發財巨萬'하였으나 六旬大運인 乙丑大運에 丑運이 불안할 뿐이다.

『窮通寶鑑』 계절을 중시하는 조후용신론에 의하면, 6월의 壬水는 己土가 當權을 하여 丁火는 退氣가 되므로 우선 辛金과 癸水를 용신으로

159) "如正官取運, 卽以正官所統之格分而配之, 正官而用財印, 身稍輕則取助身, 官稍輕則取助官", 『子平眞詮評註』 권4, 앞의 책, p.6.
160) "有棄命從財者, 四柱皆財而身無氣, 捨而從之, 格成大貴, 若透印則身賴印生而不從有官煞則亦無從財兼從煞之理, 其格不成", 위의 책, 같은 권, p.60.

한다. 다음으로 甲木을 써서 劈土해야 한다.[161]고 하였다. 이와 같이 종격이 없는 조후론은 일반적인 壬水日主가 마지막 더운 계절인 음력 6월에 壬水가 辛金과 癸水까지 필요하다고 하였는데, 이 상태에서 甲木이 무슨 이유에서 필요한지 譯評者는 이해할 수 없다.

[宗主命理 解說]

時 日 月 年 <事例 40>

乙 壬 辛 己

巳 午 未 巳

乙 丙 丁 戊 己 庚

丑 寅 卯 辰 巳 午

己未土가 이웃으로 독립성이 확보되어 巳午中에 지장간토는 건재한다. 토의 상황을 감안하면, 지수는 금1.7 수1.1 목1.4 화5.8 토5.0이지만 명조의 격을 보면 重疊合局에 해당한다. 重疊合局이면 생법취용하므로 火體火用으로 화가 용신이 된다.

화를 설하는 습토인 辰대운까지는 풍상을 격지만 丁卯운부터 발복하여 100억대의 재물을 축적한다. 火가 용신이니 화운에 재물이 굴러들어 온다. 구추방해살이 임하여 풍상을 겪을 때는 온갖 추한 일 당하여 보니 戊辰대운에 어려움은 불우한 소설 같으나 성정이 자비롭고 경애하는 마음이 있어 지혜롭게 대처하게 되는 것이다.

年柱 正官은 집안이 좋았음을 의미하고 월주 정인은 상속혜택을 의미하니 선대의 덕을 입은 것이다. 財印因果구조이니 선대의 유산이 발판이 되어 부를 쌓고 또한 자신이 재산관리를 잘하여 선대의 음덕으로 간주했기 때문에 장사하여 많이 돈을 벌면 조상덕으로 생각하고 돈을 벌고 부

161) "六月壬水, 己土當權, 丁火退氣, 先用辛金癸水, 次用甲木劈土", 『窮通寶鑑』, 앞의 책, p.184.

동산에 투자를 잘하였을 것이다.

時	日	月	年<事例 41>		
庚	丁	丙	己		
子	亥	子	丑		
庚	辛	壬	癸	甲	乙
午	未	申	酉	戌	亥

此造支類北方, 地旺極矣. 天干火虛, 無木生扶, 又有溼土晦火, 天衰極矣. 人皆論其殺重身輕, 取火幫身敵殺, (戊寅歲, 金絶火生, 又合去亥水, 必有大凶, 果卒季夏,)[162] 此地支官星乘旺, 又類官方, 天干無印, 己土洩丙, 未足幫身, 此爲天地合而從官也. 甲戌運生火剋水, 刑喪破耗, 家業已盡, 癸酉, 壬申, 剋盡丙火, 助起財官, 獲利五萬, 未運丙子年遭回祿, 破去二萬, 人皆取其火土幫身, 以午未運爲美, 殊不知比刦奪財, 反致大凶.

이 명조는 地支의 종류가 北方에 모두 속하니 地支의 기운은 旺함이 極에 다다랐다. 天干의 火氣運은 虛한데, 生하는 도움을 줄만한 木은 없고, 또 濕한 土인지라 불기운을 흡수하니, 天干은 극도로 衰弱해져 있다. 모든 사람들이 이야기하기를 '殺重身輕'이라 하여 火를 취하여 日主를 도와 官殺과 對敵하여야 한다고 말하였는데, 戊寅年에 金이 絶地에 있고 火를 生하고, 또 亥水를 合하여 가는 바람에 반드시 큰 흉이 있어 과연 늦여름에 죽었다.

이 命造의 地支는 官星이 너무나 旺하고 또 地支의 種類가 官星 北方의 種類이며, 天干에는 印星도 없고, 己土는 丙火의 氣運만 洩氣하니, 日主를 도와주기에 부족하다. 이 때문에 天干과 地支가 合을 하여 官을 따라야 한다. 그러므로 甲戌大運 중에 生火剋水하여 집안이 몽땅 망하였다

---

162) 『징의』에서는 ( ) 이 부분은 오히려 맨 뒷부분에 있다. 또 『징의』에는 合去亥水, 다음 (必有大凶)인 부분이 빠지고 卒於季夏.라고 되어 있다.

가, 癸酉/壬申大運에 丙火를 극하여 소진시키고 財星과 官星이 일어나는데 도움을 주어 5만의 이익을 얻었다.

未運 丙子年에, 화재를 만나 2만을 날렸다. 모든 사람들은 火/土가 用神이니 이 午/未運은 아름답다고 하여 취하라고 하였는데 그러나 比劫이 財를 빼앗아 가는 것을 알지 못함이라 결국은 반대로 큰 흉에 이르게 한 것이다.

<譯評> 앞의 사주를 철초님은 '棄命從財格'을 가지고 例示히였으나, 이 사주는 '棄命從官格'을 가지고 설명하였다. 이와 같은 설명법은 증주자의 特性이라고 할 수 있다. 譯評者가 보기에도 이 명조는 月支 子水로 양옆으로 亥와 丑이 자리하고 있어 완벽한 亥子丑 北方水局을 이루어 丁火日主에게는 正官格局을 이루고 있다.

더하여 태어난 時間이 庚子時라 더욱 水勢가 강해졌다. 더하여 증주자의 설명과 같이 天干으로 印星이 없고 己土는 丙火를 洩氣하고 충분히 일주를 도울 수가 없다. 또한 丁火의 十干 體性論에서도 말했듯이 (이 丁火는) 만약 嫡母(甲木)만 있다면 가을도 좋고 겨울도 좋다.[163]고 하였으나, 아쉽게도 嫡母가 없으므로 할 수 없이 약한 陰干인 丁火가 강한 官星을 따르는 것이 오히려 從을 하여 사주자체의 조화를 이루게 된 것이다.

『子平眞詮』 다음은 심효첨의 棄命從官格의 설명이다. 棄命從煞格이란? 사주가 모두 煞로 이루어져 일주가 無根하여 자기를 버리고 그것을 따르면 격을 이루어 大貴格이 되는 것이다. 만약에 食/傷이 있으면 煞이 伏制를 당해 따를 수가 없으며, 印綬가 있으면 印綬가 化煞을 하여 不從이 된다. 만약에 乙酉/乙酉/乙酉/甲申은 李侍郞의 명조인데 대운은 財官運을 반기고 身旺함은 마땅치 않으며 食傷運은 더욱 꺼린다.[164]고 하였다.

---

163) "如有嫡母, 可秋可冬",

위와 같이 심효첨은 종재든 종관격이든 일단 從格의 성립조건은 사주 자체가 하나의 기운으로 이루지면서 그로 인하여 일주가 無氣한 조건, 즉 地支에 無根이 된 상태를 제1조건으로 한다. 다음의 從의 조건은 사주자체에서 일주를 도와주는 印星이 없어야 한다. 특히 天干으로 투출한 印星이 貼身을 하고 있으면 不從한다.

이와 같이 從의 조건을 100년 후에 철초님의 중화용신 이론보다 매우 까다롭게 보고 있다. 그 이유는 심효첨은『淵海子平』의 이론을 철저하게 따르기 때문에 신중함을 요하고 고도의 세밀한 探局을 필요로 하였다. 이와 같은 조건에서 사주를 살펴보면 地支가 亥子丑 北方水局을 이루고 天干으로 印星도 없으므로 格局論에서도 인정하는 忌命從官格이 되는 명조이다. 또 이와 같이 成格이 되면 取運도 그 격을 따라, 財/官運을 반기고 身旺한 운은 마땅치 않으며 食/傷運이면 더욱 꺼린다.[165]고 하였다.

이와 같이 格局과 대운의 조건을 살피고 다시 命局의 대운을 보니, 二旬大運 甲戌大運에 劫財인 丙火를 돕는 대운이라 부모를 여의고 가업이 줄어드는 경우를 맞이하였다. 그러나 癸酉/壬申/辛大運까지 從格을 돕는 金/水運으로 흘러 發財를 하였으나 未大運 丙子年 화재를 당해 2만 정도의 재산을 날렸다. 이같이 이미 從格으로 판정이 되었다면 그 從格을 거스르는 大運은 災殃이 續出하게 되어 있다.

『窮通寶鑑』 다음으로 계절을 중시하는 조후용신론에 의하면, 子月의 丁火日主이다. 더하여 地支로 亥子丑 北方水局으로 三冬節을 한꺼번에 맞은 丁火日主다.『窮通寶鑑』「三冬丁火」장에 의하면, 三冬의 丁火는 微寒의 상태이다. (그러므로) 오로지 庚金과 甲木을 용신으로 한다. 甲은

164) "棄命從煞者, 四柱皆煞, 而日主無根, 捨而從之, 格成大貴, 若有傷食, 則煞受制而不從, 有印則印以化煞而不從, 如乙酉/乙酉/乙酉/甲申, 李侍郎命是也, 運喜財官, 不宜身旺, 食傷則尤忌矣",『子平眞詮評註』권5, 앞의 책, p.60.

165) "運喜財官, 不宜身旺, 食傷則尤忌矣", 위의 책, 같은 곳.

곧 庚金의 선량한 벗이 되어 무릇 갑목을 용신으로 할 경우 경금을 소홀히 해서는 안 된다. 경금과 갑목이 없으면 어찌 능히 정화를 引火시킬 것인가? 木火通明이라는 말을 하기 어렵다. 겨울의 정화는 갑목이 있으면 水가 많거나 金이 많아도 두렵지 않으니 上格으로 칭할 수 있다. 甲木과 庚金이 둘 다 투간하면 科甲은 분명하다. 己土를 보면 안 되니 己土가 많으면 甲木과 合이 되면 일반인의 命이다.[166]고 하여, 三冬의 丁火는 오직 甲木과 庚金만이 용신이 정해져 있다. 이와 같이 정해진 용신론에 의하여 이 명조는 조후용신론에서는 破格으로 더 이상 명조를 살필 필요가 없다.

[宗主命理 解說]

時 日 月 年 <事例 41>

庚 丁 丙 己

子 亥 子 丑

庚 辛 壬 癸 甲 乙

午 未 申 酉 戌 亥

명조의 격을 보면 重疊合局에 해당되므로 水宗主를 생법취용하니 水體水用이 되어 水用神이 되는 특별격에 해당된다.

水용신이니 申子辰수운동이 亥子丑삼대를 거치면서 발복하게 된다. 子의 좌표운이 動하는 壬申대운에 財生官을 하여 30대에 출세가도를 가게 된다. 그러나 丁화가 사령하는 辛未대운은 화극금을 금생수를 막고 토극수를 하니 손재로 인한 소송이나 소송으로 인한 손재가 발생한다. 未운에 왕신이 子수가 入墓하니 무덤행을 가게 된다.

丙화와 丁화가 있지만 뿌리가 없다. 병정과 임계는 음양허자를 도충해

166) "三冬丁火微寒, 耑用庚甲, 甲內庚之良友, 凡用甲木, 庚不可少, 無庚無甲, 何能引火, 難云木火通明, 多丁有甲, 不怕水多金多, 可稱上格, 科甲分明, 見己則否, 己多合甲, 則爲常人", 『窮通寶鑑』, 앞의 책, p.95-7.

오기 때문에 주의를 다해야 한다. 즉, 丙화만 있거나 丁丁이나 丁甲이 있으면 허자를 당겨오지만 丙丁이나 丙丙이 있으면 허자를 당겨오지 못하기 때문이다. 용신을 剋泄하는 甲戌운까지 화생토 土剋水하니 집안이 완전 망하여 풍상을 겪다가 癸운부터 발복하여 辛운까지 수만금의 재물을 가지는 부귀를 누렸다. 未운에 임하자 土剋水하니 파재 파산하여 수십억을 損財당했다.

이 사주는 지지가 북방류이니 극왕하고 천간의 火는 허탈하니 木이 없어 생부하지 못하기 때문이다. 또 습토는 晦火하니 천간이 극쇠하다. 殺重身輕으로 논하여 火를 취하는 우를 범해서는 안 된다.

未대운 丙子년에 임하는 48세에 子水는 未에 입묘하고 병화가 극성을 부려 丙庚剋으로 편재가 극상되니 화재가 발생하여 큰 재물을 잃었고, 未대운 戊寅년에 임하는 50세에 水를 생하는 金은 絶地에 들고 忌神을 생하는 火는 生地에 드는데, 미토에 힘을 얻은 무토는 토극수를 하고 寅목은 亥수를 合去해버리니 용신은 사라지게 된다. 未운에 癸수는 入墓하니 水는 흔적조차 없어지는 여름에 사망에 이른 것이다.

【原文】

甲申戊寅, 眞爲殺印相生, 庚寅癸丑, 也坐兩神興旺.

甲申과 戊寅은 진실된 殺印相生이라 하고, 庚寅과 癸丑 또한 殺星과 印星이 興旺한 자리에 있다.

[劉氏注]

兩神者, 殺印也. 庚金見寅中火土, 卻多甲木, 而以財論, 癸見丑中土金, 卻多癸水則幫身, 不如甲見申中壬水庚金, 戊見寅中甲木丙火之爲眞也.167)

---

167) 『滴天髓輯要』에는 "申中庚生壬, 壬生甲, 寅中甲生丙, 丙生戊, 故爲殺印相生, 寅中丙生戊, 戊生庚, 丑中己生辛, 辛生癸, 亦爲殺印兩旺"(申金 가운데의 庚金이 壬水를 生하고, 壬水가 甲木을 生하며, 寅木 가운데의 甲木이 丙火를 生하고, 丙火가 戊土를 生하므로 殺印相生이 되는 것이다. 寅木 가운데의 丙

兩神이란 官殺과 印綬를 말하는데 庚金이 寅中의 火와 土를 보았을 때 오히려 많은 甲木이 있으면 財星으로 論하고, 癸水가 丑中의 土와 金을 보면 오히려 癸水가 많으면 日主를 돕는다는 것이다. (그러나) 甲木이 申金 중에 壬水와 庚金을 보거나 戊土가 寅中의 甲木과 丙火를 보는 것과 같이 진실된 '殺印相生'만한 것은 없다.

<譯評> 결론적으로 유백온은 原文에서 甲申/戊寅뿐만 아니라 庚寅/癸丑도 또한 殺印相生格이라고 하는 것을, 庚寅/癸丑은 주위에 있는 오행에 따라 殺印相生이 안 되고, 오직 甲申/戊寅만이 진실된 '殺印相生格'이라는 것이다. 다음은 임철초의 설명이다.

〔任氏注〕

任氏曰, (兩神者, 殺印也,)[168] 支坐殺印, 非止此四日, 如乙丑辛未壬戌之類, 亦是兩神也. (癸丑多比肩, 戊寅豈無比肩乎. 庚寅多財星, 甲申豈無財星乎. 非惟庚寅癸丑不眞, 卽甲申戊寅, 亦難作據, 若只以日主一字論格, 則年月時中, 作何安頓理會耶,)[169] 不過將此數日爲題, 用殺則扶之, 不用則抑之, 須觀四柱氣勢, 日主衰旺之別, 如身强殺淺, 則以財星滋殺, 身殺兩停, 則以食神制殺, 殺强身弱則以印綬化殺, 論局中殺重身經者, 非貧則夭, 制殺太過者, 雖學無成, 論行運殺旺, 復行殺地者, 立見凶災, 制殺再行制鄕者, 必遭窮乏, 書云, 格格推詳, 以殺爲重, 又云, 有殺只論殺, 無殺方論用, 殺其可忽乎.

任氏가 말하였다. 地支에 殺印을 깔고 있는 것이 이 四日로만 그치는 것이 아니다. 만약 乙丑 辛未 壬戌 등의 종류 역시 兩神을 가지고 있다.

火가 戊土를 生하고, 戊土가 庚金을 生하며, 丑土 가운데의 己土가 辛金을 生하고, 辛金이 癸水를 生하므로 이것 또한 殺과 印이 둘 다 旺하다고 할 수 있다),고 하여 『집요』가 『천미』보다 '殺印相生'에 대한 설명이 잘 되어 있다.

168) ( ) 이 부분은 『징의』에 있는 부분이다.

169) ( ) 이 부분은 『징의』에 없는 부분이다.

癸丑이 比肩이 많다면, 어찌하여 戊寅은 없겠는가? 庚寅이 財星이 많다면 어찌하여 甲申은 없겠는가? 오직 庚寅 癸丑만이 진짜가 아니라고 한다면, 甲申 戊寅 역시 (진짜 殺印相生이 된다는) 근거를 삼기에는 어려움이 있을 것이다.

만약 단지 이 日主의 한 글자만을 가지고 格을 논한다면, 즉 年/月/時 중에 '安頓理會'는 어찌 할 것인가? 오히려 이 몇 날에 이름을 붙인 것은 제목을 만들기 위한 것에 불과하다. 殺을 用神으로 할 때에는 도와주어야 하고, 쓰지 않을 때에는 抑制해야 하는 것이다. 반드시 四柱의 기세를 살피어 日主의 衰旺을 판단하여야 한다. 만약 日主가 强하고 殺이 弱하면, 당연히 財星으로 殺을 도와주어야 하며, 日干과 官殺이 기세가 동등하면 食神으로 制殺하여야 하며, 殺이 强하고 日主가 弱한즉슨 印綬가 化殺을 하여야 한다.

四柱 중에 殺이 重하여 日主가 弱해진 자는 가난하지 않으면 夭折할 것이라 하고, '制殺太過者'는 비록 공부는 하여도 성공하지 못할 것으로 논하면 된다. 行運에서도 殺旺한 四柱가 다시 殺地로 가면, 멀쩡히 서서 災凶을 볼 것이고, 制殺太過 四柱가 또 다시 制殺地로 간다면 窮乏함을 반드시 만날 것이라고 논하면 된다.

책에 이르기를 命造 命造마다 자세히 미루어 살피라고 한 것은 殺이 중요하기 때문이다. 또 이르기를 殺이 있으면 단지 殺을 論하고, 殺이 없으면 모름지기 用神이 무엇인가만 論하면 된다. 殺! 이것을 疏忽히 함이 옳은 것인가?

<譯評> 이곳에서 증주자인 철초님은 원주자인 유백온의 설명에 반론을 제기하고 있다. 물론 합당한 논리에 의한 반론이다. 다음에 예시된 명조는 '殺印相生格'에 好格이 된 명조를 보겠다.

時　　日　　月　　年<事例 42>
甲　　甲　　己　　壬
子　　申　　酉　　午
乙　甲　癸　壬　辛　庚
卯　寅　丑　子　亥　戌

甲申日元, 生于八月, 官殺當權, 喜其午火緊制酉金, 子水化其申金, 所謂去官留殺, 殺印相生, 木凋金旺, 印星爲用, 甲第聯登, 由郎署出爲觀察, 從臬憲而轉封疆.

甲申 日主가 八月에 태어나서 官殺이 季節의 勢力을 잡았는데 기쁜 것은 午火가 바로 옆에 붙어 酉金을 制하고 子水가 申金을 化하니 이른바 官은 除去하고 殺만 남아 殺印相生을 한다. 木은 메말라 있는데 金은 旺하니, 印星을 用神으로 하니, 科擧에 연달아 올라가고, 郎署로부터 시작하여 나아가 觀察使가 되고 臬憲에 이어서 封疆까지 올랐다

<譯評> 여기서, 참고적으로 증주자의 '殺印相生格'이란 심효첨의 격국론에 의한 相神論이 아니라 중화 용신에 의한 用神格을 말하는 것이다. 譯評者의 견해로는 酉月의 甲申日柱는 月支와 日支의 酉/申으로 이루어져 신약한 명조이다.

증주자가 설명하듯이 年支의 午火가 月支의 酉金을 伏制시킨다고 하였다. 그러나 午火의 상태는 壬水가 蓋頭를 하고 있고 사주자체에서 月令을 司令하여 가장 강한 힘을 소유하고 있는 酉金을 沖한다는 것은 午火는 午火인지라, 증주자의 '去官留煞'은 성립되었다고 할 수 있다.

결론적으로 나머지 日支의 신금인 강한 殺性을 洩氣하는 子水가 이 명조의 가장 필요한 용신이다. 또한 그 洩氣(化殺)한 기운으로 약한 일주를 扶助하므로 하나의 五行神이 두 가지 작용을 하는 매개체가 된다. 즉 명리용어로 官生印, 印生我의 작용을 하는 것이다. 대운 역시 일간을 돕는

水/木大運으로 흘러 好運이 되었다.

『子平眞詮』 심효첨의 격국론 의하면, (正官格은) 煞과 混雜되면 불가하다. 또 官星이 중첩되고 더불어 地支의 刑沖은 불가하기에 局을 무엇을 취해야 할 것인가를 묻지 말라! 모두 不利하다.[170]고 하여, 심효첨은 이와 같은 격이 나오면 파격으로 分離하여 凶格으로 정하고 말았다.

그러나 정관격은 그렇지만 다시 심효첨은 七煞格에서 말하기를, 官星과 혼잡 된 자는 혹 官星을 제거하던지 煞星을 제거하면 淸함을 취하여 貴格이 된다. 岳統制의 命과 같이 癸卯/丁巳/庚寅/庚辰으로 '去官留煞'하여 무릇 官氣가 貴해졌다.[171]고 하여 심효첨은 岳統制의 명조가 丁巳月에 庚金日主가 年干의 傷官 癸水에 의해 月干 丁官인 丁火가 제거되어 好格을 이루었다고 하여 격국에 대한 成格만 설명하였지 대운설명이 없어 아쉽다.

하지만 철초님은 위의 명조<事例 42>를 月干의 酉金을 午火가 制하고 日支의 申金을 時支의 子水가 化殺을 하여 '去官留殺'하여 '殺印相生格'으로 정리하였다.

『窮通寶鑑』 계절을 중시하는 조후용신론에 의하면, 8월의 甲木日主 '木囚金旺節'이다. 丁火를 제1용신으로 하고 다음으로 丙火를 쓰고 庚金을 再次 쓴다.[172]고 하였다. 이와 같은 이론에 의하면 이 명조는 조후론에 의하면 용신이 全無한 사주이다.

---

170) "不可雜煞, 不可重官, 與地支刑沖, 不問所就何局, 皆不利也", 『子平眞詮評註』 권4, 앞의 책, p.6.

171) "有煞而雜官者, 或去官或去煞, 取淸則貴, 如岳統制命, 癸卯/丁巳/庚寅/庚辰, 去官留煞也, 夫官爲貴氣", 위의 책, 같은 권, p.6.

172) "八月甲木, 木水金旺, 丁火爲先, 次用丙火, 庚金再次", 『窮通寶鑑』, 앞의 책, p.21.

[宗主命理 解說]

時 日 月 年

甲 甲 己 壬 <事例 42>

子 申 酉 午

乙 甲 癸 壬 辛 庚

卯 寅 丑 子 亥 戌

명조에 殺氣가 지나치면 살을 制化하는 것이 급하다. 즉, 制殺이 먼저이고 다음은 化殺로 취해야 한다. 제살할 火를 찾지만, 년지午火는 自座干合으로 통력이 감소되어 取用不能하니 化殺하는 壬수가 있어 化殺用神이 된다.

殺重하니 殺制化格으로 化殺하는 水가 용신이고 목이 희신이 된다. 용신을 도우는 亥운에서부터 用神 發福運으로 과거급제하고 乙운까지 벼슬길이 승승장구하여 낭서와 관찰사에 이른다. 甲申일주가 8월에 생하니 殺이 주도권을 쥐고 있다. 殺을 조절해주는 午화가 酉금 옆에서 制殺하고 子수는 申금 옆에서 化殺하고 있어 사주배합이 깔끔하고 아름답다. 제살은 희신으로 작용하기 때문이다. 소위 去官留殺하고 殺印相生한다. 殺印相生하는 인성으로 용신을 취하니 안정되고 확고한 출셋길이 보장되어 있는 형국이다. 亥운에 급제하여 승승장구 하였다.

가정적으로는 己토와 合하고 일지가 合生하니 부부유정하고 딸 둘, 아들 두 명을 두는데, 아들이 효자이고 훌륭하다. 申금 편관이 합생하여 용신을 돕기 때문이다. 성정은 불같으나 밝고 명랑하여 이웃과 화합하였다. 다만, 년주 편인이 있어 유년시절에 성장방해가 따르고 부족한 환경을 면하기 어렵다. 하지만 월주정재가 온전하니 선대의 상속이 기대된다.

時　日　月　年<事例 43>
甲　甲　己　壬
子　申　酉　辰
乙 甲 癸 壬 辛 庚
卯 寅 丑 子 亥 戌

此與前造只換一辰字, 以俗論之, 前則制官留殺, 此則合官留殺, 功名仕路, 無所高下, 殊不知有天淵之隔, 夫制者剋而去之, 合者有去有不去也. 如以辰土爲財(殺)[173], 則化金而助殺, 以酉金爲官, 仍化金而黨殺, 由此觀之, 淸中帶濁, 且以財爲病者, 不但功名蹭蹬, 而且刑耗難辭, 惟亥運逢生, 可獲一衿, 壬子如逢木年, 秋闈有望, 癸丑合去子印, 一阻雲程, 有凶無吉, 甲寅運被申沖破, 壽元有礙矣.

이 命造는 앞 命造와 더불어 단지 辰字 하나만 바뀌었다. 一般的으로 말하여 앞 命造는 즉 '制官留殺'이요, 이 명조는 즉 '合官留殺'이니, 벼슬길에서의 功名 (또한 앞의 명주와) 높고 낮음이 없을 것이라고 할 수 있지만, 그러나 하늘과 땅 차이가 난다는 것을 모르는 것이다. 무릇 制하는 것은 相對를 剋하여 가져가는 것이고, 合이라는 것은 가져가는 경우도 있고, 가져가지 않고 있는 경우도 있다.

이와 같이 하여, 辰土는 財인데 즉 (辰土의 성질은 金과 合을 하면) 金으로 化하여 그것을 가져간다. (이 명조에서) 酉金은 官이다. (그런데 이 辰土는) 오히려 金과 합을 하여 化金이 되어 殺의 무리를 만든다. 이 命造를 보면 淸한 가운데 濁한 氣運이 있는데 바로 이 財가 濁한 病이 된 것이다.

(그런 이유로) 功名에서의 비틀거리는 것뿐만 아니라, 刑罰이나 財産이 줄어드는 것을 말로 표현할 수 없었다. 오직 亥大運에 生을 만나 조금

173) 『징의』에는 '殺'이라고 되어 있으나 『천미』의 '財'가 문맥상 맞다.

옷깃을 여미는가 했더니, 壬子大運에 만약 木年만 만났다면 秋闈試驗에 有望하였는데 癸丑年에 印綬인 子水와 合하여 가니, 한번 벼슬길에서 막히고 凶함만 있고 吉함은 없었으며, 甲寅大運에 申金의 沖을 받아 壽命도 끝을 맺었다.

<譯評> 이 명조의 특징은 앞의 명조는 壬午年에 태어나고 본 명조는 壬辰年生이다. 증주자의 의도는 앞의 명조는 심효첨의 격국론에서 破格인 명조가 중화용신론에 의하면 正偏에 의한 四吉/四凶神을 구분하지 않고 오히려 강한 五行神을 沖去하거나 制伏을 시켜야 한다는 이론이다.

증주자는 이 명조를 비교하여 본인의 명조와 같은 '合官留煞格'이 大貴格이라는 격국론을 부정하고 있다. 이 격 역시 地支로 正偏官이 混在되어 正官格이 오히려 七煞格으로 변해버린 명조가 되었다. 때문에 이 강한 化煞을 위하여 時支 子水가 용신이 되었다. 그런데 이와 같이 官星이 강해 일주가 약해진 상태에서 比劫大運인 甲寅大運에 終命을 한 까닭은 무슨 이유일까? 바로 '衰者沖旺旺神發'의 효과 때문이다.

앞의 명조는 다행스럽게도 午酉沖을 하여 酉金을 沖去하고 본 명조는 辰酉合하여 化金으로 변하여 강한 煞星을 더욱 강하게 만들었다. 이와 같이 旺한 神은 洩氣는 즐겨도 制伏은 즐기지 않기 때문이다. 심효첨의 격국론과, 계절을 중시하는 조후론은 앞의 명조와 동일하다.

결론적으로 임철초는 어떤 이론을 비판하였으면 그 비판하게 된 이유를 이와 같이 명조를 통하여 증명하고 있다. 정단님의 지수법칙으로도 앞의 命造와 다를 바가 없지만 역시 지나친 金氣運의 强勢 때문에 사주가 탁해지고, 甲寅大運을 만나면 '衰者沖旺旺神發'이 되므로 終命한 命造가 되었다.

[宗主命理 解說]

時 日 月 年<事例 43>

甲 甲 己 壬

子 申 酉 辰

乙 甲 癸 壬 辛 庚

卯 寅 丑 子 亥 戌

이 명조는 앞의 명조와 단지 辰字 하나만 바뀌었다. 마찬가지로 殺重하니 殺制化格에 해당하므로 制殺하는 火가 없어 化殺하는 水가 용신이고 목이 희신이 된다. 그래서 癸운까지는 용신을 도우니 풍족하였으나 丑운에는 토극수하여 용신을 파극하니 형언하기 어려운 고통을 당했다. 甲운은 무난하였으나 寅운에 申금을 충하여 희신을 상하게 하니 발복하지 못하였다. 殺重한데, 制殺하고 化殺하는 앞의 명조와 달리 殺重을 화살로만 의지하니 다소 格이 떨어진다. 화살과 제살로 淸貴하여 짐을 다하지 못하여 濁한 것이 흠이다. 財生殺하니 재가 들어오면 문제가 발생하고 禍根이 된다. 즉, 재로 인하여 명예훼손이 되고 刑耗와 어려움을 겪게 된다.

오직 亥운에 生을 만나니 학업운이 좋았고 壬子운 甲寅 乙卯년 중에 급제운이 유망할 것이다. 癸丑운은 子인수용신의 뿌리를 合去하여 출셋길이 막혀 흉만 있었을 것이다. 殺重이니 金이 들어오는 운에 禍厄을 당한다. 癸丑대운은 酉금이 사령하니 酉丑금국으로 殺氣局을 형성하기 때문이다.

甲寅운은 희신운이나 왕신을 충극하니 寅申沖하는데, 47세 戊寅년에 재충형을 하니 운지가 월령을 극복하지 못하고 '衰者沖旺旺神發'하므로 終命하였다. 辰토는 이웃한 酉금 때문에 合生하여 金으로 변하니 財生殺로 흉액을 속출하게 하였다. 재물로 인하여 刑罰과 죽음을 당하는 것이다.

【原文】

上下貴乎情協(和).[174)]

四柱의 天干과 地支의 上下關係가 貴하게 여기는 것은 有情하게 協力하여 주는 것이다.

[劉氏注]

天干地支, 雖非相生, 宜有情而不反背.

天干과 地支가 비록 相生하여 주지는 않더라도 마땅히 有情하여야 하고 배반하지는 말아야 한다.

〔任氏注〕

任氏曰, 上下情協(和)者, 互相衛護, 干支不反背者也. 如官衰傷旺財星得局, 官旺財多, 比刦得局, 殺重用印, 忌財者, 財臨刦地, 身强殺淺, 喜財者, 財坐食鄕, 財輕刦重, 有官而官星制刦, 無官而食傷化刦, 皆謂有情, 如官衰遇傷, 財星不現, 官旺無印, 財星得局, 殺重用印, 忌財者, 財坐食位, 身旺煞輕, 喜財者, 財坐刦地, 財輕刦重, 無食傷而官失令, 有食傷而印當權, 皆爲不協(和).

任氏가 말하였다. '上下情協'이란 서로가 막아주고 保護해 주며, 天干과 地支가 서로 背反하지 않는 것이다. 만약 官星이 衰하고 傷官이 旺할 때 財星이 局을 이룬 경우, 官星이 旺하고 財星이 많을 때 比劫이 局을 얻은 경우, 官殺이 重하여 印星을 用神으로 하면 財星을 꺼리는데 그 財星이 劫財 위에 있는 경우, 身强한 四柱에 官殺이 弱하여 財星을 반기는데 財星이 食神을 보고 있는 경우, 財星이 弱하고 劫財는 重한데 官星이 있

174) ( ) 이 부분은 『징의』에 있는 부분이다. 의미의 차이는 없지만 같은 『적천수』인데 왜 이렇게 차이가 나는지 의문점이 생긴다. 아예 『적천수』라는 책명을 두 사람 중에 한 사람은 포기해야 하는 것이 아닐까? 왜냐하면 같은 장을 설명하면서 유사한 글자를 사용하여 궁구하는 사람에게 피곤함을 주기 때문이다. 이 장에서는 情協과 情和가 본문까지 계속 이어진다.

어 官星이 劫財를 制하는 경우, 官星이 없는데 食傷이 劫財을 化하는 경우 이 모두를 有情하다고 말한다.

(그러나) 만약 官殺이 衰弱한데 傷官을 만나고 財星이 보이지 않을 경우, 官殺이 旺하고 印星이 없으며 財星이 局을 얻은 경우, 官星이 旺하고 印星이 없는데 財星이 局을 이룬 경우, 官殺이 많아서 印星을 用神으로 하고 財星을 꺼리는데 財星이 食神 위에 앉아 있는 경우, 身旺하고 官殺이 弱하여 財星을 반기는데 財星이 劫財 위에 있는 경우, 財星은 弱하고 劫財가 많은데 食傷은 없고 官은 失令한 경우, 食傷은 있는데 印綬가 當權하고 있는 경우 이 모두는 不協이라고 말한다.

<譯評> 이와 같이 증주자인 임철초는 有情과 不協에 관하여 六親을 가지고 설명하고 있다. 그러나 자칭 증주를 하였다는 서락오는『徵義』에서는 不和라는 용어로 설명하고 있다.

時	日	月	年<事例 44>
庚	丙	癸	己
寅	寅	酉	巳

丁	戊	己	庚	辛	壬
卯	寅	丑	子	亥	戌

此日主兩坐長生, 年支又逢祿旺, 足以用官, 癸水官星, 被己土貼身一傷, 喜得官臨財位, 尤妙巳酉拱金, 則己土之氣已洩, 而官星之根固矣. 所以一生不遭凶險, 名利兩全也.

이 命造의 日主는 두 개의 長生 위에 있고 年支에 祿旺을 만났으니 충분히 官星을 用神으로 할 수 있으나 官星인 癸水를 己土가 바로 옆에 붙어 한 번의 상처를 받는다. (그러나) 기쁜 것은 官星이 財星 위에 있는 것이며, 묘하게도 巳火와 酉金이 합이 되는 것이고, 金氣運은 이미 己土의 기운을 洩하기 때문에 官星의 뿌리가 튼튼하다. 그래서 일생 동안 凶

險을 만나지 않았으며 名譽와 利益 둘 다 온전하였다.

<譯評> 철초님은 '日主兩坐長生'하고 '年支又逢祿旺'하여 '足以用官'이라 하여 月干의 癸水를 용신으로 하고 이를 돕는 月支의 酉金을 희신으로 하였다. 그러나 본 譯評者가 정단님의 指數法則에 의하여 지수를 검증한 결과 오히려 金氣運이 5.4로 적정수치를 0.1로 벗어났다. 그러한 이유로 火를 제1용신으로 하고 이 火를 생하는 木이 희신이 된다.

이와 같은 이론이라면 철초님과 심효첨님과 정단님의 이론에 차이가 나는데, 본 譯評者의 견해로는 일단 사주자체가 淸하다는 것이 눈에 들어오고 특히 이 명조는『闡微』의「干支總論」중에서 '上下貴乎情協'이라는 장에서 나오는 명조라 사주자체의 天干과 地支가 '情協'함을 강조하기 위해서 채택된 것으로 사주체가 맑고 깨끗하여 웬만한 凶運도 잘 지나지 않았을까? 하는 생각이 들지만 다시 정단님에게 확인 요청한 결과 정단님이 아래 정단님 난에 설명의 글을 올리기로 하였다.

『子平眞詮』 심효첨의 격국론에 의하면, 正財格[175]으로 相神은 이 財星의 기운을 洩하는 正官인 癸水가 된다. 심효첨은 보다 자세하게 正財格에 대해서 좋은 평을 하고 있다. 財星은 뿌리가 깊은 것을 반긴다. 太露한 것은 마땅치 않으나 하나가 투출하여 淸한 것을 格用神으로 하면 가장 반긴다. 露라고 하는 것은 즉, 月令의 용신뿐만 아니다. 만약에 寅木에서 乙木이 투출하거나 卯木에서 甲木이 투출한 종류는 하나만 투출하였기에 過한 것이 아니고, 太多하여야만 즉, 露라고 하는 것이다. 그러나 재성이 旺하여 官星을 生하는 것도 꺼리지 않는다. (왜냐하면) 대체로 露(官星)로서 劫財를 막아주기 때문이다. 官星을 生하면 劫財를 退出시키기 때문이다. 비유하면 마치 창고에 있는 錢糧을 官星이 있어 그것을 護衛하기 때문이다. 즉, (지키는 官星을) 확연히 드러나게 하여 재물을 겁탈

175) "財爲我剋, 使用之物也, 以能生官, 所以爲美, 爲財帛, 爲妻妾, 爲才能, 爲驛馬, 皆才類也",『子平眞詮評註』권4, 앞의 책, p.6.

하려는 劫財星을 막아준다.[176]고 하여, 힘 있는 財格이 官星을 生하는 경우의 이로움을 설명하고 있다.

결론적으로 심효첨의 격용신론에 의해서도 財生官格이고 임철초의 중화용신론에서도 財生官을 하는 중화용신이 된다. 이와 같이 격용신과 중화용신이 겹치는 경우 好命이 될 가능성이 매우 높다. 그러한 이유에서인지 三旬大運 庚運까지는 用神運으로 흐르고 있지만 이후 忌/仇神運으로 흐르는데도 '一生不遭凶險'이 된 명조이다.

『窮通寶鑑』 계절을 중시하는 조후용신론에 의하면 8월의 丙火日主는 태양이 황혼에 가까워 병화의 餘光만이 湖海에 남아 있다. 때문에 壬水를 용신으로 하여 반짝거리는 빛을 보좌해야 한다.[177]고 하였다. 마치 서해안에서 落潮의 풍경을 즐기는 관광객의 모습이 연상된다. 이와 같이 8월의 丙火日主는 오직 壬水만을 용신으로 정하고 말았다.

[宗主命理 解說]

時 日 月 年 <事例 44>

庚 丙 癸 己

寅 寅 酉 巳

丁 戊 己 庚 辛 壬

卯 辰 巳 午 未 申

指數法으로 金이 5.4로 태왕종주이니 剋法取用으로 金體火用하여 火를 찾는다. 丙화가 寅목에 착근하고 있어 순수하게 온전하다. 丙화가 용신이

---

176) "財喜根深, 不宜太露, 然透一位以淸用, 格所最喜, 不爲之露, 卽非月令用神, 若寅透乙, 卯透甲之類, 一位亦不爲過, 太多則露矣, 然而財旺生官露亦不忌, 皆露以防劫, 生官則劫退, 譬如府庫錢糧, 有官守護, 卽使露白, 誰敢劫之", 위의 책, p.13.

177) "八月丙火, 日近黃昏, 丙之餘光, 存於湖海, 仍用壬水輔映", 『窮通寶鑑』, 앞의 책, p.73.

니 庚운까지는 어려움이 있었으나 午운부터 발복하여 명리쌍전하며 乙운까지 발복을 누렸다.

火용신이니 寅午戌운동이 왕성해지는 巳午未삼대운을 거치면 발복하니 좌표상의 丙寅이 동하는 戊辰대운부터 운발이 터지니 부귀일생을 누렸다. 비겁이 희용이지만 용신에 해당하면 원국에 있는 六神은 길하게 발현되니 癸水 正官이 動하여 官職運이 좋아지고 正財 酉金이 동하여 재운이 좋아진다. 己土 傷官은 동하여 풍부한 아이디어와 언변이 뛰어나는 것이다. 편재가 동하면 횡재운이 들어오게 된다. 운로가 喜用運으로 흐르니 일생을 험한 일 한 번 안 당하고 名利가 함께 온전하였다.

종주명리는 지수가 취용의 기준이 되므로 0.1의 수치만 벗어나도 取用法이 날라진다. 金體火用으로 화가 용신이고 목이 희신이다. 그러나 목화 희용과 달리 임철초님은 金水를 희용으로 봤다. 일생이 흉험하지 않고 명예와 이익을 누렸다는 철초님의 풀이는 정단의 희용운을 그대로 설명하면서 희기를 달리 봤다는 점은 희용운에 발복한다는 관법과 정면배치가 된다.

사주가 火土金水木으로 周流無體하니 막힘없이 흘러가는 명조이다. 먼저 상관이 떠서 시작은 박하여 미약했지만 후에 정관이 살아나면서 사회조직에 입문하면서 명예와 권력이 함께 하면서 승계되고 상승되어 나가니 부귀공명을 다 누린 것이다. 그러나 丑대운에 임하면 旺神이 入墓하니 壽를 다할 것이다.

時	日	月	年<事例 45>		
甲	丙	癸	癸		
午	辰	亥	亥		
丁	戊	己	庚	辛	壬
巳	午	未	申	酉	戌

此官殺乘旺, 原可畏也. 然喜午時, 生食制煞, 時干透甲, 生火洩水, 旺殺半化爲印, 衰木兩遇長生, 賴此木根愈固, 上下情協, 不誣也. 自手成家, 發財數萬.

이 命造는 官殺이 旺하여 기본적으로 두려움이 있는 四柱이다. 그러나 기쁘게도 時支에 午火가 있어 食神을 生하여 制殺을 하게끔 하고, 時干에 甲木이 透干하여 火를 生하고 水氣運을 洩하니, 旺한 殺이 반은 印星으로 化하였다. 木의 氣運은 衰하나 두 개의 長生을 만나고 이것에 依支하는 나무는 뿌리가 튼튼하다. 上下가 도와주는 情이 있고 업신여기는 것이 없으므로 自手成家하여 財産이 數萬이다.

<譯評> 이 명조의 용신은 木/火星이다. 특히 겨울철 丙火日主는 약하므로 火星이 용신이고 木星이 희신이 된다. 이같이 用/喜神을 정하고 대운을 살펴보니, 三旬大運까지는 태어난 집안이 가난하여 초년고생을 하였지만 四旬大運인 己未大運부터는 好運이 되어 '自手成家'를 이루었을 것이다.

『子平眞詮』 다음으로 심효첨의 격국론에 의하면 正官과 偏官과 혼잡되어 四凶神格의 하나인 七煞格으로 食神으로 制하는 것이 최고다. 煞이 旺하고 食神이 强하고 日主가 健實하면 지극한 貴格이 된다.[178]고 하였다. 이와 같이 七煞格의 성격조건에서 食神으로 制하려고 하지만 日支의 辰土는 최고에서 탈락하였으며, 다음으로 煞만 旺하고 食神은 無用之物이며, 日主는 약하기에 成格條件이 성립할 수 없다.

取運論에서는 七煞格에 印綬를 相神으로 할 경우 대운이 財運으로 흐르면 불리하다. 傷官運이 아름답고 印綬에 의해 身旺하면 함께 복이 되는 것이다.[179]라고 하였다. 이와 같은 이론에 의해서 대운을 살펴보면, 역

178) "煞用食制者, 上也, 煞旺食强而身健, 極爲貴格", 『子平眞詮評註』 권5, 앞의 책, p.2.
179) "煞用印綬, 不利財鄕, 傷官爲美, 印綬身旺, 俱爲福地", 위의 책, p.9.

시 三旬大運까지는 불리하고 다음 四旬大運부터는 印綬運이 아니라 劫財運으로 格局論의 取運法에는 해당되지 않는 운이다. 이와 같이 格局論과 中和用神論의 차이를 보인다.

『窮通寶鑑』 다음으로 계절을 중시하는 조후용신론을 살펴보겠다. 10월의 丙火日主 太陽이 失令하여 甲/戊/庚[180]이 天干으로 透出하면 科甲이 된다고 말할 수 있으며, 命主의 性情이 淸高하여 이와 같은 글을 領袖라고 한다. 만약에 辛金이 투출하고 辰土를 보면 이름하여 化合한 때를 만났으니 命主는 大貴할 것이다.[181]고 하였다.

결론적으로 이 甲/戊/庚이 모두 天干으로 투출하여야 한다면 이 명조는 科甲에서는 탈락하였으며, 辛金이 투출하고 辰土를 보아야 한고 하였는데 地支에 辰土는 있으나 天干으로 辛金이 투출한 것이 없으므로 大貴하기에도 탈락된 명조이다.

특히 조후용신론에서 丙火의 三冬의 丙火는 하늘에 떠 있는 太陽으로 비유하였기에 약하다는 것을 인정하지 않는다. 그러나 中和用神論에서는 三冬의 丙火라도 印/比星의 도움이 없으면 약하다고 하여 印星이든 比劫이든 가리지 않고 용신으로 쓴다. 바로 이와 같은 이론의 차이가 임철초의 中和用神論이라고 할 수 있다.

[宗主命理 解說]

時 日 月 年 <事例 45>
甲 丙 癸 癸
午 辰 亥 亥

丁 戊 己 庚 辛 壬
巳 午 未 申 酉 戌

180) "天上三奇甲戊庚, 地下三奇乙丙丁, 人中三奇壬癸辛", 徐升 編著, 『淵海子平評註』, 臺灣 : 武陵出版有限公司, 2002, p.41.

181) "十月丙火, 太陽失令, 得見甲戊庚出干, 可云科甲, 主爲人性好淸高, 斯文領袖, 如辛透見辰, 名化合逢時, 主大貴", 『窮通寶鑑』, 앞의 책, p.76.

水가 명조에서 月支를 득하고 절반이 넘어 太旺한 宗主가 분명하여 水體土用으로 土를 찾는데, 濕土인 진토는 水를 막을 수 없어 버리고 火를 보니 午화에 通根한 丙화가 온전하고 通力이 충분하므로 火用神이다. 丙화는 목의 통력을 필요로 하지 않으니 丙午로 通力이 충분하기 때문이다.

火용신이니 寅午戌화운동이 巳午未를 거치면서 발복하게 된다. 좌표상으로 癸亥가 사령하니 殺과 鬼에 시달리게 된다. 건강이 나빠서 사회생활이 어렵거나 이런저런 일로 기진맥진하게 살았다. 운로에서 용신을 거역하는 申운까지는 어려움이 있었으나 己운부터 발복하여 卯운까지 이어지니 큰 부를 축적한다. 財성은 원국에 없지만 癸수가 동하여 재성을 보호하니 세운에서 金이 들어오면 금이 동하여 재물로 들어온다. 財를 다스릴 능력이 되면 財는 歲運에서 動해주기만 하면 재물을 得하기 때문이다.

水太旺하여 水殺旺한데 이를 制殺할 辰토가 옆에 이웃하고 있지만 濕土로 不可하나 다행히 이웃에 午화가 있어 辰토는 서서히 37세후부터는 制殺이 가능해지고 46세 이후는 완전 制殺이 되므로 대기만성으로 출세할 명조이다. 더구나 水旺을 설하여 화를 생해주는 甲목과 동주하니 말년이 아름다운 것이다. 명조가 이러하니 自手成家하여 백만금의 재물을 모았던 것이다.

水太旺하여 水多土流가 두렵고 水多火沒이 두렵다. 水는 공포와 두려움을 나타내니 밤길에 잘 놀라고 심장이 약하다. 심장이 약하여 위장병과 당뇨가 우려된다. 그러나 왕성한 활동과 운동이 따라주면 치료가 되니 문제는 적극적인 자세와 행동이다. 정관이 年柱와 월주에 임하니 명문가의 집안 태생이고 사회성이 좋아 사회활동을 하면서 명예와 직책이 빛나게 된다.

時	日	月	年<事例 46>		
丙	乙	庚	甲		
子	卯	午	寅		
丙	乙	甲	癸	壬	辛
子	亥	戌	酉	申	未

專祿日主, 時支子水生之, 年干甲木, 亦坐祿旺, 用庚金則火旺無土, 坐于火地, 用丙火則子沖去其旺支, 卽或用火, 亦無安頓之運, 所以一敗如灰, 至乙亥運, 水木齊來, 竟爲乞丐.

日主는 專祿을 깔고 앉아 있고 時支의 子水가 그것을 生하며, 年干의 甲木도 역시 祿旺을 깔고 앉아 있다. 庚金을 用神으로 하려 하니 火가 旺하고 土가 없는 狀態에서 火의 地支 위에 있다. 丙火를 用神으로 하려 하니 子水가 旺한 地支를 沖去하고 있으며, 혹 火를 用神으로 한다 하여도 역시 편안한 運이 못 된다. 그리하여 한번 망하는 大運이 되니 財物이 한 줌의 재처럼 되었고 乙亥大運에 이르러 水와 木이 함께 오니 마침내 거지가 되고 말았다.

<譯評> 이 명조는 火勢와 木勢가 大勢이다. 임철초의 중화용신론에 의하면, 그 강한 木氣를 制와 洩하는 五行神을 용신으로 찾아 정해야 한다. 특히 임철초와 심효첨의 격국용신론과 차이가 나는 것은 심효첨은 月令을 중심으로 일간과 대비하여 격국을 정한 후, 그 격에 필요한 용신 즉, 相神을 정해 놓고 그 相神이 명조에 없거나 있어도 沖과 剋을 당하면 破格으로 더 이상 깨진 것을 고쳐 쓰려고 하지 않는다.

그렇다면 증주자는 이 명조의 용신을 어떻게 찾아 정했을까? 일단 이 명조의 大勢인 木勢를 制하는 金氣를 찾으니 月干의 庚金이 있어 이것을 용신으로 정하려 하였으나 地支의 도움이 없어 불용한다. 다음으로 火勢를 制하는 水氣를 찾았으나 이 水氣는 오히려 강한 木星을 돕는 忌神으로 변하였다. 이와 같은 결과 강한 火勢와 木勢를 따르는 從勢格이 되었다. 결론적으로 木/火星이 이 명조의 용신이 된다. 다음으로 대운을 살펴보면 안타깝게도 용신운의 逆大運으로 흐르기 때문에 '竟爲乞丐'가 된 명주이다.

『子平眞詮』 심효첨의 격국론에 의하면, 午月의 乙木日主를 비교하여 食神格이다. 심효첨은 이 食神格을 정의하기를, 食神은 본래 洩氣하는 것이 근본이다. 그 능력은 正財를 生하는 것을 즐긴다. 그러므로 '食神生財'는 美格이므로 財星은 반드시 뿌리가 있어야 하며, 正/偏과 거듭 투출할 필요는 없다. 만약에 身强하고 食旺하고 財星이 투출하면 大貴格이 된다.[182]고 하였다. 이 같은 이론에 의하면 身强하고 食旺하지만 財星이 보이지 않아 破格이 되었다. 이 명조는 財星인 土星이 없어 매우 안타까운 명조가 되었다.

『窮通寶鑑』 다음으로 계절을 중시하는 조후용신론을 살펴보겠다. 5월의 乙木日主는 丁火가 司令하고 있어 벼농사를 짓기에 가물어 있다. 上半月은 陽에 속하므로 癸水를 용신으로 하고, 下半月은 陰에 속하므로 三伏中에 寒氣가 생겨 丙火와 癸水를 함께 쓴다. 사주에 金水가 많으면 丙火를 먼저 용신으로 하고 나머지는 모두 癸水를 先用한다.[183]고 하였다.

이와 같은 이론이라면 癸水가 제1용신이 되고, 下半月인 경우 天干으로 金水星이 많으면 丙火를 보조용신으로 하지만 일단 제1용신은 癸水가 된다. 이와 같은 이론대로라면 대운이 水氣를 生하는 金水運으로 흐르기에 好運이 되었어야 하는 것이다. 하지만 위에서 보았듯이 乙亥大運에

182) "食神本屬洩氣, 以其能生正財, 所以喜之, 故食神生財, 美格也. 財要有根, 不必偏正疊出, 如身强食旺而財透, 大貴之格", 『子平眞詮評註』 권4, 앞의 책, p.45.

183) "五月乙木, 丁火司權, 禾稼俱旱, 上半月屬陽, 仍用癸水, 下半月屬陰, 三伏生寒, 丙癸齊用, 柱多金水, 丙火爲先, 餘皆用癸水爲先", 『窮通寶鑑』, 앞의 책, p.41.

'竟爲乞丐'가 된 운명이 되었다.

[宗主命理 解說]

時 日 月 年 <事例 46>

丙 乙 庚 甲

子 卯 午 寅

丙 乙 甲 癸 壬 辛

子 亥 戌 酉 申 未

指數法則에 의하면 水2.0 木5.4 火5.6 土0 金1.0이 된다. 火가 太旺宗主이고 木의 生을 받으면 剋法取用하니 火體水用으로 水를 찾는다. 고립무원이면 孤孤不用에 따라 子수는 不用한다. 수는 생기가 없어 금을 찾는데, 다시 금이 뿌리가 없어 토를 찾는다. 토가 없어 火를 찾는다. 결국 火體火用되어 午화가 寅목의 생을 받고 丙화에 통기하여 火가 용신이 되고 이를 생하는 木이 희신이 되고 土는 藥神이 된다.

火운을 傷하게 하는 酉대운까지는 어려움이 많았으나 甲대운부터는 木生火로 발복이 시작되어 乙운까지 이어진다. 그러나 亥운에 임하면 원국과 대운의 수극화로 용신을 파극시켜 破産破財로 걸인이 되었다. 원국에 재성이 없어 재물관리 능력이나 재테크가 부족하여 금전 운이 들어오는 시기에 돈을 땅에다 묻어두는 것을 하지 못하고 소비하고 낭비하는 바람에 한 번의 실패로 재물은 사라지고 寅午合으로 묶였던 합이 풀어지면서 子午沖과 卯午破가 動力轉移되어 群劫爭財가 되었기 때문이다.

거지가 된 것은 乙亥대운 庚子년에 임하는 47세가 되면 子午沖으로 沖出된 己토재물이 甲목과 함께 사라지니 갑목은 믿었던 동료나 친지로부터 사기를 당하여 재물이 홀라당 날아가는 형국이기 때문이다. 劫財가 년주에 임하고 있어 넘어져도 잘 안 울고 투쟁심이 강한데, 결국 지나친 투기심과 경거망동으로 인하여 재산을 잃은 것을 의미한다. 劫年攀이 동하니 무모한 도전과 모험을 한 것이 원인이다.

時	日	月	年<事例 47>		
壬	乙	己	乙		
午	亥	卯	丑		
癸	甲	乙	丙	丁	戊
酉	戌	亥	子	丑	寅

此己土之財, 通根在丑, 得祿于午, 似乎身財並旺, 不知己土之財, 比肩奪去, 丑土之財, 卯木剋破, 午火食神, 亥水剋之, 壬水蓋之, 無從引化, 所謂上下無情也. 初逢戊寅丁丑, 財逢生助, 遺業頗豐, 一交丙子, 沖去午火, 一敗而盡, 乙亥運, 妻子俱賣, 削髮爲僧, 又不守淸規, 凍餓而死.

合此兩造觀之, 則上下之情協與不協, 富貴貧賤, 遂判天淵, 卽于此證驗焉.

이 命造는 己土가 財星이 되고, 丑土에 通根을 하고 있으며, 午火에 祿을 얻었으니, 마치 身旺하고 財旺한 것 같지만, (그러나) 財星인 己土는 比肩(年干)이 빼앗아 가져가고, 財星인 丑土도 卯木에 剋破 당하고 있으며, 食神인 午火는 亥水가 剋을 하고 壬水가 덮고 있어, (일주의 강력한 힘을) 끌어 들여 化하기가 어렵게 되었다. 이른바 上下가 無情하다는 것을 알지 못함이라.

初運에 戊寅/丁丑大運을 만나 財星을 生助하니 祖上으로부터 물려받은 財産이 자못 豊富하였으나, 한번 丙子大運을 만나 午火를 沖하여 가버리니, 몽땅 망하여 모두 (재산을) 없애버렸다. 乙亥大運을 만나 처자식을 팔아버리고 削髮하고 중이 되었으나 嚴格한 規律을 지키지 못하고 (파계를 당하여) 굶어서 얼어 죽었다.

이리하여 두 개의 命造를 보면서 上下의 情이 서로 돕(協)는지, 또는 그렇지 않는지에 의하여 富貴貧賤이 마침내 하늘과 땅 차이가 난다는 것이다. 즉 이와 같은 것으로부터 경험한 것을 증명한 것이다.

<譯評> 철초님의 설득력 있는 설명이다. 이 명조는 일주 乙木이 本氣의 계절인 3월에 태어나 강하다는 것을 한눈에 알 수 있다. 이와 같이 강한 五行神은 증주자인 임철초는 사주자체에 중화를 이루기 위하여 剋이나 洩하는 五行神을 찾아 용신으로 취용한다. 그러므로 木勢가 강하므로 洩하는 火勢를 찾는데, 時支의 午火가 있어 용신으로 정하고 그 용신을 기준으로 다시 洩과 扶助를 정하여 희신을 구하는데, 洩作用의 용신을 구한 명조는 다시 洩作用을 하는 五行神이 희신이 된다.

그래서 火氣를 洩하는 土氣가 희신이 되므로 天干에 己土를 희신으로 하고, 사주전체를 조명하여 보니 증주자의 설명대로 용신과 희신이 忌神에게 충을 당하고 仇神에게 극을 당하는 상황이 되어 用/喜神이 碌碌한 지경에 이르렀다. 대운 역시 三旬大運 子大運에 약한 용신을 子水가 충을 하여 집안이 망하고 乙亥大運을 넘기지 못하고 굶어 얼어 죽은 命主이다.

이와 같이 명조 자체에 忌/仇神이 포진하고 있는 경우 대운이라도 이 忌/仇神을 제거하는 운으로 흘렀다면 이 같은 지경까지는 되지 않았을 것인데, 명조 자체도 깨진 상태에서 대운마저 도와주지 않는 운으로 흐르면 '破家亡身'할 운명이 된다.

『子平眞詮』 다음으로 격국론을 정리한 심효첨은 『자평진전』, 「論建祿月劫」 장에 의하면, 建祿이라는 것은 月建이 祿堂을 만난 것이다. 祿은 곧 劫이다. 혹 祿堂이 투출한 즉, 그것을 쓸 것으로 여겨 써서는 안 된다. 그러므로 建祿과 月劫은 동일한 格이다. 반드시 나눌 필요는 없으며, 모여 있는 地支에서 干支가 투출되면 모두 별도로 財/官/煞/食을 格用神으로 쓸 수 있다.[184]고 하였다.

심효첨은 陽干 일주와 陰干 일주를 구분하여 陽干은 陽刃格이라는 格

184) "建祿者, 月建逢祿堂也, 祿卽是劫, 或以祿堂透出卽可依以爲用者, 非也, 故建祿與月劫, 可同一格, 不必另分, 皆以透干會支, 別取財官煞食爲用", 『子平眞詮評註』 권5, 앞의 책, p.39.

을 부여하였지만 陰干은 建祿/月劫이라 하여 格으로 인정하지 않고 地支에서 투출된 干支를 格으로 정하고 相神은 그 格에 맞는 五行神을 찾아야 한다. 계속해서 말하기를, 祿格에 官星이 干頭에 투출되면 奇異하게 된다. 또 財星과 印綬가 서로 따르는 것이 필요하다. (왜냐하면) 고립된 官星이 보호를 받지 않으면 안 되기 때문이다. 官星이 있는데 印星이 보호한다든지, 官星이 있는데 財星이 돕는 것이다.[185]고 하였다.

이와 같이 建祿/月劫格이 되면 그 격을 格用神으로 쓰는 것이 아니라 地支에서 투출된 다른 五行神을 格用神으로 정하고 다시 새로운 相神을 사주체에서 찾는 방법을 취하는 것이 심효첨이 주장하는 建祿/月劫格의 특징이라고 할 수 있다. 또한 祿劫에 財星을 格用神으로 쓸 경우, 食傷을 거느려야 하고, 또 祿劫에 煞을 格用神으로 쓸 경우, 반드시 制伏해야 한다.

이와 같이 建祿/祿劫格은 일단 강하므로 印/比星을 格用神으로 취용할 수 없다. 결론적으로 심효첨의 격국용신론으로도 취할만한 五行神은 이 명조에서는 임철초가 찾는 중화용신론과 마찬가지로 碌碌한 용신이 되었다.

『窮通寶鑑』 다음으로 계절을 중시하는 조후용신론에 의하면, 2월의 乙木日主는 陽氣가 점점 오르는 절기인지라 木은 춥지 않다. 丙火로서 君을 삼고 癸水로 臣下를 삼는다. 丙火와 癸水가 함께 투출하고 庚金이 투간하지 않으면 大富大貴한 명조이다.[186]고 하였다.

이와 같이 2월의 乙木을 마치 仲春에 연약한 草木으로 보고 따듯한 햇빛(丙)과 적당한 雨露(癸)가 있으면 好命이 된다고 하였다. 이는 마치 봄철에 농촌풍경이 연상되는 看命術이라고 하겠다. 결론적으로 심효첨의 격국론과 임철초의 중화론은 유사한 용신이 도출되고 조후용신론만 차이가 나는 명조가 되었다.

---

185) "祿格用官干頭透出爲奇, 又要財印相隨, 不可孤官無輔, 有用官而印護者, 有用官而財助者", 위의 책, p.40.

186) "二月乙木, 陽氣漸升, 木不寒矣, 以丙爲君, 癸爲臣, 丙癸兩透, 不透庚金, 大富大貴", 『窮通寶鑑』, 앞의 책, p.35.

[宗主命理 解說]

時 日 月 年 <事例 47>

壬 乙 己 乙

午 亥 卯 丑

癸 甲 乙 丙 丁 戊

酉 戌 亥 子 丑 寅

指數法則에 의하면 木이 極旺함을 알 수 있다. 木은 6.3으로 極旺하고 비겁에 해당하나 중복으로 준정격의 파격에 해당하여 木를 剋法取用하니 극하는 五行神인 金을 찾으나 不在하여 불용하고 丑土가 용신이 된다. 丑토가 있고, 戌未토가 없고 천간에 火土가 없으면 土金用組가 되는 것에 유의해야 한다.

丑土용신은 巳酉丑운동을 하니 해묘미운을 만나면 무덤행이 된다. 좌표상으로 丑토가 동하는 丁丑운까지는 선대의 유업이 풍족하였지만 丙子대운부터는 火剋金으로 금운동이 정지되고 亥卯목국을 이루어 금운동의 숨통이 끊어지니 乙亥운대운에 水木凝結로 凍死한 것이다.

한눈에 봐도 木이 宗主임이 분명하다. 이처럼 한눈에 봐도 분명하면 대체로 극왕하므로 극법취용해도 무리가 없다. 토는 乾土와 濕土의 용도가 다른 바, 토는 구별하여 취용해야 한다. 같은 토일지라도 丑土운은 용신을 상하게 하여 파재하였고, 子운에 水剋火하여 용신을 沖去하니 丙運에서 벌어들인 사업과 재물이 일거에 사라지고 말았다. 乙運은 빛 좋은 개살구가 되어 卯午破로 구설시비가 따르는 사건사고가 잇따르자 삭발승이 되었다가 亥운에 水剋火하여 용신을 剋去하니 凍死하고 말았다. 乙목은 生火에 도움이 되지 못하고 亥를 만나면 同柱死가 되기 때문이다.

재물이 비겁과 동주하고 있어 奪去되는 형국이니 재물을 일시에 사기당하거나 탕진해버린다. 초년기인 戊寅, 丁丑은 財가 生助되어 유업이 여유가 있었지만 丙子로 바뀌어서는 午火를 沖去하고 巳亥沖하고 水剋火하는 29세 癸巳년에 한 번의 실패로서 부도가 났고, 36, 37세가 되는 乙亥운은 庚子년과 辛丑년에는 妻와 子를 모두 버리고 삭발승이 되었다. 乙亥일주는 다소 사차원적 성향이 있어 철학, 종교 쪽으로 기울기 때문이다. 하지만 사찰의 엄한 규칙을 지키지 못하여 굶은 후 얼어 죽었다. 食傷을 극하고 합거하는 인성이 강하고 午中丁화는 임수에 명암합이 되어 있어 게으름이 심하고 비활동적이니 굶어서 동사했던 것이다.

년주에 비견이 있어 친구를 좋아하고 금전분배나 희생이 따른다. 월주 편재이니 공부가 되지 않았을 것이다. 같은 사주라 해도 유업으로 풍족함을 누릴 때 제대로 교육을 받는 환경에서 돈을 관리하는 능력을 배웠더라면 굶어죽지는 않았을 것이라는 아쉬움이 남는 명조이다.

【原文】

左右貴乎同志.[187)]

(四柱의 天干과 地支의) 左右關係에서 貴하게 여기는 것은 같은 뜻을 가지고 있어야 한다.

[劉氏注]

上下左右, 雖不全一氣之物, 須生化不錯.[188)]

上下左右가 비록 한 가지 기운을 가진 干支로 완전하지 않더라도 반드시 필요한 것을 生하고 化하는 것이 서로가 어긋나지 않아야 한다.

---

187) 『징의』에서는 '左右貴乎氣協'라고 하여 『천미』에서 '同志'와 차이가 난다. 여기서 '氣協'과 '同志'의 뜻은 유사하지만 원본의 출처가 의심되는 대목이다.

188) 『滴天髓輯要』에는 '左右雖不全一氣三物, 卻化生而不錯'이라 하여 '上下'를 言及하지 않았으며 『闡微』에 있는 '上下'는 言及하지 말아야 할 것을 言及한 듯하다. 왜냐하면 바로 위의 【原文】에서 '上下'를 다루고 여기서는 '左右'를 다루는 文段이기 때문이다. 그리고 『輯要』에서 言及한 '一氣'는 天干을 뜻하는 것으로 '上'이 되며, '三物'은 地支를 뜻하므로 自然스럽게 '下'를 뜻하므로 '上下'의 意味가 나타난 것이다. 그러므로 『輯要』가 學者로 하여금 理解를 하는데 타당하다고 판단된다.

〔任氏注〕

任氏曰，左右同志(氣協)者，制化得宜，左右生扶，不雜亂者也．如殺旺身弱，有羊刃合之，或印綬化之，身旺殺弱，有財星生之，或官星助之，身殺兩旺，有食神制之，或傷官敵之，此謂同志(氣協)，若(必)身弱而殺有財滋，則財(殺)爲累矣．身旺而刦將官合，則官已忘矣．總之，日主所喜之神，必要貼身透露，喜殺而殺與財親，忌殺而煞逢食制，喜印而印居官後，忌印而印讓財先，喜財(傷)而遇食傷，忌財而遭比刦，日主所喜之神，得閑神相助，不爭不妒，所忌之神，被閑神制伏，不肆不逞，此謂同志(和協)，[189] 宜細究之．

임씨가 말하였다. '左右同志'(氣協)란 制하고 化하는 마땅함을 얻어야 하는 것이니, 左右가 서로 生하고 도와주는 것이 혼란스럽고 복잡하지 않는 것을 말한다. 만약 官殺이 旺하고 日主가 弱할 때는 羊刃이 있어 그것을 合을 하든지, 혹 印綬가 그것을 化해야 한다.

(반대로) 日主가 强하고 官殺이 弱할 때는 財星이 있어 그것을 生하든지, 같은 官星이 그것을 도와야 한다. (또) 日主와 官殺이 둘 다 旺할 때는 食神이 있어 그것을 制하든지, 혹 傷官으로 對敵해야 한다. 이와 같은 것을 말하기를 (좌우가) 같은 뜻이 있다(기운끼리 협력한다)고 하는 것이다. 만약 (반드시) 日主가 弱한데 官殺이 있고 그것을 돕는 財星이 있으면, 그 財(殺)星이 累가 되고, 日主가 旺한데 劫財가 있어 장차 官星과 오히려 合을 하려 한다면 이미 官星은 자기가 할 일을 망각하는 것이다.

結論的으로, 日主가 기뻐하는 神은 반드시 일주에 붙어서 透出하는 것이 필요하고, 官殺을 기뻐한다면 그 官殺과 財星이 親하게 있어야 하며, (반대로) 官殺을 꺼린다면 그 官殺은 食神을 만나 制함을 받아야 한다. 印星을 반가워하면 印星 뒤에 官星이 머물러야 하며, (반대로) 印星을 꺼린다면 印星은 財星에게 우선 讓步하여야 하며, 財星(傷官)을 반가워하면

189) 이렇게 ( ) 친 부분에 있는 글자가 『징의』에 있는 글자이다. 차이 나는 부분은 이해를 돕기 위해 본문에 함께 해석하였다. 더하여 『천미』와 『징의』의 내용의 차이는 궁구하는 이가 읽고 또 읽어서 解讀하기 바란다.

食傷을 만나야 하고, 財星을 꺼린다면 比劫을 만나야 한다.

(결론적으로) 日主가 좋아하는 神이 閑神을 만나 서로 도움을 주어야 하고, (반대로) 싸움과 질투가 없어야 하고, 忌神이라는 것이 閑神에게 制伏을 당하여 제멋대로 放恣하게 굴지 못하게 한다면, 이런 것을 이른바 '同志(和協)'라고 하는 것이니 자세히 窮究함이 마땅하다.

時　日　月　年<事例 48>
庚　庚　丙　壬
辰　午　午　申
壬　辛　庚　己　戊　丁
子　亥　戌　酉　申　未

此丙火之殺雖旺, 壬水之根亦固, 日主有比肩之助, 溼土之生, 謂身殺兩停, 用壬制殺, 天干之(協)同志者, 地支之(協)同志者, 辰土也. 一制一化, 可謂有情, 運至金水之鄕, 仕途顯赫, 位至封疆.

이 명조는 官殺인 丙火가 비록 강하지만, 壬水의 뿌리 역시 튼튼하고, 일주는 比肩의 도움을 받고 있으며, 동시에 濕土의 生을 받고 있다. 말하여 일주와 官殺이 대등하여 用神을 壬水를 써서 制殺을 하니, 天干에서 같은 마음을 가진 것이고, 地支에서 같은 마음을 가진 것은 辰土다. 한 번은 制하고 한 번은 化하니 가히 有情하다고 할 수 있으며 大運 또한 金水地支로 가니 벼슬길이 혁혁히 나타나 封疆의 자리까지 이르렀다.

<譯評> 譯評者의 견해는 일단 사주에서 喜用이 한눈에 보이고 그 喜用이 大運으로 흐른다면 好命에 好運이 된다고 볼 수 있다. 五月에 태어난 庚金日主다. 月支와 日支가 午/午가 자리하고 있다. 더하여 地支의 강력한 火勢가 마치 화산이 분출하듯 月干으로 분출하고 있어 이 명조의 大勢를 이루고 있다.

그러나 일간 역시 태어난 시간이 庚辰時이기 때문에 증주자가 설명하듯 '身殺兩停'이기 때문에 年干의 壬水(食神)를 용신으로 하여 사주체의 균형을 이루려고 한다.

이와 같이 용신을 정하고 나서 용신을 돕는 희신을 찾으니 바로 座下에 申金이 있어 生水作用을 하고 있어 용신 역시 뿌리가 있어 강력한 火勢를 제압할 능력을 갖추고 있다. 이와 같이 사주체에서 用/喜神을 정하고 나서 다시 대운을 살펴보니 대운 역시 金/水大運으로 흐르기에 好命에 好運까지 소유한 命造이다.

『子平眞詮』 다음으로 심효첨은 論偏官장에 의하면, 煞은 일주를 공격하므로 마치 美物이 아닌 것처럼 보이나, 大貴格은 七煞에 많이 존재한다. 剋하고 制하는 것이 적당하면 煞을 나를 위해 쓸 수 있다. 마치 大英雄 大豪傑들이 말을 모는 것이 어려워 보이지만 일단 그 방법을 알고 나면 驚天動地의 功을 홀연히 취할 수 있으니, 王侯將相이 七煞格에 많이 존재하는 까닭이다.[190]고 하였다.

심효첨은 이 七煞格도 여느 他格과 마찬가지로 알맞은 制伏이 되면 오히려 훌륭한 인물이 이 格에서 많이 나온다고 하였다. 다음은 위 명조에서 임철초는 食神을 用神으로 하였으나, 심효첨의 格局論에서는 食神이 相神이 되는 取運論을 살펴보겠다.

偏官格이 運을 취하는 방법은, 偏官으로서 局을 이루었으면 그것을 나누어야 한다. 즉, 煞格에 食神으로 制煞할 경우, '煞重食輕'이면 즉 食神을 돕고, '煞輕食重'이면 즉 煞을 돕고, 煞과 食神이 힘이 均等하고 日主의 뿌리가 약하면 즉 일주를 돕는다. 正官이 混雜된 것을 꺼리고 印綬가 奪食하는 것을 두려워한다.[191]고 하였다.

---

190) "煞以攻身, 似非美物, 而大貴之格, 多存七煞, 蓋控制得宜, 煞爲我用, 如大英雄大豪傑, 似難駕馭, 而處之有方, 則驚天動地之功, 忽焉而就, 此王侯將相所以多存七煞也", 『子平眞詮評註』 권5, 앞의 책, p.1.

191) "偏官取運, 卽以偏官所成之局分而配之, 煞用食制, 煞重食輕, 則助食, 煞輕食重, 則助煞, 煞食均而日主根輕, 則助身, 忌正官之混雜, 畏印綬之奪食", 위의

심효첨은 일단 七煞格에는 制煞을 하는 食傷을 가장 우선적으로 取用한다. 때문에 取運論에서도 가장 길게 설명하고 있다. 결론적으로 첫 번째 조건인, '煞重食輕'이면 즉 食神을 도와야 하기 때문에 대운 역시 食傷運 또는 比劫運으로 흘러야 하므로, 대운을 살펴보니 대운 역시 比劫/食傷運인 金/水大運으로 흐르기에 好命에 好運이 된 명조이다.

『窮通寶鑑』 계절을 중시하는 조후론에 의하면, 5월의 庚金日主는 丁火가 旺烈하여 庚金이 敗地가 되었으므로 오로지 壬水를 제1용신으로 하고 다음으로 癸水를 또 그 다음으로 쓰고, 壬水가 투출하고 癸水가 암장되고 단지 庚/辛金을 보면 科甲은 必然이다. 절실한 것은 戊/己土가 투간하여 制水하는 것을 꺼린다.[192]고 하였다.

이와 같은 원리의 조후용신론은 午火 중에 丁火라는 五行神을 용광로로 가정하여 그 속에 頑鐵인 庚金이 鎔解되는 물질로 보아 오로지 壬/癸水를 專用한다고 하였다. 결론적으로 위 삼자의 用(相)神이 일치하는 경우가 발생하는 명조이다. 다음<事例 49>은 '左右不能同志'하여 불행하게 된 명조를 볼 것이다.

[宗主命理 解說]

時 日 月 年 <事例 48>
庚 庚 丙 壬
辰 午 午 申
壬 辛 庚 己 戊 丁
子 亥 戌 酉 申 未

지수법으로 보면 火가 종주임이 분명하니 剋法取用으로 水를 찾는다.

책, p.8.

192) "五月庚金, 丁火旺烈, 庚金敗地, 專用壬水, 癸又次之, 壬透癸藏, 只見庚辛, 必然科甲, 切忌戊己透干制水", 『窮通寶鑑』, 앞의 책, p.142.

壬수는 壬申辰으로 통력이 충분하니 用神이 된다. 즉, 殺氣가 등등하면 特殊格인 殺制化格으로 制殺을 먼저 취하게 되니 水用神이 된다.

水用神이니 申子辰운동이 활발해야 발복한다. 座標上으로 년지申금이 사령하는 戊申대운에 벼슬에 오르나 이어지는 己酉 庚戌대운은 월주의 丙午가 사령하니 승진이 지체되고 힘든 일을 겪게 된다. 즉, 戌운까지는 吉凶相半하여 파란이 있었으나 庚금이 사령하는 辛亥대운부터는 날개를 달고 벼슬길에 승승장구하여 癸대운까지 이어지니 봉강에 올랐다.

丑운부터 운이 악화되어 낙직하고 파재하다 寅운에 졸하게 된다. 丑土운에 丑午원진이 動하면 왕신이 입묘하는 형국이니 어려움과 답답함을 호소하고 土剋水로 하는 일이 막히고 꼬이게 되는 것이다. 사주의 배합을 보고 貴賤을 논하는데, 七殺이 위협하나 바로 옆에서 壬수로 制殺해 주니 貴格에 드는 것이다.

申금에 착근한 임수이니 有情有力하여 발복할 능력이 충분하다. 또한, 辰토가 午화칠살에 이웃하여 化殺하여 주니 더욱 아름다운 형국이다. 殺을 制殺하고 化殺하면 貴함이 크니 金水運에 벼슬길이 빛나고 승승장구하여 고위직에 오른 것이다.

年柱에 食神과 建祿이 임하고 있어 집안이 좋으며 풍족한 집안에서 자라고 용신이 임하고 있어 부모덕을 많이 누렸음을 의미한다. 月柱에 偏官과 沐浴이 임하고 있어 엄한 부모 밑에서 엄격한 교육을 받고 고시에 도전하는 길을 걷게 됨을 암시한다. 한편으로는 풍류를 즐기는 집안임을 의미한다. 庚금이 壬수로 씻고 병화로 비추니 인물이 좋았음을 의미한다.

時	日	月	年	<事例 49>	
戊	庚	丙	壬		
寅	申	午	午		
壬	辛	庚	己	戊	丁
子	亥	戌	酉	申	未

此造與前合觀, 大同小異, 況乎日坐祿旺, 壬水亦緊制殺, 何彼則名利雙收, 此則終身不發, 蓋彼則壬水逢申之生地, 制殺有權, 此則壬水坐午之絶地, 敵殺無力, 彼則時干比刦幫身, 又可生水, 此則時上梟神剋水, 而不能生食, 所謂左右不能同志(和協)者也.

이 命造와 앞 命造를 함께 보면 大同小異하고 日主가 祿旺地에 앉아 있으며, 壬水 역시 가까이 붙어 制殺을 하므로 비슷하다고 할 수 있다. (그러나) 어찌하여 앞 命造는 名譽와 利益을 모두 얻었고 이 命造는 평생 동안 이룬 것이 없는가?

앞의 命造는 壬水가 申金의 生地를 만나 制殺하는데 權勢를 가졌고, 이 命造는 午火 絶地 위에 있어 官殺을 對敵하기에 無力하며, 앞의 命造는 時干의 比劫이 日主를 도우면서 壬水를 生하고, 이 命造는 時上에 偏印이 壬水를 剋하여 (日主가) 食神을 生하기가 不可能한 것이다. 이로써 말하기를 左右가 한마음이 되는 것이 不可能한 것이다.

<譯評> 이와 같이 증주자는 時干의 戊土가 일주보다 먼저 食神을 剋하기 때문에 일주가 生할 수 없다고 하였지만 필자의 견해로는 時干의 戊土가 日干인 庚金보다 먼저 年干의 食神을 극한다는 것은 譯評者와 같은 일반 명학자들의 안목에는 보이지 않고, 오히려 地支의 左右가 한마음이 되지 못하여서 일 것이다. 그 이유는 日支의 申金과 時支의 寅木이 沖을 하고 있기에 '不同志'가 문제인 듯하다.

이러한 명조가 바로 심효첨의 격국론과, 『窮通寶鑑』의 조후용신론으로는 해결할 수 없는 명조이다. 格局論에 의하면 制煞하는 壬水가 있으며, 또, 그 制煞하는 食神(壬水)이 弱하기에 대운 역시 比劫/食傷運인 金/水大運으로 흐르는 好運인데도 '終身不發'이 되었다. 또한 조후용신론에서도 壬/癸水를 專用한다고 하였으므로 앞의 명조와 동일한 대운이므로 好命이 되었어야 하는데 이와 같은 운명이 된 까닭은 무엇일까? 이는 임철초의 중화용신론이 의해서 만이 해결할 수 있는 看命術일 것이다.

예를 들어 月令을 중심으로 하고 투출된 五行神을 일간에 대비한 格局論에 의하면 앞의 명조와 같이 庚金日主이므로 偏官七煞格이다. 이 칠살격은 四凶神 중에 하나이므로 制伏할 相神을 우선하므로 食傷星을 찾는다. 역시 앞의 명조와 같이 年干의 壬水가 食神星으로 相神이 되어 격국이 成格이 되었다. 또한 대운 역시 相神을 돕는 比劫/食傷運인 金/水大運으로 흐르는 好運이다. 그러나 위에서도 언급하였듯이 '終身不發'이 된 이유는 '左右不能同志'하였기 때문이다.

증주자의 설명을 빌리자면, '年干의 壬水는 午火 絶地 위에 있어 ('上下不情協'이 된 상태이므로) 官殺을 對敵하기에 無力하며, 앞의 명조는 태어난 時間이 庚辰時이며, 이 명조는 戊寅時라 오히려 時上에 偏印이 壬水를 剋하여 (日主가) 食神을 生하기가 不可能한 것'이라고 하였듯이 일단 梟神이 食神을 剋制하는 것을 '左右不能同志'라고 하였으나, 필자의 견해로는 地支의 寅/申沖이 오히려 '左右不能同志'가 된 상태이다.

[宗主命理 解說]

時 日 月 年 <事例 49>

戊 庚 丙 壬

寅 申 午 午

壬 辛 庚 己 戊 丁

子 亥 戌 酉 申 未

指數法으로 보면 한눈에 火가 宗主임을 알 수 있다. 火가 太旺하면 火體水用으로 水를 찾는다. 壬수는 고립무원이면 孤孤不用으로 金이 용신이 된다. 金이 용신이면 巳酉丑金운동이 활발해져야 발복한다. 己酉 庚戌대운이 희신인듯 하지만 좌표상으로 丙午가 사령하니 土生金이 되지 않아 노력을 시도 하지만 불발에 그친다.

인생전반기는 시련의 연속으로 하는 것이 없이 청춘을 보냈으니 인생

후반에도 거둘 것이 없게 된다. 좌표상으로 庚申이 사령하는 辛亥 壬子 대운은 金水운이 들어오나 亥수는 역마운으로 떠돌이 생활을 하게 되나 이미 용신은 무덤으로 가는 형국이니 원하는 바를 이루지 못한다. 자는 사회활동을 접고 가정에 우환과 질병에 시달리는 상황을 겪게 된다.

수의 통력군인 壬申만으로는 통력이 부족하다. 寅申충으로 통력이 감소되고, 년간의 임수는 고립무원으로 불용하여 금을 찾는다. 金이 있어 金土用組로 통력을 계산하면 通力群인 庚申의 通力이 충분하므로 金이 용신이 된다.

貴賤을 구분하기 위해 오행의 配合을 보면 七殺이 위협하는데 壬수는 制殺하지 못하고 있을 뿐만 아니라 化殺할 濕土도 없으니 賤한 명조가 되었다. 喜忌와 貴賤으로 통하여 命運을 보면 용신운에는 무난하나 수운에 발하지 못하고 泄되어 종신토록 불발하였다. 앞의 사주는 制殺하고 化殺하니 貴格이 된 것과는 너무나 다르다. 명조의 배합이 탁하여 천하면 흉살이 많이 작용한다. 오오자형과 寅申沖刑이 財官을 상하게 하니 여자 때문에 자식 때문에 고통 받는 일이 생기는 것이다.

午午自刑殺은 음독이나 화상으로 이어질 수 있고 火災와 火魔를 조심해야 할 것이다. 자식을 놓고 부부불화가 잦아지고 妻家를 아주 멀리하게 될 것이다. 더구나 자공이 되어 흉함이 깊고 허망함을 느끼게 되고 憂鬱症이 심각해 질 수 있다. 월주편관이니 엄격한 부모님에 자라는데, 부친은 포악한 성정이 많았을 것이다.

【原文】

始其所始, 終其所終, 富貴福壽, 永乎無窮.

시작하는 곳에서 시작하고, 끝나는 곳에서 끝이 나면 富貴福壽가 窮함이 없이 永遠할 것이다.

[劉氏注]

年月爲始, 日時不反背之, 日時爲終, 年月不妒忌之, 凡局中所喜之神,[193] 引於時支, 有所歸者, 爲始終得所, 則富貴福壽, 永乎無窮矣.

四柱의 年月은 始作에 該當하는데 日時에서 그것을 背反하지 말아야 하고 日時는 끝에 該當되는데 年月이 끝맺는 것을 妬忌하지 않아야 한다. 무릇 局中의 喜神에 該當하는 것은 (年支에서 根本이 되어 淵源이 되는 것을) 時支에서 끌어내어 돌아갈 곳(일주가 의지할 神)이 있으면 시작과 끝나는 곳을 얻었다는 것으로 富貴福壽가 窮함이 없이 오래도록 누릴 것이다.

[任氏注]

任氏曰, 始終之理, 要干支流通, 四柱生化不息之謂也. 必須接續連珠, 五行俱足, 即多缺乏, 或有合化之情, 互相護衛, 純粹可觀, 所喜者逢生得地, 所忌者受剋無根, 閑神不黨忌物, 忌物合化爲功, 四柱干支, 一無棄物, 縱有傷梟刦刃, 亦來輔格助用, 喜用有情, 日元得氣, 未有不富貴福壽者也.

任氏가 말하였다. 시작과 끝맺음의 理致는 반드시 天干 地支가 서로 通하고 흘러가서 四柱가 生하고 化함이 쉬지 않는 것이 중요하다는 것을 말하는 것이다. 반드시 갖추어야 할 것은 이어진 구슬처럼 붙어 있어야 하며, 五行이 두루 갖추어야 한다. 즉, 많이 빠지고 모자라는 것을 合하고 化하여 情이 있게 하여 서로 保護해 주면 純粹함이 보기가 좋다.

喜神이라는 것은 得地를 만나 生을 받고, 忌神은 剋을 받아 뿌리가 없어야 하며, 閑神이라는 것은 忌神과 무리를 지으면 안 되고, 忌神은 (다른 기신이나 구신과) 合이 되어 功을 세우면, 四柱干支 중에 하나라도 버

193) 『滴天髓輯要』에서는 『闡微』에서 漏落된 部分이 '本於年支, 有所淵源,'이라는 것을 發見할 수 있었으며, 이 文句를 넣은 다음으로 以下가 같은 내용이므로 이 빠진 部分이 들어가야 만이 以後의 文脈이 자연스러워질 수 있다고 판단된다. 결국은 陳素菴의 『滴天髓輯要』와 任鐵樵의 『滴天髓闡微』는 板本이 다른 것이 확실하고, 결론적으로 '干支總論' 부분은 『闡微』보다 『輯要』가 궁구하는 이에게는 이해하기가 쉽다.

릴 것이 없다. 비록 傷官이나 偏印이나 劫財나 羊刃이 늘어서 있더라도 역시 와서 格을 돕고 喜神과 用神에게 有情하여 日主가 氣運을 얻는다면 일찍이 富貴福壽하지 않을 수가 없다.

時 日 月 年<事例 50>
己 丁 甲 壬
酉 亥 辰 寅
辛 庚 己 戊 丁 丙 乙
亥 戌 酉 申 未 午 巳

年干壬水爲始, 日支亥水爲終, 官生印, 印生身, 食神發用吐秀, 財得食神之覆, 官逢財星之生, 傷官雖當令, 印綬制之有情, 年月不反背, 日時不妒忌, 始終得所, 貴至二品, 富有百萬, 子孫濟美, 壽至八旬.

年干의 壬水부터 시작하여, 日支 亥水에서 끝을 맺고 있다. 官星이 印星을 生하고 印星이 日主를 生하므로 食神의 빼어난 氣運을 吐해내니 用神으로 뽑아 쓰고, 財星이 食神 밑에서 덮어주는 것을 얻었으며 官星은 財星의 生함을 만났다. 비록 傷官이 當令을 하고는 있지만 印綬가 制함이 有情하다. 年과 月이 背反하지 않으며, 日과 時가 猜忌하지 않으므로 시작과 맺음이 자기 자리를 얻어서 貴함은 二品에 이르렀으며 富는 百萬을 가졌고 子孫들도 모두가 훌륭하였으며 壽命은 八旬까지 살았다.

<譯評> 이 명조는 아래 第二十「源流」장에 해당할 만한 명조이다. 年干의 壬水부터 시작하여 月干의 甲木을 生하고 그 甲木이 日干의 丁火를 生하고 그 丁火가 時干의 己土를 生하고 그 己土가 時支의 酉金을 生하고 그 時支의 酉金은 日支의 亥水를 生하므로 正官에 座上하고 있다. 이와 같이 짜여 진 사주체는 '不必用喜神'이다. 왜냐하면 이 사주체는 마치 구슬을 꿰매어 놓은 듯한 구조로 짜여졌기 때문이다. 즉, '聯珠無滯'의 형상이라 밖으로부터의 外寇인 忌/仇神들의 공격을 충분히 방어하기에 면

역력이 강하기 때문이다.

『子平眞詮』 심효첨의 격국론에 의하면, 傷官星인 辰土에 뿌리를 둔 時干의 己土가 투출하여 食神格이다. 食神은 본래 洩氣하는 屬性이 있어 그 능력은 正財를 生하는 것을 즐기는 이유가 된다. 그러므로 '食神生財'는 美格이다. 財星은 반드시 뿌리가 있기를 要하고 正/偏이 중첩되어 투출할 필요는 없다. 만약 일주가 강하고 食神이 旺하면서 財星이 투출하면 大貴格이다.[194]고 하였다.

이같이 심효첨의 격국론은 일단 月令을 중심으로 하고 그 투출된 五行神에 의하여 격국을 정하고 격국에 의한 용신을 정한 다음 일간을 살피는데, 임철초의 중화용신론은 일간을 먼저 보고 月令을 살피고, 나머지 6字를 살펴 일주의 강약을 살펴 일주가 강하면 억제하고 약하면 부조하는 방식을 취하는 것이 특징이라고 할 수 있다.

결론적으로 이 명조는 격국론으로는 해결할 수 없는 명조이다. 물론 임철초의 중화용신론에서는, 官生印, 印生我, 我生食, 食生財, 財生官하는 명조로 일주의 강약판정을 할 필요가 없다. 결국 두 이론으로는 설명할 수 없는 '始其所始하고 終其所終'하면, '富貴福壽은 永乎無窮'하다는 原文의 뜻을 적극적으로 따른 증주자의 看命術이다.

『窮通寶鑑』 다음으로 계절적 용신론인 조후론에 의하면, 3월의 丁火日主는 戊土가 司令하여 약한 丁火의 기운을 洩하기 때문에 우선적으로 甲木을 써서 丁火를 당기고 制土를 한다. 다음으로 庚金을 보고 庚金과 甲木이 둘 다 함께 투출하면 命主는 科甲이 정해졌다. 혹 하나는 암장되고 하나만 투간되면 끝내 白丁은 되지 않는다.[195]고 하여, 제1용신을 甲

---

194) "食神本屬洩氣, 以其能生正財, 所以喜之, 故食神生財, 美格也, 財要有根, 不必偏正疊出, 如身强食旺而財透, 大貴之格", 『子平眞詮評註』 권4, 앞의 책, p.45.

195) "三月丁火, 戊土司令, 洩弱丁氣, 先用甲木引丁制土, 次看庚金, 庚甲兩透, 定

木으로 한 것은 임철초가 看命한 대로 月令에 강한 辰土傷官을 制土하고 있으나, 『窮通寶鑑』에서 제2용신을 庚金으로 한다는 것은 조후용신론의 특징인 庚金으로 '劈甲引丁'한다고 하여 마치 산골마을을 연상케 하는 취용법이다.

[宗主命理 解說]

時 日 月 年 <事例 50>

己 丁 甲 壬

酉 亥 辰 寅

辛 庚 己 戊 丁 丙 乙

亥 戌 酉 申 未 午 巳

指數法으로 살펴 투출한 甲목 중심으로 보면 寅辰亥가 있어 木이 종주가 분명하니 宗主와 次宗主를 고려하면 剋法取用으로 金을 찾는다. 辰土는 좌우법칙에 따라 木으로 변하니 지수는 목7 화1.5 토1 금2.0 수3.5이다. 木을 剋法取用하니 木體金用이다. 金土用組를 취하니 시지에 酉금이 온전하다. 식신생재격이니 부자사주로 土金運에 창업으로 發財하여 재벌이 되는 명조이다.

金用神이니 巳酉丑운동이 활발해지는 운에 발복한다. 좌표상으로 辰토가 사령하는 戊申대운부터는 재물운이 활짝 열린다. 다만, 未대운까지 火가 동하여 재물이 궁핍하였으나, 食神生財를 방해하지 않고 周流無滯로 통하니 戊운부터 발복하여 재물을 거두어들이니 申운에 이르러 수천억대의 부자가 되었다. 水운도 용신을 상하게 하지 않으니 오복을 두루 갖추어 팔십 壽를 누렸다. 戊申대운 후반부터는 관운도 따라주니 벼슬도 2품에 올랐다.

官印相生하고 食神生財가 有情有力하니 오늘날 같으면 대기업에 들어

主科甲, 或一藏一透, 終非白丁", 『窮通寶鑑』, 앞의 책, p.85.

가 사장자리에 오르고 수십억 원대의 연봉자가 되었을 것이다. 年月과 日時가 서로 다투지 않으니 富貴를 크게 누리고 가문이 번창하며 長壽를 누렸다.

貴格은 길신이 동하고 흉살이 숨기 때문에 흉살에 개의치 말아야 한다. 正官과 生이 연주에 임하고 있어 명문가의 집안이고 일찍이 명예를 얻고 조상의 덕을 입는다. 月柱에 正印과 冠帶가 있어 학문과 인연이 깊고 상속혜택을 입으며 부모형제의 신망이 있었다. 사주가 이렇게 좋은 사람은 사주 보러 오지도 않지만 來訪할 때가 있다. 변동수와 이동수를 알아보는 정도이다.

時　日　月　年<事例 51>

乙　癸　庚　戊

卯　亥　申　戌

丁 丙 乙 甲 癸 壬 辛

卯 寅 丑 子 亥 戌 酉

此造土生金, 金生水, 水生木, 干支同流, 但有相生之誼, 而無爭妒之風, 戊中財星歸庫, 官淸印正分明, 食神吐秀逢生, 鄕榜出身, 仕至黃堂, 一妻二妾, 子有十三, 科第連綿, 富有百萬, 壽過九旬.

이 命造는 土生金, 金生水, 水生木하고, 天干 地支가 함께 흐르므로 다만 相生하는 마음만이 있을 따름이며, 嫉妬나 싸움하려는 분위기가 없고, 財星은 戊土 중에 돌아가 있으며, 官星은 맑고 印星도 바름이 분명하다. 食神의 빼어난 氣運은 生을 만났으니, 鄕榜 出身으로 벼슬이 黃堂까지 이르고, 一妻 二妾에 자손은 열 세 명인데 줄줄이 科擧에 붙었고 財産은 百萬이나 되었으며 壽命은 九旬을 넘기었다.

<譯評> 역평자의 연구논문 중, 任鐵樵 增註『滴天髓闡微』의 成立이라는 節目에서, '임철초의 조상은 名臣출신으로 중류정도의 가산을 가지고

있었을 것으로 추정했다. 또한 아버지가 돌아간 뒤에 명학에 몰두하여 糊口之策을 삼았다고 한 것을 보고 命理學을 배운 연도가 30년이 넘었다고 추정했다.'고 한 결과, 이 정도의 좋은 명조를 수집할 기회는 충분하였을 것이다.

앞의 명조는 丁亥日主가 甲辰月에 태어나고 시간이 己酉時라 日主가 약간 약한 편이라 用神이 月支의 甲木이고 喜神은 年干의 壬水로서 用神格으로 '官印相生格'이다. 그러나 이 명조는 앞의 명조보다 더욱 好格이 되어 각각의 네 기둥마다 天干이 地支에 뿌리를 두어 有情한 기운이 通根하여 증주자의 설명대로 '無爭妒之風'이 되어 '富有百萬하고 壽過九旬'이 된 命主이다.

『子平眞詮』 심효첨의 격국론에 의하면, 申月의 正氣인 庚金이 투출하여 印綬格이다. 印綬格에 관하여 심효첨은 다음과 같이 설명하고 있다. 印綬는 일주를 생하는 것을 기뻐한다. 正偏과 함께 美格이 된다. 그러므로 財星과 印綬는 正偏을 나누지 않고 동일 격으로 논한다. (그러나) 印綬格局 역시 한 가지가 아니다. 印綬格에 官星이 투출해 있는 자, 正官이 비단 그것을 취하여 인수를 생할 경우 즉, 相神으로는 쓸 수 있지만 더불어 煞을 쓰는 것과는 같지 않다. 그러므로 身旺하며 印强할 경우 太過한 것을 근심하지 않고 단지 官星이 淸純하기만 하면 된다.[196]고 하였다.

심효첨은 일단 印綬格하면 우선적으로 官星을 찾는다. 그러면 이 명조에서는 官星은 年柱에 戊戌이 튼튼하게 자리하고 있어 官生印, 印生我하므로 일주가 강하게 되어 있다. 그러나 임철초의 중화용신론에 의하면 관성에는 더 이상 관심을 가질 필요가 없다. 때문에 임철초가 주장하는 중화용신에 의한 용신을 찾아야 하므로 時柱에 乙卯가 同柱하고 있으므

---

196) "印綬喜其生身, 正偏同爲美格, 故財與印不分偏正, 同爲一格而論之, 印綬之格局亦不一, 有印而透官者, 正官不獨取其生印, 而卽可以爲用與用煞者不同, 故身旺印强, 不愁太過, 只要官星淸純", 『子平眞詮評註』 권4, 앞의 책, p.29.

로 食神이 용신이 된다. 즉 격국용신으로는 相神이 된다.

다시 取用論에 의하면, 격국론에서 印綬格에 食神을 相神으로 쓸 경우, 다시일주가 강하고 印星이 旺하여 두려운 것은 太過된 상태이다. (그러므로) 일주의 기운을 洩하는 秀氣를 相神으로 삼는다. 마치 戊戌/乙卯/丙午/己亥인 李壯元의 命이 그렇다. 만약에 '印淺身輕'하고 층층이 食傷星이 있으면 '寒貧之局'이 된다.[197]고 하였다. 그러나 위의 명조<事例 51>는 身旺하고 태어난 시간이 乙卯時이므로 '身强印旺'한 경우 食神을 相神으로 써서 好格이 된 命主가 되었다.

『窮通寶鑑』 다음으로 계절을 중시하는 조후용신론에 의하면, 7월의 癸水日主, 왕한 친어머니의 기운이 자식을 돕는 때인지라 癸水는 비록 申이 死地이나 오히려 申中에 庚金이 生함을 알지 못함이라, 이름하여 '死處逢生'이 되었다. 약한 가운데 다시 강하게 되어 대운이 西北으로 흐르면 또한 不死한다. 단 庚金이 司令하여 강건함과 예리함이 지극하니 반드시 丁火를 取用하고 혹, 丁火가 투간하고 甲木이 있는 자는 명예가 불꽃일 듯하여 반드시 命主는 登科할 것이다. 혹, 丁火는 투간하였는데 甲木이 없고 또 壬癸水가 없으며 즉, 하나 둘의 庚金이 있으면 역시 生監은 있을 것이며 두 개의 丁火가 있으면 묘함이 있고 혹, 金이 많고 丁火가 적으면서 制伏을 당하면 빈곤한 사람이다.[198]고 하였다.

결론적으로 癸水日主 申月은 '母旺子相'한 계절은 오직 丁火가 제1용신이고, 제2용신으로는 '劈甲引丁'하는 甲木이 된다. 이와 같은 계절조후용신론에 의하면 이 명조는 취용할 만한 용신이 보이지 않는다. 이 같은

197) "有印而用傷食者, 身强印旺, 恐其太過, 洩身以爲秀氣", 『子平眞詮評註』「論印綬」권4, 앞의 책, p.30.

198) "七月癸水, 正母旺子相之時, 癸水死申, 殊不知申中有庚生之, 名死處逢生, 弱中復强, 卽運行西北, 亦不死也, 但庚司令, 剛銳極矣, 必取丁火爲用, 或丁透有甲, 名有焰之火, 必主科甲, 或丁透無甲, 又無壬癸, 卽有一二庚金, 亦有生監, 有二丁更妙, 或金多乏丁制者, 貧困之人". 『窮通寶鑑』, 앞의 책, p.203.

논리가 『窮通寶鑑』의 단점이자 허점이 된다. 또한 癸水가 申月에 이르면 死地가 된다는 이론 역시 증주자인 임철초가 앞에서 부정한 기존의 신살론인 '陽生陰死論'이다. 天干은 天干대로 地支는 地支대로 '聯珠相生'하여 '左右同志'가 되고 天干과 地支가 '上下情協'하여 好命이 된 명조를 보겠다.

[宗主命理 解說]

時 日 月 年 <事例 51>

乙 癸 庚 戊

卯 亥 申 戌

丁 丙 乙 甲 癸 壬 辛

卯 寅 丑 子 亥 戌 酉

指數法으로 보면 金4.5, 水4.4로 막상막하로 금이 종주가 되므로 金體火用인데, 화가 없어 火는 運에서 藥神이 되어 작용하고 木이 용신이 된다. 木水用組에서 水가 用神이 되지 못한 것은 水가 次宗主에 해당하기 때문이다.

명조의 왕한 氣를 土生金, 金生水, 水生木으로 순생하여 주류무체가 되니 濁함이 없어 貴格에 든다. 癸운에 고시에 합격하여 戊토운까지 발복하니 관직은 승승장구하여 黃堂에 이르고 재물은 丙운에 크게 불어나면서 20년간 축적되니 큰 자산가가 되었다.

이처럼 干과 支가 함께 土生金, 金生水, 水生木으로 흐르고 쟁투의 기미는 보이지 않아 官은 맑고 명예가 반듯하다. 財성은 오로지 관성을 생할 뿐, 印星을 건드리지 않아 아름답다. 戌中丁은 戌中戊를 생하여 주기 때문이다. 식상이 용신이면 항상 長자리에 인연이 많다. 그래서 고시도 지방고시로 지방에 長자리를 하면서 신망을 얻어 중앙무대의 고위직인 黃堂에 이른 것이다.

戌中丁화는 暗合이 重重하니 여러 처첩을 두게 됨을 암시한다. 많은 처를 두고 많은 자식을 얻었다. 자식궁에 용신이 임하니 자식들도 하나같이 출세하여 대부귀를 이루었다. 재성이 술중에 안정하게 있으니 수명도 장수하여 9순을 넘겼다.

원국에 喜神이 충만하고 귀함이 넘치는데, 운로까지 水木길운으로 받쳐주니 무한한 부귀영화가 있었던 것이다.

時	日	月	年<事例 52>
辛	己	丙	甲
未	巳	寅	子

癸 壬 辛 庚 己 戊 丁
酉 申 未 午 巳 辰 卯

此造天干木生火, 火生土, 土生金, 地支水生木, 木生火, 火生土, 土生金, 且由支而生干, 從地支則以年支子水生寅木爲始, 至時干辛金爲終, 從天干亦以年支子水生甲木爲始, 至時干辛金爲終, 天地同流, 正所謂始其所始, 終其所終也. 是以科甲聯登, 仕至極品, 夫婦齊美, 子孫繁衍, 科甲不絶, 壽至九旬.

이 命造는 天干이 木生火, 火生土, 土生金을 하고, 地支는 水生木, 木生火, 火生土, 土生金하고, 또 地支로부터 天干을 生을 하고, 地支를 따라가면 年支의 子水는 寅木을 生하는 것을 시작으로 時干의 辛金에 이르러 끝을 맺는다. 따라서 天干을 따르면 역시 年支의 子水가 年上의 甲木을 生하는 것으로부터 시작하여 時干의 辛金에 이르러 끝을 맺는다.

(결론적으로) 마침내 天干 地支가 함께 흐르는 것이므로 바로 시작할 곳에서 시작하고, 맺을 곳에서 맺는다고 이야기할 수 있다. 이리하여 科擧에 연달아 合格하고, 벼슬은 品數의 끝까지 이르고, 夫婦가 두루 和睦하고, 子孫들이 넘치게 繁昌하고 科擧에 끊임없이 붙었으며, 主人公의 壽

命은 九旬에 이르렀다.

<譯評> 더 이상 할 말은 없다. 아마도 이런 명조가 있기는 한 것인지 아니면 증주자가 조작을 하였는지 둘 중에 하나인 것은 사실이다. 중화용신론에서는 連珠相生格으로 더 이상 논할 필요가 없는 명조이므로 격국용신과 조후용신만 살펴볼 것이다.

『子平眞詮』 심효첨의 격국론에 의하면, 正官格이다. 심효첨의 설명에 의하면, 官星은 日主를 剋하는 것은 비록 七煞과 다름이 없지만 끝내는 制함을 당하는 것은 같으니, 어째서 刑/沖/破/害를 절실히 꺼리고 그것을 이와 같이 존중히 여기는 것일까? 어찌 천지간에 사람이 살면서 반드시 스스로가 존경을 받을 이치가 있어도 교만하지 않고, 비록 天子에 이를 만큼 귀한 것과 같이, 또한 天祖에 임하는 것과 같다고 하더라도, 正官이라는 것은 마땅히 존귀한 바가 나누어지는데 만약에 나라에 있으면 君이고, 집에 있으면 家親이 되므로, (正官이) 刑/沖/破/害가 되면 이하는 윗사람을 범하는 자이다. 오호라! 가능한 것인가?[199]라고 하여, 正官格에 대하여 매우 호의적이다.

때문에 이 格이 成格이 될 경우 刑/沖/破/害를 당하면 안 된다고 하였다. (이와 같은즉) 생하는 것과 보호하는 것을 반긴다. 그 반기는 것이 있고, 꺼리는 것을 제거하면 貴格이 되는데, 귀격에도 높고 낮은 것이 있으니, 어째서인가? 財星과 印星이 둘 다 투출된 것을 논한다면, 둘 다 서로 장애가 되지 말아야 그 격이 클 것이다.[200]라고 하였다.

심효첨은 正官格은 우선적으로 財星과 印星을 찾아 하나의 성격을 찾

199) "官以剋身, 雖如七煞有別, 終受被制, 何以切忌刑沖破害, 尊之若是乎, 豈知人生天地間, 必無矯焉自尊之理, 雖貴極天子, 亦有天祖臨之, 正官者分所當尊, 如在國有君, 在家有親, 刑沖破害, 以下犯上, 嗚呼可乎", 『子平眞詮評註』 권4, 앞의 책, p.1.

200) "以刑沖破害爲忌, 則以生之護之爲喜矣, 存其喜而去其忌則貴, 而貴之中又有高低者, 何也, 以財印秉透者論之, 兩不相礙其貴也大", 위의 책, p.2.

고, 다음으로 傷官과 印星을 가진 성격의 사주를 찾는다. 이와 같은 이론에 의하면 이 명조는 우선적으로 年支의 子水인 財星을 相神으로 하여 官星인 甲木을 생하고 그 官星인 甲木은 印星을 生하므로 제1조건의 成格을 이룬 명조이다.

『窮通寶鑑』 다음은 계절을 중시하는 조후용신론에 의하면, 正月의 己土는 田園이 오히려 얼어 대체로 섣달의 기운이 제거되지 못하고 餘寒이 아직 물러나지 않기 때문에 丙火를 존귀하게 여겨 병화를 얻어 따듯한 빛을 비추기에 만물이 自生한다. 壬水를 보면 꺼리고 오히려 己土에 病이 되는 것은 어째서인가? 壬水는 江湖의 물로 호수의 물이 한번 發하면 田園이 흙탕물로 쓸어가 沙土로 변하게 하므로 뿌리와 싹들이 모두 매몰된다.[201]고 하였다.

이와 같은 이론에 의하면 병화가 제1용신이 된다. 그 제1용신이 바로 월간에 있고, 또 꺼리는 임수도 없고 하여 이 명조는 삼자의 용신론에 합당한 명조가 된다. 더 이상 격국이니, 중화니, 조후니 하는 용신론이 불필요한 명조이다.

[宗主命理 解說]

時 日 月 年 <事例 52>

辛 己 丙 甲

未 巳 寅 子

癸 壬 辛 庚 己 戊 丁

酉 申 未 午 巳 辰 卯

주류무체가 무조건 좋은 것이 아니라 吉神이 周流無滯가 되면 더욱 좋

201) "正月己土, 田園猶凍, 蓋因獵氣未除, 如寒未退, 故丙爲尊, 得丙照暖, 萬物自生, 忌見壬水, 反爲己病, 何也, 壬乃江湖之水, 湖水一發, 則田園洗蕩, 變爲沙土, 而根苗盡沒矣", 『窮通寶鑑』, 앞의 책, p.121.

다. 지수법에 의하면 火4.7 土2.8 金1.6 水1.5 木4.2로 火가 宗主旺神이다. 월지를 벗어나고 次旺神와 상생하여 태왕종주로 변하니 剋法取用으로 水를 찾는다. 子수는 고립무원이고 통력부족으로 不用하여 金을 찾는다. 辛金은 金土用組를 取하여 辛己未巳의 通力群을 구비하여 通力이 충분하므로 金이 용신이 되고 습토는 희신이 된다.

金용신이니 巳酉丑金운동이 일어나면 발복한다. 좌표상으로 甲이 사령하는 丁卯대운은 가정환경이 넉넉하지 못했다. 좋은 가문에 태어났지만 양심적인 청백리의 집안일 것이다. 학업이 시작되는 戊辰대운은 자수가 사령하니 토생금하고 금생수하니 집안형편이 좋아져 다양한 재능발굴에 투자할 수 있었다. 그리고 이운에 과거에 합격했다. 그러나 좌표상으로 丙寅이 사령하니 공직생활이 순탄하지는 않았다. 길흉상반 되고 승진도 부진하였다. 己巳가 사령하는 辛未 壬申대운을 거치면서 고위직으로 승승장구하여 辛금용신이 사령하는 癸酉대운은 극품의 벼슬에 올랐다.

용신이 順生으로 생조를 받아 殺印相生되어주니 有力有情하여 貴함이 있다. 용신을 도우는 戊辰대운에 과갑하여 벼슬길에 올라 酉대운까지 승승장구가 계속되어 벼슬이 극품에 올랐다. 사화는 己토와 동주하여 火生土하고 土生金하므로 부부화합하고 건강 장수하여 9순까지 장수하였다.

이 사주는 천간에서 木生火, 火生土, 土生金하고 지지에는 水生木, 木生火, 火生土, 土生金하고 또 支에서 干을 생하여 사주가 그림처럼 아름답게 흘러가 極貴함으로 나아간다. 지지를 따라 보아도 年支 子水가 寅木을 生하는 것을 시작으로 하여 時干 辛金에 이르러 마치고 천간을 보아도 역시 年支 子水는 甲木을 生하는 것을 시작으로 하여 時干 辛金에서 마쳐 天地가 함께 흐르니 사주가 더 이상 좋을 수가 없을 것이다.

사주가 이러하니 科甲連騰하였고 벼슬은 극품까지 올랐으며 부부가 함께 아름다웠고 자손이 번성하여 과갑이 끝나지 아니하였으며 수명은 9순을 살았다.

<小結> 이상과 같이, 「通神篇」의 天道 · 地道 · 人道의 형이상학적인 명리학 이론에 이어서 知命 · 理氣 · 配合의 3장은 실론적인 감명방법을 本書의 중심사상인 中和論에 의한 사례명조를 통하여 설명하였으며, 이곳에서는 사주체를 구성하는 天干과 地支를 설명하면서 특히 天干章에서는 각각 十干의 特性을 진소암의 『命理約言』에 영향을 받아 『천미』를 天干 · 地支 · 干支總論 3장으로 나누어 설명하였다. 이 장까지 총 9장으로 마무리하였다.

증주자인 철초님은 이곳에서도 오로지 中和論으로 일관된 설명을 하고 있다. 특히 總論에서는 마지막 三節인 '上下貴乎情協'과 '左右貴乎同志'와 '始其所始, 終其所終, 富貴壽福, 永乎無窮'라고 하여 天干과 地支의 大尾로 장을 마친 것이, 치밀하고 꼼꼼하며 古拙한 性情을 가진 증주자의 性情을 볼 수 있다.

第十 形象章

【原文】

兩氣合而成象, 象不可破也.

두 氣가 合이 되어 象이 이루어진 경우 그 象은 깨져서는 안 된다.

[劉氏注]

天干屬木, 地支屬火, 天干屬火, 地支屬木, 其象則一, 若見金水則破, 餘倣此.

天干은 모두 木에 屬하고 地支는 火에 屬하든지, 天干이 火에 屬하고 地支가 木에 屬하면 그것을 하나의 象으로 본다. 만약에 金이나 水를 보면 破하는 것이다. 나머지 五行도 이와 같이 생각하면 된다.

[任氏注]

任氏曰, 兩氣雙淸, 非獨木火二形也. 如土金, 金水, 水木, 木火, 火土, 相生各半, 五局卽相剋之五局亦是也. 如木土, 土水, 水火, 火金, 金木之各半相敵也. 相生要我生, 秀氣流行, 相剋要我剋, 日主不傷, 相生必欲平分, 無取稍多稍寡, 相剋務須均敵, 切忌偏重偏輕, 若用金水則火土不宜夾雜, 如取水木則火金不可交爭, 木火成象者, 最怕金水破局, 水火得濟者, 尤忌土來止水, 格旣如此, 取運亦倣此而行, 一路澄淸, 必位高而祿重, 中途混亂, 恐職奪而家傾, 故此格最難全美, 而看法貴在至精, 若生而復生, 乃是流通之妙, 倘剋而遇化, 亦爲化合之情, 或謂理僅兩神, 似嫌俠少, 不知格分十種, 盡費推詳.

임씨가 말하였다. 두 氣가 함께 淸하다는 것은 오직 木과 火로 이루어진 形象만을 이야기하는 것이 아니다. 만약에 예를 들어 土와 金, 金과 水, 水와 木, 木과 火, 火와 土가 서로 各各 半半씩 相生하는 것이다. 五局에는 서로 相剋하는 五局도 있는 것으로 만약에 木과 土, 土와 水, 水와 火, 火와 金, 金과 木은 서로 各各 半半씩 相剋하는 것이다.

相生할 때는 내가 生한 기운이 빼어난 氣로 流通하여야 하고, 相剋일 때는 내가 剋을 하여 日主가 다치지 말아야 한다. 相生이면 반드시 平分해야 하니 너무 많게도 너무 적게도 취하지 말아야 하는데 고르게 나누어 가지려는 마음이 있어야 한다.

相剋일 때도 반드시 敵과의 公平함을 維持할 것을 힘써야 하며 한쪽으로 지나치게 많고 지나치게 적음을 절대적으로 꺼리기 때문이다. 만약에 예를 들어 金 · 水를 用神으로 하는데 火 · 土가 적당치 못하게 끼어(夾雜)드는 경우, (또) 만약에 水 · 木을 取하는 경우에는 火 · 金이 싸우(交爭)는 것은 옳지가 않다. 木 · 火로 象을 이룬 것을 金 · 水가 局을 깨뜨리(破局)는 것을 가장 두려워하며, 水 · 火가 이미 고르게 갖추어졌다면 또 土가 와서 水를 막는 것을 꺼린다.

이미 格이 이와 같으면 行運에서도 이와 같이 따르면 되는데, 가는 길이 맑고 맑은 물과(澄清) 같으면 반드시 높은 地位에 오르고 財物도 많을 것이다. 中途에 混亂이 있으면 官職이 박탈되고 家業이 기우는 두려움이 생기므로 이러한 格은 온전히 아름답기가 가장 어려운 일이다. 看法에서 귀한 것은 精純함에 이르는 것으로 만약에 생함에 거듭 생함이 있으면 이것은 바로 流通의 妙가 있는 것이고, 오히려 剋하는 상황이 되면 化하는 것을 만나면 역시 '和合之情'이 되는 것이다.

혹 이론상 거의 兩神을 말하고 있지만, 마치 꺼리는 것이 조금 끼어 있다면 格으로 나누어 열 가지가 되는 것을 몰라서 그러하니 열심히 밀고 나가 자세히 연구하여야만 하겠다.

『徵義』는 『闡微』에 없는 것을 다음과 같이 任氏注에 붙여 실었다.

兩神成象格, 水木相生格, 水木各占二干二支又名水木淸奇. 木火相生格, 木火各占二干二支又名木火交輝或靑赤父子. 火土相生格, 火土各占二干二支又名火土夾雜. 土金相生格, 土金各占二干二支. 木土相成格, 木土各占二干二支. 土水相成格, 土水各占二干二支又名土局潤下. 水火相成格, 水火各占二干二支又名旣濟未濟. 火金相成格, 火金各占二干二支又名火金鑄印. 金木相成格, 金木各占二干二支.

<譯評> 이와 같이 서락오는 친절하게 '兩神成象格'에 보다 더 자세히 설명하고 있다. 임철초는 여기서도 두 기운 사이에, 만약에 生을 하는데 그 生을 받은 것이 生을 하면, 이것이 흘러 通하는 妙함이 있다 하여 '兩神相生格'을 설명하였으며, 혹 剋이 있는데 化를 만나면 이 역시 和合의 情이 있다 하여 '兩神相剋格'으로 十格을 정리하였다.

또한 그 '和合之情'의 역할을 하는 것이 「通神篇」 第二十一 通關章에서 다시 한 번 설명될 것이다. 여기에 더하여 서락오는 친절하게도 열 가지 용례로 궁구하는 이들에게 이해하기 쉽게 도움을 주기 위하여 설명하고 있다. 보기 좋은 용례이다. 첨가하여 서락오는 임철초의 號를 古越이라

칭하고 이 '形象章'부터 권2로 나누었다.

時	日	月	年<事例 53>
丁	甲	丁	甲
卯	午	卯	午

癸	壬	辛	庚	己	戊
酉	申	未	午	巳	辰

此造木火各半, 兩氣成象, 取丁火傷官秀氣爲用, 四柱金水全無, 純粹可觀, 巳運丁火臨官, 南宮奏捷, 名高翰苑, 庚運官殺混局, 降知縣, 夫南方之金, 尙有不足, 將來西方之水難言无咎.

이 命造는 木火가 各各 半씩으로 두 가지 氣運으로 象을 이루었으니 빼어난 기운을 가진 傷官 丁火를 用神으로 하고 四柱에 金水가 모두 없으므로 純粹함이 보기 좋다. 巳大運에 丁火가 官에 臨하여 南宮에서 치르는 科擧에 及第하여 이름이 翰苑에 높이 날리는 官吏가 되었으나, 庚大運에 官殺이 混局을 이루어 知縣으로 밀려 났다. 무릇 南方에서의 金(庚午)이라 오히려 힘쓰기가 부족하여 이러하지만 장차 西方의 水(壬申)運을 만나면 허물이 없을 것이라고 이야기하기에는 어려움이 있다.

<譯評> 이 명조는 甲午/丁卯로만 이루어진 명조이다. '兩氣相生格'으로 이루어졌다. 이와 같이 木生火의 구조로 이루어졌다면 그 기운을 따르는 대운으로 흘러야 만이 好命이 된다. 즉 木火를 중심으로 빼어난 기운이 발산하는 土氣運(戌/未土 閑神)은 가능하지만, 주된 기운인 木氣運을 극하는 金氣運은 仇神이 되고 火氣運을 극하는 水氣運은 忌神이 된다.

결론적으로 이 명조의 주인은 二旬大運인 己巳大運까지는 이름을 翰苑에 높이 올렸으나, 三旬大運인 庚大運에 벌써 仇神인 庚金이 활동하기 시작하여 관록이 知縣으로 물러나서 자기 사주가 궁금하여 철초님을 찾은 듯하다.

大運上으로 午大運은 잠시 好運이었다가 다시 四旬大運인 辛大運에 어려움이 있을 것이고 未大運은 火氣를 품은 土氣運이라 오히려 閑神이 喜神 역할을 할 것이나, 五旬大運부터는 미래를 걱정하는 모습이 감명자를 바로 옆에 두고 사주풀이를 해주는 듯이 현장감 있는 모습이 상상된다. 이 명조는 '兩氣成象格'이다.

『子平眞詮』 격국론을 주창한 심효첨은 이 '兩氣成象格'에 관하여 언급한 바가 없다. 때문에 일반격으로 논해야만 한다. 日干이 陽干이고 旺節에 태어났으므로 陽刃格이다. 심효첨은 이 陽刃格에 대하여 다음과 같이 설명하고 있다. 陽刃이라는 것은 나의 正財를 劫奪하는 神으로 곧 正財의 七煞神이다. 祿이 바로 앞에 있고 五陽(甲/丙/戊/庚/壬)만이 소유할 수 있기에 陽刃이 된다. 劫이라고 하지 않고 刃이라고 말하는 것은 劫奪하는 것이 심하기 때문이다. 刃은 마땅히 制伏을 시켜야 하기에 官煞이 모두 마땅하다. 財星과 印星이 서로 따르면 더욱 귀함이 드러나게 된다. 무릇 正官에 財星과 印星이 서로 따르면 아름답다. 七煞을 얻으면 바로 (아름다음이) 더욱 심하다. (만약에) 他格에서는 七煞은 능히 일주를 傷하기 때문에 (傷官을) 써서 (그 七煞을) 制伏시키는 것을 반기기 때문에 財理과 印星을 꺼린다. (그러나 만약에) 陽刃을 格用神으로 하면 그것(七煞)에 의지하여 陽刃을 伏制해야 하고, 일주가 傷하는 것은 두려워하지 않는다. 그러므로 오히려 財星과 印星을 반기고, (傷官의) 制伏은 꺼린다.[202] 고 하였다.

즉 天干 중에 五陽日主을 중심으로 각 계절의 旺節(子/午/卯/酉)에 태어나면 일주가 지나치게 강해지기 때문에 이 강해지게 해준 子/午/卯/酉

---

202) "陽刃者劫我正財之神, 乃正財之七煞也, 祿前一位, 惟五陽有之, 故爲陽刃, 不曰劫而曰刃, 劫之甚也, 刃宜伏制, 官煞皆宜, 財印相隨, 尤爲貴顯, 夫正官而財印相隨美矣, 七煞得之, 夫乃甚乎, 豈知他格以煞能傷身, 故喜制伏, 忌財印, 陽刃用之, 則賴以, 制刃, 不怕傷身, 故反喜財印, 忌制伏也", 『子平眞詮評註』 권5, 앞의 책, p.30.

의 正氣를 억제하는 七煞을 相神으로 취하는 것을 반긴다. 이와 같은 이론에 의하면 이 명조는 사주자체에 그 刃을 制伏시키는 官煞神은 없고, 오히려 대운으로 七煞運이 오는 운에 불행하게 된 명조이다.

『窮通寶鑑』 다음으로 계절을 중시하는 조후용신론에 의하면, 2월에 태어난 甲木은 庚金을 얻은 바, 陽刃格에 架煞이라고 이름하여 小貴하다고 말할 만하다. 다른 방법으로 顯達하거나 혹 命主는 武職을 가질 수 있으나, 단 중요한 것은 재성이 관살을 도와야 하고 사주 중에 재성을 만나면 영웅이 홀로 만인을 제압한다. 만약 癸水를 만나면 재성과 관살이 곤란하게 되고 일주는 光棍이 되고 陽刃이 重하여 반드시 凶을 만나는 것은 정해졌고 性情 또한 흉폭 해진다.[203] 고 하였다.

계절을 중시하는 조후용신론에서도 陽刃格은 인정하여도 '兩神成象格'은 언급이 없다. 왜냐하면 증주자인 임철초 이전의 심효첨이나 그 이전 조후용신론에서는 兩神格이라는 格論이 없기 때문이다.

[宗主命理 解說]

時 日 月 年 <事例 53>

丁 甲 丁 甲

卯 午 卯 午

癸 壬 辛 庚 己 戊

酉 申 未 午 巳 辰

指數法則에 의하면 木7.4 火5.8로 木이 極旺하여 극법취용하니 剋用하는 金을 찾고 금이 없으면 土를 찾고 토가 없으면 火를 찾는다. 丁화에 통기한 午화가 있어 火가 용신이 된다.

---

203) "二月甲木, 庚金得所, 名陽刃架煞, 可云小貴, 異途顯達, 或主武職, 但要才資之, 柱中逢才, 英雄獨壓萬人, 若見癸水, 困了才煞, 主爲光棍, 重刃必定遭凶, 性情凶暴", 『窮通寶鑑』, 앞의 책, P.8.

화용신이니 인오술화운동이 활발해지는 운에 발복한다. 갑목이 사령하는 戊辰대운은 목극토가 되나 생화하지 않으니 빛을 보지 못하다가 오화가 사령하는 己巳대운에 상관재주가 세상의 이목과 집중을 받게 된다. 그래서 관직에 발탁되는 행운을 얻게 되었다.

운에서 巳화가 午화용신을 도우니 관직에 발탁되고 벼슬운이 좋아 한림원에 이름을 떨쳤다. 七殺경금이 동하는 金運에는 金剋木으로 희신을 극하니 강등당하기도 했다. 辛운에 임하면 운이 소락한다. 酉대운에 임하면 묘유충으로 희신을 극하니 관직에서 물러나게 된다. 파란이 따르는 명조이라 왕신을 극충하는 癸酉대운은 흉액이 속출할 것이다.

이 명조는 木火가 각각 半씩으로 두 가지 氣運으로 象을 이루었으니 빼어난 기운을 가진 傷官丁火를 용신으로 하고 사주에 金水가 모두 없으므로 순수함이 보기 좋다. 巳대운에 丁火가 官에 臨하여 남궁에서 치르는 과거에 급제하여 이름이 翰苑에 높이 날리는 관리가 되었으나, 庚大運에 官殺이 혼국을 이루어 知縣으로 밀려 났다.

년주 비견에 死宮이 임하니 친구를 좋아하여 금전 지출이 과다하거나 사기를 당할 수 있고 조상의 덕이 없을 것이다. 월주상관에 왕지가 임하여 부모와 갈등을 겪지만 가정 형편이 나아지고 부모형제가 유복하게 지냈으며 장남으로 태어나 예능이 남달리 특출했을 것이다. 오늘날이면 홍염살과 도화기가 강하게 동하니 사오미운에 인기 연예인이 되었을 것이다.

時 日 月 年<事例 54>

時	日	月	年
乙	丁	乙	丁
巳	卯	巳	卯

己	庚	辛	壬	癸	甲
亥	子	丑	寅	卯	辰

此亦木火各半, 兩氣成象, 非前傷官之比, 日主是火, 長于夏令, 木從火勢, 格成炎上, 更不宜見金運, 火逢生助, 巡撫浙江, 至辛運水年, 木火皆傷, 故不能免禍, 所謂二人同心, 可順而不可逆也.

이 命造 역시 木 · 火의 氣運이 各各 半씩으로 이루어진 格이나 앞 命造의 傷官을 쓰는 四柱와는 비교가 되지 않는다. 日主인 丁火는 夏月令을 長生地에 태어나고, 木이 火의 勢力에 從을 하니 '炎上格'으로 格을 이루고 더욱이 金運을 만나는 것은 마땅하지가 않다. 火가 木의 生助를 받으니 浙江城의 巡撫를 하던 중 辛大運에 水의 年을 만나 木 · 火가 모두 상처를 받아서 禍를 면하기가 어려웠다. 바로 말하여 '二人同心'이 되었을 때는 順함은 옳고, 逆함은 옳지 않다.

<譯評> 이 명조도 丁卯/乙巳로만 이루어졌다. 명조를 살펴보면 丁火日干에 火勢가 漸增하는 巳月에 태어나 强旺한 처지가 되었다. 같은 木/火氣運으로 이루어졌지만 앞의 명조는 木日主에, 木氣를 중심으로 火勢가 강하여 '木生火' 작용에 의하여 강한 木氣를 發洩하는 火氣運이 秀氣로 化하였다. 그러나 같은 木/火氣運으로 이루어졌어도 이 명조는 丁火日主로 旺節인 巳月에 태어나 일간은 强旺한데 더하여 일주의 火氣를 돕는 木氣의 차이는 있지만 陰木(乙/卯)도 火氣를 돕는 것은 마찬가지다.

결론적으로 이 명조는 木生火로 '二人同心'을 이루어, 일주를 중심으로 火勢가 뭉치므로 '炎上格'이라는 특수격의 명칭으로 바뀌었다. 이 명조 역시 火神이 用神이며 喜神은 木神이 되고 閑神은 土神이 된다.

『子平眞詮』 다음은 격국론을 주장하는 심효첨도 중화론을 주장하는 철초님과 같이 송대에 출현한 『淵海子平』의 이론인 炎上格을 인정한다. 이와 같은 '炎上格'을 심효첨은 어떻게 처리하였을까? 바로 '雜格'으로 취급하여 從旺格으로 분류하였다. 從旺格이란 임철초도 인정한 旺한 氣運을 따른다고 하여 五格[204]이 있다.

이와 같이 심효첨의 格局論 論雜格장에 의하면, 五行이 一方으로 되면 秀氣를 취하여 (格이 될 수) 있다. (예를 들어) 甲/乙日主가 亥/卯/未, 寅/卯/辰으로 全備되었고 또 春月에 태어난 甲/乙日主는 본래 劫財와 한 종류이다. 각각의 오행의 기운이 전체를 얻고 있다면 成格이 되므로 印綬가 투출하면 사주체가 순수해진다. 마치 癸亥/乙卯/乙未/壬午로 吳相公의 命이 그렇다. 운 역시 印綬와 比劫의 대운을 반긴다. 財星과 食傷運도 吉하고 官煞運만 꺼린다.[205]고 하여, 이 명조<事例 54>에서처럼 印星이 투출된 것을 기뻐한다고 하였다.

『窮通寶鑑』 계절을 중시하는 조후용신론에 의하면, 4월의 丁火日主는 旺한 氣運을 타고 있다. 비록 甲木을 취하여 引丁하려면 반드시 庚金을 써서 甲木을 쪼개고 伐甲을 하여야 이른바 '木火通明'의 사주가 된다. 甲木이 많으면 또 다시 庚金을 취하는 것을 최우선으로 한다.[206]고 하였다.

이와 같은 이론에 의하면 우연의 일치일지라도 甲木이 제1용신이 되고 庚金이 그 甲木을 쪼개어 불을 붙이는 도구로 제2용신으로 하였다. 여기서 제2용신이 문제인데 이 명조를 증주자는 四旬大運 辛運에 水年을 만나 '木火皆傷'하여 禍를 면할 수 없다고 하였다. 결론적으로 제2용신은 從旺格의 이론과는 背馳되는 이론이다.

---

204) '炎上格', '曲直格', '從革格', '潤下格', '稼穡格'

205) "有取五行一方秀氣者, 取甲乙全亥卯未寅卯辰, 又生春月之類, 本是一派劫財, 以五行各得氣全體, 所以成格, 喜印露而體純, 如癸亥/乙卯/乙未/壬午, 吳相公是也, 運亦喜印綬比劫之鄕, 財食亦吉, 官煞則忌矣", 『子平眞詮評註』 권5, 앞의 책, p.55.

206) "四月丁火乘旺, 雖取甲引丁, 必用庚劈甲, 伐甲, 方云木火通明, 甲多, 又取庚爲先", 『窮通寶鑑』, 앞의 책, p.86.

[宗主命理 解說]

時 日 月 年 <事例 54>

乙 丁 乙 丁

巳 卯 巳 卯

己 庚 辛 壬 癸 甲

亥 子 丑 寅 卯 辰

指數法으로 보면, 火勢 6.3, 木勢 5.8, 庚勢 1.3이 되니 火體水用에서 시작하여 火體火用으로 火宗主가 바로 용신이 된다. 寅운까지 목생화로 용신을 도우니 절강성의 치안책임자가 되었다가 辛운부터는 운이 기울어 어려움을 겪다가 亥운에 수극화로 용신이 剋去되어 졸하였다.

취용법은 勢를 보고 用을 취하다 보면 자연스럽게 從格으로 귀착이 되니 종격여부를 논하는 것은 무의미하다. 木火相半으로 이루어진 양기성 상격이다.

辛운 庚子 辛丑년에는 木火가 모두 상하므로 불리하여 禍를 면할 길이 없었다. 종주용신이 극상을 당하니 흉함이 속출하니 金水운을 만나면 불리해진다. 흉함이 속출하는 것은 격국의 문제가 아니라 용신의 문제이다.

년주 비견에 욕지에 임하니 풍류가 있고 예능에 소질이 있어 친구들과 어울려 지출이 많았을 것이다. 월주 편인에 건록이 임하여 장남으로 태어나 부모덕이 부족하여 기술계통으로 나아갈 것이다. 26세 壬辰년에 요동치는 운이니 여의치 못하여 예능을 접고 기술을 접하였을 것이다.

時 日 月 年<事例 55>

戊 丙 戊 丙

戌 午 戌 午

甲 癸 壬 辛 庚 己

辰 卯 寅 丑 子 亥

此火土各半, 兩氣成象, 取戌(戊)土食神秀氣爲用,[207] 辛丑運, 溼土晦火, 秀氣流行, 登鄕榜, 壬運, 壬年, 赴會試, 死于都中, 蓋水激丙火, 則火滅也. 如兩戌換以兩辰, 不致燥烈, 雖逢水運, 亦不至大凶也.

이 命造는 火 · 土가 各各 반씩으로 두 氣運이 象을 이루었으며, 戊土가 食神으로 빼어난 氣運을 가졌으니 用神으로 취한다. 辛丑大運에 濕土가 火氣運을 눌러서 빼어난 氣運을 유행시키니, 鄕榜에 올랐다. 壬大運 壬年에 會試를 보러가다 도성 안에서 죽으니, 水氣運이 丙火를 덮어 격렬해지므로 火氣運이 꺼져버린 것이다. 만약에 두 개의 戌土를 두 개의 辰土로 바꾼다면 燥熱함에 이르지도 않고 비록 水運을 만나더라도 역시 큰 흉까지는 다다르지 않았을 것이다.

<譯評> 이 명조는 丙午/戊戌로만 이루어진 사주이다. 일주가 丙火로 月柱가 戊戌, 時柱가 戊戌로 이루어졌으며, 地支로 午戌/午戌 火局을 이루어 丙午日主의 火勢를 도와 日干인 丙火가 强旺해졌다. 때문에 강력한 火氣運을 排泄하는 月干과 時干의 戊土가 用神이 된다. 이와 같이 用神이 戊土로 정해지면 喜神은 金氣運이 되고 특히 忌神으로는 旺한 火勢를 拒逆하는 水氣運이 된다. 때문에 증주자의 설명대로 月支와 時支의 火庫인 戌土가 水庫인 辰土로만 바뀌었다면 四旬大運인 壬大運도 무사히 넘겼을 것이다.

이 명조 역시 정단님도 철초님의 看命法에 異意가 없을 것 같다. 특히 정단님은 이 명조를 月柱의 戊戌과 時柱의 戊戌을 火化되었다고 看命할 것이다. 그렇다면 선부른 壬水大運은 '衰者沖旺旺者發'이 된 命造가 된다.

『子平眞詮』 심효첨의 격국론에 의하면, 食神格으로 食神은 본래 (일주의 기운을) 洩氣하는 神에 속한다. 그 능력은 正財를 생하기 때문에 그것

207) 『徵義』는 取戊土食神秀氣爲用이라 하였다. 『徵義』가 문맥적으로 옳다.

을 반긴다. 그러므로 '食神生財'는 美格이다. 財星은 반드시 뿌리가 있어야 하며, 반드시 正/偏이 중첩되어 투출하지 말아야 한다. 만약 '身强食旺'하고 財星이 투출하면 大貴의 格이 된다.[208]고 하였다.

이와 같은 이론에 의하여 格用神을 보조하는 相神을 정하는 取運論에서도 역시, 일주인 丙火는 강하고 그 강한 기운을 배설하는 食神으로 局을 이루면 나누어 적당히 배합해야 한다. 즉, '食神生財'가 되는 경우, 財星이 重하고 食神이 輕하면, 대운이 財食運으로 흘러야 하며, 재성과 식신이 중한즉, 幇身하는 대운을 반기고, 官煞運으로 흐르면 함께 불미함을 갖출 것이다.[209]고 하였다.

격국론에서는 食神格은 四吉神 중에 하나이므로 그 격을 거스르면 불미하기 때문에 대운의 흐름은 食/財/印運으로 흐르는 것을 기뻐하고, 반대로 格局用神을 거역하는 대운으로 흐르면 불미하다고 심효첨은 주장하고 있다. 이와 같은 이론에 의하면 이 명조 역시 대운에서 불미스런 官煞運을 만나서 禍를 면하지 못한 운명이 되었다.

『窮通寶鑑』 계절을 중시하는 調候用神論에 의하면, 9월의 丙火는 火氣가 더욱 물러나는 때이므로 土氣가 빛을 흐리는 것을 꺼리는 바이다. 반드시 甲木을 先用하고 다음으로 壬水를 취한다. 甲木과 壬水가 둘 다 透出하면 富貴가 비범할 것이다. 만약 壬水가 없고 癸水가 透干되면 역시 가하여 비록 科甲은 하지 못하더라도 다른 방법으로 功名을 이룰 것이다.[210]고 하여 甲木을 제1용신으로 하고 제2용신은 中和用神이나 格局

---

208) "食神本屬洩氣, 以其能生正財, 所以喜之, 故食神生財, 美格也, 財要有根, 不必偏正疊出, 如身强食旺而財透, 大貴之格", 『子平眞詮評註』 권4, 앞의 책, p.45.

209) "食神取運, 卽以食神所成之局, 分而配之, 食神生財, 財重食輕, 則行財食, 財食重則喜幇身, 官煞之方, 俱爲不美", 위의 책, p.51.

210) "九月丙火, 火氣愈退, 所忌土晦光, 必須先用甲木, 次取壬水, 甲壬兩透, 富貴非凡, 若無壬水, 得癸透干, 亦可, 雖不科甲, 異路功名", 『窮通寶鑑』, 앞의 책, p.74-5.

用神에서 不美하다는 官煞運으로 하고 있다.

[宗主命理 解說]

時 日 月 年 <事例 55>

戊 丙 戊 丙

戌 午 戌 午

甲 癸 壬 辛 庚 己

辰 卯 寅 丑 子 亥

지수법에 의하면, 戊戌토가 독립적으로 건재하니 午中己도 건재하므로 지수는 목0 화5.5 토6.1 금1.9 수0이다. 상생양기성상이 되면 土종주가 용신이 된다. 양기성상을 이루면 식상용비에 해당하지 않는다. 양기성상은 종주가 용신이 된다.

食傷인 土는 金을 좋아하니 巳酉丑운동이 활발해야 발복한다. 좌표상으로 丙午가 사령하는 己亥 庚子대운은 지지부진하나 戊가 사령하는 辛축대운은 용신이 살아나니 향방에 올랐다. 辛丑大運에 濕土가 火氣運을 눌러서 빼어난 氣運을 유행시키기 때문이다.

戊이 사령하는 壬寅대운은 火局을 결성하여 금을 파극하니 金은 사라지고 왕한 土도 무덤으로 향하므로 入庫되므로 세상을 하직하였다.

이 사주는 火土가 각 半이니 양기성상이 되어 戊土 식신이 秀氣를 받았으므로 용신이 된다. 辛丑 운에 습토가 火를 설기하여 수기가 잘 흐르니 鄕膀에 올랐으나 壬寅대운 壬午年에 회시(會試)에 나아가서 그 도시에서 죽었으니 水가 丙火를 부딪쳐 꺼뜨렸기 때문이다. 만약 兩 戌土가 辰土였다면 燥烈함에는 이르지 아니하여 비록 水 운을 만났더라도 대흉하지는 않았을 것이다.

時　日　月　年<事例 56>

辛　戊　辛　戊

酉　戌　酉　戌

丁　丙　乙　甲　癸　壬

卯　寅　丑　子　亥　戌

此土金各半, 兩氣成象, 取辛金傷官爲用, 喜其一路北方運, 秀氣流行, 少年科甲, 仕至黃堂, 交丙破辛金之用, 不祿, 凡兩氣成象者, 要日主去生, 或食或傷, 謂英華秀發, 多致富貴, 所不足者, 運破局, 不免於禍, 如金水水木之印綬格, 無秀可取, 故無富貴, 試之屢驗.

이 命造도 土와 金이 각각 반씩으로 두 기운으로 이루어진 象이니, 傷官인 辛金을 用神으로 취하는데 기쁜 것은 運路가 北方의 水大運이라 빼어난 氣運이 유행하여 어려서 科擧에 급제하고 벼슬은 黃堂까지 이르렀다. 그러나 丙火大運을 거치면서 用神인 辛金을 깨뜨리니 벼슬길에서 물러났다.

이른바 '兩氣成象者'란 日主가 가서 혹 食神이나 傷官을 生하여서 말하자면 화려하고 빼어난 氣運을 발산시키면 富貴에 다다름이 많으나, 그것이 부족하여 운에서 破局을 당하면 禍를 면할 수가 없다. 만약에 예를 들어 金 · 水나 水 · 木의 '印綬格'이 빼어난 기운을 취할 수 없으니 富貴를 논할 수 없는 것으로 이것은 여러 번 시험하여 본 경험이다.

<譯評> 증주자의 견해는 '印綬格'과 '食/傷格'의 차이에 관해 설명하고 있다. 여기서 격이란 용신을 중심으로 취하는 것으로 印綬格은 일주를 중심으로 幇身해주는 五行神이 강한 경우 金生水, 水生木의 상태로 水와 木이 각각 일주가 되므로 기운이 일주에 몰리는 경우이며, 食/傷格은 사주자체에 일주의 기운이 강하여 그 기운을 洩氣하는 五行神을 食/傷星을 용신으로 취용하기 때문에 '印綬格'과 '食/傷格', 또는 '財/官格'으로 하여

임철초는 用神格으로 칭하고 있다.

결론적으로 이 명조는 戊戌/辛酉, 戊戌/辛酉, 두 기운으로 형성되어 강한 일주인 戊土의 기운을 洩氣하는 金氣가 用神이고, 다시 그 기운을 설기하는 水氣運이 喜神이 된다. 이와 같이 用/喜神이 결정되면 용신인 金氣運을 剋하는 火氣가 忌神이 되고, 仇神은 喜神을 剋하는 土氣運이고 나머지 木氣運은 閑神으로 강한 土氣運으로 剋하기 때문에 플러스 閑神이 된다. 이와 같은 논거에 의하여 五旬大運에 忌神인 丙火가 들어와 喜神인 辛金을 合去하였기 때문이다.

『子平眞詮』 심효첨의 격국용신론에 의하면, 傷官은 비록 吉神은 아니지만 실제로는 秀氣가 되기 때문에 文人 學士들이 傷官格을 얻은 자들 안에서 많이 배출되는데, 여름철에 태어난 나무가 水를 만나든지, 겨울에 태어난 金이 불을 보면 빼어난 기운 중에 더욱 빼어난 기운이 다른 格局에 비하여 그중에서 많이 있으며, 변화가 더욱 많다. 그 氣候을 살피고 그 强弱을 살피며, 그 喜忌를 살피고 그 純雜을 보아서 그것의 미묘함이 더욱 미묘하니 (한 가지에) 집착하면 안 된다.[211]고 하였다.

이와 같이 심효첨도 비록 四凶神인 傷官格이라도 오히려 印綬格보다 好格이 된다고 하였다. 물론 이 같은 호격의 조건은 사주자체가 身强함과 동시에 傷官 역시 뿌리가 강함과 동시에 상관을 극하는 印綬가 투출하던지, 또는 正/偏官이 혼잡 투출되어 상관과 쟁투를 하는 경우 破格이 되어 오히려 凶格으로 변한다.

『窮通寶鑑』 계절을 중시하는 조후용신론에 의하면, 8월의 戊土日主로서 金氣가 洩하여 戊土日主가 차가워지는 때라 丙火의 따듯한 빛에 의지

---

211) "傷官雖非吉神, 實爲秀氣, 故文人學士. 多於傷官格內得之, 而夏木見水, 冬金見火, 則又爲秀之尤秀者也, 其中格局比他格多, 變化尤多, 在查其氣候, 量其强弱, 審其喜忌, 觀其純雜, 微之尤微, 不可執也", 『子平眞詮評註』 권5, 앞의 책, p.14.

하고 水氣로 滋潤하여야 한다. (때문에) 丙火를 先用하고 癸水를 後用하며, 木에 의하여 疏土할 필요가 없다.[212]고 하였다. 제1용신으로 병화를 쓰고 제2용신으로는 癸水를 쓴다고 하여, 임철초의 중화용신법이나 심효첨의 격국용신법에서 피하는 忌神인 印星丙火를 제1용신으로 하여, 두 사람의 용신취용신법과 차이가 난다.

[宗主命理 解說]

時 日 月 年 <事例 56>

辛 戊 辛 戊

酉 戌 酉 戌

丁 丙 乙 甲 癸 壬

卯 寅 丑 子 亥 戌

양기성상이 되면 食傷用比格에 들지 못한다. 상생양기성상이 되면 宗主인 金이 바로 용신이고 설하는 水가 희신이다. 간단하게 重疊合局으로 보면 바로 生法取用으로 金용신이 되니 巳酉丑운동이 활발해지는 운에 발복한다.

指數法으로 보면 月令을 득하고 투간한 金의 勢가 강하다. 그러나 지수계산으로 勢를 확인하는 것이 필요하다. 火0.5 土4.1 金8.8 水0 木0이다. 金이 極旺종주이고 次旺神의 생을 받으니 금체금용으로 金이 용신이고 水가 藥神이 되고 濕土는 희신이 되므로 금을 극하는 火는 忌神으로 禍厄을 초래한다. 특히, 辛금용신을 보호하는 壬癸수를 만나면 대발하니 재운이 만발한다. 두려운 것은 辛금용신을 앗아가는 丙화와 극하는 丁화가 무서운 것이다. 용신을 송두리째 앗아가면 졸하는 운명이 된다.

酉금이 사령하는 乙丑대운은 용신이 왕기를 띠니 원하는 바를 모두 이

212) "八月戊土, 金洩身寒, 賴丙照暖, 喜水滋潤, 先丙後癸, 不必木疏", 『窮通寶鑑』, 앞의 책, p.113.

루게 된다. 그래서 丑대운은 酉금을 생하여 용신을 도우니 발복하여 황당까지 올랐다. 습토는 용신을 생하여 도우기 때문이다.

이 명조도 土金이 각각 반반으로 양기성상격이 된다. 왕신인 금을 설하여 주면 秀氣가 발하여지니 수운에 소년시절을 맞이하면서 科甲하여 벼슬길에 승승장구하였다. 왕신을 설하여 수기가 발하면 부귀영화를 누린다. 더구나 식신생재하니 재복이 대발한다. 식상의 수기를 발하면 빼어난 기량을 발휘하여 대부귀에 이른다.

년주 비견에 墓지가 임하니 조상일에 정성을 쏟지만 친구들과 어울려 씀씀이가 헤프다. 월중에 상관과 死地가 임하여 부모형제인연이 박하고 갈등불화를 겪지만 예능에 소질이 많고 예지력이 빛난다. 養궁에 임하여 답답할 정도로 원만하고 성실하다. 甲대운 丙子년에 복생화하여 丙辛合水하는 37세부터 요동을 치면서 39세에 절정을 이루는 어려운 고비를 겪게 된다. 무리수가 화근이 되어 명예와 활동무대가 사라지는 형국이기 때문이다.

時　日　月　年<事例 57>
癸　戊　癸　戊
亥　戌　亥　戌
己　戊　丁　丙　乙　甲
巳　辰　卯　寅　丑　子

此水土各半, 兩氣成象, 喜氣通根燥土, 財命有一, 然氣勢稍寒, 所以運至丙寅, 寒土逢陽, 連登科甲, 更妙亥中甲木暗生, 仕至郡守, 宦途平坦.

이 命造는 水와 土가 각각 반으로 두 氣運이 象을 이루었으며 기쁜 것은 마른 土에 뿌리가 통하고 財命만으로 유일하다. 그러나 기운의 세력은 점점 추워지는데 바로 이러한 때에 丙寅大運에 이르니 차가운 흙이 햇빛을 만나 연달아 科擧에 급제하였다. 더욱 묘한 것은 亥中 甲木이 暗

生하는 것이라 벼슬은 郡守까지 이르렀으며 벼슬길은 平坦하였다.

<譯評> 이 명조는 전체가 戊戌/癸亥, 戊戌/癸亥로만 이루어진 '兩氣成象格' 사주다. 특히 증주자는 앞의 명조들과 다르게 이 명조의 주인인 戊土를 癸亥月에 태어나 水勢가 강하므로 일주를 약하게 보고 가장 우선적으로 일주를 돕는 火氣를 用神으로 잡고, 다음으로 喜神인 火氣를 돕는 木氣를 喜神으로 삼았다. 그런 다음 사주체를 살펴 용신과 희신이 존재하는가에 따라 好命과 不好命으로 분류하는데 이 명조자체에는 用/喜神이 존재하지 않는다.

때문에 다시 대운으로 시선을 돌려보면, 二旬大運인 甲子/乙丑 대운까지는 어려웠을 것이며 三旬大運부터는 用/喜神 대운으로 흐르기 때문에 '寒土逢陽'하여 과거에 급제하고 그 이후, 東南方運이기에 '宦途平坦'한 命運이 되었다. 그렇다면 정단님의 指數法則으로는 用神이 어떻게 정해질까? 우선 日主인 土氣를 살펴보면 4.0이 되고 水氣運은 5.7로 適正水準을 벋어났다. 그러므로 이 水氣를 억제하는 土를 用神으로 하고 그 土를 生하는 火를 喜神으로 삼으니 결과적으로 철초님과 用/喜神이 일치함이 보인다.

『子平眞詮』 그럼 격국용신을 주장한 심효첨의 이론에 의하면, 亥月에 癸水가 투출하고 戊土日主 대비 偏財格이다. 심효첨은 이 偏財格을 정편을 구분하지 않고 사길신으로 취급하였다. 그러므로 심효첨은, 財星은 내가 剋을 하는 星으로 내가 사용하는 물건이다. 그 기능은 官星을 생하기에 아름답다고 여긴다. 財帛이 되고 妻妾이 되고 才能이 되며 驛馬가 되니 모두가 才物의 종류가 된다.[213]고 하여, 財星의 기능을 매우 호의적으로 보았다.

---

213) "財爲我剋, 使用之物也, 以能生官, 所以爲美, 爲財帛, 爲妻妾, 爲才能, 爲驛馬, 皆才類也", 『子平眞詮評註』 권4, 앞의 책, p.13.

또한 取運論에서는, 財格으로 局을 取하였으면 (운을 取하는 방법을) 나누어 배합하여야 한다. 그 財星이 旺하면서 官을 生하는 자는 운은 身旺한 印綬運으로 흐르는 것을 반기며, 七煞運과 傷官運은 불리하다. 만약에 官을 生하고 거듭 印綬가 투출하고 傷官運으로 흐르면 해로움이 그리 크지 않고, 生官을 하면서 食神과 함께 있어 破局이 되면, 대운이 印綬運으로 흐르는 것을 반기고 煞運을 만나면 반대로 길하다.[214]고 하여, 재성을 중심으로 취운론을 언급하고 있다.

그러나 이 명조는 심효첨이 주장하는 대로 사주체에 있는 財星이 官星을 生하는 것도 아니고, 또한 官을 生하면서 印綬가 투출한 것도 아니며, 生官을 하면서 食神이 함께 투출한 것도 아니므로 심효첨의 取運論에 이 명조는 해당되지 못한다. 결론적으로 심효첨의 取運論이 성립되는 요건을 갖추지 못하였다.

『窮通寶鑑』 계절을 중시하는 조후용신론에 의하면, 10월의 戊土는 때가 小陽節이라 陽氣가 조금 나올 때인지라 우선적으로 甲木을 제1용신으로 하고 다음으로 丙火를 취용한다. 甲木이 아니면 戊土는 神靈함이 없고 丙火가 아니면 戊土는 따듯하지 않으니 어찌 만물을 발생할 수 있겠는가? 甲木과 丙火가 둘 다 투출하면 부귀를 누릴 사람이다.[215]고 하였다. 결론적으로 이 명조는 조후용신론에 의하면 용신을 취할 만한 五行神은 없다. 그러므로 調候論으로도 破格이 된다.

---

214) "財格取運, 卽以財格所取之局, 分而配之, 其財旺生官者, 運喜身旺印綬, 不利七煞傷官, 若生官而復透印, 傷官之地, 不甚有害, 至於生官而帶食破局, 則運喜印綬, 而逢煞反吉矣", 위의 책, p.20.

215) "十月戊土, 時値小陽, 陽氣略出, 先用甲木, 次取丙火, 非甲, 土不靈, 非丙, 土不暖, 安能發生萬物, 甲丙兩出, 富貴中人", 『窮通寶鑑』. 앞의 책, p.117.

[宗主命理 解說]

時 日 月 年 <事例 57>

癸 戊 癸 戊

亥 戌 亥 戌

己 戊 丁 丙 乙 甲

巳 辰 卯 寅 丑 子

지수법에 의하면, 화0.5 토4.0 금1.4 수5.7 목1.9이다. 수가 태왕종주에 해당하므로 극법취용하니 水體土火用組이고 술중에 丁화가 用神이고 土는 藥神이 된다. 토화용조에서는 화가 우선하기 때문이다. 丑토는 生金을 하니 어려움이 따르다가 丙운부터 발복하여 午운까지 벼슬길이 평탄하였다. 亥중에 甲목을 쓰는 벼슬이고 해수 재성을 쓰니 수천금의 부를 축적한 관리였다.

亥월에 무토는 화를 드러내지 않고 감추어 貴를 자랑한다. 水旺하여 寒하니 丙寅운에 용신을 살려 출셋길을 걷게 된다. 丙寅운에 亥中甲목이 暗生하여 주니 주변의 지원과 도움으로 벼슬이 순탄하여 군수에 이르렀다. 사주에 온기가 없으면 시간이 지날수록 추위를 느끼는 법이니 용신운에 날개를 펴고 비상을 하는 것이 마땅하다.

년주 比肩에 墓지가 임하니 조상 일에 정성을 쏟지만 친구들과 어울려 씀씀이가 헤프다. 월주에 정재와 절이 임하여 부모형제와 인연이 박하고 대외적으로 외톨이가 되기 쉬우나 상속을 받는 운이 있다. 일주는 墓궁에 임하여 답답할 정도로 원만하고 성실하다. 天羅地網煞이 重重하여 의료, 법무 계통에 종사하게 된다.

時	日	月	年<事例 58>		
己	癸	己	癸		
未	亥	未	亥		
癸	甲	乙	丙	丁	戊
丑	寅	卯	辰	巳	午

此土水相剋, 兩氣成象, 純殺無制, 日主受傷, 初走火土之鄉, 生助七殺, 正是明月淸風誰與共, 高山流水少知音, 一交乙卯, 運轉東方, 制殺化權, 得奇遇, 飛升縣令, 由此觀之, 生局必須食爲美, 印局無秀氣, 不足爲佳, 財局身財均敵, 日主本氣無傷, 然又要運程安頓得好, 斯爲全美, 一遇破局, 則禍生矣.

이 命造는 土와 水가 서로 相剋으로 이루어진 '兩氣成象格'으로 統制받지 않은 순수한 官殺이 日主에게 損傷을 주고 있다. 初年大運이 火·土運으로 흘러 七殺을 生하는 도움을 주니 바로 이것이 밝은 달빛과 맑은 바람을 누구와 함께 즐기며 높은 산에서 흐르는 물소리는 듣는 이가 없다고 탄식을 하였다. 한 번 乙卯大運을 만나 運이 東方으로 돌아서면서 制殺하고 化하는 氣運이 생기면서 奇異한 인연을 만나 縣令의 자리에 올랐다.

이것을 본 것으로 말미암아 局이 형성되면 必須的으로 食神이 있어 아름답고, 印綬局에서는 빼어난 氣運이 없으면 아름다움이 부족하다. 財星이 局을 이루면 日主와 財星이 대등한 모양이 되어야 하고, 日主의 본 기운이 다치지 말아야 한다. 그런 연후에 또 運路에서 반드시 편안하고 돈독한 기운을 얻어야 좋으니 이러한 것을 모두 아름답다고 한다. (그러나) 한 번 破局을 만나면 禍가 발생하게 되어 있다.

<譯評> 이 명조도 역시 癸亥/己卯, 癸亥/己卯로 된 '兩氣成象格'이 되었다. 즉, 己未月에 태어난 癸水日主는 偏官格으로 증주자의 설명대로 伏

制가 되지 않는 순수한 煞星이 日主를 공격하고 있다. 더하여 初年大運이 포악한 煞星을 돕는 火/土大運이기에 남들이 알아주지 못하는 세월을 보냈으나, 한번 乙卯/甲寅, 東方大運을 만나면서 食/傷이 왕한 七煞을 '制煞化權'하여 奇異함을 얻어 영화로운 벼슬길에 올랐다고 하였다.

증주자는 月干에 制伏되지 않은 偏官星을 다행히도 地支에서 亥/未 半合에 의한 새로운 木局으로 食/傷局이 가장 아름답다고 하였으며, 더하여 다른 局도 설명하기를 印綬局은 빼어난 기운이 없어서 아름답기에 부족하고 財星局을 이루면 日主와 財星이 均敵할 만해야 하면서 日主 本氣가 損傷받지 않고, 大運 역시 局을 이룬 星을 거역(破局)하면 재앙이 발생한다고 하였다.

『子平眞詮』 심효첨의 격국론에 의하면, 未月의 己土가 司令하고 月干으로 투간하여 偏官格이다. 심효첨은 이 편관격을 다음과 같이 논하고 있다. 煞氣는 일주를 공격하므로 마치 美物이 아닌 듯 보이지만 大貴格은 이 七煞格에 많이 존재한다. 대체로 剋制하는 것이 적당하면 七煞은 일주가 格用神으로 쓸 수 있다. 만약 대영웅과 대호걸이 마치 말 모는 방법을 모르는 것 같지만 그 방법을 알고 나면 '驚天動地'의 功을 홀연히 취할 것이다.[216]고 하여, 비록 四凶神의 하나인 七煞格이라도 制伏만 잘되면 얼마든지 格用神으로 사용할 수 있다고 하였다.

그럼 다음으로 取運論에서 심효첨은 말하기를, 偏官格이 運을 取하는 방법에는 즉, 偏官으로서 이미 局을 이루었다면 나누어서 분배해야 하는 것이다. 格用神으로 煞格이 정해지고 相神을 食/傷을 쓸 경우 '煞重食輕'인 경우 즉, 食/傷神을 도와야 하며 '煞輕食重'인 경우 즉 食/煞神을 도와주어야 한다. 煞과 食傷이 均敵되면서 뿌리가 가벼우면 즉, 일주를 도와

216) "煞以攻身, 似非美物, 而大貴之格, 多存七煞, 皆控制得宜, 煞爲我用, 如大英雄大豪傑, 似難駕馭, 而處之有方, 則驚天動地之功, 忽焉而就" 『子平眞詮評註』 권5, 앞의 책, p.1.

야 하며, 正官이 혼잡 되면 꺼리고 印綬가 奪食하는 것을 두려워한다.[217] 고 하여, 비록 四凶神인 偏官格도 相神을 이용하여 化煞을 하여 사용하면 凶格이라고 하여도 好命이 된다는 뜻이다. 이 명조도 偏官格에 地支로 制煞을 하는 亥/未 木局을 이루고 그 木氣를 相神으로 하고 대운 역시 四旬大運부터 東方/木氣運으로 흐르기에 好運이 된 명조이다.

『窮通寶鑑』 다음으로 계절을 중시하는 조후용신론에 의하면, 6월의 癸水日主는 上半月과 下半月로 나누어 본다. 下半月은 庚/辛金이 有氣하고, 上半月은 庚/辛金이 休囚가 모든 六癸日이 된다는 것을 경험이 많지 않은 것은 어째서인가? 俗士들은 이러한 이치를 모르니, 인하여 未土 중에는 乙/己가 同宮하고 破해도 不破되기 때문에 癸水는 從煞할 수가 없다. 때문에 庚/辛金을 專用하고 만약 上半月에 庚/辛이 衰弱하면 火氣가 炎烈하니 마땅히 比劫으로 일주를 도우면 富貴가 있다고 말할 만하다. 더불어 五月과 같은 一理이니 下半月의 庚/辛金이 有氣하면 比劫이 없어도 또한 가하고 또 丁火가 투출한 것을 꺼리고, 地支에 丁火가 (암장되어) 있으면 또한 不吉하니, 그 生/剋/制/化가 五月과 대략적으로 같다.[218] 고 하였다. 결론적으로 調候論과 임철초론과 심효첨론과 차이가 있음을 알 수 있다.

---

217) "偏官取運, 卽以偏官所成局分而配之, 煞用食制, 煞重食輕, 則助食, 煞輕食重, 則助煞, 煞食均而日主根輕, 則助身, 忌正官混雜, 畏印綬之奪食", 위의 책, p.8.

218) "六月癸水, 有上下月之分, 下半月庚辛有氣, 上半月庚辛休囚, 凡六癸日, 多不驗者, 何也, 俗士不知此理, 因未中有乙己同宮, 破而不破, 故癸水不能從煞, 所以專用庚辛, 如上半月庚辛衰弱, 火氣炎烈, 宜比劫助辛身, 可云富貴, 如五月一理, 下半月庚辛有氣, 卽無比劫亦可, 又忌丁透, 卽丁在支亦不吉, 其生剋制化, 如五月略同", 『窮通寶鑑』, 앞의 책, p.202.

[宗主命理 解說]

時 日 月 年 <事例 58>

己 癸 己 癸

未 亥 未 亥

癸 甲 乙 丙 丁 戊

丑 寅 卯 辰 巳 午

指數法으로 보면, 金0 水4.6 木2.0 火1.9 土5.2이니 토가 종주왕신으로 剋法取用하니 土體木用부터 시작하나 木이 없어 水用으로 보고 수의 통력을 보니 癸亥의 通力群을 형성하여 通力이 충족되므로 水가 用神이고 木은 藥神이 되고 금은 희신이 된다. 토수잡반전이 되지 않음을 유의해야 한다. 土와 水만 보면 안 된다. 未토는 燥土이니 雜反轉의 예외사항에 해당되기 때문이다.

亥수는 水와 木을 반기니 동방과 북방운에 발전한다. 진운까지 토극수하여 어려움이 있었으나 乙운부터 목극토하여 목은 운에서 용신이니 비약적으로 발전한다. 藥神운을 만나면 眞用을 만난 격이니 비약적인 발전을 한다.

그래서 귀인을 만나 현령으로 발탁되는 행운을 누린다. 乙운부터 발복하여 癸운까지 승승장구하여 부귀를 누렸다. 초년에 운이 火土로 달리니 七殺을 돕고 있어 한가로이 자연과 벗하고 지낼 뿐 알아주는 이가 적었다. 그러나 乙卯약신운으로 바뀌어 운이 동방으로 흘러 制殺化權하니 기이한 만남을 얻어 현령으로 발탁되었다.

선대에 집안이 좋으나 친구들과 어울려 금전지출이 많았고 엄한 부모 밑에 자라면서 가운이 쇠하였다. 월주가 동하는 15, 16세에 戊癸合去로 계수용신이 사라지고 寅亥合木으로 亥수는 무용지물이 되기 때문에 답답한 세월과 고통의 세월을 보내야 했다. 火生土하고 土剋水하니 憂思로 수기가 상하여 불면에 시달리거나 남아돌아가는 토가 감당이 안 되니 소화계통 질병을 겪게 된다.

【原文】

五氣聚而成形, 形不可害也.

五氣가 모여서 形을 이룬 경우 그 形을 害치는 것은 옳지가 않다.

[劉氏注]

木必得水以生之, 火以行之, 土以培之, 金以成之, 是以成形於要緊之地, 或過或缺, 則害, 餘皆倣之.

木은 반드시 水를 얻어 生하고 火가 있어야 자라고 土가 있어야 培養하는 것을 얻고 金에 의하여 木의 완성됨을 이루게 되어 있다. 이러하므로 요긴한 곳에서 形象을 이루는 것으로 만약에 지나치거나 모자라면 바로 해가 된다. 나머지도 모두 이와 같이 준하여 논하면 된다.

〔任氏注〕

任氏曰, 木之成形, 食傷洩氣, 水以生之, 官殺交加, 火以行之, 印綬重疊, 土以培之, 財輕刦重, 金以成之, 成形于得用之地, 庶無偏枯之病, 何患名利不遂乎. 卽舉木論, 五行皆可成形, 亦倣此而推, 若四柱無成, 成之于歲運, 又無成處, 則終身碌碌, 凶多吉少, 有志難伸矣.

임씨가 말하였다. 木의 形象으로 이루어졌는데 食傷의 洩氣가 있다면 水의 生함이 있어야 하고, 官殺(庚/辛)이 교대로 加하면 火運으로 가야 할 것이다. 印綬(壬/癸)가 重疊하면 土(戊/己)가 와서 培養을 해 줘야 한다. 財(戊/己)星이 輕하고 刦財가 重하면 金(庚/辛)星으로써 이루어야 하니, 그 사용되는 五行의 地支를 얻어 形象을 이루게 되면, 거의 偏枯한 病이 없는 것이니 어찌 名譽와 富를 이룰 수 없다고 근심하는가?

木으로써 예를 들어 이야기하였다. (그러므로) 모든 五行이 形象을 이루는 것이 可能하므로, 역시 이와 같이 미루어 짐작하면 된다. 만약에 四柱가 形象이 이루어지지 않으면 歲(大)運에서도 이룰 수 있는데, 그러나

歲(大)運에서도 이룰 것이 없다면 平生을 苟且하게 지낼 것이고 凶은 많고 吉함은 적으며 뜻은 있으되 펴기가 어려울 것이다.

時	日	月	年<事例 59>
戊	甲	壬	壬
辰	子	子	戌

己 戊 丁 丙 乙 甲 癸
未 午 巳 辰 卯 寅 丑

此造水勢猖狂, 獨戊土以培之, 以作砥柱之功, 不致浮泛也. 然戊土亦賴有戌土而根固, 若有辰而無戌, 辰乃溼土, 見水則蕩, 戊土不能植根而虛矣. 無根之土, 豈能止百川之源, 故此造所重者, 戌之燥土也. 但寒木無(向)[219]陽, 必須火以溫之, 則木方可發榮, 所以運至南方火旺之鄕, 發財數萬, 名成異路也.

이 命造는 水의 勢力이 猖狂한데 유일하게 戊土가 日主를 培養하고 있으며, 그로 인하여 명조의 기둥들을 지탱하는 功이 있어 水가 泛濫하여도 木(日主)이 뜨지 못하도록 하고 있다. 그리고 戊土 역시 (年支의) 戌土가 있어 의지하고 있는데 그 뿌리가 튼튼하다. 만약에 戌土가 없고 (時支의) 辰土만 있다면 그 辰土는 곧 濕한 土라서 水를 본 즉시 쓸려 내려가니 戊土가 뿌리 내리기가 不可能하며, (비록) 한다고 하여도 虛하므로 뿌리 없는 土가 어찌 많은 水의 根源을 막을 것인가?

그러므로 이 命造에서 소중한 것은 메마른 戌土이다. 단지 (사주자체가) 추운 계절의 木日主가 햇빛이 없으니, 반드시 필요한 것은 火로써 따듯하게 해주면 木은 發榮할 수가 있다. 南方의 火가 旺한 大運에 財産을 數萬을 벌고, 남다른 방법으로 名聲을 이루었다.

219) 『徵義』는 '向'으로 되어 있다. 의미는 비슷하다. 그러나 '向'이란 교과서적인 '寒木'에 대한 대의적이며, '無'로 해석하면 이 명조의 木日主가 처한 상황을 설명한 것이다.

<譯評> 이 명조를 전체적으로 조명해 보면 壬子月에 태어난 甲子日主로 水勢가 太旺하다. 그러므로 이 太旺한 水勢를 막아 日主를 보호하는 時干의 戊土가 用神이 된다. 또한 위 증주자의 설명과 같이 멀리 떨어져 있는 年支의 戊土에 뿌리를 둔 戊土가 用神이며, 그 戊土를 도와줄 火氣가 喜神이 된다. 그러나 사주자체에 火氣가 없는 관계로 증주자의 설명대로 大(歲)運에서 東南方으로 흐르는 季節運을 만나 發財도 하고 그 發財에 의한 異路에서 功名을 이룬 명조이다.

정단님의 指數法則에 의해서도 一見으로 水勢가 강하다는 것을 알 수 있다. 때문에 이 강한 水勢를 막기 위하여 土를 찾으니 時干의 戊土와 年支의 戊土가 있어 제1용신으로 하고 제2용신으로는 이 土氣를 도와주는 火勢를 기다리는데 중년 이후 南方運에 大發할 火運이 들어와 '發財數萬, 名成異路也'가 된 命主다. '命好不如運好'다.

『子平眞詮』 심효첨의 격국용신론에 의하면, 壬子月에 甲木日主 印綬格이 되었으며, 더하여 地支로 子辰水局을 이루어 局까지 印綬局을 이룬 명조이다. 심효첨은 '論印綬'장에서, 印綬는 일주를 생하는 것을 반기므로 正/偏이 함께 美格을 이룬다. 그러므로 財格과 印綬格은 偏正格을 나누지 않고 同一格으로 논한다. 印綬가 格을 이루면 한결같지 않다. (만약에 예를 들어) 印綬格에 官星이 투간한 것은 正官을 相神으로 취해 印星을 생하게 하는 것뿐만 아니다. 그러한즉, (같은 印綬格에) 相神으로 煞을 相神으로 쓰는 것과는 다르다. 그러므로 '身旺印强'한 명조는 太過함을 근심하지 않고 단지 官星이 淸純한 것만을 바랄 뿐이다.[220]고 하였다.

다시 심효첨은 取用論에서 말하기를, 印綬가 많으면서 財星을 相神으로 하는 자는 '印重身强'하여 財星이 투출하여 (印星을) 억제하는 것이

220) "印綬喜其生身, 正偏同爲美格, 故財與印不分偏正, 同位一格而論之, 印綬之格局亦不一, 有印而透官者, 正官不獨取其生印, 而卽可以爲用與用煞者不同, 故身旺印强, 不愁太過, 只要官星淸純", 『子平眞詮評註』 권4, 앞의 책, p.29.

太過하면 잘 다루어 (財星을) 相神으로 해야 한다. 단지 필요한 것은 뿌리가 깊어서 財星을 파괴하는 방해가 없어야 한다. 마치 辛酉/丙申/壬申/辛亥로 汪侍郞의 명조가 그렇다.[221]고 하였다.

이같이 印綬格에서는 일단 강하다는 전제 아래 官星과 財星을 쓰지만 이 명조<事例 59>는 격국론으로는 印星이 강하여 日主도 강하고 年支 戌土에 通根한 時干의 戊土 財星을 相神으로 쓰면 될 것이다.

『窮通寶鑑』 다음은 계절을 중시하는 조후론에 의하면, 11월의 甲木은 木性이 寒氣를 생하여 丁火를 먼저 쓰고 뒤에 庚金을 쓴다. 丙火로 癸水를 보좌하는 이유는 癸水가 司令한 계절이라 火/金의 病이 되기 때문이다. 결론적으로 庚金과 丁火가 투간되고 地支로 巳火와 寅木이 보이면 科甲에 인정을 받을 것이다.[222]고 하였다.

조후론에서는 11월의 甲木 日主는 제1용신으로 丁火를 쓰고 제2용신으로 庚金을 쓰며, 제3용신으로는 丙火와 地支로 巳火와 寅木을 쓴다고 하였다. 이와 같은 이론에 의하면 이 명조는 조후용신론으로는 마땅한 용신이 없으므로 破格이 된다. 오히려 이 명조에서 庚金은 아무 쓸모없는 용신이 된다.

[宗主命理 解說]

時 日 月 年 <事例 59>

戊 甲 壬 壬

辰 子 子 戌

己 戊 丁 丙 乙 甲 癸

未 午 巳 辰 卯 寅 丑

221) "有印多而用財者, 印重身强, 透財以抑太過, 權而用之, 只要根深, 無妨財破, 如辛酉/丙申/壬申/辛亥, 汪侍郞命是也", 위의 책, 같은 권, p.32.

222) "十一月甲木, 木性生寒, 丁先庚後, 丙火佐癸, 癸水司權, 爲火金之病, 庚丁兩透, 支見巳寅, 科甲有准", 『窮通寶鑑』, 앞의 책, p.29.

한눈에 봐도 水가 종주임이 분명하니 水體土用으로 토를 찾는다. 무토와 술토가 있어 土火用組의 통력이 충분하고 조후가 우선되므로 火가 용신이고 土는 藥神이 된다.

火용신이면 寅午戌운동이 일어나야 발복하며 巳午未운을 거치면서 원하는 바를 이루게 된다. 좌표상으로 壬수가 사령하는 癸丑대운은 용신이 絶胎지에 臨하여 囚衣를 입는 형국이니 가난하고 힘든 세월을 보내게 된다. 그러나 戌이 사령하는 甲寅대운에 목생화로 용신의 生地를 득하니 활발하고 왕성한 활동으로 재산을 만들어나간다.

원국에 없는 육신이 용신이 되는 경우는 조후와 관련되는 토화용조와 목수용조의 경우이다. 水와 火는 원국에 없어도 용신이 되고 원국에 없어도 허자로 농근하는 것이 水와 火의 특성이다. 水와 火는 독립된 음양으로 음과 양을 분명하게 보여주기 때문이다.

이 사주는 水勢가 창광하지만 戊土가 戌土에 견고한 뿌리를 두니 중심을 잃지 않고 범람되지 않으니 공이 크다. 戌土가 없다면 辰은 습토이기에 水를 만나면 질펀한 흙탕물이 될 뿐 뿌리 역할을 하지 못해 재산이 일거에 사라지는 흉액을 당했을 것이다. 戊토의 역할은 더해가는 寒氣를 멈추게 하여 온난함을 끌어내는 역할을 해줌으로써 화운을 만나 수만금의 發財를 이루어서 이름을 얻었다.

재물을 많이 이루나 재관이 약하고 공망을 당했으니 親子를 두지 못하고 養子를 두었을 것이다. 년주 양지에 편인이 임하였기 때문이다. 집안 대대로 자손이 귀한 집안이었을 것이다. 부계 쪽으로 명암합을 이루고 있는 것은 자식을 얻기 위해 여러 여자를 두었음을 의미한다. 재물에 백호와 괴강이 붙었으니 유능인자로 작용하여 재물이 거대했음을 의미한다.

時　　日　　月　　年<事例 60>

辛　　甲　　乙　　戊

未　　辰　　卯　　寅

辛　庚　己　戊　丁　丙

酉　申　未　午　巳　辰

此造支類東方, 刦刃肆逞, 一點微金, 成之不足, 故書香不繼, 初運火土, 不失生化之情, 財源通裕, 至庚申辛酉, 辛金得地, 而成之異路, 加捐仕至州牧, 癸運生木洩金, 不祿.

이 命造는 地支가 東方의 種類로 이루어지니 刦財와 羊刃이 旺盛하여 방자한 기운이 있다. 한 점의 微弱한 辛金으로는 이루기가 不足하여 글공부를 계속할 수가 없었으나, 初年大運이 火/土運에 (火生土, 土生金) 生化의 情만큼은 잃지 않아서 財物의 근본은 넉넉함을 유지한다. 庚申/辛酉大運에 辛金이 得地를 하여 남다른 방법으로 成功을 하고, 寄附金을 바치고 州牧에까지 이르렀다. 癸運에 金氣를 洩하고 木을 生하는 緣由로 不幸하게 되었다.

<譯評> 책에는 辛酉大運까지만 있다. 증주자가 癸運에 불록이 되었다고 한 것은, 大運으로는 壬戌, 癸亥로 八十까지 살았다는 경우이므로 말이 안 되므로 壬戌大運 癸某年이 되어야 맞을 듯하다. '加捐'이란 기부금인데 옛날이나 현재나 寄附는 사람 사는 곳에서는 항상 따라 다니는가보다. 일단 이 명조를 크게 조명하여 보면, 戊寅年 乙卯月 甲辰日에 未時까지 되어 木勢가 우위를 점하고 있다. 때문에 증주자는 時干의 正官인 辛金을 용신으로 하고 대운을 기다린 형국이 되었다.

『子平眞詮』 심효첨의 격국론으로도 陽刃格에 官을 相神으로 한다는 이론도 이 명조에서는 임철초와 동일한 이론이 된다. 때문에 심효첨은 취용론에서 다시 말하기를, 그러나 官煞로 制刃하는 것은 같으나 격 역시 高低가 있다. 만약에 官煞이 뿌리가 깊게 하고 투출하면 大貴하고 官

煞이 암장되던지, 혹은 투출은 하였으나 뿌리가 얕으면 小貴하다. 마치 己酉/丙子/壬寅/丙午는 官星이 투출하고 유력하고 왕한 財星이 그것을 생하니 丞相의 命이 되었다. 또 辛丑/甲午/丙申/壬辰은 煞이 투출하였으나 뿌리가 얕으나 財星과 印星이 도와 丞相의 命이 되었다.[223]고 하였다. 그러나 위의 명조<事例 60>는 時干으로 투출한 辛金이 相神이나 根淺하여 地支의 辰/未土의 生助를 받는 불안한 명조가 되었다.

『窮通寶鑑』 계절을 중시하는 조후론으로 살펴보면, 正月과 2월의 甲木은 從財, 從煞, 從化의 이치는 취하지 않는다(그 이유는 建祿과 陽印月이라 木日主가 강하기 때문이다)...... 2월의 甲木은 庚金을 얻어 용신으로 쓰면 이름하여 '陽刃架煞格'으로 小貴를 이룰 수 있다고 말할 수 있으며 다른 방법으로 顯達할 수 있고 혹 命主는 武職을 가질 수 있으나 단, 財星이 (官星을) 도와주는 것이 중요하고 사주 중에 재성을 만나면 영웅이 홀로 만인을 제압할 수 있다.[224]고 하여 역시 三者論이 동일한 용신을 취하고 있으며, 더욱이 正二月 甲木은 從財, 從煞, 從化論을 언급하지 말라는 것도 역시 조후론에서도 '陽刃格'을 인정한다고 볼 수 있다.

[宗主命理 解說]

時 日 月 年 <事例 60>
辛 甲 乙 戊
未 辰 卯 寅

辛 庚 己 戊 丁 丙
酉 申 未 午 巳 辰

223) "然同是官煞制刃, 而格亦有高低, 如官煞露而根深, 其貴也大, 官煞藏而不露, 或露而根淺, 其貴也小, 若己酉/丙子/壬寅/丙午, 官透有力, 旺財生之, 丞相命也, 又辛丑/甲午/丙申/壬辰, 透煞根淺, 財印助之, 亦丞相命也", 위의 책, 같은 권, p.32.

224) "正二月甲木, 素無取從才從蔱從化之理......二月甲木, 庚金得所, 名陽刃架蔱, 可云小貴, 異途顯達, 或主武職, 但要才滋之, 柱中逢才, 英雄獨壓萬人", 『窮通寶鑑』, 앞의 책, p.8.

한눈에 봐도 木이 宗主임이 분명하니 木體金用으로 木을 剋하는 金을 찾는다. 辛금이 있으나 뿌리가 없어 土를 찾는다. 土가 있어 土用을 취하는데, 丑辰월이 아니면 土金用組가 되어 금이 용신이 되고 토는 희신이 된다.

金용신이니 巳酉丑운동이 일어나야 발복을 하고 申酉戌운을 거치면서 뜻을 이루게 된다.

좌표상으로 寅이 사령하는 丁巳운까지는 어려움이 있게 된다. 식상이 기신으로 작용하니 글공부보다는 현장활동에 열중하게 된다. 火生土가 되어 희신으로 변하니 재물은 풍족하였다. 이어지는 戊午 己未대운은 乙卯가 사령하니 재물에 파란이 따르고 지출이 많아졌다.

庚申 辛酉는 甲辰이 사령하니 관직으로 나아가 벼슬길에 오른다. 용신이 왕기를 발하니 지방의 수령자리에 올랐다.

未가 사령하는 癸亥운이 巳酉丑운동이 절태지를 만나 숨을 거두니 사망에 이른다.

이 사주는 支가 모두 동방류이고 겁재와 양인이 방자하여 春不用金으로 한점 미약한 金이 이룩하기는 부족하다. 木多金缺로 글을 배우지 못하였다. 초운은 火土이니 生식상생재의 정을 잃지 않았으므로 재물이 부유하였고, 庚申, 申酉운은 용신운으로 辛金이 득지하므로 異路로써 공명을 이루었고 州牧 벼슬에 올랐다.

결혼 전에 사귀던 여자는 부모형제의 반대로 헤어지고 어머니가 점지한 여자와 결혼을 하였다. 戊토가 乙卯의 장벽에 막혀 있고 진중 무토는 계수와 戊癸合을 하기 때문이다. 이 인연의 연결고리를 확장해 보면 모친이 결혼할 때 능력 있는 첫 남자와는 헤어지고 인물 좋은 남자와 결혼하였다.

寅中 戊토는 병화의 생을 받지만 辰中에 戊토는 을목과 동주하기 때문에 필이 꽂힌 것이다. 듬직한 아들과 애교 있는 딸을 여럿 두었다. 인중

식신은 과묵한 아들이고 시간에 신금은 애교 부리는 딸이다. 딸이 아들보다 낫다. 딸은 약신이기 때문이다. 寅卯 공망이니 아들이 귀하였다.

時	日	月	年<事例 61>
乙	甲	乙	癸
亥	戌	卯	未

己	庚	辛	壬	癸	甲
酉	戌	亥	子	丑	寅

此造柱中, 未土深藏, 戌土自坐, 謂財來取我, 未嘗不美, 祗因四柱無金以成之, 五行無火以行之, 再加亥時, 癸水通根生刦, 亥卯未全, 助起刦刃猖狂, 査其歲運, 又無成地, 以致祖業消磨, 剋妻無子, 由此推之, 命之所重在運, 運其可忽乎. 諺云, 人有凌雲志, 無運不能自達也.

이 命造 중에는 未土는 깊이 감추어져 있고 日主는 戌土 위에 앉아 있으니 이른바 財星이 오니 내가 취해서 아름답지 않을 수가 없다고 하겠다. 그러나 四柱에 木을 완성시키는 金(官星)이 없고 또 五行 중에 木이 行하여야 할 火(食傷)가 없으며 大運 역시 火運이 없다. 또 다시 더하여 亥時인지라 癸水가 通根하여 刦財를 生하고 亥 · 卯 · 未가 모두 있어 刦財의 暴惡한 性質이 일어나게끔 돕고 있다.

그 歲運을 살펴보아도 이루어진 行運(食/傷運)의 地支가 없으니 祖上으로부터 물려받은 財産을 날려버리고 마누라는 剋하고 자식은 아예 없었다. 이러한 命造로 미루어 보면 命의 소중함은 運에 있는 것으로, 運! 그것을 어찌 소홀히 할 수가 있겠는가? 俗된 말로 사람이 구름을 凌蔑할 정도의 뜻을 가졌더라도 運이 없으면 스스로 달성하기는 불가능하다고 하겠다.

<譯評> 이 명조의 가장 강한 오행은 木星이다. 더하여 旺地인 卯月에 甲木 일주가 되고, 地支로 戌土를 제외하면 증주자의 설명대로 亥 · 卯 ·

未 木局을 이루어 일주와 劫刃이 猖狂한 상태가 되었으므로, 그 창광한 기운을 배설하는 五行星을 제일 우선적으로 찾았다. 이와 같이 임철초의 중화용신론에서는 심효첨의 격국용신론과 차이가 나는 것은 前造와 같이 '陽刃格'으로 成格이 된 후에는 剋하는 官煞을 相神으로 하는데, 임철초는 이 명조의 용신으로 火星인 食傷을 우선적으로 찾는다.

더하여 심효첨은 '陽刃格'에 相神으로 財星을 쓸 경우 格으로서는 아름답지 못하지만 財星이 뿌리가 튼튼하고 食傷의 도움이 있다면 刃이 生財하는 것으로 轉移되어 비록 '建祿月劫格'에 비할 수는 없지만 貴를 취할 수 있고, 역시 富를 취할 수 있다. 그렇지 않으면 刃과 財星이 서로 싸워 局을 이룰 수 없다.[225]고 하면서, 陽刃格으로 成格이 된 명조는 가장 우선적으로 煞로써 制伏시키는 것을 택하고 다음으로 다른 相神을 취하지만 이 또한 成格의 조건은 매우 까다롭다.

그러한 이유로 이 명조도 日支의 戌土가 自坐하고 年支의 未土가 深藏하므로 심효첨의 격국용신으로는 合格이 되었으나 대운이 食/傷運으로 흐르지 못하여 破格이 된 명조이다. 결론적으로 임철초의 중화론과 심효첨의 격국론의 차이는 예를 들자면 의사가 환자를 진찰하는 방법의 차이가 날 뿐이며 치료하는 방법에서는 유사점을 발견할 수 있다. 그 방법이란 임철초는 명조의 原局에 없는 용신은 아예 찾지 않고 있어도 뿌리가 없으면 쓰지 않는다. 아무튼 이 명조는 임철초의 주장대로 '命之所重在運'으로 '運其可忽乎'라는 말에 의미를 두고 싶다.

결국 철초님이 주장한 '日主는 戌土 위에 앉아 있으니 이른바 財星이 오니 내가 취해서 아름답지 않을 수가 없다고 하겠다. (그러나) 木을 완성시키는 金(官星)이 없고 또 五行 중에 木이 行하여야 할 火(食傷)가 없으며 大運 역시 火運이 없다.'고 한 것은 譯評者의 의견으로는 이 戌土가

---

225) "更若陽刃用財, 格所不喜, 然財根深而傷食, 以轉刃生財, 雖不比建祿月劫, 可以取貴, 亦可取富, 不然, 則刃與財相博, 不成局矣", 『子平眞詮評註』 권5, 앞의 책, p.35.

辰土로 바뀌었다면 오히려 木/水用組로 從旺格이 될 가능성도 있었을 것이다. 결론적으로 戊土가 病이 되었다.

『窮通寶鑑』 다음은 계절을 중시하는 조후용신론에 의하면, 앞의 명조와 동일한 卯月의 甲木 일주이므로, 正月과 2월의 甲木은 從財, 從煞, 從化의 이치는 취하지 않는다...... 2월의 갑목은 庚金을 얻어 용신으로 쓰면 이름하여 '陽刃架煞格'으로 小貴를 이룰 수 있다고 말할 수 있으며 다른 방법으로 顯達할 수 있고 혹 命主는 武職을 가질 수 있으나 단, 財星이 (官星을) 도와주는 것이 중요하고 사주 중에 재성을 만나면 영웅이 홀로 만인을 제압할 수 있다.[226]고 한 것은 官煞을 제1용신으로 쓸 경우이다.

그러나 명조상 官煞이 없는 경우에는 다음과 같이 설명하고 있다. 書에 이르기를, 木이 旺하면 '火之光輝'가 마땅하여 秋闈에 합격할 것이다. (또한) 木은 봄에 생하는 것을 바라므로 세상살이가 편안하고 그러한 연유로 장수할 것이다.[227]고 하여 조후용신론에서도 대운이 食傷運으로 흐르는 것을 바란다. 그러나 이 명조의 대운은 用神大運의 반대로 흘러 안타깝게 되었다. 이와 같이 이 명조도 역시 三者論이 동일한 결과가 되었다.

[宗主命理 解說]

時 日 月 年 <事例 61>

乙 甲 乙 癸

亥 戌 卯 未

己 庚 辛 壬 癸 甲

酉 戌 亥 子 丑 寅

---

226) "正二月甲木, 素無取從才從蕤從化之理......二月甲木, 庚金得所, 名陽刃架蕤, 可云小貴, 異途顯達, 或主武職, 但要才滋之, 柱中逢才, 英雄獨壓萬人", 『窮通寶鑑』, 앞의 책, p.8.

227) "書云, 木旺宜火之光輝, 秋闈可試, 木向春生, 處世安然有壽", 위의 책, p.9.

指數法으로 보면 수2.4 목7.3 화0.8 토2.0 금0.9이다. 비겁인 木이 극왕종주왕신으로 월지내에 있으므로 비겁격의 성패를 검토하나 천간 중복 혼잡으로 입격하지 못해 극법취용하므로 木體금이나 金이 없어 不用하고 戊未土중에 丁火가 용신이 된다.

癸巳 사령하는 甲寅대운은 수생목하고 목생화하여 조상의 유산을 물려 받았다. 그러나 未가 사령하는 癸丑대운은 丑未沖하면서 癸수는 未의 무덤으로 들어가고 丁화와 己토도 丑으로 入庫되니 가정의 풍파가 심하여 재산도 날리고 처도 떠나고 자식도 없는 고독한 처지가 되었다.

丑未충으로 동한 축미토는 群劫爭財의 희생이 되어 버린다. 편재도 겁재로 인하여 일시에 날아가는 편재이니 亥수 운으로 인하여 파산하였다. 戊토재가 동주하고 있어 卯戌합으로 묶여 있으니 재물을 얻는데도 쉽지 않고 이리저리 꼬이는 형국이고 답답하게 안 풀려나가는 상황이 된다. 묘술합이 동하는 32세 이후에 파재되는 상황이 예견되는 것이다. 41세 癸亥년에 임하면 군겁쟁재가 동하여 파산을 한다.

재성을 보호해줄 금이 없어 군겁쟁재가 일어나면 속수무책이니 일거에 재물이 먼저처럼 연기처럼 사라진다. 더구나 관성이 공망이고 상관성만 발달하고 식상이 투출하지 못하여 아들자식은 없고 둔다면 딸자식 2명 정도이다. 극왕한 목의 성정을 조절하지 못하여 상관으로 품어 나오는 성격은 난폭하고 거칠게 마련이다. 여유 있던 초년에는 삶에 긍정적이고 학문이 좋았고 조상에 정성도 기울였다. 그러나 겁재가 동하는 20대 초반부터 장남으로 태어났지만 재물에 분탈이 발생하였다.

卯中甲과 亥中甲이 미중기토를 먼저 가져가니 주변인척으로부터 사기나 배신을 당하게 된다. 토를 생해주는 정화가 丁壬쟁합으로 分奪이 심해진다. 정임합목하기 때문이다. 처가 쪽으로 인하여 파재가 시작되는데 은밀하게 벌어지는 일이니 상황을 수습하지도 못하였다. 戊未刑으로 刑出된 무토 재성은 처에 해당하는데, 년간 계수에 의해 떠나갈 것이 예정

되어 있었다. 癸와 戊는 동고동락을 하니 癸水 入墓에 따라 무토 처성은 사라진 것으로 짐작된다.

【原文】

獨象喜行化地, 而化神要昌.

하나의 氣로 象으로 이루어진 경우는 그것을 化하는 行運의 地支로 흘러야 반가울 것이며 그리고 化한 神은 반드시 昌盛해야만 한다.

[劉氏注]

一者爲獨, 曲直炎上之類也. 所生者爲化神, 化神宜旺, 則其氣流行, 然後行財官之地方可.[228]

한 가지 氣로만 된 것을 獨이라고 하며 曲直格[229] 炎上格[230] 等의 種類들을 말한다. 生한 五行을 化한 神이라 하며 그 化한 神은 마땅히 旺하여야 한다. 그 氣는 流行하여야 하며 그러한 후에 財星이나 官星의 大運으로 行해도 좋다.

---

228) ①『滴天髓輯要』에는「然後行財官之地方可.」라는 文句가 보이지 않는데『闡微』에는 보인다. 이것 역시 옮기면서 불필요한 衍文인 듯하다. 炎上格 脚註說明한 部分에서 밝혀 있듯이 財官의 方으로 흐르면 마땅하지 않다.
② 물론 增注者인 任鐵樵도 "獨象은 비록 아름다우나 단지 運道에서 破局이 되는 것이 두렵다." 라고 밝혔다.「獨象雖美,只怕運道破局」 任鐵樵 增注·袁樹珊 撰輯『滴天髓闡微』, (臺灣 : 武陵出版有限公司, 1997), p. 89.

229) 四柱의 地支에 寅卯辰 또는 亥卯未가 모두 있거나 寅卯木으로 전부 構成되고 四柱 가운데 庚辛申酉金이 없으면 이 格이 이루어진다. 木은 그 本質이 곧게 자라고 또 오래 成長하는 힘이 있으며 東方의 仁을 主宰하므로 曲直仁壽格 또는 曲直格이라 한다. 韓重洙·曺誠佑 共著『易學大辭典』, (서울 明文堂, 1994), p. 51.

230) 四柱의 格을 定하는 法의 하나로 이는 一行得氣格에 屬하며 卽 從强格이다. 炎上格이 이루어지려면 丙丁 火日生이 地支에 巳午未 또는 寅午戌을 모두 만나거나 巳午火로 대부분을 차지하며 火를 剋하는 壬癸亥子의 水가 없어야 한다. 불은 그 根本이 위로 활활 타 올라가는 性質이 있으므로 火日主 太旺에 火에 從하는 것을 炎上格이라 이름 지은 것이다. 運에서 水火土를 만나는 것을 기뻐하고 金水를 꺼리게 된다. 위와 같은 이, 같은 冊, p. 663.

〔任氏注〕

任氏曰, (一者爲獨)[231] 權在一人, 曲直炎上之類是也. 化者, 食傷也. 局中化神昌旺, 歲運行化神之地, 名利皆遂也. 八字五行全備, 固爲合宜, 而獨象乘權, 亦主光亨, 木日或方或局全不雜金爲曲直, 火日或方或局全不雜水爲炎上, 土日四庫皆全不雜木爲稼穡, 金日或方或局全不雜火爲從革, 水日或方或局全不雜土爲潤下, 皆從一方之秀氣, 不同六格之常情, 必要得時當令, 遇旺逢生, 但體質過于自强, 須以引通爲妙, 而氣勢必有所關, 務須審察其情, 如木局見土運, 斯雖財神資養, 先要四柱有食有傷, 庶無分爭之慮, 見火運, 謂榮華發秀, 須看原局有財無印, 方免反剋爲殃, 名利可遂, 見金運, 謂破局, 凶多吉少, 見水運, 而局中無火, 謂生助强神, 亦主光亨, 故舊有從强之說, 再行生旺爲佳, 若四柱先有食傷, 必主凶禍臨身, 如原局微伏破神, 須運有合沖之妙, 若本主失時得局, 要運遇生旺之鄕, 亦主功名小就, 苟行運偶逢刦(剋)地, 獨象立見凶災, 若局有食傷反剋之能方無大害, 總之干乃領袖之神, 陽氣爲强, 陰氣爲弱, 支乃會格之物, 方力較重, 局力較輕, 獨象雖美, 只怕運途破局, 合象雖雜, 却喜制化成功.

임씨가 말하였다. (사주에) 權勢가 한 사람에게 있는 것과 같이 (五行의 氣運 중에 하나의 氣運으로 이루고 있다면) 曲直格, 炎上格 等의 종류가 이것이다. 化한 神이란, 食神과 傷官이고 四柱 중에 化한 神이 昌旺하고 歲運도 化한 神의 大運으로 가면 名譽와 富를 이룰 수 있을 것이다. 八字가 五行을 모두 구비하고 있으면서 마땅히 合을 하면 튼튼하다고 하지만, 그러나 하나의 象으로 이루어진 것도 權勢를 잡고 平正만 이룬다면 역시 四柱의 主人은 光亨할 것이다.

木日主가 或 '寅 · 卯 · 辰' 方局이나 '亥 · 卯 · 未' 木局을 이루고 완전하게 金氣가 섞이지 않으면 「曲直格」이 된다. 火日主가 或 '巳 · 午 · 未' 方局이나 '寅 · 午 · 戌' 火局을 이루면서 오로지 水氣가 끼이지 않으면

231) 『徵義』에 있는 부분이다.

「炎上格」이 된다. 土日主가 四庫가 완전하게 갖추어져 있으면서 木氣가 섞이지 않으면「稼穡格」이 된다. 金日主가 或 '申 · 酉 · 戌' 方局이나 '巳 · 酉 · 丑' 金局을 이루고 火氣가 섞이지 않으면「從革格」이 된다. 水日主가 或 '亥 · 子 · 丑' 方局이나 '申 · 子 · 辰' 水局을 이루면서 土氣가 끼이지 않으면「潤下格」이 된다. (이 五格은) 한 방향으로의 빼어난 氣運을 따라야 하는데, 일반적인 六格의 性情과는 다르므로, 반드시 得時當令이 필요하고 生旺한 것을 만나야 한다.

단 體質이 스스로 强한 것보다 지나치기 때문에 반드시 流通하도록 引導되어야 妙함이 있으므로 氣勢와 반드시 관련이 있는가를 그 情勢를 세심하게 살펴야 한다. 만약에 예를 들어 木局이 土運을 만나면 비록 그것이 財星으로 자양성분이라고 하더라도, 먼저 필요한 것은 四柱에 食神이나 傷官이 있어야 만이 무리들끼리의 紛爭을 걱정하지 않게 되며 火運을 만나면 榮華가 빼어난 기운을 發한다고 말할 수 있다.

하지만 모름지기 原局에 財星은 있고 印星은 없어야 반대로 剋하는 災殃을 免할 수 있으며 名譽와 富를 이룰 수 있다. 金運을 만나면 破局이라 하는데 凶은 많고 吉은 적으며, 水運을 만나면 四柱 중에 火가 없어야만 하고, 强한 神을 生助하니 역시 四柱의 主人은 光亨하리라고 하였으며 그러므로 옛날부터 '從强之說'[232]은 있었다.

또 다시 行運에서 生旺함을 만나면 아름다울 수 있다. 그러나 만약에 四柱에 먼저 食傷이 있으면 반드시 主人公은 凶禍를 만나게 된다. 만약에 原局에 破神이 조금이라도 잠복해 있으면 大運에서 合하거나 冲하여 妙함이 있어야만 한다.

만약에 본 日主가 失令을 하고 局만 이루어졌다면 반드시 運에서는 生旺한 大運을 만나야만이 역시 主人公은 功名을 조금이나마 取할 수 있다. 진실로 行運에서 뜻하지 아니하게 劫奪하는 大運을 만나면 獨象의

232)『淵海子平』을 이르는 말이다.

四柱는 凶함과 災殃은 서서 당할 것이다. 만약에 局中에 食傷이 있어 반대로 剋을 할 能力이 있으면 한편으로 큰 凶은 없을 것이다.

結論的으로 말하여 干支의 가장 우두머리가 되는 神이 陽氣이면 强하게 되고, 陰氣이면 弱하게 되는 것이다. 地支는 몇 가지가 모여서 格들을 만드는데 方局이면 힘이 비교적 重하고, 會局이면 힘이 비교적 輕하다. 한 가지 獨象으로 이루어진 것은 비록 아름답지만 단지 두려운 것은 運에서 破局을 하는 것이다. 象과 合이 되는 것은 비록 잡되지만 도리어 制化에 功을 이루면 반가워한다.

時　日　月　年<事例 62>
丙　甲　丁　甲
寅　辰　卯　寅
癸　壬　辛　庚　己　戊
酉　申　未　午　巳　辰

支全寅卯辰, 東方一氣, 化神者, 丙丁也. 發洩菁華, 少年科甲, 早遂仕路之光, 行財地, 先有食傷化刦之功, 行金運, 又得丙丁回剋之能, 交壬破局傷秀, 降職歸田, 不祿.

地支로는 오로지 寅卯辰 東方의 한 氣運으로 이루어지니, 化하는 用神은 丙/丁火이다. 꽃이 피어 화려함을 發洩하니 少年時節에 科擧에 及第하고 일찍이 벼슬길의 빛남을 이루었다. 行運에서 財運으로 갈 때는 먼저 四柱 原局에 食/傷이 있어 化하고 달래는 功이 있었으며, 行運이 金運으로 갈 때는 또 丙/丁火의 되돌아서 剋을 하는 能力이(있어 무사하였으나), 壬大運을 만나 빼어난 氣運에 상처를 받아 破局을 당하니, 官職에서 물러나 시골로 돌아오는 불행한 일을 당하였다.

<譯評> 이 명조는 '曲直格'이다. 증주자의 설명대로 東方의 木氣運을 발설하는 丙火가 있어 好命이 된 사주다. 大運 역시 中年大運까지 火運

으로 흐르므로 소년시절에 科甲을 하고 일찍이 벼슬길에 올랐으나, 五旬大運인 壬申大運을 맞이하여 時柱 丙寅과 天剋地沖하여 食神 丙火를 극하므로 不祿이 된 명조이다. 이 명조의 丁火는 강력한 木氣運을 발설하는 꽃봉오리와 같은 형상이라 아름답다.

앞의 사례명조 61번은 丙/丁火인 食傷이 없어 불행한 명조가 되었으나 이 명조는 다행스럽게도 태어난 시간이 丙寅時이며, 陽年에 태어나 대운이 순행하므로 行運 역시 일주를 돕는 운으로 흘러 四旬大運까지 행복하였으나 불행하게도 五旬大運인 時柱의 용신인 丙火와 寅木을 天剋地沖하므로 不祿이 된 명조이다.

『子平眞詮』 심효첨의 격국론으로는 陽刃格이 된다. 우선적으로 양인격은 관살을 제1相神으로 삼으며, 관살이 이 강한 陽刃을 억제하면 성격이 된다고 하였다. 만약에 食傷이 透干되면 剋과 洩이 交集되므로 반드시 사주의 配合이 어떻게 되는지를 살펴야 한다. (그 이유는) 일정하지 않기 때문이다.[233]고 하였다. 이와 같이 相神은 제일 먼저 煞을 찾고 그 煞을 극하는 食傷이 있으면 교집되니 사주를 잘 살피라고 하였다. 그러나 이 사주는 관살이 없으므로 심효첨이 제일 먼저 찾는 相神이 없다.

그러나 심효첨도 一氣格을 인정하기에 양인격이 一氣로 이루어진 것을 曲直格이나 稼穡格이니 炎上格이니 格名을 붙이지 않고 단지 오행 중에 하나의 기운으로 이루어진 경우 秀氣를 취할 수 있다.(물론 서락오의 평주에는 曲直이니 炎上이니 다섯 가지 격을 설명하고 있다) (또) 각각의 오행의 기운이 전체를 이루면 成格이 되므로 반기는 것은 印綬가 透出하면 體가 純粹해진다. 大運 역시 印綬나 比劫運으로 흐르는 것을 반긴다. 財星과 食傷 역시 吉하고 官煞運은 꺼린다.[234]고 하였다. 다음으로 食傷을

---

233) "月令陽刃而透官煞, 官煞以制刃成格, 若又透傷食, 則剋洩交集, 須視四柱之配合如何, 未可一定". 『子平眞詮評註』 권5, 앞의 책, p.37.

234) "有取五行一方秀氣者, 以五行各得其全體, 所以成格, 喜印露而體純, 運亦喜印綬比劫之鄕, 財食亦吉, 官煞則忌矣", 『子平眞詮評註』 권5, 앞의 책, p.55.

相神으로 할 경우 大運이 財運으로 흐르기를 바라고 있다.[235]고 하여 중화용신론과 같은 取用法을 취하고 있다.

『窮通寶鑑』 계절을 중시하는 조후용신론에 의하면, 앞의 명조와 동일한 卯月의 甲木 일주이므로, 正月과 2월의 甲木은 從財, 從煞, 從化의 이치는 취하지 않는다...... 2월의 갑목은 庚金을 얻어 용신으로 쓰면 이름하여 '陽刃架煞格'으로 小貴를 이룰 수 있다고 말할 수 있으며 다른 방법으로 顯達할 수 있고 혹 命主는 武職을 가질 수 있으나 단, 財星이 (官星을) 도와주는 것이 중요하고 사주 중에 재성을 만나면 영웅이 홀로 만인을 제압할 수 있다.[236]고 한 것은 官煞을 제1용신으로 쓸 경우이다.

그러나 명조상 官煞이 없는 경우에는 다음과 같이 설명하고 있다. 書에 이르기를, 木이 旺하면 '火之光輝'가 마땅하여 秋闈에 합격할 것이다. (또한) 木은 봄에 생하는 것을 바라므로 세상살이가 편안하고 그러한 연유로 장수할 것이다.[237]고 하여 조후용신론에서도 대운이 食傷運으로 흐르는 것을 바란다.

[宗主命理 解說]

時 日 月 年 <事例 62>

丙 甲 丁 甲

寅 辰 卯 寅

癸 壬 辛 庚 己 戊

酉 申 未 午 巳 辰

명조를 보고 氣勢등등한 旺神을 찾아내는 것이 명조간명에 첫 단추이

---

235) "用食傷則喜行財地", 앞의 책, p.39.

236) "正二月甲木, 素無取從才從䄻從化之理......二月甲木, 庚金得所, 名陽刃架䄻, 可云小貴, 異途顯達, 或主武職, 但要才滋之, 柱中逢才, 英雄獨壓萬人", 『窮通寶鑑』, 앞의 책, p.8.

237) "書云, 木旺宜火之光輝, 秋闈可試, 木向春生, 處世安然有壽", 위의 책, p.9.

다. 오행의 氣勢를 수치화한 것이 指數法인데, 한눈에 宗主旺神이 잡히면 지수법으로 계산하지 않아도 무방한 경우가 많다. 지지가 重疊合局이 되니 木을 生法取用하면 寅中丙火가 용신이 된다.

巳운부터 발복하여 소년에 등과하여 벼슬길이 오운까지 빛났다. 壬운에 水剋火로 용신을 파극하니 파직하고 귀농하다 사망하였다.

木이 極旺하니 火는 秀氣로 발하여 목화통명을 이루어 총명함이 빛난다. 일찍이 벼슬길에 오르고 승승장구하였다. 壬申대운에 임하면 丁화가 정임합으로 떠나고 丙화의 뿌리가 날아가니 흉액이 요동을 친다. 壬수가 水剋火하고 寅申沖으로 寅中丙의 火秀氣가 극상되어 직책을 그만두었다.

자식성이 공망이나 왕기를 띠었으니 딸과 아들을 둘 것이다. 딸보다 아들이 잘되며 자식이 효자이다. 아들은 병화로 시주에 용신을 살리고 있기 때문이다. 모친은 미인이었고 부모는 연애결혼을 하였다. 진중백호에 묻으니 자신으로 인하여 크게 흉액을 입을 것이다. 辰中에 癸水는 여러 무토와 暗合을 하기 때문이다.

선대에 집안은 좋아 어린 시절에 친구들을 좋아해서 씀씀이가 많았다. 년주에 비견과 건록이 임하고 있기 때문이다. 성격이 모가 나서 자라면서 부모와는 갈등을 겪지만 뛰어난 머리와 예능감으로 과거에 합격하였다. 48세 辛丑년은 壬申대운이고 일주와 시주가 동하니 未辰파 속으로 갑목은 무덤으로 향하니 白虎가 재촉을 한다. 흉액사를 당하니 오늘날 같으면 암과 같은 질병으로 사망하였다. 오행이 목으로 편중되어 있고 토금이 기신이니 위암 혹은 대장암으로 볼 수 있다.

時　日　月　年<事例 63>

己　戊　丁　己

未　子　丑　未

辛　壬　癸　甲　乙　丙

未　申　酉　戌　亥　子

費中堂造, 天干戊己逢丁, 地支重重丑未, 子丑化土, 斯眞格象, 已成稼穡, 所不足者, 丑中辛金無從引出, 且局中丁火三見, 辛金暗傷, 未得生化之妙, 所以嗣息艱難, 若天干透一庚辛, 地支藏一申酉, 必多子矣.

費中堂의 命造이다. 天干의 戊/己土가 丁火를 만났으며 地支로는 丑/未가 重重한데 子/丑이 合을 하여 土로 化하니, 이것이 眞象의 格을 갖추어 이미「稼穡格」이 되었다. 바로 不足한 것이 있다면 丑中 辛金을 꺼내 쓸 수 없다는 것이고 또 局中에 丁火가 세 개나 있어 辛金이 暗暗裡에 상처를 받아 生化의 妙를 얻지 못하였다. 그래서 자식을 두기가 어려웠으니 만약 天干으로 庚/辛金 중에 하나든지 地支로 申/酉金 중에 하나만이라도 있었으면 반드시 자식을 많이 두었을 것이다.

<譯評> 稼穡格이다. 증주자는 男命인데도 食傷을 자식으로 보고 있다. 아무튼 一氣格은 그 成格이 된 五行을 중심으로 用神을 삼고 좌우를 喜神으로 삼는데 이 명조는 三旬大運 戊大運부터 好運으로 흐르는 명조가 되었다. 물론 서락오의『徵義』에는 누구의 명조라고 밝히지 않았다. 정단님의 指數法則도 從格을 인정하므로 더 이상 논할 필요가 없는 命造이다.

『子平眞詮』 심효첨은 이와 같이 一氣로 이루어진 것을 稼穡格이니 炎上格이니 格名을 붙이지 않고 단지 오행 중에 하나의 기운으로 이루어진 경우 秀氣를 취할 수 있다. (또) 각각의 오행의 기운이 전체를 이루면 成格이 되므로 반기는 것은 印綬가 透出하면 體가 純粹해진다. 大運 역시 印綬나 比劫運으로 흐르는 것을 반긴다. 財星과 食傷 역시 吉하고 官煞運은 꺼린다.[238]고 하여 임철초의 이론과 一氣格에서는 이론상 거의 일치하는 것을 알 수 있다.

『窮通寶鑑』 계절을 중시하는 조후용신론에서는, 11월과 12월은 매우

238) "有取五行一方秀氣者, 以五行各得其全體, 所以成格, 喜印露而體純, 運亦喜印綬比劫之鄉, 財食亦吉, 官煞則忌矣",『子平眞詮評註』권5, 앞의 책, p.55.

추워 (사방이) 얼어있으니 丙火가 尊位가 되고 甲木이 補佐해야만 한다. 丙/甲이 둘 다 透干되면 '桃浪之人'이 된다. 丙火가 투출하고 甲木이 暗藏되면 나물밥 정도 먹을 수 있으며 丙火가 암장되고 甲木이 투출하면 돕는 것이 잡되나 앞날을 기약할 수 있으며, 丙火가 있으며 甲木이 없으면 富豪가 되고 甲木이 있으며 丙火가 없으면 淸貧하게 되고 丙/甲이 全無하면 下流의 命造가 된다.[239]고 하였다. 이와 같이 일방적으로 일간 대비 태어난 달만 가지고 取用을 하니 格用이니 中和用神과는 전혀 다른 용신이 도출된다. 결국 이 명조에서는 조후용신으로 사용할 용신이 없다. 특히 丁火 一点 가지고는 嚴寒인 丑月에 晦火가 될 것이다.

[宗主命理 解說]

時 日 月 年 <事例 63>

己 戊 丁 己

未 子 丑 未

辛 壬 癸 甲 乙 丙

未 申 酉 戌 亥 子

종주왕신은 土이다. 토는 월령을 득하고 투간 득지하여 최강의 기세를 가졌기 때문이다. 지수법에 의하면, 화1.1 토6.2 금0.4 수4.3 목0.4이다. 土종주왕신이 太旺하니 이를 剋하는 木을 찾으니 없어 水를 구한다. 水를 취하고 水의 통력을 살피니 子丑으로 通力群을 갖추어 통력이 충분하므로 水가 용신이고 木과 金은 수를 도우면 희신이 된다. 土體木用에서 시작되었으니 木은 운에서 藥神으로 작용한다. 土生水의 잡반전이 일어나지 않는 것을 유의해야 한다. 丑未沖으로 축토가 온전하지 못하기 때문이다.

---

239) "十一二月嚴寒氷凍, 丙火爲尊, 甲木爲佐, 丙甲兩透, 桃浪之人, 丙出甲藏, 採芹食饌, 丙藏甲出, 佐雜前程, 有丙無甲, 豪富, 有甲無丙者, 淸貧, 丙甲全無, 下流之造", 『窮通寶鑑』, 앞의 책, p.118.

水가 용신이니 申子辰운동이 일어나면서 亥子丑운을 거치면 발복한다. 다만, 용신인 水는 천간을 얻지 못하고 子丑합으로 묶여지는 경우가 발생하므로 중급에 해당한다.

火土가 사령하는 27세까지는 어려움이 있으나 丑토가 사령하는 癸酉대운부터는 傷官生財하니 사업으로 큰 富를 이루게 된다. 富를 이루지만 자식에 해당하는 관성과 관성의 원인을 제공하는 식상이 없으니 아들자식을 두기가 어렵다. 더구나 자식성이 空亡까지 당했으니 딸자식 하나만 두어도 다행이다. 특히, 처덕이 있으니 처의 말에 귀를 기우리는 것이 성공의 비결이다.

財福은 따르고 처복은 있으나 子息 福은 없는 사주이다. 선대부터 자손이 귀한 집안이었다. 부친도 丁壬쟁합을 하는 것은 자손을 보려고 풍류기가 동했던 것으로 나타나기 때문이다. 선대의 업이 실패를 겪었을 것이다. 겁재와 쇠지가 임하기 때문이다. 월주에 정인과 양지가 임하여 학업운이 좋았지만 여난이 따를 수가 있다. 학업은 힘들게 하고 모친도 어려움이 많았다.

백호살과 동주하고 기신과 동주하기 때문이다. 가정적으로 안정을 찾고 발전을 하게 된 것은 처가의 도움이 컸다. 일지에 용신이 임하고 처성이 용신이기 때문이다. 결혼 이후에 발복하였다. 34세 壬辰년과 35세 癸巳년에 재물 운이 좋았고 妻家 德을 많이 봤을 것이다. 사주에 토가 편중되어 있어 소화계통과 피부에 질환을 겪거나 당뇨를 앓을 수가 있다. 甲戌대운 丑戌未三刑하니 위궤양으로 수술을 하였을 것이다. 丑戌未 삼형은 겁재를 동하게 하고 백호살을 동하게 하기 때문이 고생하고 돈이 나가기 때문이다.

時　　日　　月　　年<事例 64>
乙　　丙　　甲　　丙
未　　戌　　午　　寅
庚　己　戊　丁　丙　乙
子　亥　戌　酉　申　未

支全火局, 木從火勢, 格成炎上, 惜木旺剋土, 秀氣有傷, 書香難就, 武甲出身, 仕至副將, 行申酉運, 亦有戌未之化, 所以无咎, 亥運, 幸得未會, 寅合, 不過降職, 交庚子, 干無食傷, 支逢沖激, 死在軍中.

地支가 모두 火局이므로 木이 火의 勢力을 따르니 「炎上格」을 이루었으나 哀惜하게도 旺한 木이 土를 剋하여 빼어난 氣運이 상처를 받아 學問으로 이루기는 어려워서 武官으로 나가서 벼슬은 副將까지 이르렀다. 申 · 酉大運을 지나면서 역시 戌未의 化하는 氣運이 있으므로 허물은 없었으며 亥大運도 다행히 寅木과 會合을 이루어 降職에 不過한 정도였다. 庚子大運을 만나 天干에 食傷은 없고 地支로 沖激을 받아 軍中에서 죽었다.

<譯評> 地支로 寅/午火局을 이루고 戌/未土는 火氣를 暗藏하고 있는 乾土인지라 天干의 甲/乙木은 木焚이 되어 炎上格이 되었다. 이와 같은 사주는 강한 旺神을 약한 五行이 들어와 沖을 하면 도리어 旺神이 화를 내어 破格이 되어 敗亡하게 된다. '衰神沖旺旺神發'이 된다. 때문에 이 사주는 가장 강한 旺神인 火氣運을 극하는 水大運이 들어오면 極發이 되어 망하게 되어 있다. 정단님의 指數法則도 從格을 인정하므로 더 이상 논할 필요가 없는 命造이다.

『子平眞詮』 심효첨의 격국론으로는 陽刃格이 된다. 우선적으로 陽刃格은 관살을 제1相神으로 삼으며, 관살이 이 강한 陽刃을 억제하면 성격이 된다고 하였다. 만약에 食傷이 透干되면 剋과 洩이 交集되므로 반드시 사주의 配合이 어떻게 되는지를 살펴야 한다. (그 이유는) 일정하지 않기 때문이다.[240] 이와 같이 相神은 제일 먼저 煞을 찾고 그 煞을 극하는 食傷이 있으면 교집되니 사주를 잘 살피라고 하였다. 그러나 이 사주는 관살이 없으므로 심효첨이 제일 먼저 찾는 相神이 없다. 다음으로 食傷을 相神으로 할 경우 大運이 財運으로 흐르기를 바라고 있다.[241] 그러나 이 명조는 格用神이 변한 格이다.

물론 심효첨의 격국론으로 간명을 하면 陽刃格이 되지만 사주 전체의 기운이 日干과 月令과 같은 기운이므로 '陽刃格變一氣格'되었다.[242] 때문에 一氣格은 각각의 오행의 기운이 전체를 이루면 成格이 되므로 반기는 것은 印綬가 透出하면 體가 純粹해진다. 大運 역시 印綬나 比劫運으로 흐르는 것을 반긴다. 財星과 食傷 역시 吉하고 오히려 官煞運은 꺼린다.[243]고 하였다.

이 같은 이론에 의하면 이 명조도 天干으로 丙火日主에 甲/乙木 印綬가 투출하여 體가 純粹해졌으며, 또 行運論에서 官殺을 만나는 것을 꺼린다고 하였는데 六旬大運인 庚子大運에서 財官이 함께 들어와 軍中에서 사망하게 되었다. 결론적으로 임철초와 심효첨의 一氣格은 이론상 일치를 보인다.

『窮通寶鑑』 계절을 중시하는 조후용신론에서는, 午月의 丙火日主는 더욱 뜨거운 계절이므로 壬水를 얻고 庚金이 높게 투출한 것을 얻으면 이른바 上命이 된다. 혹, 壬水가 하나 있는데 庚金이 없으면 역시 命主는 貢監정도는 될 것이며, 오히려 戊/己土가 天干으로 투출하는 것을 방해하고 丁/壬이 合化하면 平人정도의 命이다.[244] 혹, 炎上格을 이루고 사주와

---

240) "月令陽刃而透官煞, 官煞以制刃成格, 若又透傷食, 則剋洩交集, 須視四柱之配合如何, 未可一定". 『子平眞詮評註』 권5, 앞의 책, p.37.
241) "用食傷則喜行財地", 앞의 책, p.39.
242) 이 이론은 譯評者의 견해이다.
243) "有取五行一方秀氣者, 以五行各得其全體, 所以成格, 喜印露而體純, 運亦喜印綬比劫之鄕, 財食亦吉, 官煞則忌矣", 『子平眞詮評註』 권5, 앞의 책, p.55.
244) "五月丙火愈炎, 得壬庚高透, 方爲上命, 或一壬無庚, 亦主貢監, 猶防戊己出

운에서 庚/辛金을 만나지 않고, 많은 甲/乙木을 만나면 오히려 命主는 크게 부귀할 것이다. 그러나 또한 水運을 만나지 말아야 할 것이다.[245]라고 하여 曲直格과 稼穡格은 없어도 炎上格은 인정하고 있다.

[宗主命理 解說]

時 日 月 年 <事例 64>

乙 丙 甲 丙

未 戌 午 寅

庚 己 戊 丁 丙 乙

子 亥 戌 酉 申 未

지수를 계산할 것도 없이, 寅午戌火局은 合局 剋法取用에 따라 火體水用이나 水가 없고 金도 없다. 金은 運에서 藥神이 되고 결국은 土火用組이고 火用神이 된다. 화용신 토희신, 목희신, 금약신이니 己운까지는 발복하여 武甲 출신으로 부장벼슬에 올랐다가 亥운에 水剋火하여 직위를 잃고 子운에 용신을 剋去하니 軍中에 사망하였다.

지지가 火局을 이루어 木과 土가 火勢에 종하는 炎上格이 되었다. 목이 화로 설되어 약해지니 공부보다는 武甲으로 진출하여 부장벼슬에 올랐다.

신유금운은 인오술화국과 剋生하니 무난하였고 亥대운에 인오합을 해제하니 화세가 약해져서 직위를 잃고 庚子대운에 子午충으로 寅午戌삼합이 무너지면서 子午沖去되니 생명을 잃는 위기를 맞이하므로 子水殺을 막을 土가 약하여 군중에 사망한 것이다.

이 명조도 자식이 귀하다. 시주에 空亡이고 乙未백호와 丙戌백호와 동주하니 아들은 어렵고 딸자식 하나를 두었을 것이다. 술중에 재성은 처

干, 丁壬合化, 則爲平人", 『窮通寶鑑』, 앞의 책, p.68.

245) "或成炎上格, 主運不見庚辛, 多見甲乙木者, 反主大富貴, 然亦不可見水運", 위 책, 같은 곳, p.69.

에 해당하는데, 술중에 암장되어 내조로 작용하니 처덕을 입을 것이다. 寅午戌 火局으로 戌中戊 寅中甲 午中丁이 변하니 결혼 후에 인생관의 변화를 가져온다. 삼합으로 인하여 새로운 화가 생성되기 때문이다. 초년에 조상 덕으로 여유 있게 지내게 된다. 비견과 생지가 임하고 용신으로 작용하기 때문이다. 23세, 24세 戊子, 己丑年은 丙申대운에 임하니 자오충하고 丑午원진이 動하여 午火가 몰하니 부모의 도움이 약하여 스스로 기술계통으로 나가야 하니 그 시대는 무인이 되는 일이 기술계통이었다. 가족을 책임져야 하는 장남이거나 장남역할을 할 처지였을 것이다.

時	日	月	年<事例 65>		
庚	庚	乙	庚		
辰	戌	酉	申		
辛	庚	己	戊	丁	丙
卯	寅	丑	子	亥	戌

此造天干乙庚化合, 地支申酉戌全, 格成從革, 惜無水, 肅殺之氣太銳, 不但書香不利, 而且不能善終, 行伍出身, 官至參將, 一交寅運, 陣亡, 蓋局無食傷之故耳. 又寅戌暗拱, 觸其旺神也.

이 命造는 天干에서 乙 · 庚 合化를 하고 地支에서는 申 · 酉 · 戌이 모두 있어「從革格」을 이루었다. 哀惜한 것은 水 氣運이 없어 '肅殺之氣'의 氣運이 너무도 銳利하니 글공부하는 것에 不利할 뿐만 아니라 이 또한 아름답게 終命할 수는 없을 것이다. 行伍 出身으로 官職이 參將까지 이르렀으나 한번 寅大運을 만나 陣中에서 죽었다. 이 모두는 局 中에 食傷이 없기 때문이고 또한 寅·戌이 暗暗裡에 合을 하여 旺한 神을 건드렸기 때문이다.

<譯評> 증주자의 현실감 나는 설명에 毛孔이 서늘함을 느낀다. 철초님은 一氣格을 이루었으면 사주자체에 食/傷이 있기를 바라고 대운 역시

食/傷이나 財星운으로 흐르기를 바라고 심효첨은 一氣格이 이루어지면 사주제체에 印綬가 투출하기를 바라고 대운 역시 比/劫과 食/傷운으로 흐르기를 바란다. 두 사람의 견해 차이는 철초님은 이미 一氣格으로 이루어졌으면 사주자체에 印星보다는 食/傷이 존재하기를 바라고 대운 역시 食傷運으로 흐르기를 바라며, 심효첨 역시 대운에서는 官煞運만 제외하고는 철초님과 같은 이론을 가지고 있다. 정단님의 指數法則도 從格을 인정하므로 더 이상 논할 필요가 없는 命造이다.

『窮通寶鑑』 다음으로 계절을 중시하는 조후용신론에서는, 八月의 庚金은 강하고 예리함이 아직 물러나지 않은 상태이다. (그러므로) 丁火와 甲木을 용신으로 하고 丙火는 적으면 不可하다. 만약에 丁火와 甲木이 투간하고 또 하나의 丙火를 보면 드러나는 功名이 赫赫할 것이다. 또 陽刃格에 刑沖이 없으며 丙火인 殺이 地支에 暗藏하고 있으면 이름하여 '陽刃架殺格'이 되어 命主는 장차 나아가 재상에 들어 곧은 절개가 있는 충신이 될 것이다.[246]고 하여 一氣格에 대한 언급은 없으며, 八月의 庚金 日主 陽刃格으로 看命하였다.

[宗主命理 解說]

時 日 月 年 <事例 65>

庚 庚 乙 庚

辰 戌 酉 申

辛 庚 己 戊 丁 丙

卯 寅 丑 子 亥 戌

四柱天地가 금으로 변하니 化氣金格으로 金이 用神이다. 庚운까지는

246) "八月庚金, 剛銳未退, 用丁甲, 丙不可少, 若丁甲透, 又見一丙, 功名顯赫, 且見陽刃無刑沖, 丙殺藏支, 名爲陽刃架殺, 主出將入相, 直介忠臣", 『窮通寶鑑』, 앞의 책, p.147.

발복하여 병사출신으로 벼슬이 참장까지 오른다. 그러나 寅운에 임하면 용신을 상하게 하여 용신을 파극하니 군중에 사망하였다. 寅목이 戌을 만나면 火局으로 변하기 때문이다.

금이 천지를 이루어 從革格이 되나 肅殺기운이 강하니 무기를 다루는 것이 제격이다. 그래서 글공부보다는 칼을 쓰는 무인이 되어 장수 자리에 올랐다. 금과 유정한 운에는 잘나가지만 금과 무정한 木火운에는 숙살의 기운이 자신의 가슴을 향한다는 것이다. 그래서 싸움터에서 죽음을 맞이하는 것이다. 오늘날 같으면 수술을 하게 된다.

金을 剋하는 기신운이 오면 막아줄 水가 없으니 화극금을 당하는 운에 목숨을 건지기 어렵다. 火忌神을 막아줄 水는 藥神인데, 병만 커지고 약이 없는 안타까운 형국이었다. 아들을 하나 두나 인연이 없고 외할머니 손에 자라게 된다. 신중임수는 년주에 임하고 술중정화에 암합을 하고 있어 정임은 동고동락하는 유정한 관계이기 때문이다.

처는 改嫁하였을 것이다. 辰中乙목과 申中庚금은 마음에 필이 통하여 암합하기 때문이다. 軍中病死 후에 일어날 일이었다. 집안은 좋아 비교적 친구들과 어울리며 보냈다. 년주에 비견과 건록이 임하였기 때문이다. 선대의 유산을 물려받는다. 월지 정재와 왕지에 임하여 장손이기 때문이다.

47세 甲午년은 庚寅대운에 임하여 원국에 술과 화국을 결성하여 흉액이 속출하였다. 寅午戌이 동하면서 七殺을 감당하지 못하고 사망함으로써 원국에 예견된 시나리오가 그대로 나타나는 것이다.

時　日　月　年<事例 66>

壬　癸　辛　壬

子　丑　亥　子

丁　丙　乙　甲　癸　壬

巳　辰　卯　寅　丑　子

地支亥子丑, 干透壬癸辛, 局成潤下, 喜行運不背, 書香早遂, 甲寅運秀氣流行, 登科發甲, 乙卯宦途平坦, 由縣令而遷州牧, 丙, 原局無食傷之化, 羣刦爭財, 不祿.

地支로 '亥 · 子 · 丑'이며, '壬 · 癸 · 辛'이 透干하여 「潤下格」을 이루었으며 반가운 것은 行運이 등을 돌리지 않으므로 글공부를 일찍 이루었고, 甲寅大運 빼어난 氣運의 流通으로 科擧에 及第하였다. 乙卯大運까지 벼슬길이 平坦하여 縣令부터 시작하여 州牧까지 올랐으나, 丙大運에 原局에 化하여 줄 食傷이 없어 '羣刦爭財'가 일어나는 結果로 不幸하게 되었다.

<譯評> 潤下格이다. 증주자는 또 사주자체에 食/傷이 없는 것을 안타까워하고 있다. 時干이나 月干에 甲木이 하나만 투출하였어도 丙大運을 넘겼을 것이다. 그러나 丁巳大運에 巳大運은 巳/亥沖이 일어나 終命運이 될 것이다. 사주자체가 이와 같이 강하게 되면 우선적으로 설기작용은 절대적으로 반기지만 다른 작용은 자세히 살펴야 만이 幸/不幸을 알 수 있다.

『子平眞詮』 심효첨 역시 대운에서는 官煞運만 제외하고는 철초님과 같은 이론을 가지고 있다. 하지만 이 명조는 원국에 食傷이 없어 '群比爭財'가 일어나 不祿이 된 命主다. 정단님의 指數法則도 從格을 인정하므로 더 이상 논할 필요가 없는 命造이다.

『窮通寶鑑』 다음은 조후용신론으로 용신의 작용을 살펴보겠다. 十月의 癸水日主는 旺한 가운데 약하므로 어찌하여야 할 것인가? 亥中 甲木을 흔들어 元神을 洩氣하여 흩어지게 하여야 하니 마땅히 庚/辛金을 용신으로 하는 妙함이 있다. 庚/辛金이 둘 다 투간함을 얻으면 丁火을 만나서 傷함을 보지 말아야 한다. (이와 같으면) 功名이 따를 것이다. 혹, 地支로 木局을 이루고 丁火가 있어 天干으로 투출하면 旺한 木의 기운을

火氣가 돕고 庚/辛金이 生水를 하지 못하게 制하고 있으면 반드시 命主는 淸寒한 삶이 될 것이며, 혹, 木局을 이루고 天干으로 丙/丁火가 투간하면 다른 방법으로 영화를 누리게 될 것이다.[247)]고 하여 이 명조는 일간대비 월령으로만 간명하였다.

때문에 철초님이나 심효첨의 이론과 같은 용신을 도출할 수가 없다. 특히 亥月의 癸水는 주위 환경을 살필 것도 없이 '旺變而弱'으로 설명하여 庚/辛金을 용신으로 하고 이 용신이 傷하는 丁火를 기신으로 정해버렸다. 매우 단조로운 取用法이다.

또한 여기서도 철초님의 치밀함이 보인다. 예를 든 명조는 모두 다섯가지 格으로 첫 번째로 曲直格, 두 번째는 稼穡格이며, 세 번째가 炎上格을 예시하였으며, 네 번째로 從革格이며, 마지막으로 潤下格을 예시하고 있다.

[宗主命理 解說]

時 日 月 年 <事例 66>

壬 癸 辛 壬

子 丑 亥 子

丁 丙 乙 甲 癸 壬

巳 辰 卯 寅 丑 子

축토는 수왕절에 들어 축중기는 수로 변한다. 지수를 보면, 금1.3 수10.7 목1.3 화0 토0이다. 重疊合局으로 생법취용하니 水가 用神이다. 亥中甲이 진용신이다.

木이 용신이니 亥卯未운동이 일어나야 발복하며 寅卯辰을 거치면서 뜻을 이루게 된다. 좌표상으로 壬子가 사령하는 壬子 癸丑대운까지는 寒氣

247) "十月癸水, 旺中有弱, 因亥搖木, 洩散元神, 宜用庚辛爲妙, 得庚辛兩透, 不見丁傷者, 功名有准, 或地成木局, 有丁出干, 爲木旺火相, 制住庚辛不生水, 必主淸寒, 或成木局, 干見丁火, 異路之榮", 『窮通寶鑑』, 앞의 책, p.206.

로 수목응결이 되어 공부를 하지만 경제적으로 어려움이 있었다. 그러나 甲운부터는 크게 발복하여 등과하고 벼슬길이 순탄하여 현령을 거쳐 주목까지 승승장구하다가 丙운에 용신을 상하게 하여 群劫爭財의 화액을 당하여 직책에서 물러난다.

지지에 亥子丑 북방이 모두 있고 辛壬癸가 투출하니 윤하격이 되었다. 기쁜 것은 행운이 배반하지 않아서 일찍부터 공부를 마쳤고, 극왕한 것을 설하는 甲寅운에 秀氣를 유행시키니 甲科에 등과하였고, 乙卯운도 벼슬길이 평탄하였으니 縣令을 거쳐 州牧까지 하였고, 丙운에는 원국에 식상의 順化가 없으므로 군겁쟁재되어 녹위가 끝났다.

亥중 갑목은 딸에 해당한다. 木이 藥神으로 작용하니 딸자식이 잘된다. 딸자식이 월주에 있어 어른스럽다. 寅卯가 공망이니 자식이 귀하다. 아들자식을 두기는 어렵다. 丑土가 해자축으로 쓸려가고 식상이 공망이기 때문이다. 아들을 둔다 해도 아들이 장애를 겪을 수 있고 장모가 보살피게 된다. 정기 기토는 합으로 답답해지고 여기는 안전하고 보호되는 甲己합 때문이다. 아들은 37세 이후에 가지게 될 것이다. 일주가 동하는 시기에 자식생산이 가능하기 때문이다. 부자 집안으로 상속분배가 있었다. 용신이 월주에 있어 사회진출이 유리하였다. 시주에 絶路空亡이 있어 말년운에 험한 일을 당한다.

55, 56세가 되는 丙午년 丁未년에 군겁쟁재로 인생의 막다른 골목을 만나게 된다. 군겁쟁재라는 악수를 만나 재산을 모두 잃고 비참한 처지가 되었다. 癸丑 백호의 흉살이 子丑합으로 잠자고 있다가 子午沖으로 깨어나니 흉액이 속출하여 음독사를 하거나 대수술을 하게 된다. 죽음과 같은 고통을 면하기 어렵다. 약한 토가 쓸려 가면 위암이 발병하기 쉽다. 배우자 인연은 배성의 록을 찾아 巳午년생이 배필이다. 일간일지가 상생하고 납음과 日星이 상생하면 길연이 되겠다.

【原文】

全象喜行財地, 而財神要旺.

象이 完全하게 이루어졌을 때는 財星運으로 가야 기쁘고 그러한 財星의 神은 반드시 旺해야만 한다.

[劉氏注]

三者爲全, 有傷官而又有財也. 主旺喜財旺, 而不行官殺之地方可[248).

세 가지를 갖추어야 완전하다고 하는 것은 傷官이 있으면 財星이 있어야 하고 日主가 旺하면서 財星이 旺한 것을 반가워한다. 그러나 行運에서는 官殺의 運으로 가지 않는 것이 좋다.

〔任氏注〕

任氏曰, 三者爲全, 非專論傷官與財也. 傷官生財, 固爲全矣. 而官印相生, 財官並見, 豈非全乎. 傷官生財, 日主旺相, 固宜財運, 倘四柱比刦多見, 財星被刦, 官運必佳, 傷官運更美, 須觀局中意向爲是, 日主旺, 傷官輕, 有印綬, 喜財而不喜官, 日主旺, 財神輕, 有比刦, 喜官而不喜財, 財官並見, 日主旺相, 喜財而不喜官, 官印相生, 日主休囚, 喜印綬而不喜比刦, 大凡論命, 不可執一, 須察全局之意向, 日主之喜忌爲的.

임씨가 말하였다. 세 가지가 완전하다고 하는 것은 오로지 傷官과 財星만을 갖춘 것을 이야기하는 것이 아니다. 傷官이 財星을 生하면 완전한 것이 확실하다는 것이지만 그러나 '官印相生'이나 財星과 官星이 같이 있는 것은 어찌 완전하다 하지 않겠는가?[249)]

---

248)『滴天髓輯要』는 「三合者爲全, 主旺喜行財旺之地.」 '三合이 온전하게 이루어지고 日主가 旺하면 財星이 旺한 地支로 運行하는 것을 반긴다.'고 간단하게 註釋을 달았다.

249)『闡微』에서는 任氏曰, 三者爲全, 非專論傷官與財也. 傷官生財, 固爲全矣. 而官印相生, 財官並見豈非全乎라고 하면서 伯溫님의 原注를 반박함. 參考的으로『徵義』는 三者爲全, 日主喜神用神是也. 傷官生財, 官印

傷官이 財星을 生하고, 日主가 旺相하면 財星運으로 가야만이 마땅하고 확실한데, 오히려 四柱에 比刦이 많아서 財星이 피해를 받으면 官運이 반드시 아름답고 傷官運은 더욱 아름다우니 반드시 原局의 意向이 옳게 되었는지를 살펴야 한다.

日主는 旺한데 傷官은 輕하고 印綬가 있으면 財星은 기뻐하나 官星은 기뻐하지 않는다. 日主는 旺하고 財星이 輕하며 比刦이 있으면 官星은 반가워하는데 財星은 반가워하지 않는다. 財星과 官星이 같이 있으며 日主가 旺相하면 財星을 반기고 官星은 반기지 않는다. 官印相生을 하고 있는데 日主가 休囚에 있으면 印綬는 기뻐하고 比刦은 기뻐하지 않는다. 무릇 命을 論할 때는 한 가지만을 고집하지 말고 반드시 갖추어진 原局의 意向을 살피고 日主의 喜와 忌가 적당하게 되어야만 한다.

時　日　月　年<事例 67>

甲　丁　丙　戊

辰　卯　辰　申

壬　辛　庚　己　戊　丁

戌　酉　申　未　午　巳

丁卯日元, 生于季春, 傷官生財, 嫌其木盛土虛, 書香難就, 土得其傷官化刦, 使丙火無爭財之意, 所以運至庚申辛酉, 承先人之事業雖微, 而自刱之規模頗大, 財發十餘萬.

丁卯 日主가 늦은 봄에 태어나고 傷官이 財星을 生하나 꺼리는 것은 木이 盛하니 土가 虛하여졌으므로 글공부를 이루기가 어려웠다. 傷官인 土가 刦財를 化하여 丙火가 爭財하려는 마음을 없게 하는 까닭에 그리하여 庚申/辛酉大運에 이르러 先人의 비록 작은 사업을 이어서 스스로 創

相生, 財官並見, 皆全也라고 하였음. 以後는 同一함.

業한 규모가 자못 커졌으며 財運이 發하여 十餘萬을 벌어들였다.

<譯評> 三月의 丁火日主가 약한 듯 보이지만 自坐에 卯木과 時干의 甲木과 月干의 丙火가 있어 '弱變爲强'이 된 명조이다. 이와 같은 결론으로 三旬大運인 己未大運까지는 先人之事業이 微微하였을 것이고, 四旬大運인 庚申大運에 財星運으로 흐르기 시작하면서 發財하였을 것이다.

『子平眞詮』 심효첨의 격국론에 의하면 傷官格은 비록 吉神은 아니지만 실제로 秀氣가 되기 때문에 文人과 學士가 상관격 안에서 얻는 경우가 있다. 여름의 나무가 물을 얻든지 겨울의 금이 불을 본다든지 하면 빼어난 기운이 더욱 빼어나게 된다. 격국 중에 다른 격국에 비하여 변화함이 더욱 많다. 氣候를 살피고 强弱을 헤아려 喜忌를 살피고 純雜을 관찰하면 미묘함이 더욱 미묘하니 (한 가지만) 고집하지 말아야 한다. 그러므로 상관격에 財星을 쓰는 자는 대체로 官星은 불리하다. 이른바 흉이 되기 때문이다. 傷官이 財星을 생한 즉, 傷官이 생한 것이 (또) 생하여 官星과 같이 구비되면 '轉凶爲吉'이 되기 때문에 가장 이롭다. 다만 중요한 것은 일주가 강하고 재성이 뿌리가 있으면 더욱 貴格이 되는 것이다. 마치 壬午/己酉/戊午/庚申으로 史春芳의 命이 그렇다.[250]고 하여 철초님의 이론과 유사함을 볼 수 있다.

『窮通寶鑑』 다음은 계절을 중시하는 조후용신론에서는, 三月의 丁火는 戊土가 司令하여 洩氣되므로 丁火의 기운이 약해졌다. 우선적으로 甲木을 사용하여 丁火를 살리고 土를 剋制해야만 한다. 다음으로 庚金을

---

250) "傷官須非吉神, 實爲秀氣, 故文人學士, 多於傷官格內得之, 而夏木見水, 冬金見火, 則又爲秀之又秀者也, 其中格局比他格多, 變化又多, 在查其氣候, 量其强弱, 審其喜忌, 觀其純雜, 微之又微, 不可執也, 故有傷官用財者, 蓋傷不利於官, 所以爲凶, 傷官生財, 則以傷官爲生生官之具, 轉凶爲吉, 故最利, 只要身强而財有根, 便爲貴格, 如壬午/己酉/戊午/庚申, 史春芳命也", 『子平眞詮評註』 권5, 앞의 책, p.14-5.

본다. 庚金과 甲木이 둘 다 투간되면 命主는 科甲이 정해졌으며 혹, 하나는 암장되고 하나는 투간되면 끝내 白丁은 안 된다.[251]고 하여 산골에서 장작을 패어 아궁이에 불을 지피는 광경이 연상된다. 이 명조에서는 제1용신인 甲木은 필요 없으며 제2용신인 庚金만 필요한 명조이다.

[宗主命理 解說]

時 日 月 年 <事例 67>

甲 丁 丙 戊

辰 卯 辰 申

壬 辛 庚 己 戊 丁

戌 酉 申 未 午 巳

時支 진토는 지수법의 左右法則에 따라 木7.1, 火1.3, 土4.2, 金0.9, 水0.8이다. 木이 7.1로 종주왕신이니 木體金用으로 金을 찾는다. 년지에 申금이 온전하니 金土用組가 되어 通力이 충분하니 그중에 金이 용신이 되고 수는 약신이 되고 습토는 희신이 된다. 未운까지는 용신이 상하게 되니 사업이 미미하였으나 庚운부터 발복하여 壬수운까지 30년 가까이 재운이 발하여 수만금의 재력가가 되었다. 金용신이면 巳酉丑운동이 일어나야 발복하는데, 申酉戌을 지나면서 용신은 旺氣를 발하여 뜻을 이루기 때문이다.

목생화 화생토 토생금으로 周流無滯로 흘러 상관생재국을 만들어주는 사주배합이니 부귀를 이루었다. 부친이 2첩1처를 두었고 외탁을 하였다. 申中庚은 辰中乙과 암합하고 갑목을 투간하고 있기 때문이다. 가정사에 비밀과 사연이 많았다. 아들 2명 딸 1명을 두었고 효자효녀이었다. 辰中癸가 重重하고 신중임이 온전하기 때문이다.

---

251) "三月丁火, 戊土司令, 洩弱丁氣, 先用甲木引丁制土, 次看庚金, 庚甲兩透, 定主科甲, 或一藏一透, 終非白丁", 『窮通寶鑑』, 앞의 책, p.85.

甲辰백호가 刑沖하는 戊대운에 흉액이 속출하니 59세 丙午년 壬戌대운에 용신을 극상하고 대세운이 극충하여 손재를 당하고 사건사고로 죽음과 같은 고통이나 수술을 받게 된다. 沖出된 辛금은 丙辛合去하니 재물이 나가고 배신을 당하게 된다. 사기로 인하여 큰 손실이 있는 것이다.

충출된 무토는 진과 결합하여 새로운 일거리를 하게 된다. 충출된 정화는 사라지는 존재이니 지원자가 없어진다. 인성백호이니 땅에 묻어둔 재물은 법으로 묶여 있어 거래하기 힘든 부동산이다. 재물운이 좋았을 때 부동산을 잘 관리했었다면 말년에 부가 번창했을 것이다.

時　日　月　年<事例 68>

丁　丙　辛　己

酉　午　未　巳

甲 乙 丙 丁 戊 己 庚

子 丑 寅 卯 辰 巳 午

此造火長夏天, 支類南方, 旺之極矣. 火土傷官生財, 格所嫌者, 丁火羊刃透干, 局中全無溼氣, 刦刃肆逞, 祖業無恆, 父母早亡, 幼遭孤苦, 中受飢寒, 六旬之前, 運走東南木火之地, 妻財子祿, 一字無成, 至丑運, 北方溼土, 晦火生金, 暗會金局, 從此得際遇立業發財, 至七旬又買妾, 連生二子, 及甲子癸亥, 北方水地, 獲利數萬, 壽至九旬, 諺云, 有其運, 必得其福, 爲人豈可限量哉.

이 命造는 긴긴 여름철에 태어난 丙火日主이고 地支로는 (巳 · 午 · 未) 南方이 되어 旺한 것이 極에 다다랐다. 火/土 '傷官生財格'으로 格이 싫어하는 것은 丁火 羊刃이 天干에 透出하고 四柱 原局이 濕氣가 하나도 없으며 刦財와 羊刃이 季節을 얻어 방자함이 이를 데가 없다. 祖業은 지키지도 못하고 부모님은 일찍 여의고 어려서 고아가 되어 中年까지 춥고 배고픔을 겪었다.

六旬以前까지 運이 東南 木/火大運이라 妻, 財産, 자식, 祿 中에 하나도 이룬 것이 없었다. 丑運 北方의 濕土運에 이르러 火氣를 누르고 金을 生하며 暗暗裡에 金局을 이루었으니 이 運을 따라 事業을 시작하여 財産을 發하는 기회를 잡았다.

七旬에 이르러 마누라를 사서 자식을 연달아 두 명씩이나 낳았으며 甲子/癸亥大運까지 北方의 水大運이라 數萬의 利益을 얻었다. 壽命은 九旬까지 살았으니 俗된 말로 運이 있으면 그 福은 반드시 얻을 것이니 사람이 어찌 그 量을 알겠는가?(귀신만이 알 것이다)

<譯評> 참으로 질긴 운명이다. 六旬 中半까지 살아 온 것만 해도 다행이라고 할 수 있겠다. 壽命도 九旬까지 살고 마누라도 사서 자식도 낳으니 '命好不如運好'라고 할 만한 운명이다. 天干으로 丙辛合이 될 것 같지만 年干의 濕土인 己土의 生을 받아 '合而不合'이 되었다.

『子平眞詮』 심효첨의 격국론은 이곳에서는 생략할 것이다. 왜냐하면 此造도 역시 前造와 같은 傷官格이기 때문이다.

『窮通寶鑑』 다음으로 계절을 중시하는 조후용신론에서는 六月의 丙火日主는 火勢의 退氣다. 三伏에 (땅에서는) 차가움이 생하나 (아직은) 壬水를 용신으로 하고 庚金을 취하여 보좌해야 한다. 庚金과 壬水 둘 다 투간하여 일주에 바짝 붙어 相生을 하면 科甲에 붙어 이름 있는 벼슬에 오를 것이라고 말할 수 있다. 만약에 庚金이 없고 壬水만 있고 戊土가 투출된 것이 보이지 않으면 小富, 小貴하다. 戊土가 나타나 壬水를 制壓하면 시골에 어진 사람일 뿐이다. 혹, 己土가 出干하여 혼잡 되었다면 이는 반드시 알량한 지아비에 속된 아들이 될 것이고, 혹 壬水가 淺薄한데 己土가 出干하면 그 사람은 빈곤한 사람이 되고 임수가 없으면 下格이 되어 천하고 또한 어리석은 사람이 될 것이다. 남녀 모두 한 가지 이치가 된다.[252]고 하여 壬水를 제1용신으로 하고 庚金을 보좌용신으로 보았다. 또한 마지막에 언급하기를 壬水가 없으면 下格이 되어 (사람 됨됨이가) 천하고 또한 어리석다고 하여 六月의 丙火日主는 壬水를 절실하게 보았다.

[宗主命理 解說]

時 日 月 年 <事例 68>

丁 丙 辛 己

酉 午 未 巳

甲 乙 丙 丁 戊 己 庚

子 丑 寅 卯 辰 巳 午

指數法에 의하면 한 눈에 火勢가 강하다는 것을 알 수 있다. 그러나 巳午未方合을 이루면 合局의 剋法取用을 바로 취하면 간단히 해결된다. 사오미화방국에다 丙丁이 투출하였으니 화가 종주임이 분명하여 火體水用으로 수를 찾고 없으면 금을 찾는다. 酉금이 辛금에 통기하고 온전하니 金土가 用組이고 그중에 금이 용신이다. 水는 금토용조를 구하는 藥神이다. 乙운까지는 용신을 상하게 하니 곤고한 생활을 해오다가 丑운에 임하자 土生金하여 용신을 도우고 수가 동하니 사업을 일으켜 發財하여 수금을 거머쥐게 된다.

약신운에 발복하는 것은 약신은 眞用에 해당하기 때문이다. 원국에 온전한 수가 있었다면 수가 용신이었기 때문이다. 火土가 水를 극하는 조년에는 고통과 난관으로 매사 지체되고 장애가 따르지만 水運의 문턱에 임하자 하는 일마다 성취하게 된다. 원국에 없어 운에서 오는 약신(藥神)은 '운에서 오는 용신(用神)'이라고도 할 수 있다. 火운에 火剋金하니 경

252) "六月丙火退氣, 三伏生寒, 壬水爲用, 取庚補佐, 庚壬兩透, 貼身相生, 可云科甲名宦, 若無庚有壬, 不見戊出, 小富小貴, 見戊制壬則, 爲鄕賢李而已, 或己土出干混雜, 此必庸夫俗子, 或壬水淺, 己土出干, 其人貧困, 無壬下格, 賤而且頑, 男女一理", 『窮通寶鑑』, 앞의 책, p.70.

제적 빈곤함이 있어 춥고 배고픔이 많았다.

재성이 겁재와 동주하니 투기를 통하여 크게 한몫을 하게 됨을 암시한다. 이웃한 오화는 午中己는 화생토하고 토생금하게 한다. 배합이 좋으니 말년에 횡재수가 있는 것이다. 첩을 두고 여러 자식을 두게 된다. 丁화와 동주한 酉금이고 유중신금은 오중병과 합하기 때문이다. 壬운까지 복을 누리니 장수하여 90까지 간다. 戌대운에 왕신이 입묘하니 戊戌년 90세에 졸했을 것이다.

화극금하는 초년에는 천식이나 폐병으로 고생하지만 나이가 들어 건강관리 덕분에 오히려 건강하였다고 보여진다. 아마도 닭띠 여자가 천생배필인데, 말년에 귀인을 만났을 것이다.

【原文】

形全者宜損其有餘, 形缺者宜補其不足.

四柱의 形象이 完全하게 이루어진 경우에는 그 餘裕가 있는 것은 마땅히 덜어 내야 하고 形象이 缺陷이 있어 不足할 경우에는 마땅히 도와주어야만 한다.

[劉氏注]

如甲木生於寅卯辰月, 丙火生於巳午未月, 皆爲形全, 戊土生於寅卯辰月, 庚金生於巳午未月, 皆爲形缺, 餘倣此.

만약에 예를 들어 甲木이 寅/卯/辰月에 태어나거나 丙火가 巳/午/未月에 태어난다면 이 모두를 形을 이루었다 하고, 戊土가 寅/卯/辰月에 태어나거나 庚金이 巳/午/未月에 태어났다면 이 모두를 形을 이루지 못했다고 한다. 나머지도 이와 같이 類推하면 된다.

[任氏注]

任氏曰, 形全宜損, 形缺宜補之說, 卽子平旺則宜洩宜傷, 衰則喜幫喜助之謂也. 命書萬卷, 總不外此二句, 讀之直捷痛快, 顯然明白, 故人人得而知之,究之深奧異常, 其中作用實有至理, 庸俗祗知旺用洩傷, 衰用幫助, 以致吉凶顚倒, 宜忌淆亂也. 以余論之, 須將四字分用爲是, 通變在一宜字.

宜洩則洩之爲妙, 宜傷則傷之有功, 洩者食傷也. 傷者官殺也. 均是旺也. 或洩之有害, 而傷之有利, 或洩之有利, 而傷之有害, 所以洩傷兩字, 宜分而用之也.

宜幫則幫之爲切, 宜助則助之爲佳, 幫者比劫也. 助者印綬也. 均是衰也. 或幫之則凶, 而助之則吉, 或幫之則吉, 而助之則凶, 所以幫助兩字, 亦宜分而用之也.

如日主旺相, 柱中財官無氣, 洩之則官星有損, 傷則去比劫之有餘, 補官星之不足, 所謂傷之有利, 而洩之有害也.

日主旺相, 柱中財官不見, 滿局比劫, 傷之則激而有害, 不若洩之以順其氣勢, 所謂傷之有害, 而洩之有利也.

日主衰弱, 柱中財星重疊, 印綬助之反壞, 幫則去財星則有餘, 補日主之不足, 所以幫之則吉, 而助之則凶也.

日主衰弱, 柱中官殺交加, 滿盤殺勢, 幫之恐反剋無情, 不若助之以化其强暴, 所以幫之則凶, 而助之則吉也.

此補前人所未發之言也. 至於木生寅卯辰月, 火生巳午未月爲形全, 亦偏論也. 如木生寅卯辰月, 干露庚辛, 地藏申酉, 莫非仍作全形而損之乎. 火生巳午未月, 干透壬癸, 地藏亥子, 莫非仍作形全而損之乎. 土生于寅卯辰月爲形缺, 干丙丁而支巳午, 莫非仍作缺形而補之乎. 金生於巳午未月, 干戊己而支申酉, 莫非亦作缺形而補之乎. 凡此須究其旺中變弱, 弱中變旺之理, 不可執一而論, 是以實似所當損者, 而損之反有害, 實似所當補者, 而補之反無功, 須詳察焉.

임씨가 말하였다. 形이 완전하게 갖추어지면 마땅히 덜어내야 하고, 形에 모자람이 있으면 마땅히 도와주어야 한다는 이야기는 곧 子平學에서는 旺한 것은 마땅히 '洩'하거나 '傷'하는 것이며, 衰한 것은 마땅히 '幫'

하거나 '助'해야 한다는 理論에서 나온 것이다. 命理書가 아무리 많다고 하여도 모두 이 두 개의 文句의 밖으로 벗어날 수가 없으며, 그것을 읽어서 깨달으면 곧바로 통쾌함을 느끼는 것이 명백히 나타난다.

그러므로 사람들마다 그것을 깨달아 얻었는데 그 예사롭지 않은 深奧한 것을 硏究하면 그 속에 실로 至極한 理致가 作用하고 있다는 것을 알아낼 수가 있었다. (그러나) 제대로 공부하지 않은 사람들은 단지 旺하면 '洩'하거나 '傷'을 사용하고, 衰하면 '幫'하거나 '助'를 무조건 빌려서 通俗的으로 사용하다 보니 (마침내) 그 결과는 吉凶이 뒤바뀌므로 混亂에 빠져서 마땅히 꺼리게 되고 마는 것이다.

(이러한 것을) 내가 이야기하고자 하는 것인데, 반드시 장차 네 글자는 이렇게 된 것을 나누어서 사용하여야 하는 것이고, 그 마땅한 한 글자를 通해서 만이 通變이 되는 것이다. 마땅히 '洩'할 때는 '洩'하여야 하며, 그 '洩'하는 것만이 妙함이 있으며, 마땅히 '傷'해야 할 때는 '傷'하여야 하며 그 '傷'하는 데에 功이 있는 것이다. 여기서 '洩'이라는 것은 食傷이요, '傷'이라는 것은 官殺인데, 旺한 氣勢가 이와 같이 똑같더라도 혹 '洩'하는 것이 有害하고 '傷'하는 것이 有利한지, 혹 '洩'하는 것이 有利하고 '傷'하는 것이 有害하는지를 경우에 따라서 '洩과 傷' 두 글자는 마땅히 分別하여 사용하는 것이 마땅하다.

마땅히 패거리(幫)의 도움이 필요하면 도와주어야만이 절실하며, 마땅히 윗사람(助)의 도움이 필요하면 도와주어야만이 아름다워진다. 여기서 '幫'이란 친구나 형제를 비유하는 比劫의 도움이고, '助'란 부모나 윗사람으로 비유되는 印綬의 도움이 있는 것을 말하는 것이다. 이와 같이 衰한 氣勢가 똑같더라도 혹 '幫'하여 凶하고 '助'하여 吉하거나, 혹 '幫'하여 吉하고 '助'하여 凶하거나 하는 경우가 있으니 '幫과 助' 두 글자를 역시 分別하여 사용하는 것이 마땅하다.

만약에 日主가 旺相하고 四柱 중에 財官이 無力하면, '洩'한즉 官星에

損害를 끼치니 '傷'한즉 比刦의 남는 힘을 除去하고 官星의 不足함을 도와야 하니 이른바 '傷'한즉 有利하고 '洩'한즉 有害한 것이다.

日主가 旺相하고 四柱 중에 財星과 官星이 보이지 않고 比刦이 가득할 때, '傷'한즉 격렬함만 일어나 有害하니 그 氣勢를 '洩'하여 順하게 하는 것만 못하므로 이른바 '傷'하는 것은 有害하고 '洩'하는 것이 有利한 것이다.

日主는 衰弱하고 四柱 중에 財星이 重疊되어 있을 때 印綬의 도움은 반대로 壞滅하게 되니 比刦의 도움으로 財星의 남는 힘을 除去하고 日主의 不足함을 도우는 것이 바로 이것을 '幫'한즉 吉하며 '助'한즉 凶이라 한다.

日主는 衰弱하고 四柱 중에 官殺이 뒤섞이어 더하여 온통 四柱가 官殺로 가득할 때, 比刦의 도움으로는 無情하게 반대로 剋해 오는 것이 두려우니 印綬의 도움으로 그 强暴한 氣勢를 化하여야만 하니 바로 이것이 '幫'한즉 凶이며, '助'한즉 吉이라 하는 것이다.

여기서부터는 앞사람들이 言及하지 않은 내용을 增訂하여 주는 것으로 단지 木 日主가 寅 · 卯 · 辰月에 生하거나, 火日主가 巳 · 午 · 未 月에 生하였다하여 形이 온전하다고 하면 역시 한쪽으로 치우친 論理이다. 만약에 예를 들어 木 日主가 寅 · 卯 · 辰月에 生하고 天干으로 庚 · 辛이 있으면서 地支로 申 · 酉가 있다면 곧 形이 온전하게 만들어졌으므로 덜어내지 않으면 안 된다.

火日主가 巳 · 午 · 未月에 生하고 天干에는 壬 · 癸水가 透干하고 地支로는 亥 · 子水가 있을 때는 곧 온전한 形이 되므로 덜어내지 않으면 안 된다.

土日主가 寅 · 卯 · 辰月에 생하면 形에 缺陷이 있다고 하나 天干으로 丙 · 丁火가 투출하고 地支로는 巳 · 午火가 있다면 곧 缺陷된 形을 도와주지 않음이 없다고 하겠는가?(즉, 丙 · 丁火와 巳 · 午火가 돕는 것이다).

金 日主가 巳 · 午 · 未月에 生하고 天干으로는 戊 · 己土가 地支로는

申 · 酉金이 있을 때에도 곧 缺陷된 形을 도와주지 않음이 없다고 하겠는가?(즉, 戊 · 己土와 申 · 酉金이 돕는 것이다).

무릇 이러한 것은 반드시 旺한 것이 弱하게 되었는지 弱한 것이 旺하게 되었는지 그 理致를 연구하여야 하며 한 가지 論理에만 집착하지 말아야 한다. 이러한 것이 實質的으로 당연히 덜어야 할 것 같으나 덜어낸즉 害가 되고 實質的으로 당연히 도와야할 것 같아 도우면 그것을 도운 것이 반대로 功이 없고 하니, 모름지기 자세하게 살펴야만 될 것이다.

<譯評> 이곳에서 증주자의 주장은 劉伯溫注에 있는 '如甲木生於寅卯辰月, 丙火生於巳午未月, 皆爲形全, 戊土生於寅卯辰月, 庚金生於巳午未月, 皆爲形缺, 餘倣此.'에 대해 反하여 자세히 설명한 부분이다.

時	日	月	年<事例 69>
甲	庚	庚	丁
申	子	戌	丑

甲	乙	丙	丁	戊	己
辰	巳	午	未	申	酉

此秋金銳銳, 官星虛脫, 不能相制, 財星臨絶, 何暇生官, 初運土金, 晦火生金, 刑傷破耗, 無所不見, 丁未丙午, 助起官星, 家業鼎新, 乙巳晩景優游, 所謂傷之有功也.

이 命造는 庚金이 가을에 태어났으므로 金의 氣가 대단히 銳利한데, 官星인 丁火는 虛脫하므로 相制하기가 不可能하고 財星 甲木도 絶地에 있으니 어찌 官星을 生하는데 餘裕가 있겠는가?

初運이 土 · 金運이라 불은 꺼지고 金을 生하니 財産은 깨져서 줄어들고 몸은 다치고 刑까지 당하였다. 丁未 · 丙午大運에 官星이 일어나는 것을 도와주어 家業을 새롭게 일으켰으며 乙巳大運에는 늦게까지 비치는 햇빛을 넉넉히 즐겼으니 이른바 官星으로 '傷'한 것의 功이 있는 것이다.

<譯評> 庚戌月의 庚金日主에 태어난 時가 申時로 日主의 강함이 한눈에 들어온다. 증주자는 용신을 年干의 丁火로 보고 희신은 이를 돕는 時干의 甲木으로 보았으며 대운에서 이 木/火를 돕는 때를 기다리니 三旬大運인 丁未大運부터 用/喜神을 돕는 대운이 되어 '傷'의 효과를 본 명조를 예시하였다.

『子平眞詮』 심효첨의 格局論에 의하면, 印綬는 日主를 생하는 것을 반가워한다. 正/偏이 함께 美格이 된다. 그러므로 財格과 더불어 印格은 偏/正을 나누지 않고 함께 하나의 格으로 논한다. (그러나) 印綬의 格局은 역시 한결같지 않다. 印格에 官星이 투간된 자는 正官이 印星을 생하는 것을 취할 뿐만 아니라 즉, 용신으로 사용할 수 있으며, 더불어 煞을 용신으로 쓰는 것과 같지 않다. 그러므로 '身旺印强者'는 (官星이) 太過함을 근심하지 않는다. 오직 官星이 淸純한 것만이 필요하다. 마치 丙寅/戊戌/辛酉/戊子인 張參政의 命이 그렇다.[253]고 하여 심효첨도 印格에 官星을 用(相)神으로 할 경우 '身旺印强'하면 '不愁太過'라고 하였다.

『窮通寶鑑』 계절을 중시하는 조후용신론에 의하면, 9월의 庚金日主는 戊土가 司令하여 가장 두려운 것은 '土厚金埋'가 되는 것이다. 마땅히 甲木을 우선적으로 써서 疎土를 한 후에 壬水를 써서 닦아내야만 金이 스스로 나타난다. 己土가 나타나 壬水를 흐리는 것을 꺼린다.[254]고 하여 木/水를 用/喜神으로 보았다. 이와 같은 결과는 某月生, 某日干은 계절적 요인에 의하여 어떤 오행을 用/喜神으로 써야 한다는 단편적으로 결정해 놓았기에 이 단편적인 것이 결점이 된 用神論이 되었다.

---

253) "印綬喜其生身, 正偏同爲美格, 故財與印不分偏正, 同爲一格而論之, 印綬之格亦不一, 有印而透官者, 正官不獨取其生印, 而卽可以爲用與用煞者不同, 故身旺印强, 不愁太過, 如丙寅/戊戌/辛酉/戊子, 張參政之命是也", 『子平眞詮評註』 권4, 앞의 책, p.29.

254) "九月庚金, 戊土司令, 最怕土厚埋金, 宜先用甲疏, 後用壬洗, 則金自出矣, 忌見己土濁壬", 『窮通寶鑑』, 앞의 책, p.148.

[宗主命理 解說]

時　日　月　年 <事例 69>
甲　庚　庚　丁
申　子　戌　丑

甲　乙　丙　丁　戊　己
辰　巳　午　未　申　酉

指數法으로 보면, 토0.9 금6.9 수4.1 목1.0 화1.4이다. 비견인 금이 극왕하나 월지를 포함하지 못하여 준정격에 들지 못하여 極法取用하니 금체화용조이고 정화가 용신이 된다. 통력군으로 丁戌이 있고 온전하니 통력이 충족되므로 丁火가 용신이 된다. 庚戌이 月令을 득하면 入格이 가능하지만 丁화의 방해로 破格이 되었기 때문에 準正格인 比劫格이 되지 못한 것이다.

火용신은 寅午戌火운동이 일어나야 하고 巳午未를 거치면서 크게 발복하게 된다. 戌이 사령하는 丙午대운은 권력을 거머쥐게 된다. 丙火官星은 저절로 주어지는 큰 관이다. 경쟁이 있어도 지지자가 많아서 자연스럽게 득하게 된다.

申운까지는 金勢가 강하니 군비쟁재가 되어 재산이 줄어들고 몸을 다치어 치료비가 많이 들어갔다. 丁丑백호가 축술형을 당하니 30 전에 쓰나미 같은 고통을 겪게 된다. 25세 辛丑년에 임하면 戊申대운이 토생금으로 비겁이 흉흉하고 겁재가 가세하여 축술형으로 백호대살이 동하니 다루기 힘든 문서를 쥐게 된다. 계약이나 증서가 파기되고 사라지고 찢어지는 슬픔과 고통이 수반되는 사건사고를 겪는다. 원국에 丑戌刑이 再刑出되어 戌中丁화는 사라진다. 정화는 직장이고 자신을 지키는 정도이고 규정인데, 이것이 무너지니 무법천지가 되어 도둑떼들이 덤비는 형국이 되는 것이다. 戌中辛과 丑中辛이 쌍으로 돈을 내놓으라고 하고 있기 때문이다. 丑中癸수는 상관으로 그 흉폭함을 짐작할 수 있다.

그러나 丁未대운부터는 질서가 잡히고 햇빛이 비치는 형국으로 좋아지니 가업을 일으키고 출세가도를 달리게 된다. 용신운이 20년 이상 계속되고 길운이 80대 후반까지 이어지다가 辛丑대운에 졸했을 것이다.

時	日	月	年<事例 70>		
乙	庚	壬	戊		
酉	申	戌	申		
戊	丁	丙	乙	甲	癸
辰	卯	寅	丑	子	亥

此造乙從庚化, 官星不見, 支類西方, 又坐祿旺, 權在一人, 從其强勢, 雖有壬, 戊土緊剋, 不能引通洩其殺氣, 初交癸亥甲子, 順其氣勢, 財喜如心, 一交丙寅, 觸其旺神, 一敗如灰, 衣食難度, 自縊而死, 所謂洩之有益, 傷之有害也.

이 命造는 乙木이 庚金을 따라 從하여 金으로 化하였으며 官星이 보이지를 않고 地支의 종류는 西方으로, 또한 祿旺에 앉아 있어 權勢가 한 사람에게 있으니 그 强勢를 좇아야 한다. 비록 壬水가 있으나 戊土가 바로 옆에 붙어 剋을 하고 있어 그 殺伐한 氣運을 끌어당기어 通(金生水)하게 하기가 어렵다.

初運에 癸亥/甲子大運을 만나 그 氣勢를 順하게 하여 마음먹은 대로 財物을 즐기다가 한번 丙寅大運을 만나 그 旺한 神을 건드려 한번에 財産을 재(灰)같이 날리고 먹고 입는 것조차 헤아리기가 어려워지자 스스로 목을 매어 죽으니 이른바 '洩'하는 것이 有益이고, '傷'하는 것은 有害가 된다.

<譯評> 戌月의 金의 세력이 엄청 강하다. 증주자의 설명대로 '洩'은 가능하지만 '剋과 傷'은 불가능하다 왜냐하면 '衰者沖旺旺者發'이 되어 弱한 자가 强한 자를 沖하면 旺한 자가 발끈하고 화를 내며 사주가 깨지게 되

어 있다. 철초님의 설명대로, '一交丙寅'하여 '觸其旺神'하니 '一敗如灰'하고 '衣食難度'하니 '自縊而死'한 命主가 되었다.

『子平眞詮』 심효첨의 격국론에 의하면 역시 위의 명조와 같이 印綬格이다. 하지만 印格에 相神은 食神을 쓰는 구조인지라 印綬格에 食神 取用法을 볼 것이다. 印格에 傷食을 相神으로 쓰는 자는 '身强印旺'하면 그 太過함을 두려워한다. (食傷을 相神으로 쓰는 경우) 日主의 기운을 洩하여 秀氣로 삼기 때문이다. 官星이 나타나지 않으면 용신으로서 비교적 明顯함이 된다.[255]고 하였다.

이와 같이 食傷을 相神으로 쓸 경우에 印星이 많아 日主가 강해진 경우를 꺼리는데 그 이유는 印星이 食傷을 破剋하기 때문이다. 결국 이 명조에서도 年干의 偏印인 戊土가 食神인 壬水를 극하므로 破格이 되었는데, 이를 一名 '梟神倒食格'이라고 하여 偏印이 가장 나쁘게 작용하는 경우이다.

『窮通寶鑑』 계절을 중시하는 조후용신론은 앞의 명조와 用/喜神이 같다. 9월의 庚金日主는 戊土가 司令하여 가장 두려운 것은 '土厚金埋'가 되는 것이다. 마땅히 甲木을 우선적으로 써서 疎土를 한 후에 壬水를 써서 닦아내야만 金이 스스로 나타난다. 己土가 나타나 壬水를 흐리는 것을 꺼린다.[256]고 하여 木/水를 用/喜神으로 봄으로 인하여 이 명조에서는 어느 정도 적용 가능한 용신론이 되었다. 특히 '己土濁壬'하는 것을 꺼린다고 하였는데 이 명조에서는 戊土가 '濁壬'이 아니고 '剋壬'을 하므로 破格이 된 명조이다.

---

255) "有印而用傷食者, 身强印旺, 恐其太過, 洩身以爲秀氣, 官星不見, 用神較爲明顯", 『子平眞詮評註』 권4, 앞의 책, p.30-1.

256) "九月庚金, 戊土司令, 最怕土厚埋金, 宜先用甲疏, 後用壬洗, 則金自出矣, 忌見己土濁壬", 『窮通寶鑑』, 앞의 책, p.148.

[宗主命理 解說]

時 日 月 年 <事例 70>

乙 庚 壬 戊

酉 申 戌 申

戊 丁 丙 乙 甲 癸

辰 卯 寅 丑 子 亥

한눈에 金이 宗主旺神이라는 것을 쉽게 알지만 重疊合局을 이루고 있어 금을 生法取用하니 신중임수가 진용신이다.

수가 용신이면 신자진운동이 일어나야 발복하며 해자축을 거치면서 뜻하는 바를 이루게 된다.

천간의 경금은 하늘을 열고 지지의 신금은 땅을 열어가니 亥子丑 水운은 좋았으나 천간 庚금을 극하는 丙丁운에는 관살이 자신을 잡아 가두는 흉물로 작용하므로 관재횡액이 속출한다. 용신이 극상당하면 파산파재하고 자살로 몰고 가는 것이다.

좌표상으로 戊이 사령하는 丙寅대운은 火局을 결성하여 水용신을 감옥에 가두어 버리는 형국이 된다. 게다가 庚申과 丙寅이 天剋지충으로 천지가 불바다가 되니 금은 불에 녹아사라 지는 것이다. 불귀신이 잡아가니 분신자살이라도 하게 된다.

丙寅대운 丙戌년 39세에 寅申沖을 만들고 화국을 이룬 화는 금용신을 사정없이 박살내니 자살하였던 것이다. 寅申충형으로 충형출된 인중에 丙과 甲이 사라지니 丙은 하는 일이고 甲은 재산인데, 일도 재산도 다 떠나가니 세속에서 살아갈 이유가 없어졌던 것이다. 丙寅과 丙戌은 병화의 유인력 때문에 화국을 결성하여 화극금을 하니 丙戌년을 넘기지 못하고 졸하였다.

時	日	月	年<事例 71>
乙	丙	辛	庚
未	辰	巳	申

丁　丙　乙　甲　癸　壬
亥　戌　酉　申　未　午

此造以俗論之, 丙火生於巳月, 建祿必要用財, 無如庚辛重疊根深, 獨印綬傷, 弱可知矣. 運至甲申乙酉, 金得地, 木無根, 破耗異常, 丙戌丁運, 重振家聲, 此財多身弱, 所謂幫之則有功也.

이 命造는 일반적으로 말하면 丙火日主가 巳月에 태어나 月建이 (比肩인) 祿이라 반드시 用神으로는 財星을 필요하다고 하겠다. 庚 · 辛金이 重疊되어 있는 것은 뿌리가 깊은 것만 못하다.(좌우보다 상하가 더 깊다) 홀로 있는 印綬는 상처를 입고 있으므로 日主가 弱한 것을 알 수가 있다.

運이 甲申/乙酉大運에 이르러 金氣運이 得地하고 木氣運이 뿌리가 없으므로 이상하게도 財産이 깨지고 줄어들었다. 丙戌 · 丁大運에 이르러 家門의 이름을 널리 떨치니, 이것은 '財多身弱'한 命造에서의 이른바 (比刦의) '幫'으로 成功하는 경우이다.

<譯評> '幫'에 대한 설명이다. 증주자는 財星이 강하여 '財多身弱'이 된 사주로 이 命主가 '丙戌丁運'을 만나 '重振家聲'한 이유는 '此財多身弱'한 명조는 '所謂幫之則有功也'하여 比劫이 '幇'하여 發福한 사주다. 이와 같은 사주인 경우가 바로 정단님의 지수법칙에 의하여 어느 오행이 과연 어느 정도 강한지를 수치적으로 검사를 해 봐야 하는 경우이다. 정단님의 지수법칙은 정단님에게 넘길 것이다.

『子平眞詮』 심효첨의 격국론에 의하면 建祿格이다. 建祿이란 月建이 祿堂이 된 것이다. 祿은 곧 劫이다. 혹시 祿堂이 투출하여 용신으로 삼고 의지할 수 있을까? 옳지 못하다. 그러므로 建祿과 月劫은 동일 格으로 할 수 있고 별도로 나눌 필요가 없다. 모두 地支에 모여 있는 것이 투간된 것을 가지고 별도로 財/官/煞/食으로 용신을 취해야 한다.[257]고 하였다.

그렇다면 심효첨의 주장대로 이 명조의 月建 巳火에서 어느 오행이 투간되었는지를 살펴야 할 것이다. 결론적으로 巳中 庚金이 투간되어 格用이 되니 財格用이 된다. 때문에 심효첨은 다음과 같이 설명을 한다. 祿劫으로 財星을 용신으로 쓸 경우에 반드시 傷官과 食神과 함께 있어야 한다. (그 이유는) 月令이 劫財이므로 財星에 영향(劫奪)을 주기 때문이다. 二者가 서로 극하기 때문에 반드시 食/傷星으로 化하는 작용이 있어야 비로소 劫財가 財星을 생하게 되는 것이다.(劫生食/傷→食/傷生財)[258]고 하였다.

결론적으로 이 명조의 相神은 食/傷星인 土가 된다. 그렇다면 여기서 심효첨의 격국론의 허점이 들어난다고 할 수 있다. 심효첨은 月支와 日主를 중심으로 格을 찾는 단점으로 인하여 月支에 比劫星이 있으면 무조건 강하다고 여겨 財/官/煞/食으로 용신을 취하기 때문이다. 이 명조는 중화론에 의하면 '强變爲弱'이 된 명조이다.

『窮通寶鑑』 다음으로 계절을 중시하는 조후용신론에 의하여 용신을 구해볼 것이다. 四月의 丙火日主는 巳火에 建祿이 되었다. (때문에) 火勢가 타오를 듯하여 마땅히 壬水를 專用하여 불길의 위력을 풀어 헤쳐서 '旣濟'의 공을 이루어야 한다. 만약에 임수가 없으면 외로운 陽이 도움을 잃은 것으로 밝은 빛을 透寫하기가 어렵다. (壬水가 있으면서) 庚金의 水源이 發하면 물의 근원지가 있게 된다. 壬水와 庚金이 둘 다 투간하고

257) "建祿者, 月建逢祿堂也, 祿卽是劫, 或以祿堂透出則可依以爲用者, 非也, 故建祿與月劫, 可同一格, 不必另分, 皆以透干會支, 別取財官煞食爲用", 『子平眞詮評註』 권5, 앞의 책, p.39.

258) "祿劫用財, 須帶食傷, 皆月令爲劫而以財作用, 二者相剋, 必以傷食化之, 始可轉劫生財", 위의 책, 권5, p.41.

戊土를 보지 않으면 호수가 汪洋하다고 말하고 태양의 넓은 빛이 비추고 밝은 빛이 비추는 文明의 象이 된다.[259)]고 하여 이 조후용신론에서도 4월의 丙火日主는 강하다고 인식되어 官/財星으로 용신을 취하였다. 그러나 이 명조는 官星은 없고 財星만 있는데 임철초의 중화용신론에 의하면 '財多身弱' 명조에 比劫이 용신인 명조다.

[宗主命理 解說]

時 日 月 年 <事例 71>

乙 丙 辛 庚

未 辰 巳 申

丁 丙 乙 甲 癸 壬

亥 戌 酉 申 未 午

指數法으로 木2.1, 火5, 土3, 金3.3, 水0.8 이다. 火가 태왕하나 월지 건록을 포함하고 있으면 準正格인 比劫格에 入格되므로 生法取用하니 火體火用이 된다. 용신인 火를 合去 刑去하는 辛酉대운에는 재물로 인한 고초를 겪게 된다. 그러나 丙戌운에 임하면 병화는 용신운이고 술토는 용신을 보호하는 희신이니 발복한다. 용신운에는 어떠한 흉액도 드러내지 못한다.

巳화는 변덕이 土 다음으로 심하다. 巳中戊토는 주변의 오행배합에 따라 金이 되거나 火로 변화한다. 금과 동주하고 금토와 이웃하고 있어 사중무는 경금으로 변한다.

금의 氣勢가 과하니 병화로 조화와 균형을 맞추어야 사주의 길복이 생겨나는 것이다. 甲운까지는 甲목이 천지를 도우니 유족하다가 申운에 金이 火를 상하게 하고 酉운에 화를 死宮으로 끌고 가니 평지풍파를 겪었

---

259) "四月丙火, 建祿於巳, 火勢炎炎, 宜專用壬水, 解炎威之力, 成旣濟之功, 如無壬水, 孤陽失輔, 難透淸光, 得庚發水源, 方爲有根之水, 壬庚兩透, 不見戊土, 號曰湖水汪洋, 光映太陽, 光輝顯著, 文明之象", 『窮通寶鑑』, 앞의 책, p.66-7.

다. 丙운부터 천지를 도우니 발복하여 부를 누리고 명성을 누렸다.

재성이 혼잡하고 기신으로 작용하니 처첩을 두고 갈등을 겪게 된다. 아들자식을 둔 처보다 딸자식을 둔 첩을 더 좋아하였다. 첩과 간합하고 우합으로 유정하기 때문이다. 42세 乙酉대운 辛丑년에 사유축 삼합을 결성하여 처첩과 재물의 흉액이 최고조에 달하여 고초와 파란을 면하기 어렵다. 재산분배를 두고 배신과 쟁투가 난무하였을 것이다.

時 日 月 年 <事例 72>

壬 丙 癸 壬

辰 午 丑 子

己 戊 丁 丙 乙 甲

未 午 巳 辰 卯 寅

此造滿局官星, 日主孤弱, 雖食傷並見, 但丑辰皆溼土, 能蓄水, 不能止水, 初交甲寅乙卯, 化殺生身, 早遊泮水, 財業有餘, 後交丙辰, 不但不能幫身, 反受官殺回剋, 刑妻剋子, 家業耗散, 申年暗拱殺局而亡, 所謂助之則吉, 幫之反害也.

이 命造는 官星으로 局이 가득하여 日主는 외롭고 弱하며 비록 食傷이 함께 보고 있지만 단지 丑/辰土는 溼土에 不過하여 작은 水를 貯藏하는 能力은 있으나 큰 水를 막을 能力은 없다. 初運에 甲寅/乙卯大運을 지날 때는 殺을 化하여 日主를 도우니 일찍이 諸侯들이 다니는 國學에 入學하고 財産이나 家業이 餘裕가 있었다.

後에 丙辰大運을 만나 比刦의 도움이 不可能할 뿐만 아니라 반대로 官殺의 回剋을 받아 마누라는 죽고 자식은 剋했으며 家業은 흩어져 줄어들면서 申年에 暗暗裡에 殺局으로 뭉치니 죽었다. 이른바 (印綬의) '助'는 吉하고 (比刦의) '幫'은 반대로 害가 되는 것이다.

<譯評> 이 부분은 다른 命理書에는 없는 理論으로 '傷, 洩, 幇, 助'라

는 用語를 이용하여 四柱를 論하였다. 물론 별 것이 아니라고 생각하면 그만이지만 연구하는 모습이 가히 아름답다고 할 만하다. '傷'과 '洩'은 비슷한 작용을 하지만 '傷'을 쓰면 官이 用神이요, '洩'을 쓰면 食傷이 用神이 되고 '財多身弱' 四柱는 '幇'을 쓰고, 官殺이 騰騰하여 身弱한 四柱에는 比劫의 '幇'은 無用之物이고, 단지 印綬의 '助'가 필요하다고 설명하고 있다.

이 명조 역시 嚴冬의 丙火日主가 유일하게 의지하는 곳은 바로 아래 깔고 있는 午火에 의지하여 印綬大運이 오기를 기다리는 수밖에 없다. 그 이유는 日主 옆에 正/偏官이 포진하고 있기 때문에 比劫運이 들어오면 官煞에 깨지게 되어 있으므로, 단지 印星이 들어와 化煞을 하여 日主를 도와야만 되는 사주의 구조체이다.

그러므로 火를 생하는 木이 희신 작용을 하는데 사주자체에는 全無하여 대운을 기다리니 初年 甲寅/乙卯大運이라 국립학교에 입학도 하고 財業도 여유가 있었으나 三旬大運 丙辰大運에 回剋을 당하여 '刑妻剋子'하고 '家業耗散'의 운명이 된 命主이다.

『子平眞詮』 심효첨의 격국론에 의하면, 丑月의 丙火日主로 食神格이다. 이 食神格은 四吉神 중에 하나가 되므로 보호해야 한다. 때문에, 이 食神은 본래 (일주를) 洩氣하는데 속하며, 그 기능은 正財를 생하는 것을 기뻐한다. 그러므로 '食神生財'는 美格이다. 재성은 뿌리가 있는 것이 중요하며 正/偏이 중첩되어 투출된 것을 필요로 하지 않는다. 만약에 身强하면서 食神이 旺하고 財星이 투출하면 大貴의 格이 된다.[260]고 하였으나 이 명조는 格만 食神格이고 財星이 없어 大貴格의 破格이 된 명조이다.

특히 取運論에서는 食神이 煞과 함께 있으면 印綬運으로 흐르는 것을

260) "食神本屬洩氣, 以其能生正財, 所以喜之, 故食神生財, 美格也, 財要有根, 不必偏正疊出, 如身强食旺而財透, 大貴之格", 『子平眞詮評註』 권4, 앞의 책, p.45.

기뻐한다고 하였다.[261]고 하였으나, 이 명조의 大運은 初年 甲寅/乙卯大運만 好運이고 三旬大運부터는 比劫運인 '幇'의 기능에 의하여 오히려 回剋을 당하여 亡한 命主다.

『窮通寶鑑』 계절을 중시하는 조후용신론에 의하면, 12월의 丙火는 기운이 二陽으로 나가는 상태이니 눈이나 서리도 얕잡아 보고 업신여긴다. 壬水를 쓰는 것을 반기고 己土가 司令하였으므로 土가 많고 木이 적은 것은 不可하다. 壬水와 甲木이 둘 다 투간되면 科甲을 마땅히 감당할 것이며 甲木이 암장되어 있으면 秀才일 뿐이다. 혹 甲木이 없고 壬水 하나가 투출된 것을 얻으면 부유한 가운데 귀함을 취할 수 있다.[262]고 하였으나, 이 명조는 일단 壬水는 불필요한 오행이고 甲木은 아예 없는 명조로 조후용신으로는 오히려 水勢가 강한 계절이라 일주의 입장에서는 유일하게 木氣運만 필요한 입장이다.

[宗主命理 解說]

時 日 月 年 <事例 72>
壬 丙 癸 壬
辰 午 丑 子
己 戊 丁 丙 乙 甲
未 午 巳 辰 卯 寅

指數法에 의하면 水가 7.1로 宗主旺神이 된다. 丑中己토는 계수로 변하기 때문이다. 수가 종주왕신이니 水體土用으로 토를 찾지만 丑辰토는 취하지 못하여 화를 찾는다. 丙화와 午화가 있어 取用한다. 火용조이고 그중에 화가 용신이다. 하늘에는 병화로 땅에는 오화로 세상을 열어 가

261) "食神帶煞, 喜行印綬" 위의 책, 같은 권, p.54.
262) "十二月丙火, 氣進二陽, 侮雪欺霜, 喜壬爲用, 己土司令, 土多又不可少甲, 壬甲兩透, 科甲堪宜, 甲藏則秀才而已, 或無甲得一壬透, 富中取貴", 『窮通寶鑑』, 앞의 책, p.79.

는데, 甲운부터 발복하여 초년부터 풍족하였으며 丙운까지 좋았지만 辰운에 임하면 종주왕신이 묘지에 들어 사망에 이른 것이다. 진토는 수의 고지이고 축토는 수의 衰地인데, 쇠지와 庫地가 만나 破局이 되면 죽음에 이르는 墓地가 되어버린다.

초운인 甲寅 乙卯에서는 化殺하여 生身하여 주니 엘리트 학교에 입학하고 재산과 가업이 풍족하였다. 화살이나 제살은 사주를 맑게 해주니 귀하게 되고 명성을 얻게 된다. 丙辰운에 임하면 身을 도우지만 官殺이 상극하니 丑辰破局으로 丑中辛금 재성이 백호대살의 흉액을 견디지 못하고 病死하였다. 그리고 자식과 결별하였다. 관살이 기신이고 식상도 기신으로 변하니 이별을 고하고 사망하였다.

31세 甲申년에 申子辰수국을 결성하여 凶殺局이 되고 왕신이 입묘하는 대운이기 때문이다. 殺이 극왕하면 化殺하는 印이나 制殺하는 食傷은 좋으나 화살도 제살도 하지 못하는 幫助는 오히려 흉액을 부채질하였다. 丑월의 丙화는 壬과 甲을 쓰나 壬이 過하면 化殺하는 甲이 필요한데, 甲이 없어 대신에 辰中乙木으로 보호 간직하고 있는 형국이라 辰을 沖破하는 운이 더욱 위험한 것이다. 파하면 破局이고 충하면 沖局이 되어 운이 요동을 치고 파란이 거세게 일어나는 것이다.

第十一 方局(上)

【原文】

方是方兮局是局, 方要得方莫混局.

方은 方으로만 되어야 하고 局은 局으로만 되어야 하며, 方에는 方만을 얻어야 하고 局과는 섞여서는 안 된다.

[劉氏注]

寅卯辰, 東方也. 搭一亥或卯或未, 則太過, 豈不爲混局哉.

寅卯辰이 있으면 木氣運의 東方인데, 또다시 하나의 亥나 혹은 未나 卯를 얻으면 지나침이 過하니, 이 어찌 混局이라고 하지 않겠는가!

〔任氏注〕

任氏曰, 十二支, 寅卯辰東方, 巳午未南方, 申酉戌西方, 亥子丑北方, 凡三字全爲成方, 如寅卯辰全, 其力量較勝于亥卯未木局, 戊日遇寅月, 見三字, 俱以殺論, 遇卯月, 見三字, 俱以官論, 己日反是, 遇辰月, 視寅卯之勢, 較量輕重, 以分官殺, 其餘倣此, 若只二字, 則竟不取, 所言方局莫混之理, (愚意以爲不然,)[263] 且如木方而見亥字, 爲生旺之神, 見未字, 爲我剋之財, 又是木盤根之地, 亦何不可, 卽用三合木局, 豈有所損累耶. 至于作用, 則局之用多, 而方之用狹, 弗以論方而別生穿鑿也.

任氏가 말하였다. 열두 가지 地支 중에 寅 · 卯 · 辰은 東方이고, 巳 · 午 · 未는 南方이며, 申 · 酉 · 戌은 西方이고, 亥 · 子 · 丑은 北方이다. 모두 세 글자가 있어야 완전한 方을 이루는 것이며, 만약 寅 · 卯 · 辰 東方이 완전하게 갖추었으면 亥 · 卯 · 未 木局보다 力量으로는 훨씬 강하다.

戊土 日主가 寅月을 만나고 세 글자를 보면 모두를 殺로 이야기하며, 卯月을 만나고 세 글자를 보면 모두를 官으로 이야기해야 한다.

己土 日主는 그것의 반대가 되는 것이며, 辰月生인 경우는 寅 · 卯의 勢力을 보아 가볍고 무거움을 比較하여 官과 殺로 나누어야 하며, 그 나머지도 이와 같은 근거에 準하여 論하면 된다.

만약에 단지 두 글자일 경우에는 결국 그것을 取하지 말아야 하니, 바로 方과 局은 섞이면 안 된다는 原注의 理論인데, 나의 생각으로는 모두

---

263) "愚意以爲不然," 이 글귀는 【徵義】에는 빠져 있음. 아마도 서락오가 鐵樵任의 개인적인 의사가 확실하다는 표현을 피하기 위한 의도인 듯함. 물론 첫 도입 부분인 任氏曰도 없다.

다 그런 것이 아니라는 것이다.

그러하니 만약에 木方이 亥자를 보면 生旺之神이라 말하고, 未자를 보면 내가 剋을 하는 財星이라 하고, 또한 이것은 木의 뿌리를 내릴 수 있는 地盤이니, 어찌 不可하겠는가?

즉 三合 木局을 쓰는데 어찌 損害를 끼치는 것이 되겠는가? 이러한 作用의 原理대로라면 局을 사용함이 많고, 方을 사용함은 적어지므로 方을 論할 필요가 없다는 것이다. 이는 특별히 알지 못하고 理致에 닿지 않는 말을 억지로 끌어다가 새로운 理論을 만들려고 하는 것이다.

<譯評> 증주자인 임철초의 주장은 바로 劉伯溫의 原註의 '寅卯辰, 東方也. 搭一亥或卯或未, 則太過, 豈不爲混局哉'에 대한 反論이다. 주장에 의하면 이미 寅/卯/辰 東方으로 형성된 뒤에는 亥字나 未字를 보아도 混局이 안 된다는 주장이다.

時	日	月	年<事例 73>		
己	戊	丁	甲		
未	辰	卯	寅		
癸	壬	辛	庚	己	戊
酉	申	未	午	巳	辰

此木方全, 搭一未字爲混, 然無未字則日主虛脫, 且天干甲木透出作殺, 而不作官, 必要未字日主氣貫, 身殺兩停, 名利雙輝, 鼎甲出身, 仕至極品, 可知方混局之無害也.

이 命造는 木氣運으로 方合을 완전히 이루었고 未字 하나가 더하여 混濁이 되었다. 그러나 未字가 없다면 즉 日主는 虛脫하게 되며 또한 天干으로 甲木이 透出하여 殺을 만드니 官이라고는 할 수 없다. 반드시 필요한 것은 未字에 日主의 氣運이 通해야 하는 것이기에, 日主와 殺의 氣運이 均衡을 이루어 名譽와 富가 둘 다 빛이 났다. 鼎甲出身으로 벼슬길이

品位의 끝까지 오르니 方과 局이 섞이어도 害가 없음을 알아야 한다.

<譯評> 여기서도 증주자의 치밀함이 보인다. 이론으로만 반론을 주장하는 것이 아니라 이와 같이 명조를 예시하여 본인 주장을 합리화 하고 있다. 이 명조는 참으로 妙하게 생겼다. 己 戊 丁 □ 이와 같이 天干과 地支가 이와 未 □ □ □ 같이 이루어져 土의 기운이 형성되었으며, □ □ □ 甲 □ 辰 卯 寅 이와 같이 天干과 地支가 木의 기운을 이루고 있어 증주자가 주장하듯 '身殺兩停'이 되어 好命이 된 명조가 되었다.

이 명조의 진정한 용신은 어떤 오행일까? 일단 정단님의 指數法則으로 살펴보면 木이 司令하고 寅/卯/辰 木方을 이루었으며 天干으로 甲木이 투출하여 木勢가 강하다는 것을 한눈으로 알 수 있다. 그렇다면 용신은 이 왕한 木勢를 剋制하는 金을 찾아야 하겠다. 하지만 없으니, 다시 이 金을 생하는 두 번째 오행을 찾으니 土가 있다. 특히 通力은 계산할 필요가 없고, 이 土오행을 용신으로 하고 희신은 이 土를 생하는 火가 된다. 용신과 희신을 정하고 나면 土火用組가 되는데 일주 후순위 법칙에 의해서 火가 용신이 된다. 더하여 金五行은 대운에서 藥神作用을 한다.

특히 명조가 묘하게 생긴 것은 年干의 甲木이 月干의 丁火를 생하고 이 丁火가 日干의 戊土를 생하는 連生構造도 되고 木土 기운이 相剋을 하는 가운데 火用神을 쓰므로 인하여 通關用神의 기능도 한다. 결론적으로 명조의 구조가 忌/仇神 운이 들어와도 흔들리지 않게 짜여져 있다.

『子平眞詮』 심효첨이 이 명조를 보면 과연 철초님과 같이 偏官格은 '身殺兩停'으로 보았을까? 아닐 것이다. 왜냐하면 엄연히 卯月의 戊土日主는 격국론으로는 正官格이 되기 때문이다. 그래서 설명하기를, 官으로서 일주를 극하는 것은 비록 七煞과 다른 점이 있으나 끝내는 저에게 剋制를 받는 것이다. 어째서 진실로 刑/沖/破/害를 꺼리는가? 지위가 높음이 이와 같기 때문이다. 천지간에 사람의 삶을 알겠는가? 어찌 반드시 바로잡는 것이 없겠는가? (正官者는) 스스로가 지위가 높은 理由가 되어 비록 귀함이 天子에 이르기에 또한 天祖가 임명하기 때문이다. 正官이란 마땅히 지위가 높음을 분별해야 한다. 마치 나라에는 군주가 있고 집에는 친부가 있는 것처럼, (때문에) 形/沖/破/害는 아랫사람이 윗사람에게 범하는 것이니 어찌 가능한 일이겠는가?[264]고 하여, 正官格은 形/沖/破/害를 꺼리므로 이 格을 보호하는 官을 중심으로 印星이나 財星을 相神으로 하여야 한다는 의미이다.

그래서 심효첨은 말하기를, 刑/沖/破/害를 꺼리게 되면 생하거나 보호하는 것을 반기는 것이니, 반기는 것을 남기고 꺼리는 것을 제거하면 貴格이 되는 것이다. 귀한 가운데에도 高低가 있는 것은 어째서인가? 財星과 印星이 나란히 투산된 것을 가지고 논한다면 서로가 장애가 되지 않으면 그 귀함이 큰 것이다. 마치 薛相公의 命이 甲申/壬申/乙巳/戊寅으로 壬水가 印星이고 戊土가 財星인데 (일주) 乙木이 그것들 사이에 있어 水와 土가 서로 장애가 되지 않기 때문에 大貴格이 되었다. 만약에 壬戌/丁未/戊申/乙卯는 '雜氣正官格'인데 투간된 것이 地支에 會局을 이루면 가장 좋은 貴格이 되지만 (이 명조와 같이) 壬水財星과 丁火印星이 '二者相合'하면 오히려 외로운 官星(時干의 乙木)이 도움이 없다고 논하고 '七品 이상은 오를 수 없다'[265]고 하여 印星을 相神으로 하는 명조를 예시하고 있다.

---

264) "官以剋身, 雖與七煞有別, 終受彼制, 何以切忌形沖破害, 尊之若是乎, 豈知人生天地間, 必無矯焉, 自尊之理. 雖貴極天子, 亦有天祖臨之, 正官者分所當尊, 如在國有君, 在家有親, 形沖破害, 以下犯上, 烏乎可乎", 『子平眞詮評註』 권4, 앞의 책, p.1.

265) "以刑沖破害爲忌, 則以生之護之爲喜矣, 存其喜而去其忌則貴, 以貴之中又有高低者, 何也, 以財印並透者論之, 兩不相礙, 其貴也大, 如薛相公命, 甲申/壬申/乙巳/戊寅, 壬印戊財,以乙隔之, 水與土不相礙, 故爲大貴, 若壬戌/丁未/戊申/乙卯, 雜氣正官, 透干會之, 崔爲貴格, 而壬財丁印, 二者相合, 仍以孤官無輔論, 所以不上七品", 위의 책, 같은 권, p.2.

『窮通寶鑑』 다음으로 계절을 중시하는 조후용신론에서는, 戊土日主는 正月과 二月을 함께 논하고 있다. 즉, 甲木과 癸水가 있고 만약에 丙火로 寒氣를 제하지 못하면 마치 만물이 태어나 자라지 못하는 것과 같다. 그러므로 丙火가 없는 자는 부귀함을 이루기가 어렵다. 혹 丙火는 있고 甲木과 癸水가 없으면 이름하여 봄 가뭄이 들어 마치 만물이 태어났으나 많은 고통이 있는 것과 같다. 甲木과 癸水가 없으면 일생 동안 勤苦하고 수고로움은 있으나 이룸이 없을 것이다. 혹은 한줄기의 丙火가 있고 甲木은 있으나 癸水가 빠지면 초년은 태평하나 말년은 否塞하다. 혹 地支로 火局을 이루고 壬/癸水가 보이지 않으면 중의 길을 가거나 고독하고 가난하다. 癸水가 투출하면 귀함이 있고 壬水가 투출하면 부자가 된다.[266] 고 하였다. 마치 이른 봄에 농촌 들녘에 나가 농사 준비를 하는 농부의 심정으로 명조를 설명하고 있다.

[宗主命理 解說]

時 日 月 年 <事例 73>

己 戊 丁 甲

未 辰 卯 寅

癸 壬 辛 庚 己 戊

酉 申 未 午 巳 辰

指數法으로 보면 火2.1 土4.3 金0 水0.3 木7.3이다. 木이 극왕종주이니 木體金用으로 金이 필요한데, 금이 없어 토를 찾는다. 기미토가 온전하여 土火用組가 되고 그중에 火가 용신이다. 土火용조와 木水용조를 주의해야 한다. 원국에 없어도 용신이 되는 것이 水와 火이다. 水는 太陰이

---

266) "正二月卽有甲癸, 若無丙制寒, 如萬物生而不長, 故無丙者, 富貴艱辛, 或有丙無甲癸者, 名曰春旱, 如萬物生而多厄, 無甲癸者, 一生勤苦, 勞而無功, 或一派丙火, 有甲欠癸, 先泰後否, 或支成火局, 不見壬癸, 僧道苦貧, 癸透者貴, 壬透者富", 『窮通寶鑑』, 앞의 책, p.104.

고 火는 太陽이기 때문에 스스로 살아나기 때문이다.

辰운은 무난하나 己운부터 발복하여 未운까지 명리쌍전하므로 登科하여 벼슬길이 순탄하여 승승장구하였다. 土火용조에 金은 藥神이니 금운에 비약적인 발전이 있었다. 官殺이 태왕하니 財星을 드러내지 않고 辰중에 담아두고 있어 貴함을 자랑하는 것이다.

辰 중에 묻어두고 있어 丁火용신에 방해가 되지 않는 배합이 아름다우니 貴格인 것이다. 丁화가 化殺을 하고 未토가 幇身하니 귀함이 깊어 벼슬이 극품에 올랐다. 用組는 用의 환상적인 조합이니 土火運에 발복하는 것은 지극히 당연하다.

時　日　月　年<事例 74>

丁　乙　庚　丙

亥　卯　寅　辰

丁 丙 乙 甲 癸 壬 辛

酉 申 未 午 巳 辰 卯

此支類東方, 火明木秀, 最喜丙火緊剋, 庚金之濁, 然春初木嫩, 必得亥時生助, 爲人風流瀟灑, 學問淵深,[267] 丁亥生木助火, 采芹攀桂, 巳運南宮報捷, 名高翰苑, 午運拱寅合卯, 採梁棟於鄧林, 是唯哲匠, 搜琳琅於瑤圃, 爰藉宗工, 至酉, 乙木無根, 金得地, 沖破東方秀氣, 犯事落職, 若無亥水化之, 豈能

267)『徵義』에서는 學問淵深, 癸巳運水生木, 火得祿, 采芹攀桂, 甲運南宮報捷, 名高翰苑, 午運拱寅採樑棟於鄧林이라 하여 命造풀이와 大運에서 차이가 있음. 【徵義】가 옳다 왜냐하면 大運에 丁亥 大運이 없기 때문이다. 철초님의 잘못을 徐樂吾는 알면서 자연스럽게 癸巳 大運으로 바꾸었으며 袁樹珊은 무턱대고 확인도 하지 않고 철초님의 말씀을 옮겨 적으면서도 어디가 틀린지도 모르고 인쇄를 한 것이다. 물론 丁亥年이라면 말은 틀려진다. 다시 原文으로 넘어가서「采芹攀桂」다음으로「巳運南宮報捷」이 나오는데【徵義】에서는「甲運南宮報捷」이 나온다. 이렇게 되면 丁亥年이라는 말을 반드시 넣어주어야 讀者로 하여금 錯誤를 일으키지 않을 것이다. 물론 徐樂吾도 포함되는 讀者다.

免大凶.

이 명조는 地支로는 東方을 이루는 것이 主類이며, 木氣의 빼어남에 火氣가 밝다. 가장 기쁜 것은 丙火가 바로 옆에 붙어 庚金의 濁한 氣運을 剋하는 것이고, 이른 봄의 木은 당연히 어린 木이므로 반드시 時支의 亥水에 生하는 도움을 얻어야만 한다.

사람이 잘생기고 풍류를 아는 사람이며 學問은 깊은 연못과 같았다. 時柱의 丁亥가 木을 生하고 火를 도와서 제후가 다니는 학교에 입학하고 科擧에 及第를 하였으며 巳大運에 南宮에 報捷으로 들어가 翰苑에 이름을 높게 날리었다. 午大運에는 寅木과 아울러 卯木과 合을 이루어 鄧林에 重責을 맡는 사람으로 뽑히니 이것은 오직 사람이 총명하고 사리에 밝아서 최고의 우두머리가 되었다. 이는 마치 가장 숙련된 기술자가 玉의 밭에서 가장 아름다운 玉을 찾아낸 格이다.

酉大運에 이르러 日主인 乙木이 뿌리가 없어지고 庚金이 得地하여 東方의 빼어난 氣運을 沖하고 破하므로 일을 저지르고 벼슬에서 물러났다. 만약에 亥水가 그것을 化하는 機能이 없었다면 어찌 大凶을 免할 수가 있었겠는가?

<譯評> 또 다시 증주자인 철초님의 특유한 해설방법이 등장하는 부분이다. 위의 명조는 寅/卯/辰月의 戊土는 偏官格으로 보라고 하였으며, 이 명조는 寅/卯/辰月 東方 木局이라도 태어난 시간이 亥時고 寅月에 司令하여 祿劫格으로 설명하려는 의도이다. 옛날 나이로 酉大運까지 살기는 드문 경우이다. 위의 명조는 寅/卯/辰 木方에 未土가 추가된 명조이고, 이 명조는 亥水가 추가된 명조로써 유백온의 方과 局은 혼합되면 불가하다는 주장을 예제를 통하여 반론을 제기한 것이다.

『子平眞詮』 심효첨의 격국론으로는 建祿格이다. 建祿이란 月建이 祿堂이 된 것이다. 祿은 곧 劫이다. 혹시 祿堂이 투출하여 용신으로 삼고 의지할 수 있을까? 옳지 못하다. 그러므로 建祿과 月劫은 동일 格으로 할 수 있고 별도로 나눌 필요가 없다. 모두 地支에 모여 있는 것이 투간된 것을 가지고 별도로 財/官/煞/食으로 용신을 취해야 한다.[268]고 하였다.

그 이유는 建祿格이면 일단 일주가 강하므로 印/比劫은 제외시켰기 때문이다. 이와 같은 이유로 이 명조에서는 火星인 食/傷神이 相神이 된다. 그러므로 심효첨은 또 말하기를, 祿劫格에 財/官星이 없어서 食/傷星을 相神으로 하면 그 太過한 기운을 洩氣하여 역시 秀氣가 된다. 더욱이 (日主가) 春木과 秋金이면 귀하다. (왜냐하면) 대체로 木이 火를 만나면 밝아지고, 金이 水를 생하면 神靈스러워지기 때문이다. 마치 張壯元의 命이 甲子/丙寅/甲子/丙寅으로 '木火通明'이 된 명조다. 또 癸卯/庚申/庚子/庚辰으로 金水가 서로 받아들이고 있다.[269]고 하였다. 이 명조<事例 74>는 春木에 해당되어 貴格이 되었다.

『窮通寶鑑』 계절을 중시하는 조후용신론에서는, 正月의 乙木은 반듯이 丙火를 용신으로 하여 天氣의 나머지 남아 있는 찬 기운을 없애야 한다. 丙火가 아니면 따듯할 수가 없다. 비록 癸水가 있어도 차가운 기운으로 뭉칠까 두렵다. 그러므로 丙火를 우선으로 삼고, 癸水를 다음으로 써야 한다.[270]고 하였다. 결론적으로 丙火가 제1용신이 되고 癸水가 희신이 되는 구조로 이 명조에서는 丙火는 필요하지만 癸水는 이미 많은 木勢에 의하여 일주가 강해졌으므로 印星인 癸水는 오히려 病이 된다.

---

268) "建祿者, 月建逢祿堂也, 祿卽是劫, 或以祿堂透出則可依以爲用者, 非也, 故建祿與月劫, 可同一格, 不必另分, 皆以透干會支, 別取財官煞食爲用", 『子平眞詮評註』 권5, 앞의 책, p.39.

269) "其祿劫之格, 無財官而用傷食, 洩其太過, 亦爲秀氣, 春木秋金, 用之則貴, 蓋木逢火則明, 金生水則靈, 又癸卯/庚申/庚子/庚辰, 金水相涵也", 『子平眞詮評註』 권 5, 앞의 책, p.43.

270) "正月乙木, 必須用丙, 因天氣無有餘寒, 非丙不暖, 須有癸水, 恐凝寒氣, 故以丙火爲先, 癸水次之", 『窮通寶鑑』, 앞의 책, p.34.

[宗主命理 解說]

時 日 月 年 <事例 74>

丁 乙 庚 丙

亥 卯 寅 辰

丁 丙 乙 甲 癸 壬 辛

酉 申 未 午 巳 辰 卯

指數法으로 보면 水1.6 木9.1 火2.6 土0 金1.0이다. 木이 가극왕이고 극법취용하니 丙이 용신이다. 巳운은 火를 생하니 한원으로 이름을 얻고 午운 寅午합으로 材藝가 빛을 발했다. 申운은 금생수하여 수생목하여 무사하나 酉운에 金剋木하여 파직되었다.

旺神을 泄하는 火는 秀氣이고 이를 방해하는 것이 없으니 배합이 귀하다. 이 사주는 丙火가 가장 기쁘다. 庚金의 濁氣를 곁에서 극하나 초봄이라 木이 약하니 반드시 亥의 생조함을 받아야 한다. 식상이 수려하니 인물이 출중하고 학문도 심오하였다.

巳운부터 발복하니 한원에서 이름을 날렸고 午大運에는 寅木과 아울러 卯木과 合을 이루어 鄧林에 重責을 맡는 최고의 우두머리가 되었다. 상관용신이 최고의 기량을 발휘하니 천재적 재능이 절정에 이른다.

그러나 酉大運에 이르면 일주 을목의 뿌리가 묘유충으로 없어지고 기신인 庚金이 得地하여 왕신인 목을 충하니 旺神發하여 흉액이 속출하므로 파직을 당하여 벼슬에서 물러났다. 東方의 빼어난 氣運을 沖하고 破하므로 일을 저지르고 벼슬에서 물러났다. 그나마 亥수가 化殺하여 주니 죽음을 면하였다. 申대운은 申中壬수가 강력하게 化殺하니 무난했던 것이다.

寅月에 乙목일주이니 初春이라 解冬하는 병화가 필요한데 丙화가 制殺하여 주니 아름답고 癸수가 滋潤해야 함이 마땅한데, 辰 중에 간직하고 亥卯합으로 병정화를 극하지 아니하여 貴함이 있었다. 巳운에 巳亥충으로 沖出된 庚금은 관직으로 다가오니 巳운에 좋은 직책을 얻었다. 寅申沖刑이 되는 운에는 지살역마가 동하여 이동성이 강하거나 지방순찰이 많은 직책에 부임하게 된다. 경금 정관이 끈질기게 인연이 많은 명조이다. 금관이니 추상같은 직이 되겠다.

【原文】

局混方兮有純疵, 行運喜南或喜北.

局과 方이 섞이면 純粹함에 흠이 있는 것이며, 行運에서 南方으로 가서 반가울 때가 있고 혹은 北方으로 가서 좋을 때가 있는 것이다.

[劉氏注]

亥卯未木局, 混一寅辰, 則太强, 行運南北, 則有純疵, 不能俱利.

亥 · 卯 · 未 木局을 이루었는데 寅木이나 辰土가 하나라도 섞이면 대단히 强하여지므로 行運에서 南方이나 北方으로 갈 때는 바로 純粹함에 흠이 있으므로 利益을 갖추기는 어렵다.

〔任氏注〕

任氏曰, 地支有三位相合而成局者, 亥卯未木局, 寅午戌火局, 巳酉丑金局, 申子辰水局, 皆取生旺墓, 一氣始終也. 柱中遇三支合勢, 吉凶之力較大, 亦有取二支者, 然以旺支爲主, 或亥卯, 或卯未, 皆可取, 亥未次之, 凡會忌沖, 如亥卯未木局, 雜一酉丑字于其中, 而又與所沖之神緊貼, 是爲破局, 雖沖字雜于其中, 而不緊貼, 或沖字處于其外而緊貼, 則會局與損局兼論, 其二支會局者, 以相貼爲妙, 逢沖卽破, 他字間之, 亦遙隔無力, 須天干領出可用, 至於局混方兮有純疵之說, 與方要得方莫混局之理相似, 究其理亦無所害, 見寅字是謂同氣, 見辰字是謂餘氣, 又是東方溼土, 能生助木神, 又何損累耶. 行運南北之分, 須看局中意向爲是, 如木局, 日主是甲乙, 四柱純木, 不雜別字, 運行南方, 謂秀氣流行, 則純, 運行北方, 謂之生助强神, 無疵, 或干支有火吐秀, 運行南方, 名利裕如, 運行北方, 凶災立見, 木論如此, 餘者可知.

임씨가 말하였다. 地支로 세 자리가 있으면서 서로 合을 하면 그것이 局을 이루는 것은 亥 · 卯 · 未는 木局이고, 寅 · 午 · 戌은 火局이며, 巳 · 酉 · 丑은 金局이며, 申 · 子 · 辰은 水局으로 모두 生 · 旺 · 墓가 모여 있어 하나의 氣運이 시작과 끝으로 맺어졌다.

四柱 중에서 세 개의 地支가 合勢를 하여 만날 때는 吉凶의 힘이 비교적 큰데, 역시 두 개의 地支를 取할 때에도 당연히 旺한 地支를 主人으로 하여 혹 亥 · 卯 혹 卯 · 未는 모두 取할 수 있으나 亥 · 未는 그것들의 다음이다.

무릇 모일 때에는 沖을 꺼리는데 만약 亥 · 卯 · 未 木局에서 酉金이나 丑土 中에서 한 글자가 끼여서 더욱이 局 안으로 들어가 상대방 地支와 바로 붙어서 沖(卯酉沖, 丑未沖)을 하면 이것이 局을 깨뜨리는 것이다.

비록 沖하는 글자가 그 안에 섞여 있다 해도 바로 옆에 있지 않거나 혹 沖하는 글자가 局 이외에 벗어나 붙어있거나 하면 즉 일반적으로 會局을 論하든 損局을 논하면 될 것이다.

그 두 개의 地支가 모여서 會局이 된다는 것은 서로 붙어서 妙한 것을 이루는데 沖을 만나면 곧 깨지고, 다른 글자가 사이에 끼이면 역시 멀리 떨어져 힘이 없으므로 반드시 天干에 가장 긴요한 곳에 透出한 것이 있어야만이 사용하는 것이 옳다.

局에 方이 섞이면 순수함에 흠이 된다는 說(局混方兮有純疵)은, 앞 단원에서 方은 반드시 方을 얻어야지 局과 섞이면 안 된다는 理致(方要得方莫混局)와 같은 意味이다. 그 理致를 研究하여 보면 역시 해로움이 바로 없다는 것을 알게 될 것인데 예를 들어 寅字를 보면 같은 氣運이라고 말하고, 辰字를 보면 그 氣運의 餘氣라고 하면 되는 것이며 또 東方의 濕土라고 하면 되는 것이니 能히 木神을 生하는 것에 도움을 주는데 어찌 損害의 累를 끼치는 것일까?

行運이 南北으로 갈라지면 반드시 局을 中心으로 意向을 살펴야 하는데 만약에 木局에 日主가 甲·乙이라면 四柱가 순수한 木局이 되면서 다른 글자가 끼이지 않으면 運이 南方으로 갈 때는 빼어난 氣運이 돈다고 하여 즉 順하다고 하면 되고, 運이 北方으로 갈 때는 말하여 强한 神을 生하여 도와주니 缺陷은 없다고 하면 된다.

혹 干支에 빼어난 氣運의 火가 있으며 運이 南方으로 가면 名譽와 富에 餘裕가 있으며, 北方으로 가면 凶한 災殃을 서서 보게 될 것이다. 이와 같이 木을 가지고 이야기하였으니 나머지의 다른 五行도 推理하면 吉凶을 알 수가 있을 것이다.

<譯評> 이곳에서도 原文과 原註의 내용을 반박하고 있다. 方이 이루어진 상태에서 局의 因子가 혼재되면 안 되고, 局이 이루어진 상태에서는 方의 因子가 혼재되면 안 된다는 原文과 原註의 잘못된 이론을 일일이 지적하고 있다. 아래 두 개의 명조는 이미 局이 이루어진 상태에서 方의 因子가 혼재된 명조이다.

時　日　月　年<事例 75>
癸　乙　乙　甲
未　卯　亥　寅
壬 辛 庚 己 戊 丁 丙
午 巳 辰 卯 寅 丑 子

此木局全, 混一寅字, 然四柱無金, 其勢從强, 謂深得一方秀氣, 少年科第, 惟庚辰辛巳運, 雖有癸水之化, 仍不免刑喪起倒, 仕路蹭蹬, 至六旬外, 運走壬午癸未, 由縣令而遷司馬, 履黃堂而升觀察, 直如揚帆大海, 誰能禦之, 由此觀之, 從强之木局, 東南北運皆利, 惟忌西方金運剋破耳.

이 命造는 완전하게 木局을 이루었고 寅字 하나만 섞이었으며 그리고 四柱에 金氣運이 없어 그 强한 氣勢를 따르는 形局으로 말하자면 한 방향의 빼어난 氣運을 얻어서 從强格이 되었다. 少年時節에 科擧에 及第하고 오직 庚辰 辛巳大運에 비록 癸水의 化하는 作用은 있었으나, 刑喪을 당하는 어려운 일을 免하지를 못하였고 벼슬길도 실패가 잇따랐다.

六十이 넘은 壬午 · 癸未大運에 이르러 縣令서부터 시작하여 司馬에, 黃堂을 거쳐 觀察에까지 올랐으니 마치 넓은 바다를 향하여 내달리는 바람을 만난 돛단배와 같았으니 어느 누가 그 사람의 앞길을 막을 힘이 있겠는가? 이것을 보고 느낀 것은 强한 木局을 따를 때는 東 · 南 · 北運은 모두 利益이 있고 오로지 西方 金運이 木을 剋하고 破하는 것을 꺼릴 뿐이다.

<譯評> 亥/卯/未 木局을 이루고 더하여 天干으로 甲/乙/乙/癸로 형성된 가운데 年支의 寅木은 본래 木方의 生地라 地支가 온통 木勢로 이루어진 一氣格인 從强格이다. 곡직격이 못되는 이유는 시간이 계미시인지라 종강격으로 구분하여야 한다. 증주자가 이와 같은 명조를 예시한 것은 原文과 原註의 '局混方兮有純疵'의 내용을 반박하기 위한 것이다. 하지만 대운만큼은 인정하고 있다.

즉, 예를 들어 강한 木局으로 이루어진 명조는 그 기운을 거스르는 반대의 기운인 西方大運으로 가면 불리하다는 것이다. 이 명조에서 볼 수 있듯이, 나이 60이 넘어도 운이 따라주면 높은 벼슬까지 할 수 있다는 것을 예시한 명조이다. 물론 초년부터 四旬大運까지도 무난한 대운이지만 庚辰/辛巳大運은 金氣로 뭉쳐진 大運이라 '不免刑喪起倒, 仕路蹭蹬' 하였지만, 壬午/癸未大運에 再起한 명조이다.

『子平眞詮』 심효첨의 격국론에서는 중화용신론에서와 같이 종강격이나 종세격을 인정하지 않고 다만 오격만 인정하고 있다. 때문에 이 명조는 인수격이지만 다시 변격이 되어 祿劫格이 되었다. 그 이유를 심효첨은 論用神變化장에서 말하기를, 用神은 이미 月令에서 정한다고 하였다. 그러나 월령이 저장하고 있는 오행이 한결같지 않아 용신이 이에 따라 변한다. 예를 들어 十二支 가운데 子/午/卯/酉를 제외한 나머지 地支는 저장하고 있는 (다른) 오행이 있다. (구태여) 四庫支를 (예를 들) 필요 없이 寅木을 가지고 논한다면, 甲木이 本主가 되어 마치 郡의 府가 되며, 丙火가 長生이 되어 마치 郡의 同知가 되고, 戊土 역시 長生으로 郡의 通判이 있는 것이다. 가령 寅月이 提綱이 되어 甲木이 투간되지 못하고 丙火가 투간되었다면 마치 知府가 郡에 任官하지 못한 것이니 同知가 대신 그 임무를 맡는 주인이 되는 것이다. 이와 같은 현실이 변화의 이유가 되는 것이다.[271]고 하였다.

또 다시 말하기를, 만약 丁火日主 亥月에 태어나면 본래는 正官格이 되는데 地支에 卯/未가 있으면 印綬格으로 변한다. (또) 己土日主가 申月에 태어나면 본래 傷官格인데 地藏干에 壬水가 투간하면 財格으로 변한다. 무릇 이와 같은 종류가 모두 용신이 변화된 것이다.[272]고 하였다.

이 같은 심효첨의 주장에 의하여 위의 명조<事例 75>는 印綬格이 建祿格으로 변하였다. 다시 심효첨이 말하기를, 建祿이란 月建이 祿堂이 된 것이다. 祿은 곧 劫이다. 혹시 祿堂이 투출하여 용신으로 삼고 의지할 수 있을까? 옳지 못하다. 그러므로 建祿과 月劫은 동일 格으로 할 수 있고 별도로 나눌 필요가 없다. 모두 地支에 모여 있는 것이 투간된 것을 가지고 별도로 財/官/煞/食으로 용신을 취해야 한다.[273]고 하였다.

결론적으로 從强格과 從勢格이 없는 심효첨의 격국이론으로는 위와 같은 명조<事例 75>는 오히려 '庚辰辛巳運'에 '癸水之化'하여 '刑喪起倒'하

271) "用神旣主月令矣, 然月令所藏不一而用神遂有變化, 如十二支中除子午卯酉外, 餘皆有藏, 不必四地, 卽以寅論, 甲爲本主, 如郡之有府, 丙其長生, 如郡之有同知, 戊亦長生, 如郡之有通判, 假使寅月爲提, 不透甲而透丙, 則知府不臨郡, 而同知得以作主, 此變化之由也", 『子平眞詮評註』, 앞의 책, 권2, p.28.

272) "若丁生亥月, 本爲正官, 支全卯未, 則化爲印, 己生申月, 本屬傷官, 藏庚壬透, 則化爲財, 凡此之類, 蓋用神之變化也", 위의 책, 같은 권, p.30.

273) "建祿者, 月建逢祿堂也, 祿卽是劫, 或以祿堂透出則可依以爲用者, 非也, 故建祿與月劫, 可同一格, 不必另分, 皆以透干會支, 別取財官煞食爲用", 『子平眞詮評註』 권5, 앞의 책, p.39.

지 않고 '仕路蹭蹬'하지 않았을 것이다. 이와 같이 격국이론과 중화용신론의 차이는 철초님의 이론과 심효첨의 이론인『子平』과『滴天髓』의 이론의 차이라고 할 것이다.

『窮通寶鑑』 계절을 중시하는 조후용신론은 從格이나 化格을 인정하지 않기 때문에, 10월의 乙木은 목의 기운을 받을 수가 없으나 壬水가 司令하기 때문에 丙火를 취하여 용신으로 하고 戊土가 다음으로 쓰인다.[274] 고 하여, 丙火를 제1용신으로 하고 戊土를 제2용신으로 하였다. 亥月의 乙木이 丙火가 제1용신으로 하였기에 우연의 일치로 대운이 南方運으로 흐르는 것과『闡微』에서 주장한 내용과 같게 되었다.

[宗主命理 解說]

時 日 月 年 <事例 75>

癸 乙 乙 甲

未 卯 亥 寅

壬 辛 庚 己 戊 丁 丙

午 巳 辰 卯 寅 丑 子

지수계산 필요 없이, 混雜合局이 되어 剋法取用하므로 寅中丙이 진용신이다. 목을 따라가는 從格이 되었다. 목국이 용신이고 목을 보호하고 생하는 화와 수는 희신이고 목을 극하는 금은 忌神이 된다. 火를 간직하고 있는 寅목이 용신이니 火는 藥神으로 작용하여 화운에 비약적으로 발전하게 된다. 화는 목의 秀氣로 작용하기 때문이다.

목을 극하는 庚辰, 辛巳운에 형상을 겪다가 壬午운에 壬수가 乙목을 생하고 午화가 金을 눌러주니 발복하여 벼슬길이 순탄하여 癸未운까지 이어졌다. 癸未운은 계수가 목을 생하고 미토는 해묘미 합목국의 결성으

274) "十月乙木, 木不受氣, 而壬水司令, 取丙爲用, 戊土爲次",『窮通寶鑑』, 앞의 책, p.50.

로 용신이 크게 발하니 벼슬이 司馬에 올라 黃堂과 관찰사를 지냈다.

47, 48세가 되는 庚辰대운 庚子, 辛丑년에 임하면 관살이 극상을 하고 丑未沖으로 沖出된 辛금자리가 사라지는 일이 생기니 파직을 당하여 보는 것이다. 또한, 기토 재물도 沖出되어 사라지니 損財가 불가피했을 것이다.

亥月乙木은 한랭이 심한 때이니 丙화로 해동함이 필요한데, 丙화를 寅中생지에 간직하고 있어 남방운에서 귀하게 쓰게 된다. 寅中에 戊토도 수기를 제하여 주니 귀하다. 그래서 寅목을 沖刑하는 申운이 오면 대흉하여 사망하게 된다. 寅中에 丙화와 戊토가 있어 傷官生財가 되니 남방운에서 富貴를 누렸다.

時　日　月　年<事例 76>
丁　乙　丁　甲
亥　未　卯　寅
癸　壬　辛　庚　己　戊
酉　申　未　午　巳　辰

此亦木局全, 混一寅字, 取丁火食神秀氣, 非前造從强論也. 至巳運, 丁火臨官,[275] 登科發甲, 庚午辛未, 南方金敗之地, 不傷體用, 仕途平坦, 壬申, 木火皆傷, 破局, 死於軍中, 前則從强, 南北皆理, 此則木火, 西北有害, 由此兩造觀之, 局混方之無害也.

이 命造 역시 완전한 木局으로 이루어졌으며 寅字 하나가 섞여 있으므로 빼어난 氣運의 丁火를 用神으로 取하면서도 앞 命造와 같이 從强格으로 論하는 것은 아니다. 巳大運에 이르러 用神 丁火가 官(旺)에 臨하니 科擧에 及第하였으며, 庚午 · 辛未大運은 南方이면서 金氣運의 敗地라 用

275) "丁火臨旺"이라고 해야 맞을 것이다. 巳火가 官星이 될 수 없기 때문이다. 또한『闡微』138p에 나오는 사례명조 100에는 "丁火臨旺"이라고 나온다.

神이나 日主가 다치지 않아 벼슬길이 평탄하였으나, 壬申大運에 木火가 모두 다치는 바람에 軍中에서 죽었다.

앞의 명조는 從强이라 南北이 모두 有利하였고 이 命造는 木火를 用神으로 하기에 西北이 有害하였다. 이 두 명조를 觀察하여 본 결과는 局과 方이 섞이어도 아무런 害가 없다는 것을 알 수 있다.

<譯評> 이 명조는 地支로는 木局을 이루었으나, 天干으로 丁火가 두 개씩 투출하여 증주자의 설명대로 從强格으로 논할 수는 없다. 하지만 사주전체가 木/火로만 이루어진 二氣成象格이 되었다. 二氣格은 洩하는 오행이 용신이 되고 洩을 당하는 오행이 희신이 된다. 왜냐하면 두 오행 사이에 상생구조이면 이 두 오행을 剋制하는 대운으로 흐르면 剋破를 당한다. 이 명조에서 土 오행은 플러스 閑神으로 작용한다.

『子平眞詮』 심효첨의 격국론에서는, 從强이나 從化論은 인정하지도 않지만 이 명조와 같이 二氣로만 된 格에 대해서는 설명이 없다. 때문에 이 명조는 陰日主인 관계로 祿劫格[276]으로 설명을 하여야 한다. 심효첨은 取用論에서 말하기를, 祿劫格에 財/官星이 없어서 食/傷星을 相神으로 하면 그 太過한 기운을 洩氣하여 역시 秀氣가 된다. 더욱이 (日主가) 春木과 秋金이면 귀하다. (왜냐하면) 대체로 木이 火를 만나면 밝아지고, 金이 水를 생하면 神靈스러워지기 때문이다. 마치 張壯元의 命이 甲子/丙寅/甲子/丙寅으로 '木火通明'이 된 명조다.[277]고 하였다. 그러나 위<事例 76>의 명조는 격국론은 合格되었으나 五旬大運인 '壬申木火皆傷'하여 '破局이 되어 死於軍中'한 命主다.

---

276) "建祿者, 月建逢祿堂也, 祿卽是劫, 或以祿堂透出則可依以爲用者, 非也, 故建祿與月劫, 可同一格, 不必另分, 皆以透干會支, 別取財官煞食爲用", 『子平眞詮評註』 권5, 앞의 책, p.39.

277) "其祿劫之格, 無財官而用傷食, 洩其太過, 亦爲秀氣, 春木秋金, 用之則貴, 蓋木逢火則明, 金生水則靈, 如張壯元命, 甲子/丙寅/甲子/丙寅, 木火通命也", 『子平眞詮評註』 권 5, 앞의 책, p.43.

『窮通寶鑑』 계절을 중시하는 조후용신론에서는, 2월의 乙木日主는 陽氣가 점점 오르는 때인지라 木은 춥지 않다. 때문에 丙火로 君을 삼고 癸水가 신하가 된다. 丙火와 癸水가 透干하고 庚金이 不透하면 大富大貴의 命이 된다. 2월의 乙木은 오로지 丙火와 癸水를 쓴다. 혹 地支로 木局을 이루고 (天干으로) 癸水가 투간되면 곧 貴命이 된다. 더욱이 丙火를 얻어 木氣를 洩氣하면 上上의 命이 된다. 단, 반드시 癸水가 투간되어야 하는데 혹 물이 많으면 丙火가 곤란해지고 戊土가 많아 癸水를 化하면 모두 下格이 된다.[278]고 하여, 일단 봄철의 밭농사를 지을 때 필요한 물과 햇빛을 최우선적으로 용신으로 정하였다. 이 명조에서는 調候論에 의한 壬/癸水는 용신인 丁火를 剋破하기에 오히려 忌神으로 작용한다.

[宗主命理 解說]

時 日 月 年 <事例 76>

丁 乙 丁 甲

亥 未 卯 寅

癸 壬 辛 庚 己 戊

酉 申 未 午 巳 辰

지수계산 필요 없이, 混雜合局이면 剋法取用하니 火가 용신이다. 그래서 巳운에 등과하여 庚午운 辛未운에 반길반흉으로 벼슬길이 평탄하였으나 壬申운에 정화를 克去하고 용신의 뿌리인 寅목을 寅申沖刑으로 충거하니 軍中에서 사망하였다.

48세가 되는 辛丑년에 乙未白虎를 충극하는 칠살로 들어오는 기신운이니 혈광지사를 당할 조짐이 있고 대운까지 용신과 용신의 뿌리를 잘라가

278) "二月乙木,, 陽氣漸升, 木木寒矣, 以丙爲君, 癸爲臣, 丙癸兩透, 不透庚金, 大富大貴, 二月乙木, 耑用丙癸, 或支成木局, 有癸透乃作貴命, 更得丙洩木氣, 上上之命, 但須透癸, 或水多困丙, 多戊化癸, 皆下格", 『窮通寶鑑』, 앞의 책, p.50.

니 군에서 사망하였다. 巳운에 임하면 巳亥충을 일으키는 것이 아니라 해묘미가 목생화를 해서 발전의 자극요인으로 동하니 크게 발전하여 등과하였다. 하지만 삼합의 미나 묘를 충하면 흉액이 몇 배로 커지기 때문에 丑未충운이 흉하였던 것이다.

卯月乙木은 초춘으로 따뜻한 햇볕이 필요한데, 丁화로 雙透하고 인중에 보호하여 귀함이 있고 기신과 원격되어 더욱 아름답다. 수분이 필요한데, 해중에 임수로 간직하고 있어 귀함이 있으나 쌍투한 정화는 임계수에 쉽게 극거되고 해수는 해묘미로 변하니 귀함이 손상되어 있다. 년주에 건록과 겁재가 임하여 집안은 좋고 투쟁심이 강하였고 월주에 식신과 왕지에 임하여 장손으로 유산이 풍족하였다. 아들은 2명의 효자 아들을 둔다.

誠意伯秘授天官五星玄徹通旨

滴 天 髓 闡 微

通 神 論 卷一(終)

<저자소개>

성명 : 정단 李 昊 倉

학력 : 성균관대학교 대학원 사회복지학과 석사

경력 : 명리학 연구 및 상담 20년(주역, 명리학, 성명학, 기문명리 등)

(전) 보건복지부 서기관

(현) 사회복시사

(현) 사단법인 한국 역술인 협회 정회원, 사단법인 역리학회 정회원

(현) 정단철학원 대표(http://jdsaju.co.kr/)

(현) 카페 정단명리학회(http://cafe.daum.net/yongsinjo)

(현) 명리 강의 및 상담 중(연락처 : 010-5163-3593)

저서 : 명리학원론(명문당, 1994년), 종주명리(근간 예정) 외 다수

성명 : 朴 憲 九

학력 : 원광대학교 동양학대학원 박사

한국고전번역원 수료

논문 : 『滴天髓』 原文과 原註 飜譯(석사학위취득)

『滴天髓闡微』 中和論에 관한 연구(박사학위취득)

자격 : 한자교육진흥회 국가공인1급

한자교육진흥회 국가공인 사범

한자교육진흥회 한자·한문 3급 지도사

滴天髓定石 II

초판 1쇄 2015년 6월 30일

지은이 박 헌 구 · 이 민 창

펴낸이 장석홍

펴낸곳 도서출판 장서원

주소 서울 용산구 남영동 7-1 (201호)

전화 703-5362 팩스 797-5362

등록 제 03-01213호

E-mail shjang1011@hanmail.net

정가 25000원

파손된 책은 바꿔드립니다.